W0255515

ALLE ZEIT WACH
SJ
1842

Helmut Rohlfing-Brosell

Modula-2

Eine systematische Darstellung für den Praktiker

Unter Mitarbeit von Zhou Bingsheng

Mit 40 Abbildungen

Springer-Verlag
Berlin Heidelberg New York Tokyo

Helmut Rohlfing-Brosell
Feldstr. 11
FL-9490 Vaduz, Liechtenstein

Zhou Bingsheng
University of Zhejiang
Hangzhou
VR China

ISBN-13:978-3-540-15159-3 e-ISBN-13:978-3-642-70269-3
DOI: 10.1007/978-3-642-70269-3

CIP-Kurztitelaufnahme der Deutschen Bibliothek
Rohlfing-Brosell, Helmut: Modula 2 : e. systemat. Darst. für d. Praktiker / *Helmut Rohlfing-Brosell ; unter Mitarbeit von Zhou Bingsheng.*
– Berlin ; Heidelberg ; New York ; Tokyo : Springer, 1986.
ISBN-13:978-3-540-15159-3

NE: *Chou, Ping-sheng:*

Datenkonvertierung: Daten- und Lichtsatz-Service, Würzburg

2145/3140-543210

Inhaltsverzeichnis

Einleitung

Der wesentliche Unterschied zwischen den Programmiersprachen PASCAL und MODULA-2, wie sie von N. Wirth definiert worden sind, ist das Modul-Konzept: Ein *Modul* ist eine Ansammlung von Daten (d. h. Konstanten und Variablen) und Prozeduren, die mit diesen Daten arbeiten, und eine Schnittstellenbeschreibung, die über eine *Exportliste* eine Auswahl dieser Daten und Prozeduren anderen Moduln zum Gebrauch zur Verfügung stellt und durch eine *Importliste* ebensolche Daten und Prozeduren von anderen Moduln anfordert.

```
MODULE Gruss ;
FROM InOut IMPORT WriteString , WriteLn ;
EXPORT Stunde , TypStunde ;

TYPE TypStunde = [ 0 .. 23 ] ;
PROCEDURE Stunde( std : TypStunde ) ;
BEGIN
     IF    std <= 10 THEN WriteString( "Guten Morgen" )
     ELSIF std <= 18 THEN WriteString( "Guten Tag" )
     ELSIF std <= 22 THEN WriteString( "Guten Abend" )
     ELSE                 WriteString( "Gute Nacht" )
     END ;
     WriteLn
END Stunde ;

END Gruss .
```

Modulvereinbarungen sind schachtelbar, so daß eine hierarchische Modulstruktur im Sinne einer Baumstruktur definierbar ist:

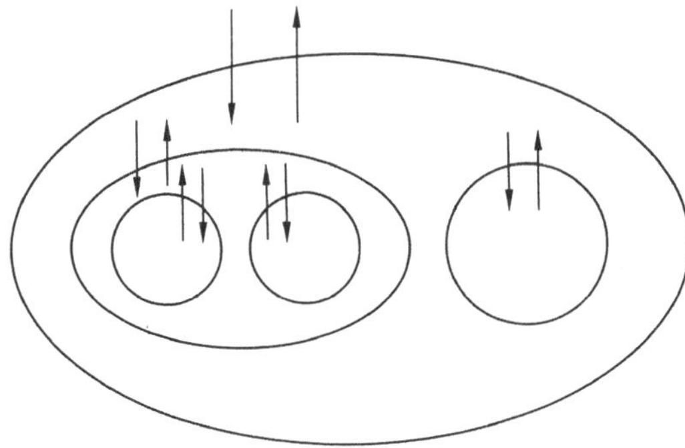

Ein Modul kann in einen *Definitionsteil*

```
DEFINITION MODULE Gruss ;
EXPORT Stunde , TypStunde ;
TYPE TypStunde = [ 0 .. 23 ] ;
PROCEDURE Stunde( std : TypStunde ) ;
END Gruss .
```

und einen *Implementierungsteil*

```
IMPLEMENTATION MODULE Gruss ;
FROM InOut IMPORT WriteString , WriteLn ;

PROCEDURE Stunde( std : TypStunde ) ;
BEGIN
    ...
END Stunde ;

END Gruss .
```

aufgespalten sein.

Beide sind getrennt übersetzbar, der Definitionsteil jedoch vor dem Implementierungsteil. Ohne Neuübersetzung des Definitionsteils und der anderen Moduln, die von ihm importieren, kann ein Implementierungsteil durch einen anderen ersetzt werden, der die gleiche Aufgabe erfüllt:

```
IMPLEMENTATION MODULE Gruss ;
FROM Terminal IMPORT WriteString ;
FROM Screen IMPORT ReadCursor , GotoXY , EraseLine ;

PROCEDURE Stunde( std : TypStunde ) ;
VAR x , y : CARDINAL ;
BEGIN
     ReadCursor( x , y ) ; EraseLine ;
     GotoXY( x + 2 , y ) ;
     IF ... END
END Stunde ;

END Gruss .
```

Neben diesen Moduln, die den Zugriff auf Funktionen eines Betriebssystems über sogenannte *System-Moduln* wie `InOut`, `Terminal` und `Screen` ermöglichen, unterstützt MODULA-2 auch die *maschinennahe Programmierung*, unter anderem durch die Angabe von absoluten Adressen bei Variablenvereinbarungen, durch ein Prozeßmodell und Typtransfereigenschaften.
Geht man von der klassischen Definition der Programmiersprache PASCAL in dem Buch von Jensen/Wirth [1] aus, findet man in dem Buch von N. Wirth

Programming in Modula-2 [2] die Fortsetzung der Sprachentwicklung von PASCAL zu MODULA-2 mit ihren Ergänzungen [5] bzw. [3] (vgl. auch [4]). Die historische Entwicklung von MODULA-2 wird von N. Wirth in [6] und an anderen Stellen in der Literatur beschrieben und soll deshalb hier nicht wiederholt werden.
In dem Entwicklungszeitraum von PASCAL zu MODULA-2 findet man natürlich Weiterentwicklungen von PASCAL, die in gewisser Weise ihr eigenes Modulkonzept definiert haben und, häufig genug bezogen auf eine bestimmte Hardware und ein bestimmtes Betriebssystem, die maschinennahe Programmierung unterstützen. Auch gibt es vergleichbare Modulkonzepte in anderen Programmiersprachen, wie SIMULA, um eine Sprache aus den sechziger Jahren zu nennen, und ADA, eine der jüngsten Entwicklungen im Programmiersprachenbereich.
Dieses Buch beginnt seine Darstellung von MODULA-2 mit einer Einführung, die für den Leser gedacht ist, der die wesentlichen Eigenschaften dieser Programmiersprache, demonstriert an einfachen Beispielen, kennenlernen und dabei von Details verschont bleiben will. Zunächst wird er mit der Umsetzung eines einfachen Algorithmus, des *Größten Gemeinsamen Teilers,* in einen Modul vertraut gemacht, der sich aus Vereinbarungen und Anweisungen zusammensetzt, wobei Teilalgorithmen durch Prozeduren und Funktionen realisiert werden, die sich wiederum aus Vereinbarungen und Anweisungen zusammensetzen. Er erfährt nur so viel an Syntax und Semantik, wie nötig ist, um diesen Algorithmus verstehen und im Detail ausführen zu können.
Diese Kenntnisse werden an einem zweiten Beispiel, der Berechnung von *Ostersonntagen,* vertieft.
Ausgehend von der (abstrakten) Datenstruktur *Folge von Zahlen* mit den (abstrakten) Operationen

Finden einer Zahl in einer Folge,
Einfügen einer Zahl in eine Folge,
Entfernen einer Zahl aus einer Folge und
Sortieren einer Folge

werden dann zwei typische MODULA-2-Datenstrukturen, Reihungen und durch Zeiger verkettete Verbunde, vorgestellt, die die abstrakte Datenstruktur realisieren. Die abstrakten Folgeoperationen werden durch Prozeduren implementiert, die zusammen mit der jeweiligen MODULA-2-Datenstruktur einen ausführbaren Programm-Modul ergeben oder ein Definitions- und Implementierungs-Modulpaar bilden, um so die Folgenoperationen anderen Moduln über Schnittstellenbeschreibungen, aufgebaut aus Import- und Exportlisten, zugänglich zu machen.

Der zweite Teil des Buchs ist eine Vorstellung aller MODULA-2-Elemente:

```
Einfache Datentypen,
Reihungen und Verbunde,
Ausdrucke und Anweisungen,
Prozeduren und Funktionen,
Definitions- und Implementierungs-
Moduln, Programm-Moduln und lokale Moduln
Maschinennahe Eigenschaften und
Bildschirm-Eingabe und -Ausgabe
```

Alle Sprachelemente werden an einfachen Beispielen erläutert.

Der dritte Teil des Buchs enthält eine Sammlung vollständig ausprogrammierter Beispiele, deren Studium nicht nur die Einführung in MODULA-2 vertieft, sondern auch zeigt, wie man Programme entwirft und in Moduln zerlegt, die getrennt entwickelt und codiert werden.
Das erste Beispiel *Konstruktion und Ausgabe eines Kalenders* demonstriert, wie man eine Hierarchie von Definitions- und Implementierungs-Moduln so anlegen kann, daß ihre Schnittstellenbeschreibungen einem Ebenenprinzip gehorchen. Auf diese von MODULA-2 ausgezeichnet unterstützte Entwicklungsmethode wird in den nachfolgenden Beispielen immer wieder zurückgegriffen.
Das zweite Beispiel *Umgang mit Mengen* zeigt die Verwendung von Zahlen- und Zeichenmengen sowie die Definition neuer Mengentypen mit mehr Elementen und ihre Zurückführung auf den Standard-Mengentyp BITSET.
Das Beispiel *Leseprogramm* zeigt die Zerlegung einer Zeichenfolge in Symbole wie Namen, Zahlen, Zeichen und Zeichenreihen, wie es auch jeder MODULA-2-Compiler tut. Namen kommen in eine Tabelle, die zum Schluß nach einem speziellen Verfahren lexikografisch sortiert wird.
Das Beispiel *Druckprogramm* zeigt, wie man Textdateien einliest, modifiziert und wieder ablegt. Ein Programm-Modul versieht eine Textdatei mit Zeilennummern, ein anderer bricht eine Textdatei mit interaktiver Unterstützung in Seiten um und gibt ihnen Kopf- und Fußzeilen, ein dritter druckt eine Textdatei auf einem Drucker aus. Ein Rahmenprogramm ermöglicht die Auswahl dieser Programm-Moduln sowie ihre Parametrisierung. Alle Moduln stützen sich auf System-Moduln für Ein- und Ausgabe.
Das nächste Beispiel zeigt den Umgang mit dynamischen Variablen und Zeigern zum Aufbau von Listenstrukturen. Unter anderem wird das Listenkonzept der Programmiersprache SIMULA in MODULA-2 realisiert, der Aufbau von Graphen studiert und die Speicherverwaltung von Listenstrukturen mit automatischer Speicherbereinigung diskutiert.
Das Beispiel *Binäre Baumstrukturen* vermittelt den Umgang mit rekursiven Datenstrukturen und rekursiven Prozeduren, indem ein arithmetischer Ausdruck als binärer Baum dargestellt und unterschiedlich interpretiert wird.
Das Beispiel *Aufbau und Ausgabe eines Lexikons* führt diese Betrachtungen über rekursive Strukturen weiter und vertieft sie an einer komplizierteren Datenstruktur. Auf dem Bildschirm wird die Listenstruktur des Lexikons sichtbar gemacht, so daß man Neueinträge von Wörtern verfolgen kann.
Da MODULA-2-Zeichenreihen nichts anderes sind als Folgen von Zeichen ohne spezielle Zeichenreihenoperationen, zeigt das Beispiel *Zeichenreihen* drei Erweiterungen: die Zeichenreihen der Programmiersprache SIMULA, Zeichenreihen variabler Länge und einen System-Modul, den manche Implementierungen anbieten.
Das Beispiel *Prozesse* führt in die maschinennahe Programmierung mit MODULA-2 ein. Am Anfang steht die Vorstellung des MODULA-2-Prozeß-Modells, demonstriert an einem einfachen Beispiel, dem das Prozeß- (oder Koroutinen-)Modell der Sprache SIMULA gegenübergestellt wird. Spezielle Anwendungen sind das bekannte Leser-Schreiber Problem, realisiert mit einem durch Signale gesteuerten Monitor, sowie das Simulationsmodell der Sprache SIMULA, das in MODULA-2 formuliert wird. Dieses Simulationsmodell dient zum Schluß zur Analyse eines Liftsystems.
Der vierte Teil des Buchs enthält eine Kurzbeschreibung sämtlicher MODULA-2-Elemente und ist somit zum Nachschlagen und zur schnellen Information geeignet.

Aufbau und Wahl der Beispiele orientieren sich an den Erfahrungen, die der Autor mit seinen Büchern über SIMULA [7] und PASCAL [8] gesammelt hat. Alle Beispiele wurden mit dem MODULA-2-System der Firma *Volition Systems* [9] auf einem IBM PC/XT entwickelt. Auch das entsprechende System der Firma *Logitech* [10] wurde verwendet.
Im Buch wird statt MODULA-2 nur kurz MODULA gesagt. Auch wurde die grammatikalische Form *der Modul* statt *das Modul* gewählt, um einer in der Informatik gebräuchlichen Terminologie zu folgen.
Herr Zhou Bingsheng von der Universität Zhejiang in Hangzhou, Volksrepublik China, unterstützte mich während seines Aufenthalts an der Universität Karlsruhe bei der Konzeption des ersten und zweiten Teils des Buchs und lieferte wertvolle Hinweise und Beiträge. Mein Dank gilt auch meiner Frau Angelika, die mir half, das Manuskript auf dem IBM PC/XT mit dem Editor ASE zu erfassen und mit Satzkommandos zu versehen. Zuletzt sei dem Springer-Verlag für die Bereitstellung von technischen Hilfsmitteln zur Durchführung dieses Buchprojekts gedankt.

Vaduz, April 1986 Helmut Rohlfing-Brosell

Literatur

1. K. Jensen, N. Wirth: *Pascal User Manul and Report,* Springer-Verlag, New York (1975)
2. N. Wirth: *Programming in Modula-2,* 2nd. ed. Springer-Verlag, Berlin (1982)
3. N. Wirth: *Programming in Modula-2,* 3rd. ed. Springer-Verlag, Berlin (1985). Dt. Ausgabe: Programmieren in Modula-2, Springer-Verlag, Berlin (1985)
4. R. Gleaves: *Modula-2 for Pascal Programmers,* Springer-Verlag, New York (1984)
5. K. Jensen, N. Wirth: *Pascal User Manual and Report Revised for the ISO Pascal Standard,* 3rd. ed. Springer-Verlag, New York (1985)
6. N. Wirth: *History and Goals of Modula-2*, BYTE, August 1984, p. 145–152
7. H. Rohlfing: *Simula – Eine Einführung,* Bibliographisches Institut, Mannheim, HTB 747 (1973)
8. H. Rohlfing: *Pascal – Eine Einführung,* Bibliographisches Institut, Mannheim, HTB 756 (1978)
9. Volition Systems Modula-2 for IBM PC/XT, Version 0.3 p, 1984
10. Logitech Modula-2/68 for IBM PC/XT, Version 1.0, 1984

Teil I

1 Grundlegende Eigenschaften

Dieses Kapitel zeigt die grundlegenden Eigenschaften von MODULA an einfachen Beispielen, ohne dabei auf alle Einzelheiten der Programmierung einzugehen. Im Gegenteil, manches wird nicht näher erläutert und vieles bleibt unerwähnt, um die ausschließlich einführenden Betrachtungen nicht zu stören. Die nachfolgenden Kapitel holen alles Versäumte nach und vermitteln eine genaue Vorstellung der Eigenschaften dieser Programmiersprache.

1.1 Ein einfaches Beispiel: `GGT`

1.1.1 Der Algorithmus

Verbale Formulierung des Algorithmus

Das erste Beispiel ist das Verfahren zur Berechnung des *Größten Gemeinsamen Teilers*, kurz *GGT*, zweier Zahlen *A* und *B* wie 33 und 9:

Schritt 1: Sind *A* und *B* zwei positive Zahlen, wird Schritt 2 ausgeführt, sonst endet das Verfahren wegen Verwendung unzulässiger Zahlen.
Schritt 2: Der Größe *X* wird die Zahl *A* und der Größe *Y* die Zahl *B* zugewiesen.
Schritt 3: Ist *X* gleich *Y*, gibt *X* (und auch *Y*) den *GGT* von *A* und *B* an: $X = GGT(A, B)$. In diesem Fall endet das Verfahren normal. Bei Ungleichheit von *X* und *Y* wird jetzt Schritt 4 ausgeführt.
Schritt 4: Ist *X* größer als *Y*, wird von *X* der Wert *Y* subtrahiert. Ist hingegen *Y* größer als *X*, wird von *Y* der Wert *X* subtrahiert. Danach folgt wieder Schritt 3.

Ein solches in deutscher Sprache formuliertes Verfahren ist ein *Algorithmus*, der – für dieses Beispiel – den Namen *GGT1* erhält, um ihn von anderen unterscheiden zu können. Seine 4 aufeinanderfolgenden Schritte (mit ihren Teilschritten) legen eine *statische Struktur* fest. Doch sagt diese Notierung *nichts* über die Reihenfolge und Häufigkeit der *Ausführung* der einzelnen Schritte aus. Diese *dynamische Struktur* hängt allein von den Zahlen *A* und *B* und von den Größen *X* und *Y* ab, die auch *Variable* heißen. Jede dieser Variablen hat eine Zahl als *Wert*, der vor Beginn der Ausführung des Algorithmus noch unbestimmt ist: Sie erhalten in Schritt 2 die Zahlen *A* und *B* als erste Werte. Ausgehend von diesen *Anfangswerten* verändern sich ihre Werte während der weiteren Ausführung des Algorithmus laufend. Ihre jeweils *aktuellen* Werte vergleicht Schritt 3 miteinander: Bei Ungleichheit erhält in Schritt 4 entweder *X* oder *Y* einen neuen Wert.

Mit dem Zahlenpaar *(A,B) = (33,9)* durchläuft Algorithmus *GGT1* die Schritte

1, 2, 3, 4, 3, 4, 3, 4, 3, 4, 3, 4, 3

nacheinander. Jede Ausführung der Schritte 2 und 4 verändert die Werte von *X* und *Y*. Es entsteht folgende Sequenz von Wertepaaren:

$$(X,Y) = (33,9), (24,9), (15,9), (6,9), (6,3), (3,3)$$

Die Frage, ob zwei Werte *gleich* sind oder ob der eine *größer* oder *kleiner* als der andere ist, legt fest, welcher Teilschritt des aktuellen Schritts ausgeführt wird oder welches der nächste Schritt ist.

Statische Schachtelung des Algorithmus

Diese Abhängigkeit drückt eine *statische Schachtelung* der Schritte deutlicher aus.

GGT2:

```
Falls A größer als 0 und B größer als 0 ist,
Dann:
      X erhält die Zahl A zugewiesen.
      Y erhält die Zahl B zugewiesen.
      Solange X ungleich Y ist,
      Tu:
            Falls X größer als Y ist,
            Dann:
                  X erhält die Differenz von X und Y
                  als neuen Wert zugewiesen.
            Sonst:
                  Y erhält die Differenz von Y und X
                  als neuen Wert zugewiesen.
            Ende_Falls.
      Ende_Solange.
      Die Ausführung des Algorithmus endet normal.
Sonst:
      Die Ausführung des Algorithmus endet wegen unzulässiger Zahlen.
Ende_Falls.
```

Der Algorithmus als Programm-Modul

Diesen in der deutschen Sprache niedergeschriebenen Algorithmus kann ein Computer nicht verarbeiten; er muß in einer Formelsprache, d.h. in einer *Programmiersprache* vorliegen, die der Computer versteht: Aus dem (abstrakten) Algorithmus muß ein *Programm-Modul* (oder kurz *Programm*) werden. Hier ist es ein Modul der Sprache MODULA.

```
MODULE GGT3;
FROM InOut
       IMPORT WriteLn, WriteCard, WriteString, ReadInt;
VAR  A: INTEGER;  VAR B: INTEGER;
VAR  X: CARDINAL; VAR Y: CARDINAL;
```

```
 6 BEGIN
 7     WriteString("A, B? ");
 8     ReadInt(A); ReadInt(B);
 9     IF (A > 0) AND (B > 0)
10     THEN
11         X:= A; Y:= B;
12         WHILE X <> Y
13         DO
14             IF X > Y
15             THEN X:= X - Y
16             ELSE Y:= Y - X
17             END
18         END;
19         WriteString("GGT("); WriteCard(A, 0);
20         WriteString(", ");   WriteCard(B, 0);
21         WriteString(") = "); WriteCard(X, 0);
22         WriteLn
23     ELSE WriteString("Falsche Zahlen"); HALT
24     END
25 END GGT3.
```

Zwischen diesem Programm und dem obigen deutschen Text gibt es gewisse Ähnlichkeiten. Der Text enthält *Zeichen* und *Wörter*, die nach bestimmten Regeln zu *Sätzen* zusammengefügt sind. Gleiches gilt auch für das Programm.

Bemerkung: Die Zahlen am Zeilenanfang gehören nicht zum Programm-Modul; sie dienen nur als Verweise bei späteren Erwähnungen.

1.1.2 Syntaktische Elemente des Algorithmus

Zeichen und Symbole

Jede der 25 Zeilen des Programms `GGT3` ist eine Folge von *Zeichen*, also von Buchstaben, Ziffern, Zwischenräumen und Sonderzeichen. Auf *dieser* Interpretationsebene ist ein Modul eine *Zeichenfolge*.

Symbole sind Folgen solcher Zeichen: *Namen* (d.h. eine Folge von Buchstaben und Ziffern, die mit einem Buchstaben beginnt), *Zahlen*, *Wortsymbole* (d.h. spezielle Namen, die für jeden Modul die gleiche Bedeutung haben), *einfache Sonderzeichen* wie =, (,), - und *zusammengesetzte Sonderzeichen* wie <>, <= sowie *Zeichenreihen*, die mit " anfangen und enden. Auf *dieser* Interpretationsebene ist ein Modul eine *Symbolfolge*, wobei Zwischenräume keine Rolle spielen, sofern sie nicht zwei Symbole eindeutig voneinander trennen oder in einer Zeichenreihe auftreten.

Vereinbarungen und Anweisungen

Symbole sind Bausteine zur Formulierung von *Vereinbarungen* und *Anweisungen*, d.h. der Sätze des Programms. *GGT3* zeigt einige der wichtigen Vereinbarungen und Anweisungen.

Zeile 1 führt den Namen *GGT3* als *Modulnamen* für den Programm-Modul ein. Die *Vereinbarungen* des Moduls umfassen die *Zeilen 2–5*. Danach beginnt der Teil der *Anweisungen*, eingeleitet durch das Symbol `BEGIN` in *Zeile 6* und abgeschlossen durch das (zugehörige) Symbol `END` in *Zeile 25*, dem noch einmal der Modulname folgt.

Die *Zeilen 2–3* zeigen eine *Importliste*: Ein anderer Modul `InOut` stellt die Namen `WriteString`, `WriteLn`, `WriteCard` und `ReadInt` zur Verfügung. *Zeile 4* führt die Variablen `A` und `B` ein, wobei das Symbol `INTEGER` darauf hinweist, daß sie (ganze) Zahlen als Werte haben. (Warum hier `A` und `B` auch Variablen sind und nicht einfach Zahlen, wird später erläutert.) *Zeile 5* führt zwei Variablen `X` und `Y` ein. Das Symbol `CARDINAL` legt hier fest, daß ihre Werte Zahlen größer oder gleich `0`, aber nicht kleiner als `0` sind.

Der Anweisungsteil ist eine Folge von vier *Anweisungen*: Eine *Ausgabeanweisung* `WriteString` in *Zeile 7*, zwei *Eingabeanweisungen* `ReadInt` in *Zeile 8* und eine `IF`-Anweisung mit den kennzeichnenden Wortsymbolen `IF-THEN-ELSE-END` in *Zeile 9–24*.

Eingabe- und Ausgabeanweisungen

Mit einer *Ausgabeanweisung* und zwei *Eingabeanweisungen* fordert der Computer die Eingabe von 2 Zahlen über den Bildschirm an und weist diese den beiden Variablen `A` und `B` als Anfangswerte zu.

```
7 WriteString("A, B ? ");
8 ReadInt(A); ReadInt(B);
```

`IF`-Anweisung

Eine alternative (oder bedingte) Anweisung wie

```
 9 IF (A > 0) AND (B > 0)
10 THEN   Anweisungsfolge1
23 ELSE   Anweisungsfolge2
24 END
```

hat drei Teile: Einen *Ausdruck* nach `IF` und jeweils eine Folge von Anweisungen nach `THEN` und `ELSE`.

Anweisungsfolge$_1$ hat 10 Anweisungen, die durch Semikolon voneinander getrennt sind: 2 Zuweisungen (als spezielle Anweisungen) in *Zeile 11*, eine `WHILE`-Anweisung in *Zeile 12–18*, jeweils 2 Ausgabeanweisungen in den *Zeilen 19, 20, 21* und eine Ausgabeanweisung in *Zeile 22*. Anweisungsfolge$_2$ hat eine Ausgabeanweisung und eine `HALT`-Anweisung in *Zeile 23*.

`WHILE`-Anweisung

Eine wiederholende Anweisung wie

```
12 WHILE X <> Y
13 DO
14          Anweisungsfolge
18 END
```

hat zwei Teile: Einen *Ausdruck* nach `WHILE` und eine Anweisungsfolge nach `DO`, die hier nur aus einer `IF`-Anweisung besteht:

```
IF X > Y
THEN X:= X - Y
ELSE Y:= Y - X
END
```

Die Anweisungsfolgen nach `THEN` und `ELSE` haben jeweils nur eine Zuweisung.

Zuweisungen

Eine *Zuweisung* hat grundsätzlich den Aufbau

Variable := Ausdruck

Der *Ergebniswert* des Ausdrucks wird der neue Wert der Variablen.

Syntax von Vereinbarungen und Anweisungen

Der Programm-Modul `GGT3` verwendet also Vereinbarungen und Anweisungen, die folgenden syntaktischen Regeln gehorchen:

Zuweisung:
    Variable := Ausdruck

`IF`-Anweisung:
    `IF` Ausdruck
    `THEN` Anweisungsfolge
    `ELSE` Anweisungsfolge
    `END`

`WHILE`-Anweisung:
    `WHILE` Ausdruck `DO` Anweisungsfolge `END`

Importliste:
    `FROM` Modulname `IMPORT` Namensfolge ;

Variablenvereinbarung:
    `VAR` Namensfolge : `INTEGER` ;
    `VAR` Namensfolge : `CARDINAL` ;

Modulvereinbarung:
    `MODULE` Modulname ;
        Importliste
        Variablenvereinbarungen
    `BEGIN`
        Anweisungsfolge
    `END` Modulname.

Ein Programm-Modul heißt *syntaktisch korrekt*, wenn er diesen und anderen syntaktischen Regeln genügt.

Bemerkung: Wie man sieht, können Anweisungen selbst wieder Anweisungen enthalten. Solche rekursiven Strukturen gibt es auch für Vereinbarungen und sogar für Moduln.

Die Regeln bieten eine Fülle von Gestaltungsmöglichkeiten, die für den gleichen Algorithmus mitunter sehr verschiedene Schreibweisen erlauben. So kann man z.B. die Vereinbarungen der Variablen zusammenfassen:

```
 4 VAR  A, B: INTEGER; X, Y: CARDINAL;
```

und eine `IF`-Anweisung auf eine Zeile schreiben:

```
14 IF X > Y THEN X:= X - Y ELSE Y:= Y - X END
```

Diese Vereinfachungen verändern die statische Struktur des Algorithmus nicht.

Prozeduren

Der folgende Programm-Modul unterscheidet sich aber sehr deutlich von `GGT3`:

```
 1 MODULE GGT4;
 2 FROM InOut
 3      IMPORT WriteLn, WriteCard, WriteString, ReadInt;
 4 VAR  A, B: INTEGER;

 5 PROCEDURE ggt(VAR  X, Y: CARDINAL);
 6 BEGIN
 7      WHILE X <> Y
 8      DO IF X > Y THEN X:= X - Y ELSE Y:= Y - X END
 9      END;
10 END ggt;

11 BEGIN
12      WriteString("A, B ? ");
13      ReadInt(A); ReadInt(B);
14      IF (A > 0) AND (B > 0)
15      THEN
16           WriteString("GGT("); WriteCard(A, 0);
17           WriteString(", ");   WriteCard(B, 0);
18           ggt(A, B);
19           WriteString(") = "); WriteCard(A, 0);
20           WriteLn
21      ELSE WriteString("Falsche Zahlen"); HALT
22      END
23 END GGT4.
```

Hier enthält `GGT4` eine *Prozedurvereinbarung* in *Zeile 5–10*, die eine *Prozedur* mit dem Namen `ggt` einführt. In *Zeile 18* steht ein *Prozeduraufruf*, der den Wert `GGT(A, B)` beschafft.

Funktionen

Der nächste Programm-Modul GGT5 hat den gleichen Aufbau, doch fehlt in der Prozedur ggt die WHILE-Anweisung.

```
 1 MODULE GGT5 ;
 2 FROM InOut
 3      IMPORT WriteLn, WriteCard, WriteString, ReadInt;
 4 VAR  A, B: INTEGER;

 5 PROCEDURE ggt(VAR  X, Y: CARDINAL): CARDINAL;
 6 BEGIN
 7      IF X > Y THEN RETURN ggt(X - Y, Y) END;
 8      IF X < Y THEN RETURN ggt(X, Y - X) END
 9 END ggt;

10 BEGIN
11      WriteString("A, B ? ");
12      ReadInt(A); ReadInt(B);
13      IF (A > 0) AND (B > 0)
14      THEN
15           WriteString("GGT("); WriteCard(A, 0);
16           WriteString(", ");   WriteCard(B, 0);
17           WriteString(") = ");
18           WriteCard(ggt(A, B), 0);
19           WriteLn
20      ELSE WriteString("Falsche Zahlen"); HALT
21      END
22 END GGT5.
```

An die Stelle der Prozedur ggt ist eine (rekursive) *Funktion* ggt mit RETURN-Anweisungen getreten. Ihr Aufruf steht in *Zeile 18* als Teil einer Ausgabeanweisung.

1.1.3 Semantische Elemente des Algorithmus

Alle Programm-Moduln lösen, so unterschiedlich sie auch formuliert sind, die gleiche Aufgabe. Um das verstehen zu können, muß man die *Bedeutung* der syntaktischen Regeln kennen. Es fehlen also noch *semantische Regeln*, welche die Bedeutung jeder einzelnen syntaktischen Regel und ihr Zusammenspiel, d.h. die Reihenfolge ihrer Ausführung, festlegen: Erst die Ausführung von Vereinbarungen und Anweisungen liefert das gewünschte Ergebnis.

Bemerkung: Im folgenden werden semantische Regeln nur soweit vorgestellt, wie dies zum Verständnis von GGT3 notwendig ist. Der zweite Teil des Buchs beschäftigt sich damit, alle Regeln vollständig aufzuzeigen, zu interpretieren und an Beispielen zu demonstrieren.

Semantik der Variablenvereinbarung

Eine *Variablenvereinbarung*

```
VAR A, B: INTEGER; X, Y: CARDINAL;
```

führt vier *Variablen* ein. Jede Variable hat einen Namen, den *Variablennamen*, und einen Wert, den *Variablenwert*. Dieser Wert ist durch einen *Datentyp* gekennzeichnet: `INTEGER` bedeutet, daß der Wert eine beliebige ganze Zahl ist; `CARDINAL` sagt aus, daß der Wert nicht negativ ist. Das sieht tabellarisch so aus:

Name	Datentyp	Wert
A	INTEGER	?
B	INTEGER	?
X	CARDINAL	?
Y	CARDINAL	?

In der dritten Spalte stehen nur Fragezeichen, da eine Vereinbarung der Variablen keinen definierten Wert zuordnet.

Semantik der Zuweisung

Durch erste Zuweisungen gibt es *Anfangswerte*:

```
A:= 1; B:= 2 - 3; X:= A + 1
```

Sie führen zu folgender Tabelle:

Name	Datentyp	Wert
A	INTEGER	1
B	INTEGER	−1
X	CARDINAL	2
Y	CARDINAL	?

`Y` hat noch keinen Wert, erhält ihn also erst später (oder überhaupt nicht). Das geschieht dann wieder durch eine Zuweisung wie

```
Y:= (9 * A) + 5
```

Rechts vom *Zuweisungssymbol* := steht ein *Ausdruck*. Er muß zuerst ausgewertet werden: Die ganze Zahl `14` ist sein *Ergebniswert*, denn die Variable `A` hat augenblicklich den Wert `1` (siehe letzte Tabelle). Und diesen Wert `14` erhält nun die Variable `Y` als neuen Wert zugewiesen. Damit hat die Tabelle folgendes Aussehen:

Name	Datentyp	Wert
A	INTEGER	1
B	INTEGER	−1
X	CARDINAL	2
Y	CARDINAL	14

Solche Zuweisungen kommen beliebig oft vor, so häufig man sie eben braucht.

```
B:= A - 5; X:= (A - B) * 6; A:= X DIV 3
```

DIV bezeichnet die *ganzzahlige Division*. Durch die Ausführung dieser drei Zuweisungen erhalten die Variablen, die jeweils links von dem Symbol := stehen, neue Werte:

Name	Datentyp	Wert
A	INTEGER	10
B	INTEGER	−4
X	CARDINAL	30
Y	CARDINAL	14

Semantik der Vergleiche

Nun kann man aber auch zwei Werte miteinander vergleichen und fragen, ob sie beide *gleich* oder *ungleich* sind und ob ein Wert *größer* oder *kleiner* als 0 ist. Stets lautet die Antwort: *wahr* oder *falsch*.

10 = 5	10 gleich 5 ?	falsch
A > 0	A größer 0 ?	wahr
A < B	A kleiner B ?	falsch

Dies ist auch die Antwort im Fall einer Frage nach Ungleichheit <>:

```
(Y - 15) <> (B - 4)
```

Wie man sieht, steht auf der linken und rechten Seite des *Vergleichsoperators* jeweils ein Ausdruck: Beide werden ausgewertet und ihre Ergebniswerte miteinander verglichen. (Eine Variable ist der kleinste Ausdruck, den man schreiben kann.)

Boolesche Werte und Ausdrücke

Manchmal braucht man einen *doppelten* Vergleich, d.h. man will z.B. wissen, ob A und B beide größer als 0 sind:

```
(A > 0) AND (B > 0)
```

Es treten zwei Vergleiche auf, deren Ergebnisse *wahr* oder *falsch* nach den Regeln der Operation AND kombiniert werden. Dieses Ergebnis ist wieder *wahr* oder *falsch*. Statt von *wahr* und *falsch* spricht man in MODULA von den Werten TRUE und FALSE des Datentyps BOOLEAN. Der letzte Ausdruck heißt daher auch *Boolescher Ausdruck* oder *logischer Ausdruck*.

Nach der letzten Tabelle liefert A > 0 den Wert TRUE, aber B > 0 den Wert FALSE. Der Ausdruck TRUE AND FALSE ergibt FALSE nach der Definition des Booleschen Operators AND.

Alternative Entscheidungen

Was fängt man mit dem Ergebnis `TRUE` oder `FALSE` an? Man verwendet es, um sich für die eine oder andere Fortsetzung der Ausführung zu entscheiden:

```
IF Boolescher Ausdruck
THEN Anweisungsfolge
ELSE Anweisungsfolge
END
```

Die Anweisungen nach `THEN` werden ausgeführt, wenn der Ausdruck den Wert `TRUE` hat, sonst sind es die Anweisungen nach `ELSE`. Nach der letzten Tabelle liefert die Ausführung von

```
IF A > 0
THEN B:= B - 1; X:= 0
ELSE A:= 0; Y:= Y + 1
END
```

die neue Tabelle

Name	Datentyp	Wert
A	INTEGER	10
B	INTEGER	−5
X	CARDINAL	0
Y	CARDINAL	14

Es wurden die Anweisungen nach `THEN` ausgeführt.

Bedingte Wiederholungen

Eine andere Möglichkeit, einen Vergleich zu nutzen, liefert die `WHILE`-Anweisung:

`WHILE` Boolescher Ausdruck `DO` Anweisungsfolge `END`

Dies bedeutet die Wiederholungen:

1. vergleichen und bei `TRUE` die Anweisungen ausführen
2. vergleichen und bei `TRUE` die Anweisungen ausführen
3. vergleichen und bei `TRUE` die Anweisungen ausführen
4. vergleichen und bei `TRUE` die Anweisungen ausführen

...

bis zum erstenmal ein Vergleich den Wert `FALSE` liefert. Erst dann ist die Folge von Wiederholungen beendet.

Die Ausführung der Anweisungen

```
A:= 2; B:= 1;
WHILE B < 10 DO A:= A * 2; B:= B + 1 END;
X:= A
```

ergibt die neue Tabelle

Name	Datentyp	Wert
A	INTEGER	1024
B	INTEGER	10
X	CARDINAL	1024
Y	CARDINAL	14

Der Vergleich nach WHILE wird 10 mal ausgeführt: 9 mal liefert er den Wert TRUE, so daß sich der Wert von A verdoppelt und der Wert von B sich um 1 erhöht. Der 10. Vergleich liefert den Wert FALSE. Damit ist die Ausführung der WHILE-Anweisung beendet. Es folgt die Ausführung der Zuweisung X:= A.

Ausführung von GGT3

Nach der Erläuterung einiger semantischer Regeln an Beispielen soll jetzt der Programm-Modul GGT3 ausgeführt werden.

Zunächst stellen die Vereinbarungen in *Zeile 4–5* vier Variablen bereit:

Name	Datentyp	Wert
A	INTEGER	?
B	INTEGER	?
X	CARDINAL	?
Y	CARDINAL	?

Die Leseanweisungen in *Zeile 8* fordern zur Eingabe zweier Zahlen auf, z.B. 24 und 9. Sie werden A und B zugewiesen.

Name	Datentyp	Wert
A	INTEGER	24
B	INTEGER	9
X	CARDINAL	?
Y	CARDINAL	?

Die IF-Anweisung in *Zeile 9–24* wird als nächste Anweisung ausgeführt. Ihr Boolescher Ausdruck (A > 0) AND (B > 0) liefert das Ergebnis TRUE AND TRUE, also TRUE. Deshalb werden jetzt die Anweisungen nach THEN in *Zeile 11–22* ausgeführt.

Die beiden Zuweisungen geben X und Y Anfangswerte:

Name	Datentyp	Wert
A	INTEGER	24
B	INTEGER	9
X	CARDINAL	24
Y	CARDINAL	9

Es folgt die Ausführung der WHILE-Anweisung in *Zeile 12–18*.

1. Wiederholung

Der Boolesche Ausdruck X <> Y nach WHILE liefert TRUE. Die einzige Anweisung nach DO ist eine IF-Anweisung. Ihr Boolescher Ausdruck X > Y liefert auch TRUE, so daß die Zuweisung nach THEN auszuführen ist. Der Wert von X verringert sich:

Name	Datentyp	Wert
A	INTEGER	24
B	INTEGER	9
X	CARDINAL	15
Y	CARDINAL	9

Damit ist die IF-Anweisung und ebenfalls die WHILE-Anweisung zum erstenmal ausgeführt.

2. Wiederholung

Der zweite Vergleich X <> Y nach WHILE ergibt TRUE. Auch der Vergleich X > Y liefert TRUE, und der Wert von X verringert sich wieder.

Name	Datentyp	Wert
A	INTEGER	24
B	INTEGER	9
X	CARDINAL	6
Y	CARDINAL	9

3. Wiederholung

Der Vergleich X <> Y nach WHILE ergibt TRUE, aber der Vergleich X > Y nach IF liefert FALSE, und jetzt verringert sich der Wert von Y.

Name	Datentyp	Wert
A	INTEGER	24
B	INTEGER	9
X	CARDINAL	6
Y	CARDINAL	3

4. Wiederholung

Der nächste Vergleich `X <> Y` nach `WHILE` ergibt `TRUE`, ebenfalls der Vergleich `X > Y` nach `IF`. Somit verringert sich der Wert von `X`.

Name	Datentyp	Wert
A	INTEGER	24
B	INTEGER	9
X	CARDINAL	3
Y	CARDINAL	3

5. Wiederholung

Der nächste Vergleich `X <> Y` nach `WHILE` ergibt zum erstenmal `FALSE`. Dies beendet die Ausführung der `WHILE`-Anweisung.

Es folgt die Ausführung der Ausgabeanweisungen in *Zeile 19–22*. Auf dem Bildschirm erscheint:

```
GGT(24, 9) = 3
```

Damit ist auch die umfassende `IF`-Anweisung ausgeführt. Sie ist die letzte Anweisung des Programm-Moduls, der somit auch ausgeführt ist.

Bemerkung: In Zukunft ist eine solch detaillierte Darstellung der Ausführung nicht mehr möglich. Dem Leser wird jedoch geraten, dieses Vorgehen hinreichend oft durchzuführen.

1.2 Ein weiteres einfaches Beispiel: `Ostern`

Die eben gewonnenen Erfahrungen sollen an einem weiteren bekannten Algorithmus vertieft werden. Mit ihm berechnet man das *Datum des Ostersonntags* eines Jahres.

```
MODULE Ostern;
FROM InOut
     IMPORT WriteLn, WriteString, WriteCard;
VAR  Jahr, M, N, G, C, X, Z, D, E: CARDINAL;
BEGIN
     WriteString("Die Ostersonntage von 1985-2000");
     WriteLn;
```

```
      WriteString("================================");
      WriteLn; WriteLn; WriteLn;

      Jahr:= 1985;
      WHILE Jahr <= 2000
      DO
           G:= (Jahr MOD 19) + 1;
           C:= (Jahr DIV 100) + 1;
           X:= ((3 * C) DIV 4) - 12;
           Z:= (((8 * C) + 5) DIV 25) - 5;
           D:= ((5 * Jahr) DIV 4) - X - 10;
           E:= ((11 * G) + 20 + Z - X) MOD 30;
           IF ((E = 25) AND (G > 11)) OR (E = 24)
                THEN E:= E + 1
           END;
           N:= 44 - E;
           IF N < 21 THEN N:= N + 30 END;
           N:= N + (7 - ((D + N) MOD 7));
           IF N <= 31
                THEN M:= 3
                ELSE N:= N - 31; M:= 4
           END;
           WriteString("Ostern "); WriteCard(Jahr, 0);
           WriteString(" faellt auf den ");
           WriteCard(N, 2);
           IF M = 3
                THEN WriteString(". Maerz."); WriteLn
                ELSE WriteString(". April."); WriteLn
           END;
           Jahr:= Jahr + 1
      END
END Ostern.
```

Die im Programm-Modul auftretenden Operatoren haben alle zwei Operanden:

DIV	teilt zwei Zahlen, z.B. 33 DIV 7 ist 4.
MOD	teilt ebenfalls zwei Zahlen, liefert aber den Rest ab, z.B. 33 MOD 7 ist 5.
=	fragt, ob zwei Zahlen *gleich* sind.
<=	fragt, ob die erste Zahl *kleiner* oder *gleich* der zweiten Zahl ist.
<	fragt, ob die erste Zahl *kleiner* als die zweite ist.
>	fragt, ob die erste Zahl *größer* als die zweite ist.
AND	liefert nur dann TRUE, wenn beide Operanden TRUE sind.
OR	liefert nur dann FALSE, wenn beide Operanden FALSE sind.

Einseitige IF-Anweisung

Wie man sieht, gibt es IF-Anweisungen ohne ELSE:

IF Ausdruck THEN Anweisungsfolge END

Dies ist gleichwertig mit

IF Ausdruck THEN Anweisungsfolge ELSE END

Zwischenergebnisse der Ausführung

Für das Jahr 1985 entstehen bei der Ausführung folgende Zwischenergebnisse:

```
G = (Jahr MOD 19) + 1 = 9 + 1 = 10

C = (Jahr MOD 100) + 1 = 19 + 1 = 20

X = ((3 * C) DIV 4) - 12
  = (60 DIV 4) - 12
  = 15 - 12
  = 3

Z = (((8 * C) + 5) DIV 25) - 5
  = ((160 + 5) DIV 25) - 5
  = 1

D = ((5 * Jahr) DIV 4) - X - 10
  = (9925 DIV 4) - 13
  = 2468

E = ((11 * G) + 20 + z - x) MOD 30
  = 8

IF ((E = 25) AND (G > 11)) OR (E = 24) THEN ... END
IF ((16 = 25) AND ...) OR (16 = 24)    THEN ... END
IF FALSE OR FALSE THEN ... END
IF FALSE THEN ... END

N = 44 - E = 44 - 8 = 36

IF N < 21 THEN ... END
IF FALSE  THEN ... END

N = N + (7 - ((D + N) MOD 7 )) = 38

IF N <= 31 THEN ... ELSE ... END
IF FALSE THEN ... ELSE N:= 7; M:= 4 END
```

Auf dem Bildschirm erscheint die Zeile

```
Ostern 1985 faellt auf den  7. April.
```

FOR-Anweisungen

Die WHILE-Anweisung einschließlich der vorausgehenden Zuweisung hat folgenden Aufbau:

```
Jahr:= 1985;
WHILE Jahr <= 2000 DO
      Anweisungen;
      Jahr:= Jahr + 1
END
```

Sie endet, wenn der Ausdruck nach `WHILE` zum erstenmal den Wert `FALSE` liefert, wenn also `Jahr > 2000` gilt.

An die Stelle einer solchen `WHILE`-Anweisung kann auch eine `FOR`-Anweisung treten:

```
FOR Jahr:= 1985 TO 2000 DO Anweisungen END
```

1.3 Reihungen = Folgen gleichartiger Werte

In allen Beispielen treten bislang nur *einfache Variable* auf, die eine Zahl als Wert haben. Der Programm-Modul `Ostern` braucht für Zwischenergebnisse 6 solcher Variablen. Tritt der Fall ein, daß noch wesentlich mehr Variablen nötig sind, z.B. 30, dann ist es unvernünftig, eine Vereinbarung mit 30 Namen zu schreiben:

```
VAR  A1, A2, A3, ..., A30: INTEGER;
```

Folgen von Zahlen

Viel besser ist eine Zusammenfassung wie

```
VAR  A: ARRAY [1..30] OF INTEGER;
```

Auch das gibt 30 Variablen. Der Unterschied ist nur eine andere Schreibweise:

```
A[1], A[2], A[3], ..., A[30]
```

Der Nachteil der aufwendigeren Schreibweise wird dadurch wettgemacht, daß zwischen den Symbolen `[` und `]` ein *Ausdruck* stehen darf, der aber unbedingt einen Wert zwischen `1` und `30` liefern muß. (Andernfalls liegt ein schwerer Fehler vor.)

Die folgende Tabelle veranschaulicht diese Art der Vereinbarung von 30 Variablen:

Name	Datentyp	Wert
A[1]	INTEGER	?
A[2]	INTEGER	?
...		
A[30]	INTEGER	?

Nach den Zuweisungen

```
A[1]:= 5;
A[2]:= A[1] + 6;
A[3]:= (7 * A[1]) + A[2];
```

liegen folgende Werte vor:

Name	Datentyp	Wert
A[1]	INTEGER	5
A[2]	INTEGER	11
A[3]	INTEGER	46
A[4]	INTEGER	?
...		
A[30]	INTEGER	?

Nach den Zuweisungen

```
N:= 2;
A[N]:= A[N - 1] + A[N + 1];
A[N + 2]:= A[A[2] - A[N + 1] - 4]
```

haben sich die Werte wieder verändert:

Name	Datentyp	Wert
A[1]	INTEGER	5
A[2]	INTEGER	51
A[3]	INTEGER	46
A[4]	INTEGER	5
...		
A[30]	INTEGER	?

Im Detail wird die letzte Zuweisung so ausgeführt:

```
A[N + 2]:= A[A[2] - A[N + 1] - 4]
A[4]    := A[51   - 46        - 4]
A[4]    := A[1]
```

Bemerkung: Die Numerierung mit den Zahlen von 1 bis 30 ist hier willkürlich. Es können auch die Zahlen von 0 bis 29, 10 bis 39 oder auch -30 bis -1 sein. Die richtige Wahl hängt von dem Algorithmus ab, der den Bereich definieren muß.

Vereinbarung von Reihungen

Für diese Variablen kennt MODULA folgende syntaktische und semantische Angaben:

1. Eine Vereinbarung wie `VAR A: ARRAY [1..30] OF INTEGER;` ist eine *Reihungsvereinbarung*.
2. `A` heißt *Reihungsvariable* oder kurz *Reihung*. (Das englische Wort ist *Array*.)
3. Die Angabe `ARRAY [1..30] OF INTEGER` heißt *Reihungstyp* und hat 2 Teile: einen *Indexbereich* `[1..30]` und einen *Komponententyp* `INTEGER`.
4. Jede Variable `A[k]` heißt *indizierte Variable*. Der Wert `k` ist ihr *Indexwert* oder kurz *Index*. Alle indizierten Variablen verhalten sich wie einfache Variablen mit dem Datentyp `INTEGER`.

Initialisierung einer Zahlenfolge

Reihungsvereinbarungen kann man z.B. benutzen, um eine Reihung mit 20 Indexwerten einzuführen

```
VAR Folge: ARRAY [1..20] OF INTEGER; k: CARDINAL;
```

und jeder indizierten Variablen den Wert `1` zu geben:

```
FOR k:= 1 TO 20 DO Folge[k]:= 1 END
```

`Folge` kann aber auch jede andere Ansammlung von Werten haben, z. B.:

```
FOR k:= 1 TO 20 DO Folge[k]:= k * k END
```

Ausgabe einer Zahlenfolge

Schreibt man einen Teil von `Folge` mit

```
FOR k:= 5 TO 15 DO WriteInt(Folge[k], 4) END
```

erscheint auf dem Bildschirm die Zeile

```
  25  36  49  81 100 121 144 169 196 225
```

wobei jede Zahl 4 Positionen belegt.

Tauschen in einer Zahlenfolge

Sollen die beiden Variablen `Folge[5]` und `Folge[14]` ihre Werte tauschen, braucht man eine Hilfsvariable:

```
VAR H: INTEGER;

H:= Folge[5];
Folge[5]:= Folge[14];
Folge[14]:= H
```

So kehrt man die Folge der Zahlen um:

```
FOR k:= 1 TO 10 DO
     H:= Folge[k];
     Folge[k]:= Folge[21 - k];
     Folge[21 - k]:= H
END
```

Das Umkehren läßt sich auch erreichen mit

```
i:= 20;
FOR k:= 1 TO 10 DO
     H:= Folge[k];
     Folge[k]:= Folge[i];
     Folge[i]:= H;
     i:= i - 1
END
```

Eingabe einer Zahlenfolge

Ebenso wie es möglich ist, eine Folge von Zahlen auf den Bildschirm zu schreiben, kann man sie auch mit der Tastatur eintippen und in `Folge` speichern:

```
FOR k:= 1 TO 20 DO
     WriteString("Neue Zahl: ");
     ReadInt(Folge[k]);
END
```

Größte Zahl einer Zahlenfolge

Vielleicht will man wissen, welche der eingelesenen Zahlen am größten ist:

```
Max:= Folge[1];
FOR k:= 2 TO 20 DO
     IF Max < Folge[k] THEN Max:= Folge[k] END
END
```

Die Variable `Max` hat jetzt die größte Zahl der Zahlenfolge als Wert.

Sortieren einer Zahlenfolge

Weiterhin mag es interessant sein, die eingelesenen Zahlen zu sortieren, so daß nach dem Sortieren gilt:

```
Folge[1] <= Folge[2] <= ... <= Folge[20]
```

Um dies zu erreichen, verwendet man folgenden Algorithmus:

1.1 Eine Variable `Min` erhält `Folge[1]` als Wert.
2.1 Dann schaut man nach, ob es unter den Zahlen `Folge[2]` bis `Folge[20]` eine kleinere Zahl gibt und merkt sich den Index mit der Variablen `Pos`.
3.1 Wenn nach dieser Suche `Pos` verschieden von `1` ist, tauscht man `Folge[1]` mit `Folge[Pos]`. Der Index `1` spielt im weiteren keine Rolle mehr.

1.2 Die Variable Min erhält Folge[2] als Wert.
2.2 Dann schaut man nach, ob es unter den Zahlen Folge[3] bis Folge[20] eine kleinere Zahl gibt und merkt sich den Index wieder mit der Variablen Pos.
3.2 Wenn nach dieser Suche Pos verschieden von 2 ist, tauscht man Folge[2] mit Folge[Pos]. Auch der Index 2 spielt im weiteren keine Rolle mehr.

Aus den ersten beiden Schritten, die die kleinste Zahl zum Index 1 und die nächstgrößere zum Index 2 bringen, kann man sofort das allgemeine Verfahren ableiten:

1.n Die Variable Min erhält Folge[n] als Wert.
2.n Dann schaut man nach, ob es unter den Zahlen Folge[n + 1] bis Folge[20] eine kleinere Zahl gibt und merkt sich den Index mit der Variablen Pos.
3.n Wenn nach dieser Suche Pos verschieden von n ist, tauscht man Folge[n] mit Folge[Pos]. Der Index n spielt im weiteren keine Rolle mehr.

Diesen verbal ausgedrückten Algorithmus schreibt man in MODULA so:

```
FOR n:= 1 TO 19 DO
(* 1.n *) Pos:= n; Min:= Folge[n];
(* 2.n *) FOR k:= n + 1 TO 20 DO
                 IF Min > Folge[k] THEN
                      Pos:= k; Min:= Folge[k]
                 END
            END;
(* 3.n *) IF Pos <> n THEN
                 Min:= Folge[n];
                 Folge[n]:= Folge[Pos];
                 Folge[Pos]:= Min
            END
END
```

Vor Beginn der Ausführung des Algorithmus enthält Folge die ungeordnete, nach dem Ende der Ausführung die geordnete Zahlenfolge.

Bemerkung: Die Konstruktion (* ... *) ist ein *Kommentar* und hat keinen Einfluß auf die Ausführung. Sie hilft jedoch, die Bedeutung eines Programmstücks auf einen Blick zu erfassen.

Programm-Modul Sortiere

Ein vollständiger Programm-Modul, in dem noch die Eingabe der ungeordneten und die Ausgabe der geordneten Zahlenfolge fehlt, ist Sortiere:

```
MODULE Sortiere;
CONST Ende = 20;
VAR  Min: INTEGER; n, k, Pos: CARDINAL;
     Folge: ARRAY [1..20] OF INTEGER;
```

```
BEGIN
    FOR n:= 1 TO Ende - 1 DO
        Pos:= n; Min:= Folge[n];
        FOR k:= n + 1 TO Ende DO
            IF Min > Folge[k] THEN
                Pos:= k; Min:= Folge[k]
            END
        END;
        IF Pos <> n THEN
            Min:= Folge[n];
            Folge[n]:= Folge[Pos];
            Folge[Pos]:= Min
        END
    END
END Sortiere.
```

Parametrisierung des Sortierens

Die *Konstantenvereinbarung*

```
CONST Ende = 20;
```

befreit den Sortieralgorithmus von der speziellen Zahl 20. Ende ist keine Variable, sondern vertritt die Zahl 20 und Ende-1 steht für 19. Der Vorteil einer solcher Vereinbarung ist darin zu sehen, daß Ende die Wirkung eines Parameters hat. Will man nur die ersten 10 Zahlen sortieren, genügt eine Veränderung der Konstantenvereinbarung:

```
CONST Ende = 10;
```

Führt man auch noch eine Konstantenvereinbarung für den ersten Index ein

```
CONST Anfang = 1; Ende = 10;
```

und schreibt

```
FOR n:= Anfang TO Ende - 1
```

kann man durch geeignete Wahl der Konstanten für Anfang und Ende die ganze Zahlenfolge oder nur eine Teilfolge sortieren.

1.4 Prozeduren = Vereinbarungen und Anweisungen

Der Programm-Modul Sortiere ist noch unvollständig. Es fehlt die Eingabe der unsortierten und die Ausgabe der sortierten Zahlenfolge. Diese beiden Aufgaben sind vollkommen unabhängig voneinander und auch von dem Sortieralgorithmus.

Eingabe und Ausgabe von Zahlen

Daher sollen sie auch unabhängig formuliert werden:

```
PROCEDURE Eingabe;
VAR k: CARDINAL;
BEGIN
     FOR k:= 1 TO 20 DO
          WriteString("Naechste Zahl ? ");
          ReadInt(Folge[k])
     END
END Eingabe

PROCEDURE Ausgabe;
VAR k: CARDINAL;
BEGIN
     WriteString("Ausgabe: ");
     FOR k:= 1 TO 20 DO
          WriteInt(Folge[k], 0);
          WriteString("  ")
     END
END Ausgabe
```

Prozedurvereinbarungen

Hier handelt es sich um zwei *Prozedurvereinbarungen* mit den Namen `Eingabe` und `Ausgabe`. Wie man sieht, gibt es Ähnlichkeiten zwischen dem Aufbau eines Programm-Moduls und einer Prozedur:

`MODULE` Modulname ;	`PROCEDURE` Prozedurname ;
Importliste ;	
Vereinbarungen	Vereinbarungen
`BEGIN`	`BEGIN`
Anweisungen	Anweisungen
`END` Modulname	`END` Prozedurname

Solche Prozeduren sind Teilalgorithmen, aus denen sich der ganze Algorithmus zusammensetzt, der hier *Eingabe-Sortieren-Ausgabe* lautet. Also sollte auch der Sortieralgorithmus als Prozedur formuliert werden.

Prozeduren eines Moduls

Der Programm-Modul `SortiereFolge` enthält die drei Prozeduren `Eingabe`, `Ausgabe` und `Sortiere`. Sein Anweisungsteil führt eben diese Prozedurnamen in der gewünschten Reihenfolge auf. Hier spricht man nun von *Prozeduranweisungen* oder *Prozeduraufrufen*.

```
MODUL SortiereFolge;
FROM InOut
     IMPORT WriteLn, WriteString, WriteInt, ReadInt;
CONST Anfang = 1; Ende = 20;
VAR  Folge: ARRAY [1..20] OF INTEGER;
```

```
PROCEDURE Eingabe;
. . .
END Eingabe;

PROCEDURE Ausgabe;
. . .
END Ausgabe;

PROCEDURE Sortiere;
VAR  Min: INTEGER; n, k, Pos: CARDINAL;
BEGIN
     FOR n:= Anfang TO Ende - 1 DO
          Min:= Folge[n]; Pos:= n;
          FOR k:= n + 1 TO Ende DO
               IF Min > Folge[k] THEN
                    Pos:= k; Min:= Folge[k]
               END
          END;
          IF Pos <> n THEN
               Min:= Folge[n];
               Folge[n]:= Folge[Pos];
               Folge[Pos]:= Min
          END
     END
END Sortiere;

BEGIN
     Eingabe;
     Sortiere;
     Ausgabe
END SortiereFolge.
```

Eine Erweiterung um einen Prozeduraufruf `Ausgabe`

```
BEGIN
     Eingabe;
     Ausgabe;
     Sortiere;
     Ausgabe
END SortiereFolge.
```

führt auch zur Ausgabe der unsortierten, gerade eingegebenen Zahlenfolge.

Lokale und globale Namen

Schaut man genauer hin, erkennt man drei Eigenschaften der Prozeduren:

1. Eine Prozedurvereinbarung realisiert einen Teilalgorithmus. Unter Verwendung des Prozedurnamens kann die Prozedur mehrfach (und nicht nur einmal) verwendet werden.

2. Eine Prozedur hat eigene Vereinbarungen, führt also Variablen ein, die nur für diese Prozedur wichtig sind und auch nur hier verwendet werden. Andere Prozeduren haben auf sie keinen Zugriff. Solche Variablen nennt man *lokale Variablen* der Prozedur. Ihre Namen sind *lokale Namen*.
3. Neben den lokalen Namen hat jede Prozedur auch Namen, die der Programm-Modul eingeführt hat. Diese Namen heißen *globale Namen* der Prozedur.

Insbesondere die lokale Eigenschaft garantiert die Unabhängigkeit der Prozeduren, die aber über globale Namen miteinander in Kontakt stehen.

Lokale Prozeduren

Eine Prozedur kann neben lokalen Variablen auch eine lokale Prozedur haben:

```
PROCEDURE Sortiere;
VAR  Min: INTEGER; n, k, Pos: CARDINAL;

PROCEDURE Tausch;
VAR H: INTEGER;
BEGIN
     H:= Folge[n];
     Folge[n]:= Folge[Pos];
     Folge[Pos]:= H
END Tausch;

BEGIN
     FOR n:= Anfang TO Ende - 1 DO
          Min:= Folge[n]; Pos:= n;
          FOR k:= n + 1 TO Ende DO
               IF Min > Folge[k] THEN
                    Pos:= k; Min:= Folge[k]
               END
          END;
          IF Pos <> n THEN Tausch END
     END
END Sortiere
```

Parametrisierung von Prozeduren

Eine geeignete Wahl der Werte für die Konstantenvereinbarung

```
CONST Anfang = ...; Ende = ...;
```

gestattet zwar das Sortieren einer Teilfolge, mehr aber auch nicht. Es ist auf diese Weise nicht möglich, zwei Teilfolgen nacheinander zu sortieren. Um das zu erreichen, macht man `Anfang` und `Ende` zu lokalen Variablen der Prozedur `Sortiere` und versorgt sie bei jedem Prozeduraufruf mit den richtigen Anfangswerten. In dieser Funktion heißen sie dann *Parameter der Prozedur*.

```
PROCEDURE Sortiere(Anfang, Ende: CARDINAL);
VAR  Min: INTEGER; n, k, Pos: CARDINAL;

PROCEDURE Tausch;
. . .
END Tausch;

BEGIN
. . .
END Sortiere
```

Der Anweisungsteil des Programm-Moduls kann dann so aussehen:

```
BEGIN
     Eingabe; Ausgabe;
     Sortiere(1, 5);
     Ausgabe;
     Sortiere(10, 17);
     Ausgabe
END SortiereFolge.
```

Bei dem ersten Prozeduraufruf von `Sortiere` sind `1` und `5` die Anfangswerte der Variablen `Anfang` und `Ende`, bei dem zweiten Aufruf sind es `10` und `17`. Auch die lokale Prozedur `Tausch` kann man parametrisieren:

```
PROCEDURE Tausch(VAR A, B: INTEGER);
VAR H: INTEGER;
BEGIN
     H:= A; A:= B; B:= H
END Tausch
```

Sie tauscht die Werte zweier Variablen unabhängig davon, wie diese Variablen vereinbart sind. Aufrufe sind

`Tausch(Folge[n], Folge[Pos])` und `Tausch(A1, A2)`

Sortieren zweier Zahlenfolgen

Ohne die Prozeduren zu verändern, kann man durch Austausch der Anweisungen des Programm-Moduls auch mehrere Zahlenfolgen nacheinander einlesen, sortieren und ausgeben, z.B. zwei Folgen:

```
BEGIN
     Eingabe; Ausgabe;
     Sortiere(Anfang, Ende);
     Ausgabe;
     Eingabe; Ausgabe;
     Sortiere(Anfang, Anfang + 10);
     Sortiere(Anfang + 11, Ende);
     Ausgabe
END SortiereFolge.
```

Man beachte, daß die hier benutzten Namen Anfang und Ende nichts mit den lokalen Namen Anfang und Ende der Prozedur Sortiere zu tun haben. Der Programm-Modul kennt sie als Namen für Zahlen, während Sortiere sie als Namen für lokale Variable verwendet. (Nicht die Namen sind wichtig, sondern die Objekte, die sie bezeichnen!)

Sortieren beliebiger Zahlenfolgen

In der Praxis muß man aber davon ausgehen, daß dieser Programm-Modul, der Zahlenfolgen einliest, sortiert und ausgibt, erst dann wirkungsvoll ist, wenn er noch drei weitere Eigenschaften berücksichtigt:

1. Die Zahlenfolgen sind unterschiedlich lang.
2. Die Zahlenfolgen werden nicht nur sortiert und ausgegeben, sondern es gibt weitere Algorithmen, die sie verwenden.
3. Die Zahl der zu verarbeitenden Zahlenfolgen ist unbekannt.

Betrachtet man Forderung 3 allein, läßt sie sich so realisieren:

```
BEGIN
     LOOP
          WriteString("Eingabe einer Zahlenfolge? ");
          ReadInt(Folge[1]);
          IF Done THEN
               Eingabe;
               Ausgabe;
               Sortiere(Anfang, Ende);
               Ausgabe
          ELSE EXIT
          END
     END
END SortiereFolge.
```

Hier gibt es eine LOOP-Anweisung, die ähnlich wie eine WHILE-Anweisung Wiederholungen von Anweisungen gestattet. Sie wird aber nicht durch die Abfrage eines Booleschen Ausdrucks kontrolliert, sondern sie terminiert durch eine EXIT-Anweisung.

Done ist eine Variable des Datentyps BOOLEAN, also eine *Boolesche Variable*, deren möglichen Werte TRUE oder FALSE sind. Sie wird wie die Namen für Eingabe- und Ausgabeanweisungen von dem Modul InOut importiert und hat folgende Aufgabe: Nach jeder Leseanweisung ReadInt erhält Done den Wert TRUE, wenn wirklich eine Zahl eingelesen worden ist, sonst den Wert FALSE. Mit Done kann man also kontrollieren, wieviel Zahlenfolgen man bearbeiten will.

Gibt man auf die Frage

```
Eingabe einer Zahlenfolge?
```

irgendeine Zahl ein, werden danach die 20 Zahlen einer neuen Folge abgefragt. Gibt man keine Zahl ein, endet der Programm-Modul.

Folgen von Folgen

Forderung 2 kann man nur erfüllen, wenn für jede einzulesende Zahlenfolge eine eigene Reihungsvariable wie `Folge` zur Verfügung steht.

```
VAR Fg1, Fg2, Fg3, ..., Fg10: ARRAY [1..20] OF INTEGER;
```

Besinnt man sich auf die anfangs geäußerten Argumente, ist es besser, eine *Folge von Zahlenfolgen* zu bilden:

```
VAR Fg: ARRAY [1..AnzahlFolgen] OF
              ARRAY[1..20] OF INTEGER;
```

`Fg[k]` ist die `k`-te Zahlenfolge und `Fg[k][m]` oder – gleichwertig – `Fg[k, m]` die `m`-te Zahl in dieser Zahlenfolge.

Diese Vereinbarung erfüllt Forderung 3, wenn man weiß, wieviele Zahlenfolgen man höchstens gleichzeitig bearbeiten will. Die Konstante `AnzahlFolgen` gibt diese Information:

```
CONST AnzahlFolgen = 25;
```

Bemerkung: `AnzahlFolgen` ist ein Maximalwert. Besser ist es, wenn man nur soviele Reihungsvariablen einführt, wie man wirklich braucht. Dies erreicht man mit dynamischen Variablen, die später eingeführt werden.

Umspeichern von Zahlenfolgen

Die Prozeduren `Eingabe`, `Ausgabe` und `Sortieren` können nach Einführung von `Fg` nicht länger auf die globale Reihungsvariable `Folge` zugreifen. Es gibt zwei Möglichkeiten, dies zu ändern: Bei der ersten wird die nächste Zahlenfolge wieder nach `Folge` eingelesen und erst die sortierte Zahlenfolge nach `Fg[Anzahl]` überwiesen. Die drei Prozeduren müssen nicht verändert werden.

```
VAR Anzahl: CARDINAL;
BEGIN
    Anzahl:= 0;
    LOOP
        WriteString("Eingabe einer Zahlenfolge? ");
        ReadInt(Folge[1]);
        IF Done THEN
            Eingabe;
            Ausgabe;
            Sortiere(Anfang, Ende);
            Ausgabe
        ELSE EXIT
        END;
        Anzahl:= Anzahl + 1;
→       Fg[Anzahl]:= Folge
    END;
    ...
END SortiereFolge.
```

Gleichsetzung von Variablen

Die zweite Möglichkeit sieht vor, aus `Folge` einen Parameter der Prozeduren zu machen. Dazu ist es vorher aus syntaktischen Gründen nötig, einen Namen wie `TypFolge` für den Reihungstyp einzuführen:

```
TYPE  TypFolge = ARRAY [1..20] OF INTEGER;
VAR   Fg: ARRAY[1..AnzahlFolgen] OF TypFolge;
```

Die drei Prozeduren erhalten zusätzlich einen Parameter:

```
PROCEDURE Eingabe(VAR Folge: TypFolge);
PROCEDURE Ausgabe(VAR Folge: TypFolge);
PROCEDURE Sortiere(VAR Folge: TypFolge;
                   Anfang, Ende: CARDINAL);
```

Das Symbol `VAR` vor dem Parameter `Folge` kennzeichnet eine *Gleichsetzung von Variablen*, die sich bei einem Aufruf `Eingabe(Fg[k])` so auswirkt:

```
Fg[k][ 1]   ⇒   Folge[ 1]
Fg[k][ 2]   ⇒   Folge[ 2]
...
Fg[k][20]   ⇒   Folge[20]
```

Eine Variable `Fg[k, m]` hat innerhalb der Prozedur den lokalen Namen `Folge[m]`. Dieser durch das Symbol `VAR` gekennzeichnete Parameter hat eine ganz andere Funktion als die Parameter `Anfang` und `Ende` der Prozedur `Sortiere`, bei denen diese Kennzeichnung fehlt.

Bemerkung: Um den Unterschied zwischen den beiden Parameterformen deutlicher hervorzuheben, wäre ein Symbol `SYNONYM` oder `SYN` geeigneter als `VAR`, welches schon bei Variablenvereinbarungen auftritt.

Folgen unterschiedlicher Länge

Forderung 1 kann wie 3 mit Reihungen nur teilweise erfüllt werden. Es ist nötig, eine maximale Zahl `MaxFolge` für die Länge aller Zahlenfolgen festzulegen.

```
CONST MaxFolge = 20; AnzahlFolgen = 10;
TYPE Index      = [1..MaxFolge];
     IndexFolge = [1..AnzahlFolgen];
     Laenge     = [0..MaxFolge];
     TypFolge   = ARRAY Index OF INTEGER;
VAR  Fg:  ARRAY IndexFolge OF TypFolge;
     Akt: ARRAY IndexFolge OF Laenge;
```

Die Variable `Akt[m]` gibt die wirkliche Länge der Zahlenfolge `Fg[m]` an. Eine typische Situation zeigt das folgende Bild.

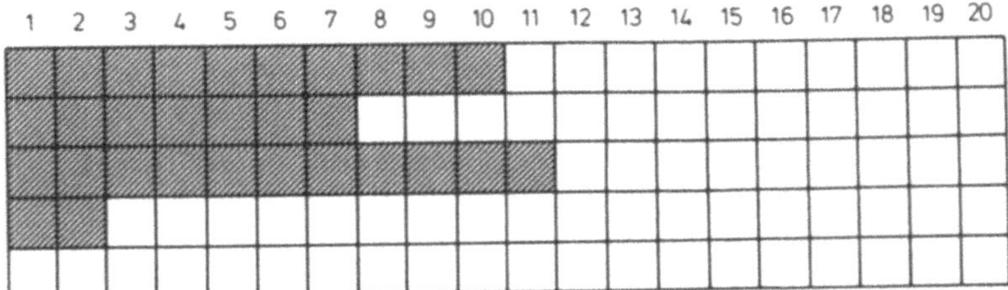

Man beachte, daß die Namen Index, IndexFolge und Laenge hier Intervalle oder *Ausschnitte* aus dem Bereich der ganzen Zahlen bezeichnen, die dann bei den Reihungsvereinbarungen verwendet werden.

Die Prozeduren Eingabe und Ausgabe müssen die Länge einer Folge als Parameter aufnehmen.

```
PROCEDURE Eingabe(VAR Folge: TypFolge; VAR Lg: Laenge);
PROCEDURE Ausgabe(VAR Folge: TypFolge; Lg: Laenge);
PROCEDURE Sortiere(VAR Folge: TypFolge;
                   Anfang, Ende: Index);
```

Insbesondere die Anweisungen von Eingabe sind neu zu formulieren:

```
PROCEDURE Eingabe(VAR Folge: TypFolge; VAR Lg: Laenge);
BEGIN
     Lg:= 0;
     LOOP
          WriteString("Naechste Zahl ? ");
          INC(Lg); ReadInt(Folge[Lg]);
          IF NOT Done THEN Lg:= Lg - 1; EXIT END;
          IF Lg = MaxFolge THEN EXIT END
     END
END Eingabe
```

Der Parameter Lg der Prozedur Eingabe hat eine andere Aufgabe als der Parameter Lg der Prozedur Ausgabe: Bei Eingabe soll er sagen, wieviel Zahlen eingelesen worden sind. Daher steht die Angabe VAR, die für eine Gleichsetzung mit einer anderen Variablen sorgt. Bei Ausgabe ist Lg eine lokale Variable, die die Länge der Folge als Anfangswert erhält.

Nach der Modifikation dieser Prozeduren schreibt man die Anweisungen des Programm-Moduls nun so:

```
VAR Anzahl: CARDINAL; H: INTEGER;
BEGIN
     Anzahl:= 1;
     LOOP
          WriteString("Eingabe einer Zahlenfolge? ");
          ReadInt(H);
          IF Done THEN
               Eingabe(Fg[Anzahl], Akt[Anzahl]);
               Ausgabe(Fg[Anzahl], Akt[Anzahl]);
               Sortiere(Fg[Anzahl], Anfang, Akt[Anzahl]);
```

```
                Ausgabe(Fg[Anzahl], Akt[Anzahl]);
            ELSE EXIT
            END;
            Anzahl:= Anzahl + 1;
        END;
        ...
END SortiereFolge.
```

1.5 Verbunde = Zusammenfassung ungleichartiger Werte

In den vorangegangenen Beispielen treten Variablen auf, deren Werte

- Zahlen sind und zu den *Datentypen* INTEGER oder CARDINAL gehören oder
- Folgen von Zahlen in Form von Reihungen sind und zu *Reihungstypen* ARRAY Indexbereich OF Datentyp gehören.

Der *Indexbereich* einer Reihung ist immer ein *Ausschnitt* [A..B] des Typs CARDINAL. Aber es gibt auch Variablen, deren Datentyp ein solcher Ausschnitt ist, und Ausdrücke, deren Wert TRUE oder FALSE zum Datentyp BOOLEAN gehört.

Boolesche Variablen und Zuweisungen

MODULA gestattet *Boolesche Variablen* und Folgen Boolescher Werte wie

```
VAR  b: BOOLEAN;
VAR  B: ARRAY [2..10] OF BOOLEAN;
```

und Zuweisungen wie

```
b:= TRUE;
B[3]:= B[2] AND B[4];
IF b THEN B[3]:= B[4] END
```

Zeichen und Zeichenreihen

In den vorangegangenen Beispielen treten *Zeichenreihen* wie

```
"Naechste Zahl ?  "
```

auf. Diese Zeichenreihe hat 16 Zeichen zwischen den Randzeichen ". Ihr Datentyp, *Zeichenreihentyp* genannt, ist

```
ARRAY [0..15] OF CHAR
```

Der erste Index ist immer die Zahl 0!

In Analogie zu Zahlen und Zahlenfolgen kennt MODULA Variablen für *Zeichen* und *Zeichenreihen* wie

```
VAR  z1      : ARRAY [0..5] OF CHAR;
     z2, z3  : ARRAY [0..18] OF CHAR;
     ch1, ch2: CHAR;
```

und Zuweisungen wie

```
z1:= "123";
z2:= "Die naechste Zahl ?";
z3:= z1;
ch1:= "A"; ch2:= z1[4]
```

Wie man sieht, ist eine Zuweisung `z3:= z1` erlaubt, da `z3` genügend Platz für die Zeichen von `z1` hat.

Personenbeschreibungen

Alle diese Datentypen braucht man, wenn man nicht, wie bisher, Folgen von Zahlen, sondern Folgen von *Personenbeschreibungen* definieren will:

Name:	Schneider	Meier	Schuster	Richter	...
Vorname:	Egon	Otto	Petra	Peter	
Alter:	37	23	35	34	
Geschlecht:	Mann	Mann	Frau	Mann	

Setzt man vernünftige Schranken für die Längen von Namen und Vornamen voraus wie

```
CONST  MaxName = 30; MaxVorname = 10;
```

braucht man folgende Datentypen, die problemspezifische *Typnamen* erhalten:

```
TYPE TypName        = ARRAY[0..MaxName - 1] OF CHAR;
     TypVorname     = ARRAY[0..MaxVorname - 1] OF CHAR;
     TypAlter       = [0..111];
     TypGeschlecht = (Mann, Frau);
```

Verbunde

Für eine Person werden die vier Informationen zu einem *Verbund* (oder *Datensatz*) (englisch: record) zusammengefaßt, dessen Datentyp ein *Verbundtyp* ist:

```
TYPE TypPerson =
     RECORD
          Name       : TypName;
          Vorname    : TypVorname;
          Alter      : TypAlter;
          Geschlecht: TypGeschlecht
     END;
```

Variablen und Zuweisungen für Verbunde

Wie bei allen anderen Datentypen auch, kennt MODULA Variablen dieses Verbundtyps und Folgen solcher Verbunde wie

```
VAR  P: TypPerson;
     Tab: ARRAY[1..MaxPersonen] OF TypPerson;
```

Durch Zuweisungen wie

```
P.Name:= "Schneider"; P.Vorname:= "Egon";
P.Alter:= 37; P.Geschlecht:= Mann;
Tab[1]:= P;
Tab[2].Name:= "Schuster"; Tab[2].Vorname:= "Petra";
Tab[2].Alter:= 35; Tab[2].Geschlecht:= Frau
```

entsteht eine Tabelle `Tab` von Personenbeschreibungen.

`WITH`-Anweisungen

Der Aufbau von `Tab[2]` kann mit einer `WITH`-Anweisung etwas übersichtlicher (und für die Ausführung durch den Computer effizienter) geschrieben werden:

```
WITH Tab[2] DO
     Name:= "Schuster"; Vorname:= "Petra";
     Alter:= 35; Geschlecht:= Frau
END
```

Sortieren nach dem Alter

Setzt man die Existenz einer solchen Tabelle voraus, kann man sie nach dem Alter der Personen sortieren:

```
PROCEDURE AlterSortierung(VAR Tab: TypTabelle;
                          Anfang, Ende: CARDINAL);
VAR k, n, Pos: CARDINAL; P: TypPerson;
BEGIN
     FOR k:= Anfang TO Ende - 1 DO
          Pos:= k;
          FOR n:= k + 1 TO Ende DO
→              IF Tab[Pos].Alter > Tab[n].Alter THEN
                    Pos:= n
               END
          END;
          IF Pos <> k THEN
               P:= Tab[k]; Tab[k]:= Tab[Pos];
               Tab[Pos]:= P
          END
     END
END AlterSortierung
```

TypTabelle ist ein Name für den Reihungstyp von Tab.

Bemerkung: Natürlich kann man die Tabelle auch nach Namen oder Vornamen sortieren.

Ein- und Ausgabe von Verbunden

Die Eingabe und Ausgabe von Personen oder – allgemeiner – Verbunden, d.h. die Änderung der Prozeduren Eingabe und Ausgabe, ist kein einfacher Vorgang und wird in einem späteren Kapitel behandelt. Grundsätzlich muß der Vorgang auf die Ein- und Ausgabe von Zahlen, Zeichen und Zeichenreihen zurückgeführt werden.

1.6 Einfügen und Entfernen in Reihungen

Nicht immer müssen alle Komponenten einer Reihung definiert sein. Hat eine Zahlenfolge Akt <= MaxFolge Zahlen, so zeigt die Variable Akt an, daß ab dem Index Akt + 1 die Komponenten der Reihung nicht belegt sind.

```
CONST MaxFolge = 100;
TYPE  TypFolge = ARRAY [1..MaxFolge] OF INTEGER;
VAR   Folge: TypFolge;
      Akt  : [0..MaxFolge];
```

Das Anhängen einer Zahl an eine Folge

Will man an die Zahlenfolge eine weitere Zahl anhängen, muß noch mindestens eine Komponente unbelegt sein:

```
IF Akt < MaxFolge THEN
     Akt:= Akt + 1; Folge[Akt]:= NeueZahl
END
```

Ist aber die Zahlenfolge schon sortiert, kann die neue Zahl nicht einfach angehängt werden, sondern muß ihren richtigen Platz finden, also *eingefügt* werden. Am einfachsten ist es, erst die Zahl anzuhängen und dann die Zahlenfolge neu zu sortieren. Aber im allgemeinen ist es besser, dieses Sortieren zu vermeiden.

Das Einfügen einer Zahl in eine Folge

Das Einfügen in eine sortierte Zahlenfolge verlangt folgenden Algorithmus:

(1) Ist Akt = MaxFolge, ist kein Platz mehr vorhanden und der Algorithmus terminiert.
(2) Ansonsten kann man Akt um den Wert 1 erhöhen.
(3) Ist die Zahlenfolge leer, wird die neue Zahl mit Index 1 in die Folge aufgenommen und der Algorithmus terminiert.
(4) Ist die neue Zahl größer als die letzte Zahl der Folge, wird sie an die Folge gehängt, und der Algorithmus terminiert.
(5) Ansonsten muß der Index in der Zahlenfolge gefunden werden, vor dem die neue Zahl einzufügen ist.

(6) Ist dieser Index gefunden, werden ab dieser Position alle Zahlen in der Folge um eine Position verschoben. Man muß mit dem Ende der Folge beginnen!
(7) Die neue Zahl wird an der nunmehr freien Position in die Zahlenfolge aufgenommen, und der Algorithmus terminiert.

Das Terminieren des Algorithmus am Ende der Schritte (1), (3), (4) und (7) wird durch `RETURN`-Anweisungen ausgedrückt, mit denen die Ausführung der Prozedur `Einfuegen` endet.

Die Terminierung am Ende des Schritts (1) unterscheidet sich grundsätzlich von den anderen Terminierungen: Die neue Zahl findet keinen Platz in der Folge. Um diesen Unterschied herauszustreichen, soll die Prozedur `Einfuegen` hier das Ergebnis `RETURN FALSE` melden, aber sonst das Ergebnis `RETURN TRUE`.

```
PROCEDURE Einfuegen
     (VAR Folge: TypFolge; VAR Akt: CARDINAL;
      NeueZahl: INTEGER)
     : BOOLEAN;
VAR m, Index: CARDINAL;
BEGIN
(* Schritt 1 *)
     IF Akt = MaxFolge THEN RETURN FALSE END;
(* Schritt 2 *)
     Akt:= Akt + 1;
(* Schritt 3 *)
     IF Akt = 1 THEN
          Folge[1]:= NeueZahl; RETURN TRUE
     END;
(* Schritt 4 *)
     IF NeueZahl > Folge[Akt - 1] THEN
          Folge[Akt]:= NeueZahl; RETURN TRUE
     END;
(* Schritt 5 *)
     Index:= 1;
     WHILE NeueZahl > Folge[Index] DO INC(Index) END;
(* Schritt 6 *)
     FOR m:= Akt - 1 TO Index BY -1 DO
          Folge[m + 1]:= Folge[m]
     END;
(* Schritt 7 *)
     Folge[Index]:= NeueZahl;
     RETURN TRUE
END Einfuegen
```

`INC(Index)` ist eine Abkürzung für `Index:= Index + 1`.

Funktionsprozeduren

Aus der Prozedur ist eine *Funktionsprozedur* mit dem *Ergebnistyp* `BOOLEAN` geworden, wobei der Ergebniswert durch die Anweisungen `RETURN` *Ausdruck* geliefert wird. Der Aufruf ist nun nicht mehr eine Anweisung, sondern, da ein Ergebniswert geliefert wird, ein Ausdruck:

```
b:= Einfuegen(Folge, Akt, NeueZahl);

IF Einfuegen(Folge, Akt, NeueZahl) THEN
     WriteString("Zahl wurde eingefuegt.")
ELSE WriteString("Zahl wurde nicht eingefuegt.")
END
```

`FOR`**-Anweisung mit** `BY -1`

Bei der `FOR-Anweisung`

```
FOR m:= Akt - 1 TO Index BY -1 DO
     Folge[m + 1]:= Folge[m]
END;
```

durchläuft `m` die Indexwerte `Akt-1`, `Akt-2`, `Akt-3`, ..., `Index`. Die Angabe `BY -1` zeigt dieses Rückwärtslaufen an.

Das Entfernen einer Zahl aus einer Folge

Die inverse Operation zu `Einfuegen` ist das `Entfernen` einer Zahl aus einer sortierten Zahlenfolge:

(1) Ist die Folge leer, terminiert der Algorithmus mit `FALSE`.
(2) Die Zahl wird in der Folge gesucht. Kommt sie nicht vor, terminiert der Algorithmus mit `FALSE`.
(3) Die durch das Entfernen der Zahl entstandene Lücke wird geschlossen.
(4) `Akt` wird um `1` erniedrigt, und der Algorithmus terminiert mit `TRUE`.

```
PROCEDURE Entfernen
     (VAR Folge: TypFolge; VAR Akt: CARDINAL;
      Zahl: INTEGER)
     : BOOLEAN;
VAR k, m: CARDINAL;
BEGIN
(* Schritt 1 *)
     IF Akt = 0 THEN RETURN FALSE END;
(* Schritt 2 *)
     m:= 0;
     FOR k:= 1 TO Akt DO
          IF Folge[k] = Zahl THEN m:= k END
     END;
     IF m = 0 THEN RETURN FALSE END;
(* Schritt 3 *)
     FOR k:= m TO Akt DO
          Folge[k]:= Folge[k + 1]
     END;
(* Schritt 4 *)
     Akt:= Akt - 1;
     RETURN TRUE
END Entfernen
```

Nachteile des Einfügens und Entfernens

Das Einfügen einer Zahl in und ihr Entfernen aus einer sortierten Zahlenfolge ist häufig mit einem erheblichen Aufwand verbunden, der von der aktuellen Folgenlänge abhängt.

1. Beim Einfügen müssen ab der Einfügungsstelle alle Zahlen um eine Position nach *rechts*, d.h. an das Ende der Folge geschoben werden.
2. Beim Entfernen müssen alle Zahlen nach der Entfernungsstelle um eine Position nach *links*, d.h. an den Anfang der Folge geschoben werden.

Dieser Aufwand wächst linear mit der Anzahl der zu verschiebenden Zahlen und steigert sich, wenn es sich nicht um Zahlen, sondern um umfangreichere Werte wie die des Verbundtyps `TypPerson` oder gar um Folgen von Personentabellen handelt. Der nächste Paragraf bietet eine Lösung, der diese Nachteile weitgehend aufhebt.

1.7 Listen = Lineare Verkettung von Verbunden

Neben der üblichen Form der Beschaffung von Variablen durch *Variablenvereinbarungen*

```
VAR Name: Datentyp;
```

kennt MODULA noch eine zweite Form:

```
VAR Name: POINTER TO Datentyp;
```

Zeigervariable

Was ist der Unterschied? In beiden Fällen bezeichnet `Name` eine Variable, aber im ersten Fall ist der Wert eine Zahl, ein Zeichen, eine Zeichenreihe, eine Reihung oder ein Verbund, während im zweiten Fall der Wert ein *Zeiger* auf ein solches Objekt ist.

In beiden Fällen ist unmittelbar nach der Vereinbarung der Wert undefiniert. Aber während im ersten Fall ein Zuweisung

```
Name := Wert
```

den Anfangswert liefert, ist es im zweiten Falle anders:

```
NEW( Name )
```

`NEW` beschafft eine Variable, die *nie* einen eigenen Namen bekommen kann, und weist der Variablen `Name` einen *Zeiger* auf die gerade geschaffene anonyme Variable als Wert zu:

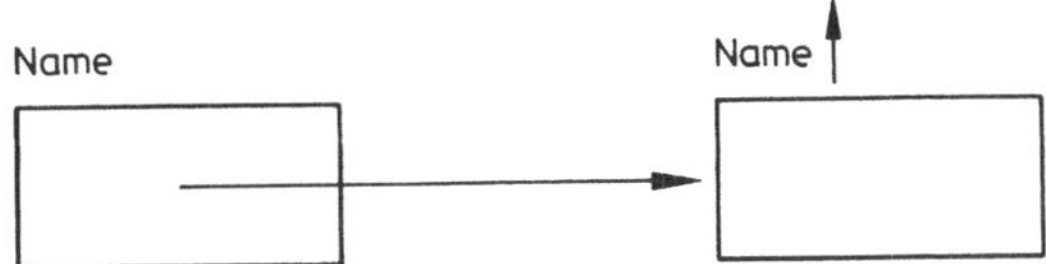

Dynamische Variable

Hier ist `Name` also eine *Zeigervariable*, deren Datentyp `POINTER TO Datentyp` ein *Zeigertyp* ist. Die anonyme Variable heißt auch *dynamische Variable* im Gegensatz zur *statischen Variablen* `Name`. Sie hat zwar keinen eigenen Namen, wohl aber den *indirekten Namen* `Name↑`. Ihr Datentyp ist der nach `POINTER TO` angegebene Datentyp.

Über den indirekten Namen wird der dynamischen Variable ein Wert zugewiesen:

Name↑ := Wert

Lebensdauer einer dynamischen Variablen

Zwei äußerst wichtige Eigenschaften kennzeichnen dynamische Variable im Gegensatz zu statischen:

(1) Eine dynamische Variable hat zwar keinen eigenen Namen, aber sie kann viele indirekte Namen haben, die dadurch entstehen, daß der Wert einer Zeigervariablen, also der Zeiger auf die dynamische Variable, anderen Zeigervariablen zugewiesen wird.

```
VAR  pl, p2, p3: POINTER TO INTEGER;

NEW(pl); pl↑:= 15;
p2:= pl;
p3:= pl;
p3↑:= 20
```

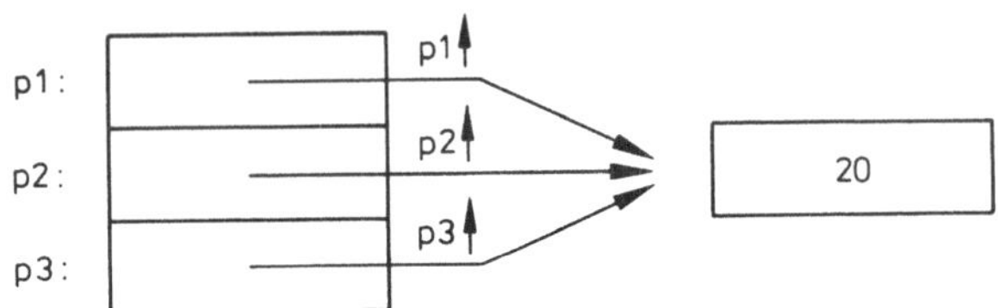

Nach der letzten Anweisung gilt natürlich `Pl↑= 20`.

(2) Eine durch `NEW` geschaffene dynamische Variable lebt solange, wie es mindestens eine indirekten Namen für sie gibt. Statische Variable leben hingegen nur bis zu dem Ende der Ausführung einer Prozedur oder eines Programm-Moduls.

```
VAR p3: POINTER TO INTEGER;

PROCEDURE KleineProzedur;
VAR p1, p2: POINTER TO INTEGER;
BEGIN
     NEW(p1); p1↑:= 15;
     p2:= p1;
     p3:= p1;
     p3↑:= 20
END KleineProzedur;

BEGIN
     KleineProzedur;
     IF p3 <> NIL THEN
          WriteString("Sie lebt noch!")
     END
END
```

Die dynamische Variable wird während der Ausführung der Prozedur geschaffen. Mit dem Ende dieser Ausführung verliert sie zwei indirekte Namen, aber einer bleibt erhalten, denn p3 ist global zur Prozedur.

NIL ist übrigens die einzige *Zeigerkonstante* und hat die Bedeutung: *Kein Zeiger auf eine dynamische Variable.*

Lineare Listen

Die erste oben genannte Eigenschaft schafft die Voraussetzung für den Aufbau der folgenden Struktur:

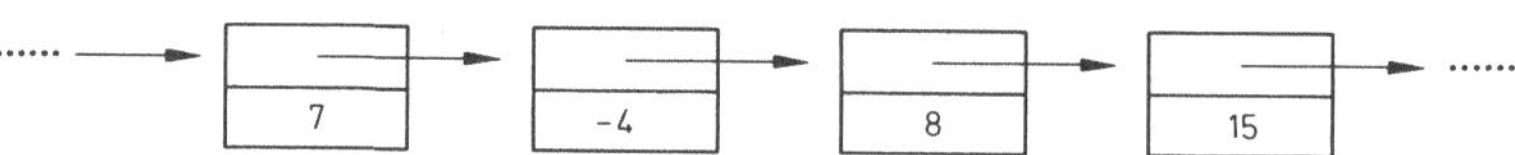

Dies ist ein Ausschnitt aus einer Zahlenfolge, die aber nicht durch eine Reihung realisiert ist, sondern durch eine *Kette* von dynamischen Variablen, auch *lineare Liste* genannt.

Jede dynamische Variable der Kette ist ein Verbund des Typs TypElement und enthält eine Zeigervariable Zeiger als Komponente.

```
TYPE PtrElement = POINTER TO TypElement;
     TypElement =
          RECORD
               Zeiger: PtrElement;
               Wert  : INTEGER
          END;
```

Listen mit Listenkopf

Es muß mindestens eine statische Variable geben, die einen indirekten Namen für das erste Element der Liste liefert. Häufig benutzt man dafür einen *Listenkopf* mit einem Zeiger auf das erste Element, mit einem Zeiger auf das letzte Element und mit einer Zählvariablen:

```
TYPE ListenKopf =
     RECORD
          Anfang, Ende: PtrElement;
          Anzahl: CARDINAL
     END;
```

Leere Listen und Ringlisten

Eine *leere Liste* entsteht durch folgende Prozedur:

```
PROCEDURE LeereListe(VAR Kopf: ListenKopf);
BEGIN
     WITH Kopf DO
          Anfang:= NIL; Ende:= NIL; Anzahl:= 0
     END
END LeereListe
```

Im Fall einer nichtleeren Liste soll das letzte Listenelement auf das erste zeigen, d.h. es gilt:

```
Kopf.Ende↑.Zeiger = Kopf.Anfang
```

Dies ergibt eine sog. *Ringliste*.

Ausgabe einer Zahlenfolge

Die Ausgabe einer durch eine Liste dargestellten Zahlenfolge übernimmt folgende Prozedur `Ausgabe`:

```
PROCEDURE Ausgabe(Kopf: ListenKopf);
VAR ptr: PtrElement; k: CARDINAL;
BEGIN
     ptr:= Kopf.Anfang;
     FOR k:= 1 TO Kopf.Anzahl DO
          WriteInt(ptr↑.Wert, 7);
          ptr:= ptr↑.Zeiger
     END
END Ausgabe
```

Die lokale statische Variable `ptr` zeigt nacheinander auf die Elemente der Liste: Ist `ptr↑` der indirekte Name für ein Element, so liefert `ptr↑.Zeiger` den Zeiger auf das nachfolgende Element.

Unbeschränkte Listenlänge

Vergleicht man die beiden Formen der Realisierung einer Zahlenfolge, so bietet eine Liste gegenüber einer Reihung folgende wesentlichen Vorteile:

1. Eine Liste wird durch die Hinzunahme neuer Listenelemente beliebig lang.
2. Das Einfügen in eine Liste oder das Entfernen aus einer Liste kommt ohne Schieben der Zahlen aus.

Aufsuchen eines Listenelements

Diesen Vorteilen steht aber der gewichtige Nachteil gegenüber, daß es kein *Indizieren* gibt. Will man auf die K-te Zahl der Folge zugreifen, geht das bei einer Reihung sehr einfach: Folge[K]. Bei einer Liste hat man mehr Aufwand:

```
PROCEDURE Element(VAR Kopf: ListenKopf; K: CARDINAL)
                 : PtrElement;
VAR ptr: PtrElement; m: CARDINAL;
BEGIN
     ptr:= Kopf.Anfang;
     FOR m:= 2 TO K DO ptr:= ptr↑.Zeiger END;
     RETURN ptr
END Element
```

Der Aufruf Element(L, K) beschafft einen Zeiger auf das K-te Listenelement der Liste L.

Bemerkung: Man muß aber sehen, daß Zeiger nicht nur für lineare Listen verwendet werden, sondern im allgemeinen die Definition sehr allgemeiner Strukturen gestattet, wie in dem dritten Teil des Buchs gezeigt wird.

Sortieren einer verketteten Zahlenfolge

Der Algorithmus für das Sortieren einer Zahlenfolge, die als (ringförmige) Liste organisiert ist, entspricht natürlich dem früher benutzten Algorithmus. Die beiden Variablen der ineinandergeschachtelten FOR-Anweisungen werden ergänzt durch zwei Zeigervariable, die auf Listenelemente zeigen.

```
PROCEDURE Sortiere(VAR Kopf: Listenkopf);
VAR k, n: CARDINAL;
VAR zk, zn, pos: PtrElement;
BEGIN
     zn:= Kopf.Ende;
     FOR n:= 1 TO Kopf.Anzahl - 1 DO
          pos:= zn; zk:= zn↑.Zeiger;
          FOR k:= n + 1 TO Kopf.Anzahl DO
               IF zk↑.Zeiger↑.Wert < pos↑.Zeiger↑.Wert THEN
                    pos:= zk
               END;
               zk:= zk↑.Zeiger
          END;
```

```
            IF pos <> zn THEN Tausch(pos, zn) END;
            zn:= zn↑.Zeiger
        END
END Sortiere
```

Tausch zweier Zahlen in einer Folge

Für das *Tauschen zweier Zahlen* gibt es zwei grundsätzlich verschiedene Ansätze:

1. Die Werte werden vertauscht.

```
PROCEDURE Tausch(ptr1, ptr2: PtrElement);
VAR H: INTEGER;
BEGIN
     H:= ptr1↑.Zeiger↑.Wert;
     ptr1↑.Zeiger↑.Wert:= ptr2↑.Zeiger↑.Wert;
     ptr2↑.Zeiger↑.Wert:= H
END Tausch
```

2. Die Listenelemente werden vertauscht.

```
PROCEDURE Tausch(ptr1, ptr2: PtrElement);
VAR ptr1h, ptr2h, hilf: PtrElement;
BEGIN
     ptr2h          := ptr2↑.Zeiger;
     ptr1h          := ptr1↑.Zeiger;
     ptr2↑.Zeiger := ptr1h;
     ptr1↑.Zeiger := ptr2h;
     hilf           := ptr2h↑.Zeiger;
     ptr2h↑.Zeiger:= ptr1h↑.Zeiger;
     ptr1h↑.Zeiger:= hilf;
     (* Der Listenkopf wird korrigiert. *)
     IF ptr2h = Kopf.Anfang THEN Kopf.Anfang:= ptr1h END;
     IF ptr1h = Kopf.Ende   THEN Kopf.Ende:= ptr2h END
END Tausch
```

An einer linearen Liste mit 3 Elementen soll dieses Tauschen der Zeiger demonstriert werden.

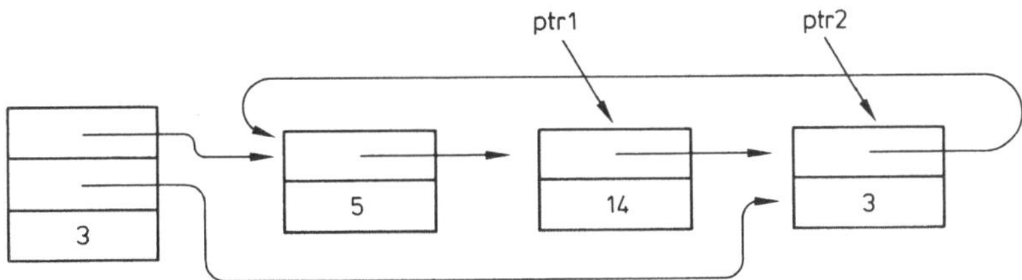

Für `n = 1` und `k = 3` zeigt vor der Ausführung `ptr2` auf das Element mit der Zahl `3` und `ptr1` auf das mit der Zahl `14`, d.h.

```
ptr1↑.Zeiger↑.Wert   <=   ptr2↑.Zeiger↑.Wert
```

Nach der Ausführung der Zuweisungen

```
ptr2h:= ptr2↑.Zeiger;
ptr1h:= ptr1↑.Zeiger;
```

gibt es zwei zusätzliche Zeiger `ptr1h` und `ptr2h`:

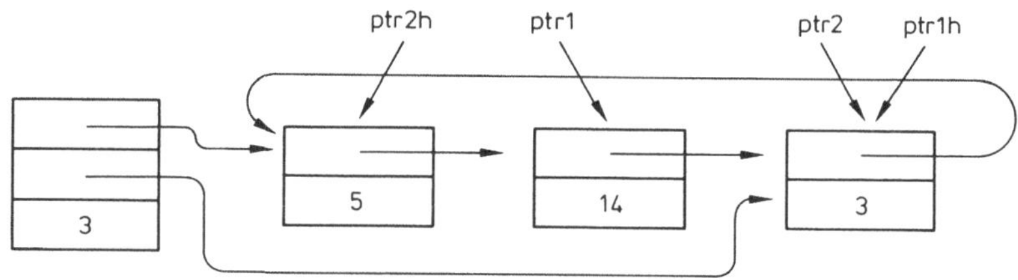

Nach der Ausführung der Zuweisungen

```
ptr2↑.Zeiger := ptr1h;
ptr1↑.Zeiger := ptr2h;
```

haben sich zwei Zeiger geändert:

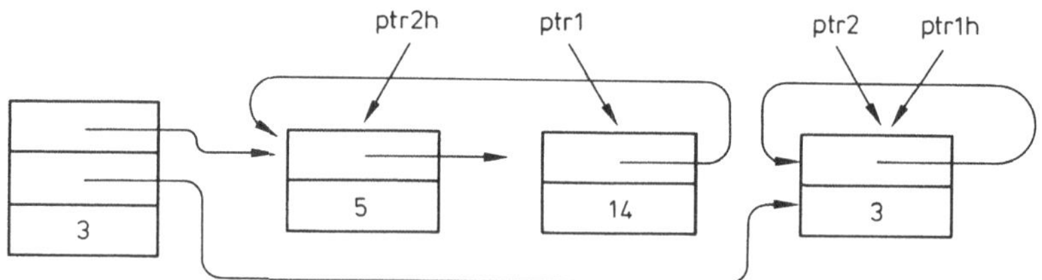

Nach der Ausführung der Zuweisungen

```
hilf          := ptr2h↑.Zeiger;
ptr2h↑.Zeiger:= ptr1h↑.Zeiger;
```

liegt folgendes Bild vor:

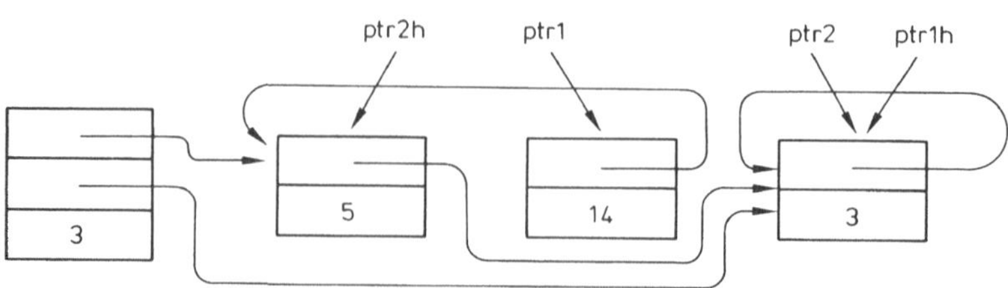

Hieraus ergibt sich durch die Zuweisung

```
ptrlh↑.Zeiger:= hilf;
```

folgendes Bild:

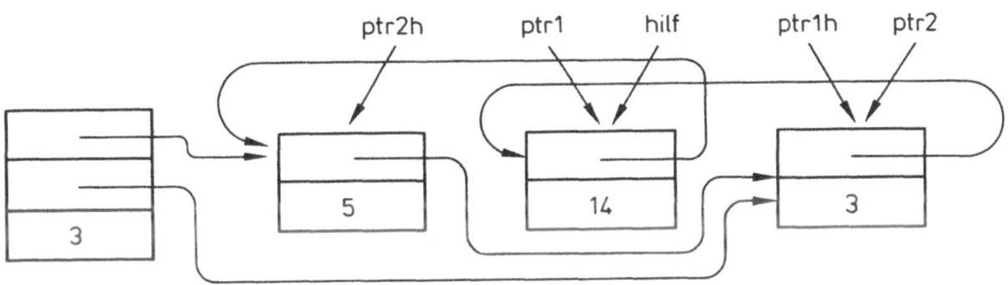

Die Anweisungen

```
IF ptr2h = Kopf.Anfang THEN Kopf.Anfang:= ptrlh END;
IF ptrlh = Kopf.Ende   THEN Kopf.Ende:= ptr2h END
```

bringen eine Korrektur der Verweise auf das erste und letzte Element:

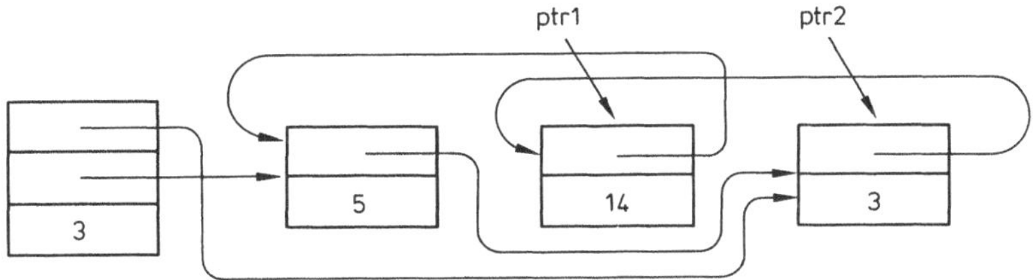

Zeichnet man das Bild etwas anders, ergibt sich die gewohnte Darstellung:

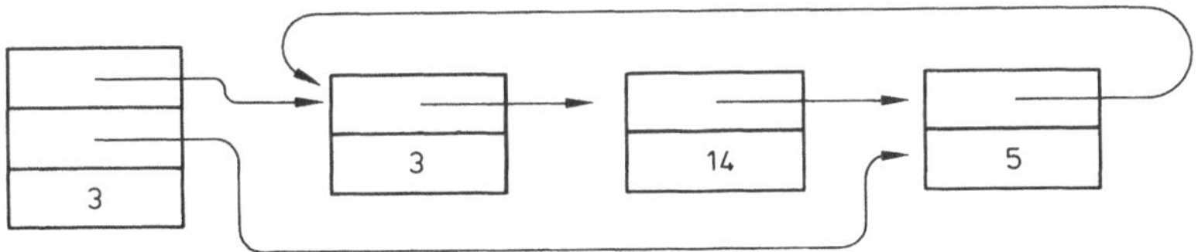

1.8 Einfügen und Entfernen in Listen

Da eine Liste stets ein neues Element aufnimmt, muß der Algorithmus *Einfügen* für Listen kein Ergebnis TRUE oder FALSE melden.

Das Einfügen in eine Liste

Das Einfügen in eine sortierte Zahlenfolge verlangt einen Algorithmus, der berücksichtigt, daß eine ringförmige Liste vorliegt.

(1) Es wird eine dynamische Variable `Z` für die neue Zahl erzeugt.
(2) Ist die Zahlenfolge leer, wird `Z` erstes Listenelement, und der Algorithmus terminiert.
(3a) Ist die neue Zahl größer als die letzte Zahl der Folge, wird ein Zeiger auf das letzte Element gesetzt und `k = 1` notiert.
(3b) Ist die neue Zahl kleiner als die erste Zahl der Folge, wird ein Zeiger auf das erste Element gesetzt und `k = 2` notiert.
(3c) Ansonsten muß die Zahl gesucht werden, nach der die neue Zahl einzutragen ist. `k = 3` wird notiert.
(4) `Z` wird in die Liste eingetragen.
(5) Ist `k = 1`, gibt es ein neues Endelement; ist `k = 2`, gibt es ein neues Anfangselement.

```
PROCEDURE Einfuegen
     (VAR Kopf: Zahlenfolge; NeueZahl: INTEGER);
VAR Z, q: PtrElement; k: [1..3];
BEGIN
(* Schritt 1 *)
      NEW(Z); Z↑.Wert:= NeueZahl;
      WITH Kopf↑ DO
(* Schritt 2 *)
          IF Anzahl = 0 THEN
               Anfang:= Z; Ende:= Z; Anzahl:= 1;
               Ende↑.Zeiger:= Anfang; RETURN
          END;
(* Schritt 3 *)
          IF Ende↑.Wert <= NeueZahl THEN
               q:= Ende; k:= 1
          ELSE
               IF NeueZahl <= Anfang↑.Wert THEN
                    q:= Ende; k:= 2
               ELSE
                    q:= Anfang; k:= 3;
                    WHILE q↑.Zeiger↑.Wert <= NeueZahl DO
                         q:= q↑.Zeiger
                    END
               END;
          END;
(* Schritt 4 *)
          Z↑.Zeiger:= q↑.Zeiger; q↑.Zeiger:= Z;
          Anzahl:= Anzahl + 1;
(* Schritt 5 *)
          IF k = 1 THEN Ende:= Z; RETURN END;
          IF k = 2 THEN Anfang:= Z END;
```

```
        END
    END (* WITH *)
END EinfuegenFolge
```

Das Entfernen aus einer Liste

Auch das Entfernen aus einer sortierten Zahlenfolge muß die ringförmige Listenstruktur berücksichtigen.

(1) Ist die Folge leer, die Zahl kleiner als die erste Zahl oder größer als die letzte Zahl der Folge, terminiert der Algorithmus mit FALSE.
(2) Die Zahl wird in der Folge gesucht. Kommt sie nicht vor, terminiert der Algorithmus mit FALSE.
(3) Die Zahl wird entfernt. Dabei muß man berücksichtigen, daß möglicherweise die Liste leer, das erste Element oder das letzte Element entfernt wird. Dies führt zu Änderungen des Listenkopfs. Der Algorithmus terminiert mit TRUE.

```
PROCEDURE Entfernen
     (VAR Kopf: Zahlenfolge; Zahl: INTEGER):BOOLEAN;
VAR q: PtrElement;
BEGIN
(* Schritt 1 *)
     IF (Kopf.Anzahl = 0) OR (Zahl < Kopf.Anfang↑.Wert)
        OR (Zahl > Kopf.Ende↑.Wert) THEN
          RETURN FALSE
     END;
(* Schritt 2 *)
     IF Zahl = Kopf.Anfang↑.Wert THEN
          q:= Kopf.Ende
     ELSE q:= Kopf.Anfang
     END;
     WHILE q↑.Zeiger↑.Wert < Zahl DO q:= q↑.Zeiger END;
     IF q↑.Zeiger↑.Wert <> Zahl THEN RETURN FALSE END;
     WITH Kopf↑ DO
(* Schritt 3 *)
          Anzahl:= Anzahl - 1;
          IF Anzahl = 0 THEN
               Anfang:= NIL; Ende:= NIL; RETURN TRUE
          END;
          IF q↑.Zeiger = Anfang THEN
               Anfang:= Anfang↑.Zeiger;
               Ende↑.Zeiger:= Anfang; RETURN TRUE
          END;
          IF q↑.Zeiger = Ende THEN
               Ende:= q; q↑.Zeiger:= Anfang;
               RETURN TRUE
          END;
          q↑.Zeiger:= q↑.Zeiger↑.Zeiger;
          RETURN TRUE
     END
END EntfernenFolge
```

1.9 Moduln = Schnittstellen und Prozeduren

Wie schon im Fall des `GGT` gestattet MODULA die Zusammenfassung aller Vereinbarungen zu einem *Modul.* Am Anfang wird der *Modulname* festgelegt:

```
MODULE Folgen;
```

Importlisten

Dann folgen *Importlisten*, die bekanntgeben, welche Namen der Modul von anderen Moduln braucht.

```
FROM InOut
     IMPORT WriteCard, WriteInt, ReadInt, Done,
            WriteLn, WriteString;
FROM Storage IMPORT ALLOCATE; (* für NEW *)
```

Typvereinbarungen

Hierauf folgen die lokalen Vereinbarungen des Moduls: *Konstantenvereinbarungen*, *Typvereinbarungen* und *Variablenvereinbarungen.*

```
TYPE PtrElement = POINTER TO TypElement;
     TypElement =
          RECORD Wert: INTEGER; Zeiger: PtrElement END;
     ListenKopf =
          RECORD
               Anfang, Ende: PtrElement;
               Anzahl: CARDINAL
          END;
     TypFolge = ListenKopf;
```

Prozedurvereinbarungen

Dazu zählen auch *Prozedurvereinbarungen*, deren eigene Vereinbarungen und Anweisungen hier fehlen.

`Element` liefert die `K`-te Zahl einer Zahlenfolge:

```
PROCEDURE Element(VAR Folge: TypFolge; K: CARDINAL;
                  VAR Zahl: INTEGER)
                 : BOOLEAN;
. . .
END Element
```

`LeereFolge` liefert eine leere Zahlenfolge:

```
PROCEDURE LeereFolge(VAR Folge: TypFolge);
. . .
END LeereFolge
```

`Laenge` liefert die Länge der Zahlenfolge:

```
PROCEDURE Laenge(VAR Folge: TypFolge): CARDINAL;
...
END Laenge
```

`Anhaengen` hängt eine neue Zahl an die Zahlenfolge an. Die Eigenschaft, daß die Folge sortiert ist, kann verloren gehen:

```
PROCEDURE Anhaengen(VAR Folge: TypFolge;
                    NeueZahl: INTEGER);
...
END Anhaengen
```

`Eingabe` liest neue Zahlen ein und hängt sie an die Zahlenfolge:

```
PROCEDURE Eingabe(VAR Folge: TypFolge);
...
END Eingabe
```

`Ausgabe` gibt eine Zahlenfolge auf den Bildschirm aus:

```
PROCEDURE Ausgabe(VAR Folge: TypFolge);
...
END Ausgabe
```

`Einfuegen` fügt eine neue Zahl in eine sortierte Folge ein:

```
PROCEDURE Einfuegen(VAR Folge: TypFolge;
                    NeueZahl: INTEGER);
...
END Einfuegen
```

`Entfernen` entfernt eine Zahl aus einer sortierten Folge:

```
PROCEDURE Entfernen(VAR Folge: TypFolge;
                    Zahl: INTEGER)
                  : BOOLEAN;
...
END Entfernen
```

`Sortiere` sortiert eine Zahlenfolge nach aufsteigenden Werten:

```
PROCEDURE Sortiere(VAR Folge: TypFolge);
...
END Sortiere
```

Ein Programm-Modul

Diesen Vereinbarungen folgen Anweisungen, die im wesentlichen Aufrufe der obigen Prozeduren sind, z.B. um eine Zahlenfolge zu bearbeiten.

```
MODULE Folgen;
. . .
VAR Folge: TypFolge;
BEGIN
     LeereFolge(Folge);
     Eingabe(Folge);
     WriteString("Unsortierte Folge:");
     Ausgabe(Folge);
     Sortiere(Folge);
     WriteString("Sortierte Folge:");
     Ausgabe(Folge);
     Anhaengen(Folge, 555);
     Ausgabe(Folge);
END Folgen.
```

In dieser Form ist der Modul `Folgen` ein *Programm-Modul.*

Lokale Moduln

Es ist aber auch möglich – und häufig sehr empfehlenswert – den vereinbarenden Teil des Moduls von seinem verarbeitenden zu trennen und ihn als *lokalen Modul* eines Programm-Moduls zu vereinbaren.

```
MODULE FolgenVerarbeitung;
IMPORT InOut, Storage;
FROM InOut IMPORT WriteString, WriteLn;
FROM Storage IMPORT ALLOCATE;
. . .
MODULE Folgen;
. . .
END Folgen;
. . .
END FolgenVerarbeitung
```

Auf diese Weise ist der Modul `Folgen` unabhängig davon, wieviele Folgen eingerichtet werden und wie mit ihnen umgegangen wird.

Folgen von Zahlenfolgen

Man kann zum Beispiel eine Folge von Zahlenfolgen, eine Superfolge, realisieren:

```
TYPE  PtrFolge = POINTER TO Folge;
      PtrSuperFolge = POINTER TO TypSuperFolge;
      TypSuperFolge =
           RECORD
                Zeiger: PtrSuperFolge;
                Folge : TypFolge;
           END;
VAR SuperFolge: PtrSuperFolge;
```

SuperFolge zeigt auf die erste Zahlenfolge dieser Folge von Zahlenfolgen, d.h. die über die Komponente Zeiger verkettete lineare Liste hat keinen Listenkopf. Auch das ist möglich!

Die folgenden Anweisungen initialisieren diese Superfolge mit einer Zahlenfolge.

```
BEGIN
     NEW(SuperFolge);
     SuperFolge↑.Zeiger:= NIL;
     WITH SuperFolge↑ DO
          LeereFolge(Folge);
          Eingabe(Folge);
          WriteString("Unsortierte Folge:");
          Ausgabe(Folge);
          Sortiere(Folge);
          WriteString("Sortierte Folge:");
          Ausgabe(Folge);
     END;
```

Dann wird eine zweite Zahlenfolge an die erste angehängt und bearbeitet.

```
    NEW(SuperFolge↑.Zeiger);
    WITH SuperFolge↑.Zeiger↑ DO
    . . .
    END;
    . . .       (* und so weiter *)
END FolgenVerarbeitung.
```

Damit aber der Modul FolgenVerarbeitung die Namen seines lokalen Moduls Folgen verwenden kann, muß Folgen in einer *Exportliste* alle Namen aufführen, die *nach außen hin* bekannt sein sollen.

```
EXPORT TypFolge, Element,
       LeereFolge, Laenge, Anhaengen, Eingabe,
       Ausgabe, Einfuegen, Entfernen, Sortiere;
```

Die *Importlisten* und die *Exportliste* des lokalen Moduls Folgen definieren zusammen seine *Schnittstelle* zur Außenwelt.

Ein Definitions-Modul

Als lokaler Modul kann Folgen nur seinem vereinbarenden Modul FolgenVerarbeitung oder anderen lokalen Moduln dienstbar sein. Anders ist es, wenn man aus Folgen einen *Definitions-Modul* macht.

```
DEFINITION MODULE Folgen;
```

Es folgt die Schnittstellenangabe dieses Definitions-Moduls, der jedoch nur ein (qualifizierte) Exportliste hat.

```
EXPORT QUALIFIED TypFolge, Element,
       LeereFolge, Laenge, Anhaengen, Eingabe,
       Ausgabe, Einfuegen, Entfernen, Sortiere;
```

Danach folgen die notwendigen Angaben, um diese Liste für andere Moduln identifizierbar zu machen.

```
TYPE TypFolge;

PROCEDURE Element    (VAR Folge: TypFolge; K: CARDINAL;
                      VAR Zahl: INTEGER)
                     : BOOLEAN;
PROCEDURE LeereFolge(VAR Folge: TypFolge);
PROCEDURE Laenge     (VAR Folge: TypFolge): CARDINAL;
PROCEDURE Anhaengen (VAR Folge: TypFolge;
                      NeueZahl: INTEGER);
PROCEDURE Eingabe    (VAR Folge: TypFolge);
PROCEDURE Ausgabe    (VAR Folge: TypFolge);
PROCEDURE Einfuegen (VAR Folge: TypFolge;
                      NeueZahl: INTEGER);
PROCEDURE Entfernen (VAR Folge: TypFolge;
                      Zahl: INTEGER)
                     : BOOLEAN;
PROCEDURE Sortiere   (VAR Folge: TypFolge);
END Folgen.
```

Ein Implementierungs-Modul

Die Einzelheiten über die Werte des Datentyps `TypFolge` und über die Realisierung der Prozeduren stehen in einem *Implementierungs-Modul* `Folgen`.

```
IMPLEMENTATION MODULE Folgen;
```

Seine Schnittstellenangabe kennt keine Exportliste. (Dafür sorgt ja der Definitions-Modul.)

```
FROM InOut
     IMPORT WriteCard, WriteInt, ReadInt, Done,
            WriteLn, WriteString;
FROM Storage IMPORT ALLOCATE; (* für NEW *)
```

Danach folgen die Realisierungen der Eigenschaften, die die Exportliste des Definitions-Moduls versprochen hat.

```
TYPE PtrElement = POINTER TO TypElement;
...
PROCEDURE Element(VAR Folge: TypFolge; K: CARDINAL;
                  VAR Zahl: INTEGER)
                 : BOOLEAN;
...
END Element;
```

```
...
PROCEDURE Sortiere(VAR Folge: TypFolge);
...
END Sortiere;

END Folgen.
```

Ein Modulpaar mit wechselndem Partner

Definitions- und Implementierungs-Modul bilden also ein Paar. Ein Programm-Modul, der mit Zahlenfolgen arbeiten will, muß nur den Definitions-Modul kennen. Der Implementierungs-Modul geht ihn nichts an.

```
MODULE FolgenVerarbeitung;
FROM InOut IMPORT WriteString, WriteLn;
FROM Storage IMPORT ALLOCATE;
FROM Folgen
     IMPORT TypFolge, Element,
            LeereFolge, Laenge, Anhaengen, Eingabe,
            Ausgabe, Einfuegen, Entfernen, Sortiere;
...
END FolgenVerarbeitung.
```

Bemerkung: Wie man sieht, sind auch `InOut` und `Storage` solche Modulpaare wie `Folgen`.

Da der Modul `FolgenVerarbeitung` nur den Definitions-Modul `Folgen` kennt, kann der Implementierungs-Modul `Folgen` geändert oder gar gegen einen anderen ausgetauscht werden, ohne daß `FolgenVerarbeitung` davon betroffen ist.

Programmentwicklung

Die Entwicklung von Definitions- und Implementierungs-Moduln unabhängig von ihrer Benutzung von anderen Moduln ist ein wesentlicher Beitrag von MODULA für die Entwicklung großer Programme und Programmsysteme. Der dritte Teil dieses Buchs zeigt viele Beispiele, die dieses Konzept nutzen.

1.10 Strukturiertes Programmieren und Programmentwurf

Als *E.W. Dijkstra* den Begriff *strukturiertes Programmieren* einführte, machte er auf die Probleme aufmerksam, die ein Programmierer bei Entwurf und Implementierung großer Programme hat. Die wesentliche Aussage ist, daß er Methoden und Techniken des Entwurfs haben muß, mit deren Hilfe er ein Problem solange in Teilprobleme zerlegen kann, bis der Aufwand für die Lösung jedes Teilproblems klein genug ist, um bewältigt werden zu können. Durch Zusammensetzen der Lösungen der Teilprobleme erhält er die Lösung des Gesamtproblems. Es handelt sich vornehmlich um zwei Techniken: Die Entwicklung eines Programms durch schrittweise Verfeinerung und seine hierarchische Strukturierung.

MODULA – wie die Vorgängersprache PASCAL – bietet dem Programmierer die einfachen Typen `REAL`, `INTEGER`, `CARDINAL`, `CHAR`, `String` und die frei definierbaren Aufzählungstypen sowie Reihungs-, Verbund- und Mengentypen an. Sie und ihre Operationen spiegeln die technischen Eigenschaften heutiger Computer-Hardware wieder. Hieraus folgt nicht, daß der Programmierer während der Entwicklung seines Programms nur diese Typen und Operationen sehen soll. Häufig gelingt ihm die Spezifikation seines Problems und dessen Lösung besser, wenn er problemorientierte Datentypen mit eigenen Operationen definiert. Da diese nicht unmittelbar in MODULA vorkommen, heißen sie auch *abstrakte Datentypen* und *abstrakte Operationen*.

Es gibt also zwei Aufgaben durchzuführen:

1. Die Definition abstrakter Datentypen und ihrer Operationen und
2. ihre Implementierung durch die in MODULA vorhandenen Typen und Operationen.

In vielen Fällen gibt es mehrere Möglichkeiten der Implementierung. Die Auswahl verlangt oft genug einen Kompromiß zwischen effizienter Ausführung der Operationen und effizienter Speicherung der Werte des Datentypen. Auch läuft der Transformationsprozeß *abstrakte* → *konkrete* Darstellung oft mehrstufig ab, d.h. es liegt z.B. folgende hierarchische Ordnung vor:

n. Abstrakte Datentypen und Operationen der Ebene E_n
...
2. Abstrakte Datentypen und Operationen der Ebene E_2
1. Konkrete Datentypen und Operationen der Ebene E_1

Die Datentypen und Operationen der Ebene E_i bauen auf denen der Ebenen E_k mit $i > k >= 1$ auf. Folgende Aussagen spielen eine wesentliche Rolle:

1. Die hierarchische Zerlegung einer Aufgabe wird durch stufenweise Einführung von abstrakten Ebenen mit ihren Datentypen und Operationen erreicht.
2. Die Korrektheit und andere Eigenschaften der Lösungen auf jeder Ebene erfolgt unabhängig von den anderen Ebenen. Dabei werden lediglich die durch Definitionen festgelegten Eigenschaften von Datentypen und Operationen unterer Ebenen herangezogen.
3. Die prinzipielle Entwurfsmethode für Datentypen und ihre Operationen ist die *schrittweise Verfeinerung*.
4. Die Methode der schrittweisen Verfeinerung erlaubt, die Datentypen und Operationen der gleichen Ebene auf unterschiedliche Weise zu implementieren, ohne daß die höheren Ebenen von der letztlich bevorzugten Implementierung abhängen.
5. Bei der Entwicklung der Ebenen ist es wichtig, von Anfang an zu berücksichtigen, daß sie sich an veränderte Aufgabenstellungen leicht anpassen lassen. Dazu zählt, daß man die von einer Hardware oder einem Betriebssystem abhängigen Teile wie Ein- und Ausgabe separat behandelt und zum anderen Optimierungen von Operationen auf einer Ebene oder über Ebenen hinweg vermeidet oder möglichst lange aufschiebt und diese Transformationen gut dokumentiert.

Das Modulkonzept der Sprache MODULA unterstützt diesen Entwicklungsvorgang auf vortreffliche Weise. Im einfachsten Fall kann man sich eine Ebene vorstellen als eine Menge von Paaren (Definitions-Modul, Implementierungs-Modul). Die Moduln höherer Ebenen greifen auf die Exportlisten dieser Ebene zu. Die Importlisten der Moduln dieser Ebene geben an, welche Datentypen und Operationen sie von den Moduln der unteren Ebenen brauchen.

Ein Beispiel ist die früher behandelte Verarbeitung von Zahlenfolgen:

E_3 Programm-Modul *FolgenVerarbeitung*
E_2 Definitions- und Implementierungs-Modul *Folgen*
E_1 Definitions-Modul *InOut*, *Storage*

Viele Beispiele des Buchs demonstrieren diese Technik. Da sie voll ausprogrammiert sind, verlangen sie den Willen, sich genügend Zeit für ihr Studium zu nehmen.

Teil II

2 Einfache Datentypen

2.1 Bit, Byte und Wort

RAM-Speicher

Man kann davon ausgehen, daß der *RAM-Speicher* (englisch: Random Access Memory) eines typischen (Personal) Computers eine Folge von *Speicherzellen*, genannt *Byte*, mit 8 *Bit* Information ist.

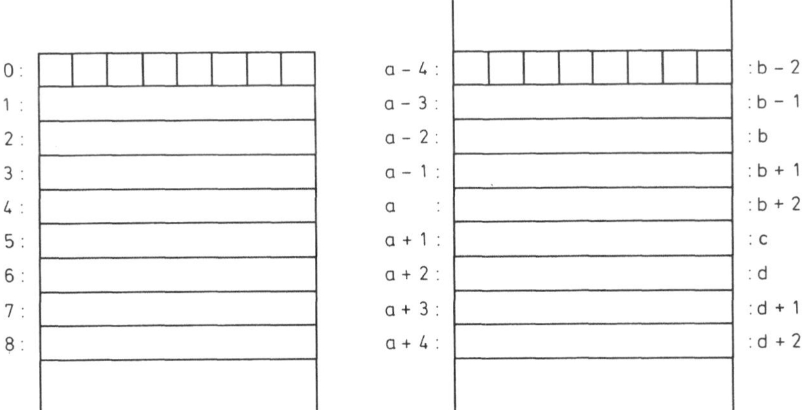

Obgleich die Speicherzellen mit ganzen Zahlen, den *Speicheradressen*, beginnend mit 0 durchnumeriert sind, hat der Programmierer normalerweise keinen Einfluß darauf, mit welchen Byte des RAM er es zu tun hat. Er kennt nur *symbolische Namen* wie `a`, `b`, `c` oder `d`, mit denen er addieren und subtrahieren kann. So geben die symbolischen Namen

```
a
b + 2
c - 1
d - 2
d - (c - b - 1)
```

alle die gleiche Speicherzelle an.

Bemerkung: MODULA erlaubt für Zwecke der maschinennahen Programmierung die Angabe von Speicheradressen bei der Vereinbarung von Variablen.

Ist nicht ein Byte, sondern ein *Wort* die kleinste adressierbare Speichereinheit, setzt es sich zumeist aus 2, manchmal auch aus 4 Byte zusammen.

a :
a + 2 :
a + 4 :
a + 6 :

Binär-, Oktal- und Hexadezimal-Darstellung

Jedes Bit eines Byte

0 1 2 3 4 5 6 7

hat den Wert 0 oder 1. Man kann leicht ausrechnen, daß es 2^8, also 256 verschiedene Anordnungen dieser Werte in einem Byte gibt:

Dezimal	Binär	Oktal	Hexadezimal
	a b c d e f g h	i j k	l m
0:	0 0 0 0 0 0 0 0	0 0 0	0 0
1:	0 0 0 0 0 0 0 1	0 0 1	0 1
2:	0 0 0 0 0 0 1 0	0 0 2	0 2
3:	0 0 0 0 0 0 1 1	0 0 3	0 3
4:	0 0 0 0 0 1 0 0	0 0 4	0 4
5:	0 0 0 0 0 1 0 1	0 0 5	0 5
6:	0 0 0 0 0 1 1 0	0 0 6	0 6
7:	0 0 0 0 0 1 1 1	0 0 7	0 7
8:	0 0 0 0 1 0 0 0	0 1 0	0 8
16:	0 0 0 1 0 0 0 0	0 2 0	1 0
32:	0 0 1 0 0 0 0 0	0 4 0	2 0
64:	0 1 0 0 0 0 0 0	1 0 0	4 0
128:	1 0 0 0 0 0 0 0	2 0 0	8 0
255:	1 1 1 1 1 1 1 1	3 7 7	F F

Jede Zahl `Z` aus dem Intervall [0,255] hat eine Darstellung `abcedfgh` von 8 Bit und berechnet sich so:

```
Z = (a * 128) + (b * 64) + (c * 32) + (d * 16) +
    (e *   8) + (f *  4) + (g *  2) + (h *  1)
```

Je 3 Bit ergeben eine *Oktalzahl* mit den *Oktalziffern* `0, 1, 2, 3, 4, 5, 6, 7.`

```
i =             (a * 2) + b
j = (c * 4) + (d * 2) + e
k = (f * 4) + (g * 2) + h

Z = (i * 64) + (j * 8) + k
```

Je 4 Bit ergeben eine *Hexadezimalzahl* mit den *Hexadezimalziffern* `0, 1, 2, 3, 4, 5, 6, 7, 8, 9, A, B, C, D, E, F.`

```
l = (a * 8) + (b * 4) + (c * 2) + d
m = (e * 8) + (f * 4) + (g * 2) + h

Z = (l * 16) + m
```

2.2 Zeichen und Zeichenreihen

Durch eine Abbildung der 256 Zahlen auf alle kleinen und großen Buchstaben des Alphabets, alle zehn Ziffern und noch einige Sonderzeichen, die man auf den Tastaturen von Schreibmaschinen findet (oder mitunter auch nicht), entsteht der *Zeichensatz* des Computers. Unter den vielen existierenden Zeichensätzen hat sich der EBCDI-Code in der Vergangenheit bewährt. Ein anderer bekannter Code, der nur 7 Bit eines Byte ausnutzt, also das Intervall [0,127] belegt, ist der *ASCII-Code*.

ASCII-Zeichen

Die folgende Tabelle der ASCII-Zeichen ist bewußt nicht vollständig angegeben. Jedem *Zeichen* (englisch: character) aus der letzten Spalte ist eine *Ordinalzahl* aus der ersten Spalte zugeordnet. (`nul`, `son`, und `del` sind Zeichen ohne direkt druckbare Darstellung.)

Ordinalzahl	Oktalzahl	Hexadezimalzahl	ASCII-Zeichen
0	000	00	`nul`
1	001	01	`soh`
...	...	...	...
60	074	3C	<
61	075	3D	=
62	076	3E	>
63	077	3F	?
64	100	40	@
65	101	41	A
66	102	42	B
67	103	43	C
...	...	...	...
127	177	7F	`del`

`CHAR`**-Darstellungen**

MODULA faßt diese Zeichen unter dem Namen `CHAR` zusammen und bietet drei Möglichkeiten an, ein bestimmtes Zeichen zu nennen:

1. Durch eine Oktalzahl (2. Spalte), die mit dem Buchstaben `C` abgeschlossen wird, z.B. `12C`, `015C`. Führende Nullen können fehlen.

2. Durch die Operation `VAL(CHAR, N)`. `N` ist eine Ordinalzahl (1. Spalte), z.B. `VAL(CHAR, 125)`.
3. Alle Zeichen einer Tastatur kann man direkt angeben, wobei sie mit einem Anführungszeichen " oder einem Apostroph ’ geklammert sind, z.B. `"A"`, ’<’. Diese Zeichen heißen *druckbare Zeichen*.

Zeichen und Ordinalzahlen

Die Operation `VAL` hat eine inverse Operation `ORD`, die die Ordinalzahl eines Zeichens liefert.

```
VAL(CHAR, 65)  =  "A"
ORD("A")  =  65
ORD(VAL(CHAR, N))  =  N
Z  =  VAL(CHAR, ORD(Z))
```

`CHAR`-Variablen

MODULA reserviert im RAM-Speicher ein Byte für jede *Variable*, die mit dem *Datentyp* `CHAR` vereinbart ist:

```
VAR adam : CHAR; eva : CHAR;
```

adam :

eva :

Der Programmierer hat keine Kontrolle über ihre Lage im Speicher. Insbesondere weiß er auch nicht, welche Bit-Kombinationen diese Byte haben, d.h. die Zeichen der Variablen sind *undefiniert*, oder: Eine Variable hat unmittelbar nach ihrer *Vereinbarung* keinen definierten *Wert*.

`CHAR`-Zuweisungen

Erste *Zuweisungen* wie

```
adam:= "A"; eva:= 145C
```

geben `CHAR`-Variablen definierte Werte.

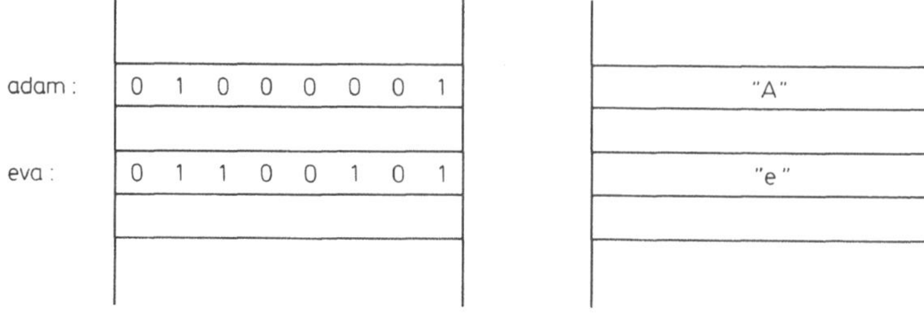

Auch eine Zuweisung `adam:= eva` ist zulässig und führt zu folgendem Bild:

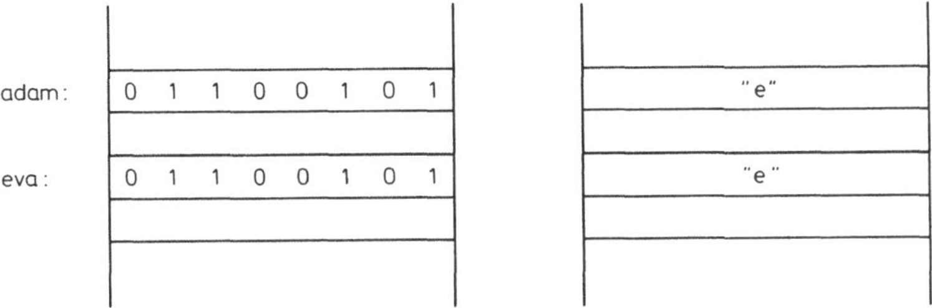

`adam` und `eva` haben jetzt beide das Zeichen `"e"` als Wert.

`CHAR`-Gleichheitsoperationen

Es ist manchmal nützlich, zu wissen, ob `adam` und `eva` gleiche (identische) oder verschiedene Werte haben:

```
adam  =  eva
adam  =  "A"
adam  #  eva
"A"   #  "a"
eva   =  "e"
```

Als Antwort erhält man *wahr* (englisch: true) oder *falsch* (englisch: false). Der Operator = bestimmt die Gleichheit, # die Ungleichheit. Sie schauen nach, ob die beiden Byte identische Bitfolgen haben oder nicht. (Für # darf man auch <> schreiben.)

`IF`-Anweisungen und Vergleiche

Ein Ergebnis *wahr* oder *falsch* kann man für eine alternative Entscheidung verwenden:

`IF` Vergleich `THEN ... ELSE ... END`

Liefert der Vergleich der `IF`-Anweisung das Ergebnis *wahr*, wird das getan, was zwischen `THEN` und `ELSE` steht, andernfalls dasjenige zwischen `ELSE` und `END`.

```
IF  a  =  "+" THEN a:= b; b:= "+" ELSE a:= "-" END
IF  a  #  ";" THEN a:= ";" END
```

Steht nach `ELSE` nichts, kann `ELSE` auch fehlen.

Vergleichsoperationen

Für Ordinalzahlen (und Zahlen schlechthin) sind die Vergleichsoperatoren

<	kleiner	>	größer
<=	kleiner-gleich	>=	größer-gleich

definiert. Sie lassen sich über die Ordinalzahlen auf Zeichen a und b übertragen:

```
a  <   b  wenn  ORD(a)  <   ORD(b)
a  <=  b  wenn  ORD(a)  <=  ORD(b)
a  >   b  wenn  ORD(a)  >   ORD(b)
a  >=  b  wenn  ORD(a)  >=  ORD(b)
```

CHAR-Ein/Ausgabe

Ein Zeichen, daß der Programmierer mit der Tastatur eingibt, liest die Operation Read:

```
Read(adam)
```

Sie legt das eingelesene Zeichen in dem Byte des RAM-Speichers ab, das der Variablen adam zugeordnet ist. Umgekehrt schreibt die Operation Write ein Zeichen auf den Bildschirm:

```
Write(adam); Write("&"); Write(eva); Write("."); Write(15C)
```

Das Zeichen 15C setzt den Cursor des Bildschirms auf den Anfang der nächsten Zeile. Die Operation WriteLn leistet das gleiche.

Zeichenreihen

Für eine durch

```
VAR  zar :  ARRAY [0..5] OF CHAR;
```

vereinbarte Variable zar reserviert MODULA im RAM-Speicher 6 aufeinanderfolgende Byte:

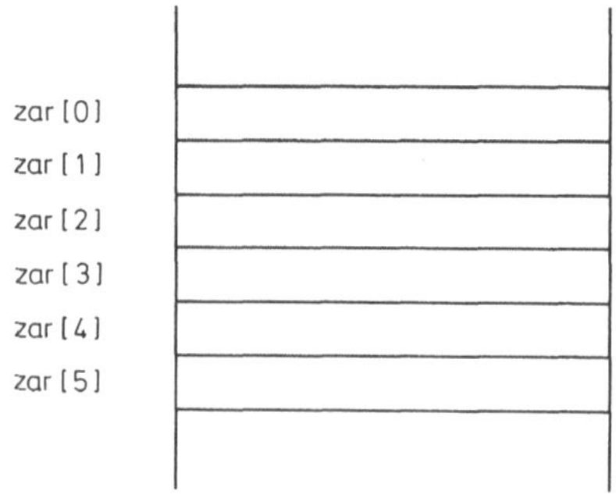

zar [0]
zar [1]
zar [2]
zar [3]
zar [4]
zar [5]

zar spricht alle 6 Byte als Ganzes an, zar[i] mit dem *Index* i aus dem Intervall [0, 5] nur ein einzelnes Byte und verhält sich wie eine CHAR-Variable.

Die Zuweisungen, wobei es auf ihre Reihenfolge nicht ankommt, aber nur 0, 1, 2, 3, 4, 5 erlaubte Indizes sind,

```
zar[0]  :=  "P";
zar[1]  :=  "e";
zar[2]  :=  "t";
zar[3]  :=  "e";
zar[4]  :=  "r";
zar[5]  :=  " "
```

führen zu der RAM-Speicherbelegung

zar [0]	1	0	0	1	0	0	0	0	"p"
zar [1]	1	0	1	0	0	1	0	1	"e"
zar [2]	1	0	1	1	0	1	0	0	"t"
zar [3]	1	0	1	0	0	1	0	1	"e"
zar [4]	1	0	1	1	0	0	1	0	"r"
zar [5]	0	0	1	0	0	0	0	0	" "

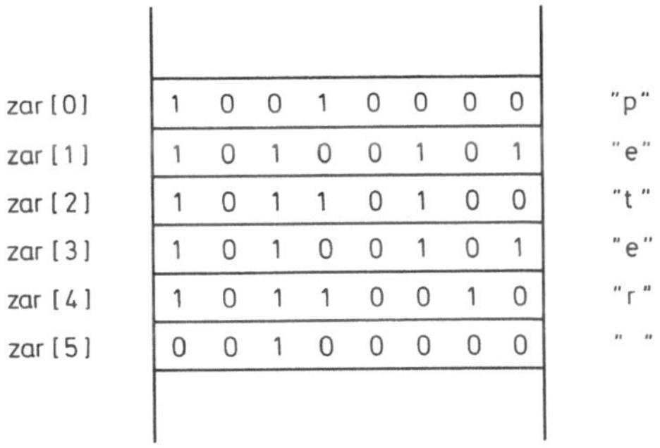

Zuweisung von Zeichenreihen

Diese 6 Zuweisungen sind gleichwertig mit einer Zuweisung

```
zar := "Peter "
```

Die Zeichenfolge `"Peter "` heißt *Zeichenreihe* (englisch: character string) und ist, wie das Zeichen `"A"`, eine Konstante, genauer: eine *Zeichenreihenkonstante*. `zar` ist somit eine Variable, die eine Zeichenreihe mit 6 Zeichen als Wert hat. Ihr Datentyp ist der (*Zeichenreihentyp*)

```
ARRAY [0..5] OF CHAR
```

Es ist erlaubt, an `zar` eine kleinere Zeichenreihe zuzuweisen:

```
zar := "Ptor"
```

Das führt zu der RAM-Speicherbelegung

zar [0]	1	0	0	1	0	0	0	0	"p"
zar [1]	1	0	1	1	0	1	0	0	"t"
zar [2]	1	0	1	0	1	1	1	1	"o"
zar [3]	1	0	1	0	0	0	1	0	"r"
zar [4]	0	0	0	0	0	0	0	0	0c
zar [5]	0	0	1	0	0	0	0	0	" "

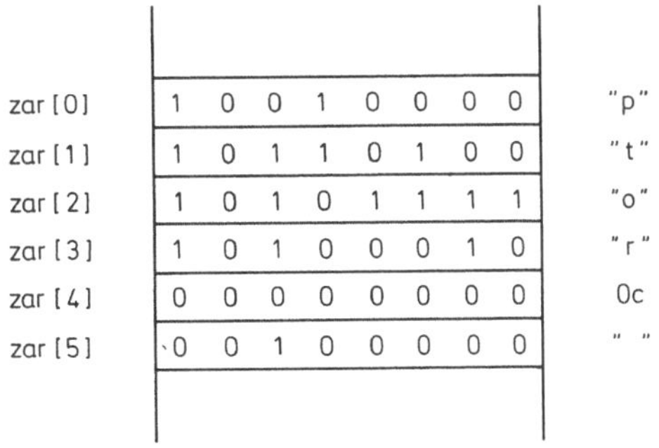

`zar[4]` enthält das *Ende-Zeichen* `0C`. Eine größere Zeichenreihe mit mehr als 6 Zeichen an `zar` zuzuweisen, ist unmöglich. Für die Variablen

```
zar, kaiser   :  ARRAY [0..5] OF CHAR
caesar        :  ARRAY [0..3] OF CHAR
```

sind die Zuweisungen

```
zar := kaiser; kaiser := zar; zar := caesar;
zar[0] := kaiser[5]; caesar[2] := caesar[3]
```

erlaubt, nicht aber die Zuweisungen

```
caesar := kaiser; caesar := zar
```

denn ihre Datentypen sind nicht *kompatibel*, da `caesar` die Zeichen von `kaiser` und `zar` nicht aufnehmen kann. (Etwaige Ende-Zeichen in `kaiser` und `zar` spielen bei der Zuweisung keine Rolle.)

Bemerkung: Alle Aussagen über Zuweisungen von Zeichenreihen gelten nur dann, wenn sie mit dem Index `0` beginnen, also nicht für Variablen wie

```
z : ARRAY [1..10] OF CHAR
```

Der größte Index für eine Zeichenreihe ist nicht festgelegt; er ist abhängig von dem jeweils benutzten MODULA System.

Zeichenreihenvergleiche

MODULA gestattet keine *Vergleiche von Zeichenreihen*. Also sind die Versuche

`zar = kaiser` und `kaiser = "August"`

untauglich. Man muß sie mit anderen Mitteln formulieren.

Zeichenreihen-Ein/Ausgabe

Eine Zeichenreihe gibt man auf den Bildschirm mit der Operation `WriteString` aus, unabhängig davon, ob es eine Konstante oder der Wert einer Variablen ist:

```
WriteString("zar = "); WriteString(zar); WriteLn
```

Enthält die Zeichenreihe ein Ende-Zeichen, stoppt die Ausgabe vor diesem Zeichen.

Man kann nacheinander mehrere Zeichen eintippen und sie mit der Operation `ReadString` lesen:

```
ReadString(zar); WriteString(zar)
```

ReadString legt die Zeichen in dem Bereich ab, der der Variablen zar zugeordnet ist. Normalerweise kann man nicht mehr Zeichen eintippen, als die Variable aufnehmen kann. Liest man weniger Zeichen ein, wird nach dem letzten Zeichen das Ende-Zeichen zusätzlich ablegt.

2.3 CARDINAL-Zahlen

Statt 8 Bit in einem Byte als Ordinalzahlen für Zeichen zu interpretieren, kann man in ihnen auch ganz normale Zahlen sehen, mit denen man rechnen kann, also addieren, subtrahieren, multiplizieren und dividieren. Da 8 Bit fast nie ausreichen, stehen ein Wort, also 2 Byte oder 16 Bit, oder sogar vier Byte zur Verfügung.

0	1	2	3	4	5	6	7	8	9	A	B	C	D	E	F

0 ist die kleinste Zahl und $2^{16} - 1$ die größte. Sie hat auch den Namen MaxCard. Alle Zahlen in diesem Bereich heißen CARDINAL-Zahlen und werden als Folgen von Dezimalziffern geschrieben, wobei führende Nullen nicht zählen.

CARDINAL-Variablen

Eine Vereinbarung

```
VAR i, j, k : CARDINAL;
```

belegt im RAM-Speicher Platz für 3 CARDINAL-Zahlen:

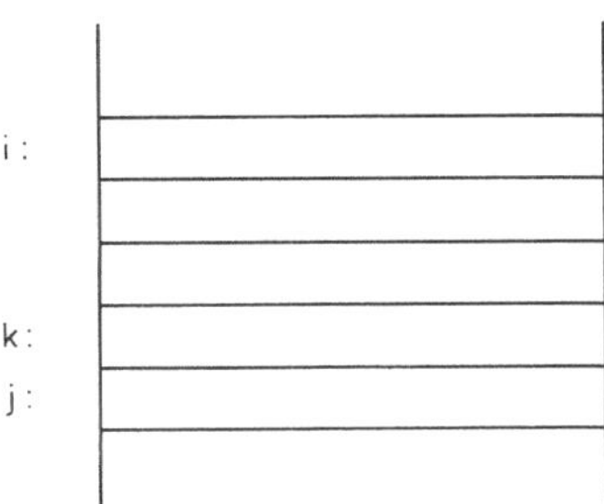

CARDINAL-Zuweisungen

Zuweisungen wie

```
i := 11; k := 1025; j := i
```

führen zu folgender RAM-Speicherbelegung:

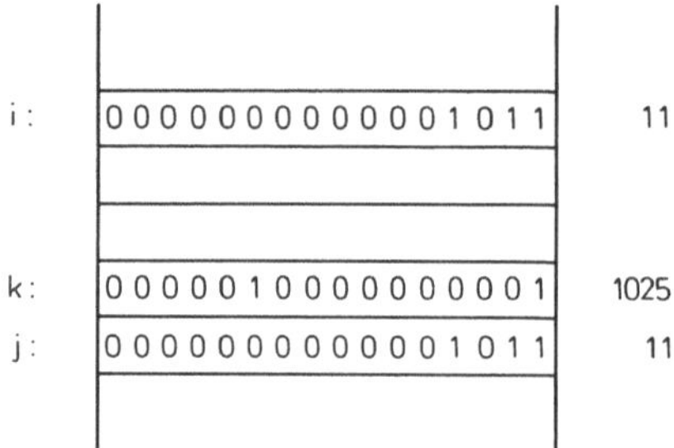

CARDINAL-**Vergleiche**

Wie bei Zeichen und Zeichenreihen sind CARDINAL-Zahlen und CARDINAL-Variablen vergleichbar:

`i = 10` und `k = j`

CARDINAL-**Arithmetik**

Und man kann mit ihnen rechnen:

`j:= i + 10` und `k:= j - i - 2`

Neben der Addition + und Subtraktion – gibt es die Multiplikation *, die Division DIV und die Restbildung MOD. Das Ergebnis muß wieder eine CARDINAL-Zahl sein und darf den erlaubten Bereich weder unter- noch überschreiten.

```
3 + 4   →  7
4 - 3   →  1
3 - 4   →  unerlaubt
3 * 4   →  12
3 DIV 4 →  0
4 DIV 3 →  1
3 MOD 4 →  3
4 MOD 3 →  1
```

Kombinationen solcher Operationen sind

```
i * 10 - 1
(i * j) DIV 2
(i + k) * (i - k)
```

Für DIV und MOD gilt die Regel

`a = (a DIV b) * b + (a MOD b)`

Runde Klammern (und) regeln den Vorrang unter den Operatoren.

CARDINAL-**Darstellungen**

MODULA kennt für die Angabe einer CARDINAL-Zahl drei Formen:

1. Folge von Dezimalziffern, z.B. 1015
2. Folge von Oktalziffern mit einem abschließenden B, z.B. 002001B
3. Folge von Hexadezimalziffern mit einem abschließenden H, z.B. 0401H

CARDINAL-**Ein/Ausgabe**

Die Operation WriteCard schreibt eine CARDINAL-Zahl auf den Bildschirm:

```
i:= 8;
WriteString("--");
WriteCard(1234, 0); WriteString("--");
WriteCard(1234, i); WriteString("--");
WriteCard(1234, 2); WriteString("--");
WriteLn;
WriteString("i = "); WriteCard(i, 0)
```

Auf dem Bildschirm erscheint:

```
--1234--    1234--1234--
i = 8
```

Bei WriteCard(A, B) legt die zweite CARDINAL-Zahl B fest, mit wieviel Zeichen die erste CARDINAL-Zahl A dargestellt wird. Die Operation ReadCard liest eine CARDINAL-Zahl ein:

```
ReadCard(i); ReadCard(k);
WriteString("i, k, i + k, ");
WriteString("i - k, i * k, i DIV k, i MOD k = ");
WriteCard(i, 7);     WriteCard(k, 7);
WriteCard(i + k, 7); WriteCard(i - k, 7);
WriteCard(i * k, 7); WriteCard(i DIV k, 7);
WriteCard(i MOD k, 7)
```

ReadCard liest auf die gleiche Weise wie ReadString Zeichen ein, doch sollten es hier nur Ziffern sein.

CARDINAL-**Zahlenfolgen**

Neben CARDINAL-Zahlen kennt MODULA auch Folgen solcher Zahlen:

```
 VAR f1, f2 :  ARRAY [1..5] OF CARDINAL;
     i, k, j : CARDINAL;
```

Bemerkung: Statt von *Zahlenreihen* spricht man lieber von *Zahlenfolgen* (englisch: arrays of numbers).

Diese Vereinbarungen ergeben folgende RAM-Speicherbelegung:

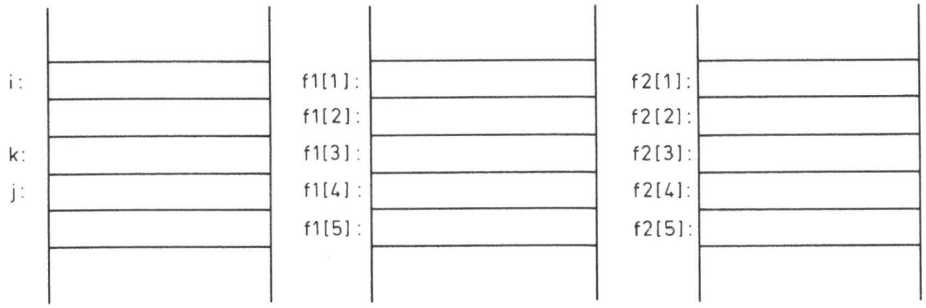

i:		f1[1]:		f2[1]:	
		f1[2]:		f2[2]:	
k:		f1[3]:		f2[3]:	
j:		f1[4]:		f2[4]:	
		f1[5]:		f2[5]:	

f1 und f2 geben jeweils die ganze Zahlenfolge an. Für sie gibt es außer der Zuweisung keine weiteren Operationen. Da aber ihre Komponenten f1[i] und f2[k] sich wie normale CARDINAL-Variablen verhalten, sind folgende Zuweisungen und Vergleiche erlaubt:

```
f1[1]:= 15;   f1[2]:=   3; f1[3]:= k + j;
f1[4]:=  2;   f1[5]:=   3

f2:= f1;
f2[3]:= f2[3] * 4 + f1[1];
i:= f2[1]

f2[3]  =  f1[4]
f2[3]  #  f2[1]
```

CARDINAL-Ausschnitte

Nimmt eine CARDINAL-Variable i nur Werte aus dem (kleineren) Bereich [10, 99] an, erlaubt MODULA auch die genauere Vereinbarung

```
VAR i : [10..99] ;
```

Ein solcher mit [und] geklammerter *Ausschnitt* legt definitiv fest, daß i nur die CARDINAL-Zahlen aus diesem Bereich als Werte haben kann, nicht aber z.B. die Zahlen 0 oder 1000.

```
VAR  i : [10..99];
     k : [1..100];
     m : CARDINAL;

k:= i; m:= k;
i:= k; k:= m; i:= m
```

Die ersten beiden Zuweisungen sind stets erlaubt, die letzten drei können fehlerhaft sein.

Ausschnitte und Folgen

Ausschnitte treten stets bei Folgen auf:

```
VAR  zar :  ARRAY [0..5] OF CHAR;
     f1  :  ARRAY [1..6] OF CARDINAL;
```

Sie gibt es auch für Zeichen:

```
VAR  Buchstaben : ["A".."Z"];
     Ziffern    : ["0".."9"];
     Worte      : ARRAY [0..10] OF ["A".."Z"];
```

Man kann sogar folgendes schreiben:

```
VAR  Invers  :  ARRAY ["A".."Z"] OF [0..127];
     Capital :  ARRAY ["a".."z"] OF ["A".."Z"];
     ganz    :  ARRAY CHAR OF CARDINAL;
     alles   :  ARRAY CHAR OF CHAR;
```

CHAR bezeichnet auch den größten Ausschnitt mit MIN(CHAR) = 0C und MAX(CHAR) = 177C und CARDINAL den größten Ausschnitt mit MIN (CARDINAL) = 0 und MAX(CARDINAL) = MaxCard.

Bemerkung: Normalerweise darf man CARDINAL oder einen annähernd großen Ausschnitt nicht nach ARRAY schreiben, da der RAM-Speicher dafür zu klein ist.

Ausschnitte und FOR-Anweisungen

Mit einer FOR-Anweisung durchläuft eine CARDINAL-Variable bzw. CHAR-Variable einen CARDINAL-Ausschnitt bzw. CHAR-Ausschnitt:

```
VAR  i, k : CARDINAL;
     fg : ARRAY [1..5] OF CARDINAL;
VAR  ch : CHAR;
     string : ARRAY [0..17] OF CHAR;

FOR  i:=  1  TO  5  DO  ...  END;
FOR  k:=  5  TO  1  BY  -1  DO  ...  END;
FOR ch:=  "A"  TO  "Z"  DO  ...  END
```

i nimmt nacheinander die Werte 1, 2, 3, 4, 5 an, k die Werte 5, 4, 3, 2, 1. Für jeden dieser Werte werden die Anweisungen zwischen DO und END einmal ausgeführt.

```
FOR  i:=  1  TO  5  DO  fg[i]:=  i * (i - 1)  END;
FOR  k:=  5  TO  1  BY  -2  DO  fg[k]:=  k  +  k  END
```

Das ist gleichwertig mit folgenden Zuweisungen:

```
fg[1] :=  1  *  (1  -  1 )→   0
fg[2] :=  2  *  (2  -  1 )→   2
fg[3] :=  3  *  (3  -  1 )→   6
fg[4] :=  4  *  (4  -  1 )→  12
fg[5] :=  5  *  (5  -  1 )→  20

fg[5] :=  5  +  5          →  10
fg[3] :=  3  +  3          →   6
fg[1] :=  1  +  1          →   2
```

Ausgabe einer Zahlenfolge

```
VAR fg : ARRAY [1..10] OF CARDINAL;
    i  : CARDINAL;;
BEGIN
     FOR i:= 1 TO 10 DO
           WriteCard(fg[i], 8)
     END
END
```

Initialisierung von Zahlenfolgen

Die Zahlenfolge `fg` wird mit der Zahl 0 und die Zahlenfolge `fk` wird mit Quadratzahlen initialisiert.

```
VAR fg : ARRAY [1..10] OF CARDINAL;
    fk : ARRAY [1..100] OF CARDINAL;
    i  : CARDINAL;
BEGIN
     FOR i:= 1 TO 10 DO  fg[i]:= 0 END;
     FOR i:= 1 TO 100 DO fk[i]:= i * i END
END
```

Addition von Zahlen

Es werden zuerst die Zahlen von 1 bis 100 addiert.

```
VAR Summe, i : CARDINAL;
BEGIN
     Summe:= 0;
     FOR i:= 1 TO 100 DO Summe:= Summe + i END
END
```

Dann werden die Zahlen einer Zahlenfolge addiert.

```
VAR Summe, i : CARDINAL;
    fk : ARRAY [1..100] OF CARDINAL;
BEGIN
     Summe:= fk[1];
     FOR i:= 2 TO 100 DO Summe:= Summe + fk[i] END
END
```

Zuordnung von Zeichen und Zahlen

Es werden zuerst Buchstaben und Ordinalzahlen einander zugeordnet.

```
VAR ch : CHAR;
    Abb : ARRAY ["A".."Z"] OF [0..127];
BEGIN
     FOR ch:= "A" TO "Z" DO Abb[ch]:= ORD(ch) END
END
```

Dann werden kleine und große Buchstaben einander zugeordnet.

```
VAR ch : CHAR;
    dist : CARDINAL;
    klein : ARRAY ["A".."Z"] OF ["a".."z"];
BEGIN
     dist:= ORD("a") - ORD("A");
     FOR ch:= "A" TO "Z" DO
          klein[ch]:= VAL(CHAR, ORD(ch) + dist)
     END
END
```

Mehrzeilige Ausgabe

```
WriteString("AAA"); WriteLn;
WriteString("BBB"); WriteLn;
WriteString("CCC"); WriteLn;

z:= "AAA BBB CCC ";
z[3]:= 15C; z[7]:= 15C; z[11]:= 15C;
WriteString(z)

z:= "AAA BBB CCC ";
FOR i:= 3 TO 11 BY 4 DO z[i]:= 15C END;
WriteString(z)
```

Diese drei Formen führen zu der gleichen Ausgabe.

Umkehrung von Zeichenreihen

```
VAR fg : ARRAY [0..9] OF CHAR;
    i  : CARDINAL; ch : CHAR;
BEGIN
     fg:= "abcdefghij";
     WriteString(fg); WriteLn;
     FOR i:= 0 TO 4 DO
         ch        := fg[i];
         fg[i]     := fg[9 - i];
         fg[9 - i]:= ch
     END;
     WriteString(fg); WriteLn
END
```

Länge einer Zeichenreihe

Es wird die eigentliche Länge einer Zeichenreihe festgestellt.

```
VAR  fg : ARRAY [0..25] OF CHAR;
     i, lg : CARDINAL;
```

```
BEGIN
     lg:= 25;
     FOR i:= 25 TO 0 BY -1 DO
          IF fg[i] = 0C THEN lg:= i END
     END;
     WriteString("Laenge = "); WriteCard(lg + 1, 0)
END
```

Entfernen von Zeichen aus einer Zeichenreihe

Es werden alle Zwischenräume aus einer Zeichenreihe mit der (eigentlichen) Länge `lg` entfernt.

```
VAR  fg : ARRAY [0..25] OF CHAR;
     i, k : CARDINAL;
BEGIN
     WriteString(fg); WriteLn;
     k:= 0;
     FOR i:= 0 TO lg - 1 DO
          IF fg[i] <> " " THEN
               fg[k]:= fg[i]; k:= k + 1
          END
     END;
     IF k < lg THEN fg[k]:= 0C END;
     WriteString(fg); WriteLn
END
```

Kopieren von Zeichenreihen

Es werden die Zeichen einer Zeichenreihe `fk` in eine Zeichenreihe `fg` kopiert und rechtsbündige Zwischenräume fortgelassen.

```
VAR  fg : ARRAY [0..Lg] OF CHAR;
     fk : ARRAY [0..Lk] OF CHAR;
     i, k : CARDINAL;
BEGIN
     WriteString(fk); WriteLn;
     IF Lg < Lk THEN k:= Lg ELSE k:= Lk END;
     FOR i:= 0 TO k DO fg[i]:= fk[i] END;
     IF Lg > Lk THEN fg[Lk + 1]:= 0C END;
     WriteString(fg); WriteLn
END
```

`CHAR`- und `CARDINAL`-Zuweisungen

Eine Variable `ch` des Datentyps `CHAR` belegt ein Byte im RAM-Speicher, eine Variable `k` des Datentyps `CARDINAL` aber zwei Byte. Daher ist es klar, daß eine Zuweisung `ch:= k` oder `k:= ch` mehr ist als nur das Kopieren von Bytefolgen.

Um dies deutlich zu machen, verlangt MODULA spezielle Angaben:

```
ch:= k  →  ch:= VAL(CHAR, k)
k:= ch  →  k:= ORD(ch)
```

Dies gilt auch für Konstanten.

2.4 Namen

Ein *Name* ist eine Folge von Buchstaben und Ziffern, die mit einem Buchstaben beginnt:

```
a   A   abc   AbC   A1   a123   ProgrammName
```

Ein Name kann beliebig lang sein, enthält aber keinen Zeilenwechsel. Er sollte stets so gewählt sein, daß sein mnemotechnischer Inhalt Auskunft über seine Verwendung gibt.

Namen treten bislang auf, um Variablen für Zeichen und Zeichenreihen, Zahlen und Zahlenfolgen zu bezeichnen.

Konstantennamen

Auch für Konstanten kann man Namen einführen:

```
CONST EOL           = 15C;    EndeZeichen    = 0C;
      Laenge        = 20;     MaxCard        = 65635;
      GrossA        = "A";    KleinA         = "a";
      ErstesZeichen = "!";    LetztesZeichen = "}";
      EndeAusgabe   = "Ende der Ausgabe";
```

Die Namen links vom Symbol = heißen *Konstantennamen*. Auf der rechten Seite darf ein Ausdruck stehen, wenn er keine Variablen enthält. Er heißt dann *konstanter Ausdruck*.

```
CONST Eins = 1; Zwei = 1 + 1; Drei = Zwei + 1;
```

Konstantennamen treten in Ausschnitten auf:

```
VAR  fg : ARRAY [ErstesZeichen..LetztesZeichen]
          OF CARDINAL;
VAR  zr : ARRAY [0..Laenge - 1] OF CHAR;
```

Links und rechts vom Symbol .. erlaubt MODULA konstante Ausdrücke.

Ausschnittsnamen

Auch an Ausschnitte kann man Namen verteilen:

```
TYPE ZehnZeichen = [0..9];
     Buchstaben  = ["A".."Z"];
     Ziffern     = ["0".."9"];
     Index       = [0..Laenge - 1];
```

Diese Namen heißen *Ausschnittsnamen*. Sie sind eine Untermenge der *Typnamen*.

Typnamen

Was für Ausschnitte gilt, ist allgemein für Datentypen gestattet:

```
TYPE TypReihe        = ARRAY [0..Laenge - 1] OF CHAR;
     ZahlenFolge     = ARRAY Index OF CARDINAL;
     BuchstabenFolge = ARRAY Index OF Buchstaben;
     CARD            = CARDINAL;
```

Im letzten Beispiel dient `CARD` als Abkürzung des längeren Namens.

Länge einer Zeichenreihe

```
CONST Laenge = 25; EndeZeichen = 0C;
TYPE  Index = [0..Laenge];
VAR   fg : ARRAY Index OF CHAR;
      i, lg : CARDINAL;
BEGIN
     lg:= Laenge;
     FOR i:= Laenge TO 0 BY -1 DO
          IF fg[i] = EndeZeichen THEN lg:= i END;
     END;
     lg:= lg + 1;
     WriteString("Laenge = "); WriteCard(lg, 0)
END
```

Der Konstantenname `Laenge` wirkt wie ein Parameter. Ändert man seine Vereinbarung

```
CONST Laenge = 10;
```

kann man Zeichenreihen dieser Längen bearbeiten, ohne weitere Textzeilen ändern zu müssen.

2.5 INTEGER-Zahlen

Alle CARDINAL-Zahlen sind nicht-negative Zahlen. Da man aber Zahlen wie -1, -2 oder -123 nicht aussparen kann, muß man die 16 Bit eines Worts hier anders interpretieren: Das erste Bit zeigt das *Vorzeichen* an.

0	1	2	3	4	5	6	7	8	9	A	B	C	D	E	F
V															

Hat dieses Bit den Wert 0, handelt es sich um eine nicht-negative Zahl: 0 ist die kleinste, $2^{15} - 1$ ist die größte. Hat dieses Bit den Wert 1, handelt es sich um eine nicht-positive Zahl, für die es zwei Interpretationen gibt.

Komplemente

Im *Stellen-Komplement* oder *1-Komplement* entsteht aus einer nicht-negativen Zahl A die Zahl -A durch Umdrehen der Bit:

```
    0    0 000000000000000   →   1 111111111111111       -0
    1    0 000000000000001   →   1 111111111111110       -1
    2    0 000000000000010   →   1 111111111111101       -2
   33    0 000000000100001   →   1 111111111011110      -33
32767    0 111111111111111   →   1 000000000000000   -32767
```

Hier hat die Null zwei Darstellungen. Die Anzahl der positiven und negativen Zahlen ist gleich groß.

Beim *echten Komplement* oder *2-Komplement* entsteht aus A die Zahl -A durch Umdrehen der Bit und nachträglicher Addition einer 1:

```
    0    0 000000000000000   →   0 000000000000000        0
    1    0 000000000000001   →   1 111111111111111       -1
    2    0 000000000000010   →   1 111111111111110       -2
   33    0 000000000100001   →   1 111111111011111      -33
32767    0 111111111111111   →   1 000000000000001   -32767
                                 1 000000000000000   -32768
```

Hier hat die Null nur eine Darstellung, aber es gibt eine negative Zahl -A, zu der eine positive Zahl A fehlt.

Da der Programmierer im Normalfall eine dezimale Schreibweise der Zahlen benutzt, muß er selten wissen, welche der beiden Komplementformen sein Computer unterstützt. Zudem liefert ihm MIN(INTEGER) die kleinste dieser INTEGER-Zahlen und MAX(INTEGER) die größte.

INTEGER-Darstellungen und -Operationen

Wie bei CARDINAL-Zahlen schreibt man positive INTEGER-Zahlen dezimal, oktal oder hexadezimal. Negative Zahlen entstehen durch Voransetzen des *Minuszeichens* -.

```
 0     1     1234     1234B     0BACH
-0    -1    -1234    -1234B    -0BACH
```

Die Operatoren +, -, * und DIV sind auch für INTEGER-Zahlen definiert, nicht aber MOD. Ferner sind die Gleichheits- und Vergleichsoperatoren anwendbar.

INTEGER-Ausschnitte

Ausschnitte mit negativen Zahlen sind

[- 10..0] und [-99..99]

Sie treten auch bei Zahlenfolgen auf:

```
ARRAY [-10..0] OF INTEGER
ARRAY [-99..99] OF [-1..1]
```

Gemischte Zuweisungen

Für Vereinbarungen

```
VAR  i : INTEGER; k : CARDINAL;
```

sind gemischte Zuweisungen wie

```
k:= i; i:= k
```

fehlerhaft, wenn im ersten Fall der Wert von i negativ oder im zweiten Fall der Wert von k größer als MAX(INTEGER) ist.

Gemischte Ausdrücke

In Ausdrücken dürfen INTEGER- und CARDINAL-Zahlen (wegen ihrer unterschiedlichen Darstellung als Bitfolge und den davon abhängigen Befehlen des Computers) nicht gemischt auftreten. Für

```
k:= i + k; i:= -3 * k
```

fordert MODULA eine eindeutige Kennzeichnung durch den Typnamen:

```
k:= CARDINAL(i) + k; i:= -3 * INTEGER(k)
```

INTEGER-Ein/Ausgabe

ReadInt und WriteInt bei INTEGER-Zahlen entsprechen ReadCard und WriteCard bei CARDINAL-Zahlen.

```
WriteString("Zahl ? ");
ReadInt(z);
WriteInt(z, 0)
```

Verschmelzen von Zahlenfolgen

Es werden zwei sortierte Zahlenfolgen fg und fk verschmolzen. Das Ergebnis ist eine neue sortierte Zahlenfolge erg.

```
CONST ugl = -5; ogl = 5;
      ug2 =  1; og2 = 10;
VAR   fg : ARRAY[ugl..ogl] OF INTEGER;
      fk : ARRAY[ug2..og2] OF CARDINAL;
```

fg und fk können z.B. so aussehen:

	-5	-4	-3	-2	-1	0	1	2	3	4	5
fg:	-14	-10	-1	-1	0	0	5	7	8	14	25

	1	2	3	4	5	6	7	8	9	10
fk:	0	2	2	4	15	16	17	28	29	50

Die Folge erg nimmt die Zahlen von fg und fk auf und hat max Komponenten. i, g und k sind Hilfsvariablen.

```
CONST max = (ogl - ugl + 1) + (og2 - ug2 + 1);
VAR   erg : ARRAY[1..max] OF INTEGER;
      i, g, k : INTEGER;
BEGIN
     g:= ugl; k:= ug2;
     FOR i:= 1 TO max DO
          IF    g > ogl THEN erg[i]:= fk[k]; INC(k)
          ELSIF k > og2 THEN erg[i]:= fg[g]; INC(g)
          ELSIF fg[g] < INTEGER(fk[k])
               THEN erg[i]:= fg[g]; INC(g)
               ELSE erg[i]:= fk[k]; INC(k)
          END
     END
END
```

Die Operation INC(k) ist eine Abkürzung für k:= k + 1. ELSIF ist eine Zusammenfassung von ELSE und IF und erspart ein END.

Zum Beispiel liegt nach i = 8 Schritten mit g = 1 und k = 3 folgende Situation vor:

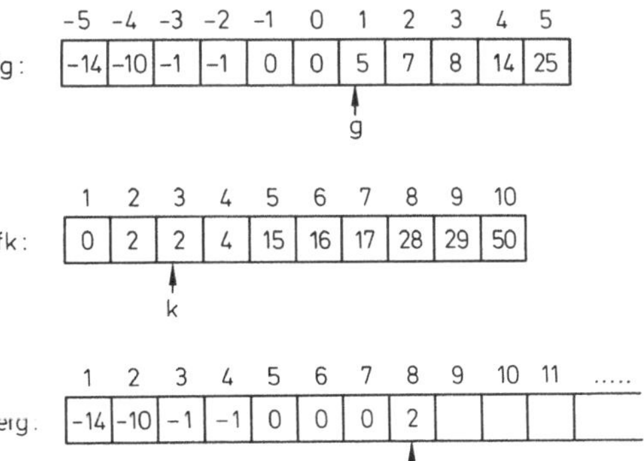

2.6 Aufzählungen

Wenn gesagt wurde, daß Programmierer Namen nach ihrer mnemotechnischen Eignung aussuchen sollten, um Programme lesbar und verständlich zu gestalten, so kann diese Empfehlung zu Vereinbarungen

```
CONST  Januar  =  1;  Februar  =  2;  Maerz     =  3;
       April   =  4;  Mai      =  5;  Juni      =  6;
       Juli    =  7;  August   =  8;  September =  9;
       Oktober = 10;  November = 11;  Dezember  = 12;

VAR    Tage : ARRAY [Januar..Dezember] OF [28..31];

CONST  Sonntag   =  0;  Montag     =  1;  Dienstag  =  2;
       Mittwoch  =  3;  Donnerstag =  4;  Freitag   =  5;
       Samstag   =  6;

VAR    Namen : ARRAY [Sonntag..Samstag]
                     OF ARRAY [0..9] OF CHAR;
```

führen mit den Initialisierungen

```
FOR i:= Januar TO Dezember DO Tage[i]:= 31 END;
Tage[Februar]:= 28; Tage[April]:= 30;
Tage[Juni]:= 30;
Tage[September]:= 30; Tage[November]:= 30;

Namen[Sonntag]:= "Sonntag";
Namen[Montag]:= "Montag";
Namen[Mittwoch]:= "Mittwoch";
Namen[Dienstag]:= "Dienstag";
Namen[Donnerstag]:= "Donnerstag";
Namen[Freitag]:= "Freitag";
Namen[Samstag]:= "Samstag";
```

Aufzählungstypen

Statt dieser Vereinbarungen für Konstantennamen bietet MODULA *Aufzählungen* an:

```
TYPE Wochentage =
     (Sonntag, Montag, Dienstag, Mittwoch,
      Donnerstag, Freitag, Samstag);
TYPE Monate =
     (Januar, Februar, Maerz, April, Mai, Juni, Juli,
      August, September, Oktober, November, Dezember);
VAR  Namen : ARRAY Wochentage OF ARRAY [0..9] OF CHAR;
     Tage  : ARRAY Monate OF [28..31];
```

Ein *Aufzählungstyp* wie `Wochentage` oder `Monate` ist eine Folge von Namen, die seinen Wertebereich definieren. Diese Namen heißen *Elementnamen*. Es ist klar, daß ein Name höchstens einmal in einer Aufzählung vorkommen und auch nicht an anderer Stelle noch einmal vereinbart sein kann.

Operationen für Aufzählungstypen

Der Wertebereich ist im Sinne der Aufschreibung der Namen geordnet:

```
MIN(Wochentage) = Sonntag, MAX(Wochentage) = Samstag,
MIN(Monate) = Januar, MAX(Monate) = Dezember

Sonntag < Montag < ... < Samstag
Januar < Februar < ... < Dezember

ORD(Sonntag) = 0, ORD(Montag) = 1, ...
ORD(Januar)  = 0, ORD(Februar) = 1, ...

VAL(Wochentage, 1) = Montag
VAL(Monate, 10) = November
```

Beide Gleichheitsoperatoren sind anwendbar, indem sie auf Ordinalzahlen zurückgeführt werden. Mit dem Operator `INC` bzw. `DEC` geht man von einem Wert zum nächsten bzw. vorangehenden:

```
INC(Januar) = Februar
INC(Januar, 2) = Maerz
DEC(November, 1) = Oktober
DEC(Mai, 4) = Januar
```

Sie sind auch auf `CARDINAL`-Zahlen und `INTEGER`-Zahlen anwendbar.

Den gesamten Wertebereich oder einen Ausschnitt durchläuft man mit einer `FOR`-Anweisung:

```
VAR t : Wochentage; m : Monate;

FOR t:= Sonntag TO Samstag DO ... END;
FOR m:= November TO Mai BY -3 DO ... END
```

Ein/Ausgabe von Aufzählungen

Analoge Operationen zu `ReadCard` und `WriteCard` gibt es nicht. Über den Umweg einer Abbildung der Elementnamen auf Zeichenreihen und auf Ordinalzahlen erledigen `ReadCard` und `WriteString` die Ein- und Ausgabe:

```
WriteString("Ausgabe des Wertebereichs"); WriteLn;
FOR k:= MIN(Wochentage) TO MAX(Wochentage) DO
     WriteCard(ORD(k), 3); WritcString(": ");
     WriteString(Namen[k]); WriteLn
END;
```

```
WriteString("Ordinalzahl ? "); ReadCard(z);
IF z <= ORD(MAX (Wochentage)) THEN
     k:= VAL(Wochentage, z)
END
```

2.7 Boolesche Werte

Die Werte FALSE und TRUE bilden zusammen den Wertebereich des Datentyps BOOLEAN, der alle Eigenschaften eines Aufzählungstyps hat:

```
TYPE  BOOLEAN  = (FALSE, TRUE);
```

Boolesche Operationen

Zusätzlich sind weitere Operationen definiert, die analog zu + und * Verknüpfungen von Operanden zulassen:

```
NOT a        NOT TRUE    =  FALSE
             NOT FALSE   =  TRUE

a AND b      TRUE   AND  TRUE   =  TRUE
             TRUE   AND  FALSE  =  FALSE
             FALSE  AND  TRUE   =  FALSE
             FALSE  AND  FALSE  =  FALSE

a OR b       TRUE   OR   TRUE   =  TRUE
             TRUE   OR   FALSE  =  TRUE
             FALSE  OR   TRUE   =  TRUE
             FALSE  OR   FALSE  =  FALSE
```

NOT ist die *logische Negation*, AND die *logische Konjunktion* und OR die *logische Disjunktion*. Andere logische Operationen haben folgende Bedeutung:

a = b	Äquivalenz	a <> b	Antivalenz
a < b	Inhibition	a <= b	Implikation
a > b	Inhibition	a >= b	Implikation

Auswertung eines Booleschen Ausdrucks

MODULA berechnet ihr Ergebnis auf folgende Weise:

```
a  AND  b   →  if  a  then  b  else  FALSE
a  OR   b   →  if  a  then  TRUE  else  b
```

Liefert schon der linke Operand das Ergebnis, wird der rechte garnicht mehr ausgewertet.

Einen Ausdruck mit drei durch AND verknüpften Teilausdrücken wie

```
fg[k] AND ((k + 2) < = max) AND fg[k + 2]
```

wertet MODULA so aus:

1. Liefert fg[k] den Wert FALSE, ist dies schon das Gesamtergebnis des Ausdrucks. Die anderen beiden Teilausdrücke werden nicht ausgewertet.
2. Ansonsten wird (k + 2) < = max ausgewertet. Liefert dies FALSE, hat man das Gesamtergebnis.
3. Andernfalls wird auch noch fg[k + 2] ausgewertet und liefert das Gesamtergebnis.

Besondere Bedeutung haben Boolesche Variable und Boolesche Ausdrücke nach IF in einer IF-Anweisung, da sie die Auswahl der Anweisungen nach THEN oder ELSE bestimmen.

Berechnung von Primzahlen

Die Primzahlen werden nach dem Algorithmus *Sieb des Eratosthenes* berechnet.

```
CONST  Max = 299;
TYPE   TypPrim = ARRAY [2..Max] OF BOOLEAN;
VAR    Prim : TypPrim;
```

Prim ist eine Folge von Werten TRUE oder FALSE. Am Anfang erhalten alle Komponenten Prim[k] mit geradzahligem Index k den Wert FALSE, da diese Zahlen k, außer 2, keine Primzahlen sind. Die restlichen Indizes sind Primzahl-Kandidaten.

```
VAR i, k : CARDINAL;

FOR k:= 2 TO Max DO Prim[k]:= TRUE END;
FOR k:= 4 TO Max BY 2 DO Prim[k]:= FALSE END;
```

Ausgehend von einer erkannten Primzahl k, d.h. Prim[k] = TRUE, werden alle Vielfache von k auf FALSE gesetzt. Sie sind keine Primzahl-Kandidaten mehr.

```
FOR k:= 3 TO Max BY 2 DO
     IF Prim[k] THEN
          FOR i:= 2 * k TO Max DO
               IF (k MOD i) = 0 THEN Prim[i]:= FALSE END
          END
     END
END;
```

Eigentlich braucht man nicht bis Max laufen, sondern nur soweit, wie i * i < Max gilt. Da MODULA nach BY in einer FOR-Anweisung keine Variable gestattet, kann man nicht

```
FOR  i:= 2 * k TO Max BY k  DO ... END
```

schreiben und damit die MOD-Operation vermeiden.

Ausgabe der Primzahlen

Die erkannten Primzahlen werden ausgegeben, aber höchstens 10 in einer Zeile:

```
WriteString("Primzahlen von 2 bis ");
WriteCard(Max, 0); WriteLn; WriteLn;
i:= 1; WriteCard(2, 7);
FOR k:= 3 TO Max BY 2 DO
     IF Prim[k] THEN
          WriteCard(k, 7); INC(i);
          IF (i MOD 10) = 0 THEN WriteLn END
     END
END;
IF (i MOD 10) <> 0 THEN WriteLn END;
WriteLn;
```

Interessant ist auch eine Tabelle der *Primzahl-Zwillinge*, d.h. solcher Primzahlen p und q mit p + 2 = q.

```
WriteString("Primzahl-Zwillinge");
WriteLn; WriteLn;
i:= 0;
FOR k:= 3 TO Max BY 2 DO
     IF Prim[k] AND ((k + 2) <= Max) AND Prim[k + 2]
     THEN
          Prim[k + 2]:= FALSE;
          WriteCard(k, 6); WriteCard(k + 2, 6);
          WriteString(", "); INC(i);
          IF (i MOD 5) = 0 THEN WriteLn END
     END
END;
IF (i MOD 5) <> 0 THEN WriteLn END
```

Komprimierte Speicherausnutzung

Die Hälfte von Prim, d.h. alle Komponenten mit einem geraden Index, wird nicht gebraucht. Durch eine Komprimierung, d.h. durch eine Abbildung

k → 2 * k + 1

1 → 3, 2 → 5, 3 → 7, 4 → 9, ...

läßt sich der Platz besser nutzen, doch erhöht sich der Aufwand für den Zugriff auf eine Komponente.

```
CONST  Max = 99;
VAR    Prim : ARRAY [1..Max] OF BOOLEAN;
BEGIN
     FOR k:= 1 TO Max DO Prim[k]:= TRUE END;
     FOR k:= 1 TO Max DO
          IF Prim[k] THEN
               FOR i:= k + (2 * k) + 1  TO Max DO
                    IF (i MOD (2 * k + 1)) = k THEN
                         Prim[i]:= FALSE
                    END
```

```
            END
        END
    END;
    WriteString(" Primzahlen von bis ");
    WriteCard(Max * 2 + 1, 0);
    WriteLn; WriteLn;
    . . .
END
```

2.8 Mengen

Man kann die 16 Bit eines Worts

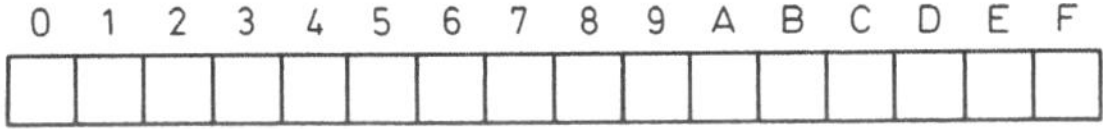

auch noch anders interpretieren, indem man sie eine *Bit-Menge* bilden läßt: Hat ein Bit mit der Nummer `k` den Wert 1, gehört es zu dieser Menge.

0000 0000 0000 0000	→	Leere Menge	`{ }`
1000 0000 0000 0000	→	1-elem. Menge	`{0}`
0100 0000 0000 0000	→	1-elem. Menge	`{1}`
0010 0000 0000 0000	→	1-elem. Menge	`{2}`
. . .			
1100 0000 0000 0000	→	2-elem. Menge	`{0, 1}`
0110 0000 0000 0000	→	2-elem. Menge	`{1, 2}`
1010 0000 0000 0000	→	2-elem. Menge	`{0, 2}`
. . .			
1110 0000 0000 0000	→	3-elem. Menge	`{0, 1, 2}`
0111 0000 0000 0000	→	3-elem. Menge	`{1, 2, 3}`
. . .			
0000 1010 1010 1000	→	5-elem. Menge	`{4, 6, 8, 10, 12}`
. . .			
1111 1111 1111 1111	→	16-elem. Menge	`{0..15}`

Diese 2^{16} verschiedenen Mengen faßt MODULA als Werte des Datentyps `BITSET` auf.

Mengenangaben

Die Reihenfolge der *Mengenelemente* in einer *Mengenangabe* ist unwichtig, da es nur auf ihre Existenz ankommt. Folgende Mengenangaben sind also gleich:

```
{1, 2, 3, 4, 5}
{2, 3, 5, 4, 1}
{1, 1, 3, 2, 5, 4, 4}
{1..3, 3..5}
{2..5, 1}
{1..3, 3..5, 10..9}
```

Die Angabe `a..b` meint alle Zahlen von `a` bis `b`. Ist `b` kleiner als `a`, ist dieser Bereich leer.

Mengenaufnahme

In einer Mengenangabe dürfen nur Konstanten oder konstante Ausdrücke (ohne Variablen) auftreten. Andernfalls muß man auf die speziellen Operationen `INCL` und `EXCL` zurückgreifen: `INCL` nimmt ein Element auf, `EXCL` entfernt es. (In [3] sind Variablen in konstanten Ausdrücken erlaubt.)

```
VAR Menge : BITSET; i : [0..15];

Menge:= { };
FOR i:= 0 TO 15 BY 2 DO INCL(Menge, i) END;
FOR i:= 1 TO 15 BY 3 DO EXCL(Menge, i - 1) END
```

`Menge` hat nach der ersten `FOR`-Anweisung den Wert

`1010101010101010` → `{0, 2, 4, 6, 8, 10, 12, 14}`

und nach der zweiten den Wert

`0010100010100010` → `{2, 4, 8, 10, 14}`

Mengenoperationen

Für Mengen sieht MODULA folgende Operationen vor:

`a IN b`	Der *Existenztest* liefert `TRUE`, wenn `a` Element von `b` ist.
`a + b`	Das Ergebnis der *Mengenvereinigung* ist die Menge, die alle Elemente enthält, die in `a` und `b` vorkommen: `(w IN a) OR (w IN b)`.
`a * b`	Das Ergebnis des *Mengendurchschnitts* ist die Menge, die alle Elemente enthält, die sowohl in `a` und in `b` vorkommen: `(w IN a) AND (w IN b)`.
`a - b`	Das Ergebnis der *Mengendifferenz* ist die Menge, die alle Elemente enthält, die in `a`, aber nicht in `b` vorkommen: `(w IN a) AND NOT (w IN b)`.
`a / b`	Das Ergebnis der *Symmetrischen Mengendifferenz* ist die Menge, die alle Elemente enthält, die in `a + b`, aber nicht in `a * b` vorkommen: `(a + b) - (a * b)`.
`a = b`	Das Ergebnis ist `TRUE`, wenn `a` und `b` identisch sind.
`a # b`	Das Ergebnis ist `TRUE`, wenn `a` und `b` nicht identisch sind.
`a <= b`	Das Ergebnis ist `TRUE`, wenn jedes Element von `a` auch Element von `b` ist.
`a >= b`	Das Ergebnis ist `TRUE`, wenn jedes Element von `b` auch Element von `a` ist.

Für die Mengen

```
M1:= {1, 3, 5, 7, 9, 11, 13, 15} + {1, 2, 3, 4};
M2:= {0, 2, 4, 6, 8, 10, 12, 14}
```

liefern die folgenden Vergleiche alle den Wert TRUE:

```
(M1 + M2)  =  {0..15}
(M1 * M2)  =  {2, 4}
(M1 - M2)  =  {1, 3, 5, 7, 9, 11, 13, 15}
(M1 / M2)  =  {0, 1, 3} + {5..15}
```

Mengen-Ein/Ausgabe

Die Ein- und Ausgabe von Mengen stützt sich auf die Ein- und Ausgabe von CARDINAL-Zahlen.

```
WriteString("{");
FOR k:= 0 TO 15 DO
     IF k IN Menge THEN WriteCard(k, 3) END
END;
WriteString("}")
```

Mengen und Boolesche Reihungen

Im Prinzip kann MODULA auf den Typ BITSET verzichten und stattdessen mit

```
TYPE  BitSet = ARRAY [0..15] OF BOOLEAN;
```

arbeiten und alle Mengenoperationen auf Folgenoperationen zurückführen. Doch es gibt zwei Nachteile:

1. Die meisten Computer haben Befehle für Bitfolgen eines Worts im RAM-Speicher, so daß BITSET-Operationen einfacher und schneller sind als äquivalente Folgenoperationen.
2. Variable des Datentyps BitSet brauchen immer mehr Speicherplatz als BITSET-Variablen: es ist z.B.

   TSIZE(BITSET) = 2, aber TSIZE(BitSet) = 32.

Allgemeine Mengen

Neben BITSET-Mengen kennt MODULA auch Mengen für andere Wertebereiche und mit größerem Umfang:

```
DoppelWort  =  SET OF {0..31}
SetOfChar   =  SET OF CHAR
SetOfBuch   =  SET OF {"A".."Z"}
SetTage     =  SET OF Wochentage
SetMonate   =  SET OF Monate
```

Der nach SET OF genannte Typ ist der *Basistyp* des Mengentyps.

Für die Variablen

```
s1 : DoppelWort
s2 : SetOfChar
s3 : SetOfBuch
s4 : SetTage
s5 : SetMonate
```

liefern die Zuweisungen

```
s1:= DoppelWort{0..12, 24..30}
s2:= SetOfChar{"A".."Z", "a".."z"}
s3:= SetOfBuch{"A", "E", "I", "O", "U"}
s4:= SetTage{Montag..Freitag}
s5:= SetMonate{Januar}
```

Anfangswerte. Es ist notwendig, den Typnamen vor der Mengenangabe zu wiederholen, um eine eindeutige Zuordnung der Menge zu ihrem Mengentyp zu erreichen. Der Typname BITSET kann fehlen, wenn Eindeutigkeit existiert.

Bemerkung: Die maximale Größe einer Menge ist immer nach oben beschränkt, z.B. auf 16 Elemente. Das hängt stark mit der Abbildung der Mengenoperationen auf spezielle Befehle des Computers zusammen. Häufig wird gefordert, daß mindestens SET OF CHAR realisiert ist. Doch jeder Programmierer kann leicht über diese Grenze hinausgehen, indem er seine spezifischen Operationen auf der Basis der existierenden Mengenoperationen selbst schreibt.

Folgen von Mengen

```
VAR  mf : ARRAY [2..5] OF SetTage;
     mg : ARRAY CHAR OF SetOfChar;

mf[2]:= SetTage{};
FOR c:= 0C TO 177C DO
     mg[c]:= SetOfChar{"A", "a"}
END
```

2.9 REAL-Zahlen

Man kann die 16 Bit eines Worts

0	1	2	3	4	5	6	7	8	9	A	B	C	D	E	F
VM	M	M	M	M	M	M	M	M	VE	E	E	E	E	E	E

ein weiteres Mal anders interpretieren: Die ersten 9 Bit bilden die *Mantisse* und die restlichen 7 Bit den *Exponenten* einer *Gleitpunktzahl*. Der Exponent wird behandelt wie eine INTEGER-Zahl, die mit Vorzeichen durch 7 Bit dargestellt wird. Auch die Mantisse ist eine INTEGER-Zahl mit 9 Bit einschließlich Vorzeichen. Zusammen haben sie die Bedeutung:

$$\text{Mantisse} * 2^{-8} * 2^{\text{Exponent}}$$

Dadurch ist eine bestimmte Menge der (unendlich vielen) reellen Zahlen ausgezeichnet, eben die Gleitpunktzahlen oder REAL-Zahlen.

REAL-Darstellungen

Sie müssen nicht als Bitfolgen angegeben werden, da MODULA eine entsprechende Schreibweise anbietet:

```
1.0       2.       3.14       2.3E+4    2.E-10

0.1E+1    0.2E+1   0.314E+1   0.23E+5   0.2E-9
```

Die Zahlen der zweiten Zeile sind sog. normalisierte Darstellungen der ersten Zeile. Der Mantissenteil hat immer einen Dezimalpunkt. Der Exponentteil wird durch den Buchstaben E eingeleitet. MODULA bildet solche Angaben auf entsprechende Bitfolgen ab, die zusammen den Wertebereich des Datentyps REAL ergeben. Dabei gibt es folgende Probleme:

1. Die Darstellung einer reellen Zahl durch eine REAL-Zahl ist nicht eindeutig: Zwei reelle Zahlen können in den ersten Ziffern so weit übereinstimmen, daß in der REAL-Zahl kein Unterschied mehr sichtbar ist. Eine REAL-Zahl steht also in Wirklichkeit für einen (unendlich großen) Bereich reeller Zahlen.
2. Das Rechnen mit REAL-Zahlen ist ungenau. Die Multiplikation zweier REAL-Zahlen liefert ein doppelt-langes Ergebnis, von dem aber nur eine Hälfte weiterverwendet wird.
3. Wegen 1. und 2. gibt es für REAL-Zahlen keine (eindeutige) Ordnungsrelation, so daß man z.B. keine Ausschnitte oder Mengen von REAL-Zahlen bilden kann. Auch eine FOR-Anweisung über solche Bereiche ist nicht möglich.

REAL-Operationen

Addition	a + b
Subtraktion	a - b
Multiplikation	a * b
Division	a / b

Die Operation TRUNC liefert den INTEGER-Anteil einer REAL-Zahl, während FLOAT eine CARDINAL-Zahl in eine REAL-Zahl transformiert.

TRUNC(12.34) = 12 und FLOAT(12) = 0.12E+2

REAL-**Ein/Ausgabe**

Analog zu ReadCard und WriteCard liest ReadReal eine REAL-Zahl, und WriteReal gibt sie aus:

```
VAR  x : REAL;

ReadReal(x);

WriteReal(x, 15)
```

3 Reihungen und Verbunde

3.1 Abbildungen

Eine *Abbildung* `A` $\rightarrow$ `B` ordnet jedem Wert von `A` einen Wert von `B` zu:

$$\begin{array}{ccc} a_1 & \rightarrow & b_1 \\ a_2 & \rightarrow & b_2 \\ & \cdots & \\ a_n & \rightarrow & b_n \end{array}$$

Alle Werte a_k sind verschieden, aber dies wird von den Werten b_k nicht verlangt.

MODULA unterscheidet zwei verschiedene Formen von Abbildungen: *Reihungen* und *Verbunde*.

Reihungen als Abbildungen

Bei einer Reihung sind alle Wert b_k gleichartig und belegen alle gleichviel Speicherplatz im RAM-Speicher, d.h. jeweils m Byte. Mit n verschiedenen Werten a_k beträgt der gesamte Speicherbedarf $m * n$ Byte.

Von den a_k-Werten wird verlangt, daß sie geordnet sind: Also sind `CARDINAL`-Zahlen, `INTEGER`-Zahlen, `CHAR`-Zeichen und Elemente eines Aufzählungstyps geeignet, nicht aber `REAL`-Zahlen.

Eine Reihung wird in MODULA als Vereinbarung einer Variablen formuliert:

```
VAR Abbildung : ARRAY  A  OF  B ;
```

Aber erst n Zuweisungen

`Abbildung[`a_k`] :=` b_k

realisieren die Abbildung.

Verbunde als Abbildungen

Bei einem *Verbund* sind die Werte von `B` im allgemeinen nicht gleichwertig, d.h. sie belegen unterschiedlich viel Speicherplatz. Daher sind die a_k hier Namen. Man formuliert dies in MODULA so:

```
VAR  Abbildung :
     RECORD
          Name₁  :  Typ von b₁
          Name₂  :  Typ von b₂
          . . .
          Nameₙ  :  Typ von bₙ
     END;
```

Hier realisieren n Zuweisungen

`Abbildung.` Name$_k$ `:=` b_k

die gewünschte Abbildung.

3.2 Reihungen

Die Variable

```
Abb :  ARRAY  A  OF  B
```

gibt eine 1-dimensionale Reihung (englisch: array) an. `ARRAY A OF B` ist der *Reihungstyp*, der auch einen Namen erhalten kann:

```
TYPE  TypAbb  =  ARRAY  A  OF  B;
```

Indextypen einer Reihung

Für `A`, auch *Indextyp* genannt, darf stehen:

1. Ein `CARDINAL`-Ausschnitt (sofern er nicht zu groß ist)
2. Ein `INTEGER`-Ausschnitt (sofern er nicht zu groß ist)
3. `CHAR` oder ein `CHAR`-Ausschnitt
4. `BOOLEAN`
5. Ein Aufzählungstyp oder einer seiner Ausschnitte
6. Ein Typname für eine dieser Typangaben

Der *Komponententyp* `B` unterliegt keinen Beschränkungen, insbesondere kann er ein Reihungstyp sein.

Bei der Indizierung von `Abb` darf zwischen den Klammern `[` und `]` ein Ausdruck stehen, der einen Wert des Typs `A` liefert:

`Abb [` Ausdruck `]`

Das Ergebnis der Indizierung ist eine *indizierte Variable* des Komponententyps `B`.

Operationen für Reihungen

Außer der Zuweisung von Reihungen gleichen Typs

```
VAR  Abb1, Abb2 :  ARRAY  A  OF  B;

Abb1 :=  Abb2
```

kennt MODULA keine weiteren Operationen für Reihungen. Alle anderen, wie der Vergleich von Reihungen, müssen auf Operationen des Komponententyps zurückgeführt werden. Dies gilt auch für die Eingabe und Ausgabe von Reihungen.

Zeichenreihentypen

Ist der Indextyp ein `CARDINAL`-Ausschnitt mit `0` als unterer Grenze und `CHAR` der Komponententyp, so liegt als Spezialfall ein *Zeichenreihentyp* vor:

```
ARRAY [0..N] OF CHAR
```

Sein Wertebereich umfaßt alle Zeichenreihen mit `N + 1` Zeichen.

Mehrdimensionale Reihungen

Da der Komponententyp eines Reihungstyps selbst wieder ein Reihungstyp sein kann, ist folgende Vereinbarung möglich:

```
VAR  R :  ARRAY  A1  OF
               ARRAY  A2  OF
                    ARRAY  A3  OF
                         . . .
                         ARRAY  An  OF B;
```

Dafür gibt es eine abkürzende Schreibweise:

```
VAR R : ARRAY A1, A2, A3, ..., An OF B;
```

Auch die Indizierung von `R` kann vereinfacht werden: Statt

$$R[a_1]\ [a_2]\ [a_3]\ \ldots\ [a_n]$$

schreibt man

$$R[a_1,\ a_2,\ a_3,\ \ldots,\ a_n]$$

Matrizen

Ein Beispiel ist:

```
Matrix = ARRAY [1..m], [1..n] OF INTEGER
Kubik  = ARRAY [1..h], [1..m], [1..n] OF INTEGER
```

Dafür kann man auch schreiben:

```
Zeile  = ARRAY [1..n] OF INTEGER
Matrix = ARRAY [1..m] OF Zeile
Kubik  = ARRAY [1..h] OF Matrix
```

Das Bild einer 2-dimensionalen Reihung des Typs `Matrix` ist:

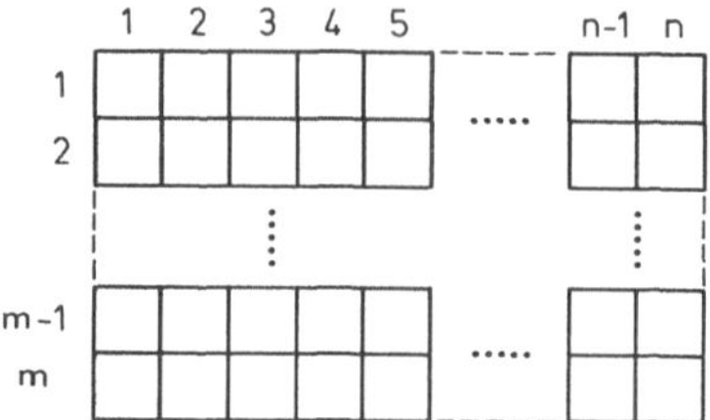

Jeder Kasten enthält eine INTEGER-Zahl. Ist M eine Variable des Typs Matrix, so ist M[i] eine Variable des Typs Zeile und M[i, k] eine Variable des Typs INTEGER.

Matrizenoperationen

```
VAR i, k : INTEGER; M1, M2, M3 : Matrix;

FOR i:= 1 TO n DO  M1[1, i]:= 0 END;
FOR i:= 1 TO m DO  M1[i]:= M1[1] END;
M2:= M1;
```

Nach der Ausführung der letzten Zuweisung sind M1 und M2 Null-Matrizen. Die Matrix-Addition M3:= M1 + M2 verlangt zwei geschachtelte FOR-Anweisungen:

```
FOR i:= 1 TO n DO
     FOR k:= 1 TO m DO
          M3[i, k]:= M1[i, k] + M2[i, k]
     END
END
```

Zahl der Tage aller Monate

Dies ist eine Abbildung der Monate auf die Zahl ihrer Tage für das Jahr 1985.

```
Januar  →  31, ..., Dezember  →  31
```

Monate ist der Indextyp und [28..31] der Komponententyp.

```
TYPE Monate = (jan, feb, mae, apr, mai, jun,
               jul, aug, sep, okt, nov, dez);
TYPE Tage   = [28..31];
VAR  Anzahl : ARRAY Monate OF Tage;
```

Die Realisierung der Abbildung verlangt 12 Zuweisungen:

```
Anzahl[jan]:= 31;
...
Anzahl[dez]:= 31
```

Tabelle der Weihnachtstage

Dies ist eine Abbildung der Weihnachtstage der Jahre 1980–1989 auf Wochentage.

1980	→	Mittwoch
1981	→	Freitag
...		
1989	→	Montag

Indextyp ist der `CARDINAL`-Ausschnitt `[1980..1989]`.

```
TYPE  Jahre = [1980..1989];
TYPE  Tage  = (mon, die, mit, don, fre, sam, son);
VAR   Weihnachten : ARRAY Jahre OF Tage;
```

Die Abbildung ist berechenbar, man braucht keine 10 Zuweisungen:

```
VAR  k : [1980..1989]; tg : Tage;
tg:= mit;
FOR k:= 1980 TO 1989 DO
     Weihnachten[k]:= tg;
     INC(tg, 1 + ORD((k MOD 4) = 0))
END
```

Sprachen für Personal Computer

Dies ist eine Abbildung, die einem Personal Computer alle für ihn verfügbaren Programmiersprachen zuordnet.

IBM PC/XT	→	Basic, Pascal, C, Modula
Macintosh	→	Basic, Pascal, Modula, Forth
Apple II	→	Pascal, Basic
Osborne 1	→	Pascal

Der Indextyp ist ein Aufzählungstyp, der Komponententyp ein Mengentyp:

```
TYPE PersonalComputer =
     (IbmPcXt, Macintosh, AppleII, Osborne1, Altos);
TYPE Sprachen = SET OF
     (Basic, Pascal, C, Modula, Forth, Cobol, Fortran);
```

Es handelt sich um eine veränderliche Abbildung, da neue Computer und Programmiersprachen hinzukommen können.

```
VAR Impl : ARRAY  PersonalComputer  OF  Sprachen;
VAR c : PersonalComputer;
FOR c:= MIN(PersonalComputer) TO MAX(PersonalComputer) DO
     Impl[c]:= Sprachen{ }
END
```

Es folgen Zuweisungen wie

```
Impl[IbmPcXt]   := Sprachen{Basic, Pascal, C, Modula};
Impl[Macintosh]:= Sprachen{Basic, Pascal, Modula, Forth}
```

Eine neue Sprache für einen Personal Computer erweitert seine aktuelle Sprachenmenge:

```
INCL(Impl[Macintosh], C)
```

Eigenschaften von Personal Computern

Dies ist eine Abbildung, die einem Personal Computer seine spezifischen Hardware-Eigenschaften zuordnet:

- Speicherumfang
- CPU-Typ
- Betriebssystem
- Schnittstellen
- Bildschirm: normal oder grafisch
- Funktionstasten

Der Komponententyp ist ein Verbundtyp:

```
TYPE Eigenschaften =
     RECORD
          Speicherumfang  :  CARDINAL;
          CPU             :  TypCPU;
          Betriebssystem  :  TypOS;
          Schnittstellen  :  TypIF;
          Bildschirm :
               RECORD
                    Normal, Graphisch :
                         ARRAY [1..2] OF CARDINAL
               END;
          Funktionstasten :  CARDINAL
     END;
```

Eine typische Initialisierung ist:

```
VAR  pc : ARRAY PersonalComputer  OF  Eigenschaften;

pc[IbmPcXt].Speicherumfang :=  640;
pc[IbmPcXt].CPU            :=  Intel8086;
pc[IbmPcXt].Betriebssystem :=  MSDOS;
pc[IbmPcXt].Schnittstellen :=  TypIF{RS232, Serial};
pc[IbmPcXt].Bildschirm.Normal[1]:= 24;
pc[IbmPcXt].Bildschirm.Normal[2]:= 80;
pc[IbmPcXt].Bildschirm.Graphisch[1]:= 400;
pc[IbmPcXt].Bidlschirm.Graphisch[2]:= 640;
pc[IbmPcXt].Funktionstasten:=  10;
```

oder mit WITH-Anweisungen formuliert:

```
WITH pc[IbmPcXt] DO
     Speicherumfang :=  640;
     CPU            :=  Intel8086;
     Betriebssystem :=  MSDOS;
     Schnittstellen :=  TypIF{RS232, Serial};
     WITH Bildschirm DO
          Normal[1]:= 24; Normal[2]:= 80;
          Graphisch[1]:= 400; Graphisch[2]:= 640;
     END;
     Funktionstasten:=  10;
END
```

Fußballtabelle

Dies ist eine Abbildung, die eine Fußballtabelle realisiert.

1.	Bayern	4 2 1 1	12: 3	5:3
2.	Bremen	4 2 0 2	11: 5	4:4
3.	Uerdingen	4 1 2 1	9: 7	4:4
. . .				
18.	KSC	4 0 0 4	2:12	0:8

Hier ist der Indextyp ein CARDINAL-Ausschnitt, und der Komponententyp enthält zwei Reihungstypen:

```
TYPE Team =
     RECORD
          Name     :  ARRAY [0..10] OF CHAR;
          Spiele   :  ARRAY [1..8] OF CARDINAL
     END;
```

Eine charakteristische Initialisierung der Tabelle zu Saisonbeginn ist:

```
VAR  Liga   :  ARRAY [1..18] OF Team;
     k : CARDINAL;

WITH Liga[1]DO
     Name[0]:= 0C;
     FOR k:= 1 TO 8 DO Spiele[k]:= 0 END
END;
FOR k:= 2 TO 18 DO Liga[k]:= Liga[1] END
```

Eine Änderung der Tabelle erfordert einzelne Zuweisungen:

```
WITH Liga[1] DO
     Name:= "Bayern";
     Spiele[1]:= 4 ; Spiele[2]:= 2;
     Spiele[3]:= 1 ; Spiele[4]:= 1;
     Spiele[5]:= 12; Spiele[6]:= 3;
     Spiele[7]:= 5 ; Spiele[8]:= 3
END
```

Statt der Vereinbarung

```
Spiele :  ARRAY [1..8] OF CARDINAL
```

kann man auch eine *verständlichere* finden:

```
TYPE SpielArt =
     (AnzahlSpiele, Gewonnen, Unentschieden, Verloren,
      EigeneTor, FremdeTore, PlusPunkte, MinusPunkte);
VAR  Spiele : ARRAY SpielArt OF CARDINAL;
```

Da hier Redundanz vorhanden ist, reicht auch:

```
TYPE SpielArt =
     (Gewonnen, Unentschieden, Verloren,
      EigeneTore, FremdeTore);
```

3.3 Einfache Verbunde

Ein Verbund (englisch: record) ist – im einfachsten Fall – eine Sammlung von Variablen, jetzt *Verbundkomponenten* genannt, unter einem neuen Namen:

```
VAR  Verbund :
     RECORD
          . . .
          N1 , . . . , Nn : Datentyp;
          . . .
     END;
```

oder

```
TYPE Verbundtyp =
     RECORD
          . . .
          N1 , . . . , Nn : Datentyp;
          . . .
     END;
VAR  Verbund : Verbundtyp;
```

Alle Namen N_i sind voneinander verschieden und treten nur in Verbindung mit der Verbundvariablen auf, entweder direkt als *selektierte Variable*

Verbund . N_k

oder durch eine WITH-Anweisung vermittelt:

WITH Variable DO . . . N_k . . . END

Länge einer Zeichenreihe

```
VAR zr :
     RECORD
          Text : ARRAY [0..19] OF CHAR;
          Lg   : [0..20]
     END;
```

Eine typische Zuordnung ist

```
zr.Text :=  "abcdefghijklm"; zr.Lg:= 13
```

Zeichen in einer Zeichenreihe

Für eine Zeichenreihe wird die Menge der in ihr vorkommenden Zeichen sowie deren Häufigkeit bestimmt.

```
TYPE SetOfChar = SET OF CHAR;
     Statistik =
     RECORD
          Text    :  ARRAY [0..MaxZeichen] OF CHAR;
          Lg      :  CARDINAL;
          Zeichen :  SetOfChar;
          Haeufig :  ARRAY CHAR OF [0..MaxZeichen + 1]
     END;
VAR Zeile : Statistik;
```

Die Komponente `Zeichen` ist redundant, da auch `Haeufig` die Zeichen liefert. Eine typische Initialisierung ist:

```
Zeile.Text    := "abcdefghijklm";
Zeile.Lg      := 13;
Zeile.Zeichen := SetOfChar{ };
FOR c:= MIN(CHAR) TO MAX(CHAR) DO
     Zeile.Haeufig[c]:= 0
END;
FOR k:= 0 TO Lg - 1 DO
     INCL(Zeile.Zeichen, Zeile.Text[k]);
     INC(Zeile.Haeufig[Zeile.Text[k])
END
```

`WITH`**-Anweisungen**

Eine `WITH`-Anweisung

`WITH` Verbundvariable `DO` Anweisungen `END`

vereinfacht das Schreiben von Zuweisungen an die Komponenten einer Verbundvariablen:

```
WITH Zeile DO
     Text    := "abcdefghijklm";
     Lg      := 13;
     Zeichen := SetOfChar{ };
     FOR c:= MIN(CHAR) TO MAX(CHAR) DO
          Haeufig[c]:= 0
     END;
     FOR k:= 0 TO Lg - 1 DO
          INCL(Zeichen, Text[k]);
          INC(Haeufig[Text[k])
     END
END
```

MODULA versucht, die zwischen `DO` und `END` auftretenden Namen den Komponentennamen der Verbundvariablen zuzuordnen. Schlägt das fehl, wird in der Umgebung der `WITH`-Anweisung nach Vereinbarungen für Namen gesucht.

Geschachtelte Verbunde

Die Komponente eines Verbunds kann selbst wieder ein Verbund sein:

```
TYPE Name =
     RECORD
          . . .
          N1 , . . . , Nn :
          RECORD
               . . .
               M1 , . . . , Mm : Datentyp
               . . .
          END;
          . . .
     END;
```

Die Namen M_k müssen nicht von den Namen N_i verschieden sein. Ist `V` eine Variable des Verbundtyps, so ist `V`.N_k eine Variable des inneren Verbundtyps und `V`.N_k.M_i eine Variable des Datentyps.

Aufbau eines Personenregisters

Jede Person wird durch einen Verbund des Verbundtyps `Person` beschrieben.

```
TYPE Person =
RECORD
     Name, Vorname : ARRAY [0..MaxName] OF CHAR;
     Wohnort :
          RECORD
               Strasse : ARRAY [0..MaxStrasse] OF CHAR;
               PLZ     : [0000..9999];
               Name    : ARRAY [0..MaxOrt] OF CHAR
          END;
```

```
    Geburtstag :
        RECORD
            Tag   : [1..31];
            Monat : [1..12];
            Jahr  : [00..99]
        END;
    Mann : BOOLEAN
END;
```

Mit zwei weiteren Verbundtypen läßt sich der Typ `Person` auch so definieren:

```
TYPE TypWohnort =
    RECORD
        Strasse : ARRAY [0..MaxStrasse] OF CHAR;
        PLZ     : [0000..9999];
        Name    : ARRAY [0..MaxOrt] OF CHAR
    END;

TYPE TypDaten =
    RECORD
        Tag   : [1..31];
        Monat : [1..12];
        Jahr  : [00..99]
    END;

TYPE Person =
    RECORD
        Name, Vorname : ARRAY [0..MaxName] OF CHAR;
        Wohnort       : TypWohnort;
        Geburtstag    : TypDaten;
        Mann          : BOOLEAN
    END;
```

Eine charakteristische Zuweisung an eine Variable `P` des Typs `Person` ist:

```
WITH P DO
    Name             := "Rohlfing-Brosell";
    Vorname          := "Helmut";
    Wohnort.Strasse  := "Edelbergstrasse 54";
    Wohnort.PLZ      := 7500;
    Wohnort.Name     := "Karlsruhe";
    Geburtstag.Tag   := 26;
    Geburtstag.Monat:= 2;
    Geburtstag.Jahr  := 46;
    Mann             := TRUE
END
```

Geschachtelte Verbundtypen lassen auch geschachtelte `WITH`-Anweisungen zu:

```
WITH P DO
     Name   := "Zhou";
     Vorname:= "Bingsheng";
     WITH Wohnort DO
          Strasse:= "University of Zhejiang";
          PLZ    := 0000;
          Name   := "Hangzhou"
     END;
     WITH Geburtstag DO
          Tag:= 7; Monat:= 9; Jahr:= 39
     END;
     Mann:= TRUE
END
```

Ein Personenregister ist eine Folge solcher Verbunde:

```
VAR Register : ARRAY [1..MaxRegister] OF Person;
    Anzahl   : [0..MaxRegister];
```

oder besser:

```
VAR Register :
     RECORD
          Inhalt : ARRAY [1..MaxRegister] OF Person;
          Anzahl : [0..MaxRegister]
     END;
```

Ein leeres Register entsteht durch die Zuweisung

```
Register.Anzahl := 0
```

Die Ausgabe des Registers in Form von Adressen erfordert eine `FOR`-Anweisung:

```
FOR k:= 1 TO Register.Anzahl DO
     WITH Register.Inhalt[k] DO
          IF Mann THEN
               WriteString("Herr ")
          ELSE WriteString("Frau ")
          END;
          WriteString(Vorname); Write(" ");
          WriteString(Name); Write(" ");
          WITH Wohnort DO
               WriteString(Strasse); WriteLn;
               WriteCard(PLZ, 0); Write("-");
               WriteString(Name); WriteLn
          END;
     END
END
```

3.4 Verbunde mit Varianten

Die Komponente eines Verbunds kann auch eine *Verbundvariante* sein.

```
TYPE Name =
     RECORD
          . . .
          CASE Variantenname : Typname
          OF Variante₁
          |  Variante₂
          . . .
          |  Varianteₙ
          ELSE Ausweg-Variante
          END;
          . . .
     END;
```

Der Typ des *Variantennamens* ist CARDINAL, INTEGER, CHAR, BOOLEAN, ein Aufzählungstyp oder ein Ausschnittstyp. *Variante*$_k$ hat den Aufbau:

$$\text{Marke}_{k,1}\,,\ \ldots,\ \text{Marke}_{k,m}\ :\ \text{Komponenten}_k$$

Die *Variantenmarken* Marke$_{k,j}$ sind Konstanten des Typs des Variantennamens. Jede Konstante darf nur einmal als Marke auftreten.

```
CASE ch : CHAR
OF "A".."Z" :   d : CARDINAL
|  "0".."9" :   z : ARRAY [0..2] OF CHAR
|  "$"      :
|  "+", "*" :   t1, t2 : INTEGER; x : REAL
ELSE b : BOOLEAN; s : BITSET
END
```

Speicherbelegung der Varianten

Der obige Variantenaufbau liefert die folgende Speicherbelegung:

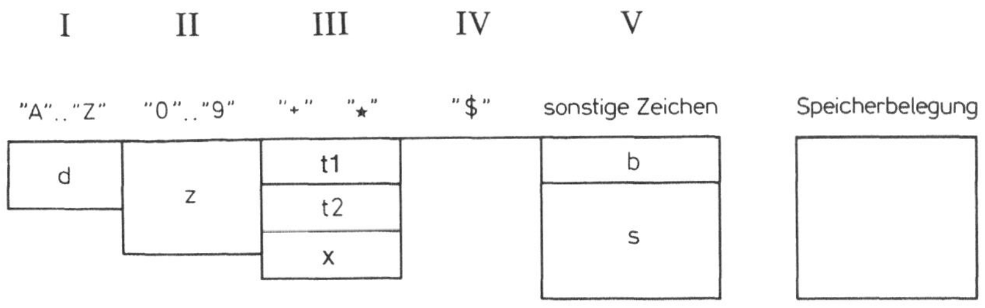

I II III IV V

"A".."Z" "0".."9" "+" "*" "$" sonstige Zeichen Speicherbelegung

d z t1 t2 x b s

Jede Spalte zeigt die Speicherbelegung für eine Variante, deren Speicherumfang man mit `TSIZE(V, Marke)` bestimmen kann, wenn `V` der Name für die `CASE-END`-Konstruktion als Verbundtyp ist. Alle Varianten teilen sich den gleichen Speicherplatz, so daß MODULA den maximalen Speicherbedarf aller Varianten bestimmen muß, der gleich `TSIZE(V)` ist. Dieser Speicherplatz wird in Abhängigkeit von dem aktuellen Wert des Variantennamens interpretiert:

I Hat `ch` einen Wert aus dem Ausschnitt `["A".."Z"]`, gibt es eine Komponente `d` des Typs `CARDINAL`.
II Hat `ch` einen Wert aus dem Ausschnitt `["0".."9"]`, gibt es eine Zeichenreihe `z`.
III Hat `ch` den Wert `"+"` oder `"*"`, gibt es Komponenten `t1`, `t2` und `x`.
IV Hat `ch` den Wert `"$"`, gibt es keine Komponenten.
V Für jeden anderen Wert gibt es zwei Komponenten.

Die Auswahl der richtigen Variante und der Anweisungen, die mit den jeweiligen Komponenten arbeiten, besorgt eine `CASE`-Anweisung:

```
CASE ch
OF "A".."Z"  : Anweisungsfolge für I
|   "0".."9" : Anweisungsfolge für II
|   "+", "*" : Anweisungsfolge für III
|   "$"      : Anweisungsfolge für IV
ELSE Anweisungsfolge für V
END
```

Bemerkung: Es ist möglich, aber oft unvernünftig, in einer Anweisungsfolge Komponenten zu verwenden, die ihrer Variante nicht zugeordnet sind. MODULA kann dies nicht unterbinden, da ein solches *Hinübergreifen* im Bereich der maschinennahen Programmierung unerläßlich ist.

Geometrische Objekte

Es werden geometrische Objekte definiert und auf den Bildschirm gezeichnet.

```
TYPE GeoTyp =
     (Punkt, Strecke, Quadrat, Rechteck, Trapez);
TYPE Koordinate = RECORD x, y : CARDINAL END;
TYPE Struktur =
     RECORD
          StartPunkt : Koordinate;
          CASE Art : GeoTyp
          OF Punkt :
          |  Strecke, Quadrat : Lg : CARDINAL
          |  Rechteck : Lg1, Lg2 : CARDINAL
          |  Trapez : T1, T2 : CARDINAL;
             Tpkt : Koordinate
          END
     END;
VAR str : Struktur;
```

Der Speicherbedarf für die Variante `Trapez` bestimmt den maximalen Speicherbedarf für Verbunde des Typs `Struktur`.

Für das Zeichnen eines Quadrats wird eine Ecke und die Seitenlänge vorgegeben:

```
WITH str DO
     Art:= Quadrat; Lg:= 13;
     WITH StartPunkt DO x:= 5; y:= 29 END
END
```

Überlagerung von Variablen

```
TYPE  Typen = (Cardinal, Integer, Char, Boolean,
                Real, Word, String, Verbund, Zeiger);
TYPE  Ueberlagerung =
      RECORD
           CASE Typen
           OF Cardinal :  k : CARDINAL
           |  Integer  :  i : INTEGER
           |  Char     :  c : CHAR
           |  Boolean  :  b : BOOLEAN
           |  Real     :  x : REAL
           |  Word     :  w : WORD
           |  String   :  s : ARRAY [0..1] OF CHAR;
           |  Verbund  :  v : RECORD r, q : CARDINAL END;
           |  Zeiger   :  p : POINTER TO CARDINAL
           END
      END;
VAR Wert : Ueberlagerung; T : Typen;
```

Wie man sieht, hat der Verbundtyp `Ueberlagerung` keinen Variantennamen.

```
NEW(Wert.Zeiger);
WITH Wert DO
     FOR m:= MIN(Typen) TO MAX(Typen) DO
          CASE m
          OF Cardinal :  WriteCard(k, 0)
          |  Integer  :  WriteInt(i, 0)
          |  Char     :  Write(c)
          |  Boolean  :  WriteCard(ORD(b), 0)
          |  Real     :  WriteReal(x)
          |  Word, Zeiger :
          |  String   :  WriteString(s)
          |  Verbund  :  WriteCard(r, 7);
                         WriteCard(q, 7)
          END
     END
END
```

4 Ausdrücke und Anweisungen

4.1 Ausdrücke

Ein *Ausdruck* ist eine Rechenvorschrift, deren Ausführung einen Wert als Ergebnis liefert. Der Ausdruck besteht aus Operanden und Operatoren, für die Vorrangregeln existieren.

Konstanten und Variablen

Die einfachsten Operanden sind *Konstanten* und *Variablen*. Indizierte und selektierte Variable geben Komponenten zusammengesetzter Werte an.

Konstante	`FALSE, 1, NIL, "abc"`
einfache Variable	`Abc, Anton, k1`
indizierte Variable	`d[5], c[a, b + 3]`
selektierte Variable	`R.s, anf.nf`
dereferenzierte Variable	`Z↑`

Man beachte, daß die Indizes einer indizierten Variablen selbst Ausdrücke sind.

Faktoren

Ein Faktor ist eine Konstante, eine Variable, ein Funktionsaufruf, eine Mengenangabe, ein geklammerter Ausdruck oder ein negierter Faktor des Typs `BOOLEAN`.

Funktionsaufruf	`Fall(a, b), Gerade()`
Mengenangabe	`{1, 2, 7..10}`
geklammerter Ausdruck	`(a + b * 3)`
negierter Faktor	`NOT (a = b)`

Terme

Ein *Term* ist ein einzelner Faktor oder eine Folge von Faktoren, die durch die Multiplikationsoperatoren `*`, `/`, `DIV`, `MOD`, `AND`, `&` verknüpft sind.

```
a
a * b
a / (b * c)
a AND b
```

Die Faktoren werden von links nach rechts ausgewertet und als Operanden der zwischen ihnen stehenden Operatoren benutzt. Die Operatoren sind linksassoziativ, d.h.

```
a * b / c MOD d DIV e
```

ist gleichwertig mit

```
(((a * b) / c) MOD d) DIV e
```

Man beachte, daß die Operation AND nicht in jedem Fall den zweiten Operanden auswertet.

Einfache Ausdrücke

Ein *einfacher Ausdruck* ist ein einzelner Term, ein einzelner Term mit *Vorzeichen* + oder – oder eine Folge von Termen, die durch die Additionsoperatoren +, –, OR verknüpft sind.

```
a + b
-a
(a * b) - (c + d)
b OR (c AND d)
```

Die Terme werden von links nach rechts ausgeführt. Die Operatoren sind linksassoziativ.

Ausdrücke

Ein *Ausdruck* ist ein einfacher Ausdruck oder besteht aus zwei einfachen Ausdrücken, die mit den Operatoren =, #, <>, <, <=, >, >=, IN verknüpft sind.

```
a = 3
b IN {2, 3}
i < k
```

Prioritäten

Die Zerlegung von Ausdrücken in Terme, Faktoren und einfache Ausdrücke macht die Prioritätenregelung der Operatoren sichtbar.

4. NOT
3. *, /, DIV, MOD, AND, &
2. +, –, OR
1. =, #, <>, <, <=, >, >=, IN

Je größer die Nummer, desto höher ist die Priorität.

Vollständige Klammerung

Jeder Ausdruck kann vollständig geklammert werden.

```
a * 2 + b / 4 = (c IN d) OR e AND f
```

ist syntaktisch gleichwertig mit

```
((a * 2) + (b / 4)) = ((c IN d) OR (e AND f))
```

Ergebnistyp eines Ausdrucks

Mit den Vereinbarungen

```
a : INTEGER;
b : ARRAY [1..10] OF CARDINAL;
c : RECORD k : CHAR; x : CARDINAL END;
```

ist der Ausdruck in der Zuweisung

```
c.x :=  a + INTEGER(b[3]) - INTEGER(ORD(c.k) = c.x)
```

gleichwertig mit der vollständig geklammerten Version in der Zuweisung

```
c.x :=  (a + INTEGER(b[3])) - INTEGER(ORD(c.k) = c.x)
```

Die Auswertung der Ergebnistypen seiner Teilausdrücke liefert folgende Tabelle:

Ausdruck:	Ergebnistyp:
`a`	`INTEGER`
`b[3]`	`CARDINAL`
`INTEGER(b[3])`	`INTEGER`
`a + INTEGER(b[3])`	`INTEGER`
`c.k`	`CHAR`
`ORD(c.k)`	`CARDINAL`
`c.x`	`CARDINAL`
`ORD(c.k) = c.x`	`BOOLEAN`
`INTEGER(ORD(c.k) = c.x)`	`INTEGER`

Die drei einfachen Ausdrücke haben alle den Ergebnistyp `INTEGER`. Somit hat auch der Ausdruck diesen Ergebnistyp, der *Zuweisungs-kompatibel* mit dem Typ `CARDINAL` der Variablen `c.x` ist: Die Zuweisung ist erlaubt.

Typanpassungen

Ein Ausdruck darf keine Operanden enthalten, deren Typen nicht *kompatibel* sind. Tritt solch eine Situation ein, muß sie durch *Typanpassungen* behoben werden. Folgende Anpassungen sind möglich:

`FLOAT:`	`CARDINAL`	→	`REAL`
`TRUNC:`	`REAL`	→	`CARDINAL`
`VAL:`	`INTEGER`	→	Aufzählung, `CARDINAL`, `CHAR`
`ORD:`	Aufzählung, `CHAR`	→	`CARDINAL`

Konstante Ausdrücke

Enthält ein Ausdruck keine Variablen und Funktionsaufrufe, so handelt es sich um einen *konstanten Ausdruck*. Solche konstanten Ausdrücke treten auf in:

Ausschnittsangaben	`[0..max - 1]`
Mengenangaben	`{1, 2, 3..6}`
Konstantenvereinbarungen	`CONST pi = 3.145;`
`FOR`-Anweisungen	`FOR ... BY -3 ... DO ... END`
Modulprioritäten	`MODULE M [4];`

4.2 Einfache und zusammengesetzte Anweisungen

Vereinbarungen führen Objekte ein, die entweder nur neue Namen für Konstanten und Datentypen sind oder Platz im RAM-Speicher belegen wie Variablen und Prozeduren. Anweisungen hingegen sind die Aktionen, mit denen solche Objekte manipuliert werden.

MODULA unterscheidet *einfache Anweisungen*

- Zuweisungen
- Prozeduranweisungen (siehe Kapitel 5)
- Ausgangsanweisungen (siehe auch Kapitel 5)

und *zusammengesetzte Anweisungen*

- Bedingte Anweisungen
- Wiederholungsanweisungen
- `WITH`-Anweisungen (siehe Kapitel 3)

die *zusammengesetzt* heißen, da sie sich wieder aus Anweisungen bilden.

Anweisungsfolgen

Anweisungen treten selten allein auf. In einer *Anweisungsfolge*

$$\text{Anweisung}_1\text{;}\quad \text{Anweisung}_2\text{;}\quad \ldots\text{;}\quad \text{Anweisung}_n$$

werden die einzelnen Anweisungen durch ; voneinander getrennt und in der Reihenfolge ihrer Aufschreibung ausgeführt, doch kann eine *Ausgangsanweisung* die Ausführung der Anweisungsfolge vorzeitig beenden.

Jede dieser Anweisungen kann auch leer sein. Das ist z.B. dann der Fall, wenn zwei Symbole ; unmittelbar aufeinanderfolgen.

4.3 Zuweisungen

Eine *Zuweisung* hat die syntaktische Form

Variable := Ausdruck

Zuweisungs-Kompatibilität

Es wird verlangt, daß der Datentyp der Variablen und der Ergebnistyp des Ausdrucks *Zuweisungs-kompatibel* sind. Dies ist immer dann der Fall, wenn beide identisch sind. Der Ergebniswert des Ausdrucks wird der neue Wert der Variablen. Mit den Vereinbarungen

```
TYPE T1 = ARRAY [0..10] OF CARDINAL;
     T2 = T1;
     T3 = ARRAY [0..10] OF CARDINAL;
VAR a1, a2: T1;
    a3    : T2;
    a4    : T3;
```

kann man über die Zuweisungen

```
a1 :=  a2;
a3 :=  a1;
a4 :=  a1;
a4[5]:= a1[5]
```

folgendes aussagen:

- Die erste Zuweisung ist erlaubt, da `a1` und `a2` den gleichen Datentyp haben.
- Die zweite Zuweisung ist erlaubt, da `T1` und `T2` (formal) Zuweisungs-kompatibel sind.
- Die dritte Zuweisung ist nicht erlaubt, da `T1` und `T3` nicht Zuweisungs-kompatibel sind, obwohl sie die gleiche Struktur beschreiben.
- Die vierte Zuweisung ist erlaubt, da beide Variablen den Datentyp `CARDINAL` haben.

Im Fall

```
VAR a: [5..15]; b: [0..20]; c: [-5..5];

a:= b; c:= a - 5
```

sind die Zuweisungen erlaubt, doch es kann geschehen, daß `a` und `c` einen Wert erhalten, der nicht in ihrem Wertebereich liegt.

Bemerkung: MODULA identifiziert zwei Datentypen nicht über ihre Struktur, wie das manch andere Programmiersprache tut, sondern über Typnamen. Vor- und Nachteile dieser Festlegung werden hier nicht diskutiert.

Definition der Zuweisungs-Kompatibilität

Der Datentyp `TV` der Variablen und der Ergebnistyp `TA` des Ausdrucks einer Zuweisung heißen *Zuweisungs-kompatibel*, wenn

1. TV und TA kompatibel sind, d.h. wenn es eine Typvereinbarung TV = TA gibt, wenn TV (TA) ein Ausschnittstyp mit Basistyp TA (TV) ist oder wenn TV und TA Ausschnittstypen mit gleichem Basistyp sind.
2. TV und TA die Typen INTEGER, CARDINAL oder Ausschnittstypen mit INTEGER oder CARDINAL als Basistyp sind.
3. TV ein Zeichenreihentyp mit N Zeichen und TA ein Zeichenreihentyp mit M <= N Zeichen ist.

4.4 Bedingte Anweisungen

MODULA kennt zwei Formen der bedingten Anweisung: Die IF-Anweisung und die CASE-Anweisung.

4.4.1 IF-*Anweisungen*

Einfache IF-Anweisungen haben die Gestalt

IF Ausdruck
THEN Anweisungsfolge$_1$
ELSE Anweisungsfolge$_2$
END

Der Ergebnistyp des Ausdrucks muß BOOLEAN sein. Liefert seine Ausführung den Wert TRUE, wird Anweisungsfolge$_1$ nach THEN ausgeführt, andernfalls Anweisungsfolge$_2$. Mit dem Ende der Ausführung der ausgewählten Anweisungsfolge endigt auch die Ausführung der IF-Anweisung.

Ist die Anweisungsfolge nach ELSE leer, kann man die IF-Anweisung abkürzen:

IF Ausdruck THEN Anweisungsfolge$_1$ END

Ist die Anweisungsfolge nach THEN leer, muß man den Ausdruck negieren, um eine Abkürzung zu erhalten:

IF NOT Ausdruck THEN Anweisungsfolge$_2$ END

IF-Anweisungen kann man schachteln:

```
IF a > 0
    THEN
        IF b > 0
        THEN c:= a + b
        END
    ELSE a:= - a; b:= 0
END
```

Eine vom Autor bevorzugte Schreibweise ist:

```
IF a > 0 THEN
     IF b > 0 THEN
          c:= a + b
     END
ELSE a:= - a; b:= 0
END
```

IF und THEN stehen in der gleichen Zeile, während IF und ELSE untereinander stehen. Für eine geschachtelte IF-Anweisung wie

```
IF ch = "A" THEN
     ch:= "a"; d:= "b"
ELSE
     IF ch = "B" THEN
          ch:= "b"
     ELSE
          IF ch = "C" THEN
               ch:= "c"
          ELSE ch:= "?"
          END
     END
END
```

kennt MODULA das Zusammenziehen von ELSE und IF zu ELSIF:

```
IF    ch = "A" THEN ch:= "a"; d:= "b"
ELSIF ch = "B" THEN ch:= "b"
ELSIF ch = "C" THEN ch:= "c"
ELSE  ch:= "?"
END
```

Man spart einige END ein, und das Programmstück wird lesbarer.

4.4.2 CASE-*Anweisungen*

Das letzte Beispiel von 4.4.1 kann man auch in der zweiten Form der bedingten Anweisung formulieren:

```
CASE  ch
OF "A" : ch:= "a"; d:= "b"
|  "B" : ch:= "b"
|  "C" : ch:= "c"
ELSE  ch:= "?"
END
```

Die Grundform der CASE-Anweisung lautet:

```
CASE Ausdruck
OF Alternative₁
|  Alternative₂
. . .
|  Alternativeₙ
ELSE Alternative
END
```

Der ELSE-Teil darf fehlen. Jede Alternative_i hat die Form

$\text{Marken}_{i,1}$, . . . , $\text{Marken}_{i,m}$: Anweisungsfolge

Die Marken sind Konstante oder Ausschnitte (ohne eckige Klammern), getrennt durch Komma.

```
CASE Zeichen
OF   "A", "E", "I", "O", "U":  Anweisungsfolge
|    "B".."D", "F".."H",
     "J".."N", "P".."T",
     "V".."Z":                 Anweisungsfolge
|    "0".."9":                 Anweisungsfolge
|    "+", "*", "-", "/":       Anweisungsfolge
ELSE Anweisungsfolge
END
```

MODULA verlangt folgende Eigenschaften von einer CASE-Anweisung:

1. Der Ergebnistyp ET des Ausdrucks nach CASE muß ein geordneter Datentyp sein, d.h. CARDINAL, INTEGER, CHAR, BOOLEAN, ein Aufzählungstyp oder einer ihrer Ausschnittstypen.
2. Alle Marken sind Konstanten dieses Typs ET.
3. Jede Konstante tritt höchstens einmal als Marke auf.

MODULA wählt dann eine der Anweisungsfolgen zur Ausführung aus:

A. Liefert die Auswertung des Ausdrucks nach CASE den Wert w und tritt dieser als Marke auf, wird die zugehörige Anweisungsfolge ausgeführt.
B. Tritt w nicht als Marke auf, wird die Anweisungsfolge nach ELSE ausgeführt, sofern diese existiert.

INTEGER- und CARDINAL-Auswahl

Ist INTEGER oder CARDINAL der Ergebnistyp des Ausdrucks nach CASE, schränkt manches MODULA System die Wahl der Marken auf ein (kleines) Intervall [a, b] ein, wobei es nicht so sehr auf die Werte a und b ankommt, sondern auf ihre Differenz.

```
CASE z
OF      -10 :  k:= 1
|         0 :  k:= 2
|       100 :  k:= 3
|    100000 :  k:= 4
END
```

Die vier Marken stammen aus einem so großen Bereich, daß jedes MODULA System Probleme mit der Transformation der `CASE`-Anweisung in die Maschinensprache des Computers bekommt. Daher muß man auf `IF`-Anweisungen ausweichen:

```
IF      z =    -10 THEN k:= 1
ELSIF   z =      0 THEN k:= 2
ELSIF   z =    100 THEN k:= 3
ELSIF   z = 100000 THEN k:= 4
END
```

Manch gutes MODULA System kann diese Transformation selbst vornehmen. Auch im Fall

```
CASE ch
OF 122       :  c:= ":"
|  123       :  c:= "#"
|  193..201  :  c:= VAL(CHAR, ORD("A") + ch - 193)
|  209..217  :  c:= VAL(CHAR, ORD("J") + ch - 209)
|  226..233  :  c:= VAL(CHAR, ORD("S") + ch - 226)
|  240..249  :  c:= VAL(CHAR, ORD("0") + ch - 240)
ELSE            c:= " "
END
```

kann eine Umschreibung besser und manchmal notwendig sein:

```
IF ch = 122 THEN c:= ":"
ELSIF ch = 123 THEN c:- "#"
ELSIF (193 <= ch) AND (ch <= 249)
THEN
     CASE ch
     OF 193..201 : c:= VAL(CHAR, ORD("A") + ch - 193)
     |  209..217 : c:= VAL(CHAR, ORD("J") + ch - 209)
     |  226..233 : c:= VAL(CHAR, ORD("S") + ch - 226)
     |  240..249 : c:= VAL(CHAR, ORD("0") + ch - 240)
     ELSE          c:= " "
ELSE c:= " "
END
```

IF-Anweisung als CASE-Anweisung

Eine IF-Anweisung kann man als Spezialfall einer CASE-Anweisung ansehen:

```
CASE Ausdruck
OF TRUE  :  Anweisungsfolge
|  FALSE :  Anweisungsfolge
END
```

oder

```
CASE Ausdruck
OF TRUE  :  Anweisungsfolge
ELSE Anweisungsfolge
END
```

Bemerkung: Da jede IF-Anweisung in eine CASE-Anweisung transformierbar ist und umgekehrt, scheint eine der beiden Formen überflüssig zu sein. Gegen diese Annahme spricht, daß bei der Transformation in die Maschinensprache des Computers unterschiedlich vorgegangen wird. Ein kluges System könnte sicherlich die Transformationen (1) und (2) berücksichtigen, doch sprechen auch historische Gründe für die Existenz der IF-Anweisungen. Eine ähnliche Situation liegt bei Wiederholungsanweisungen vor.

4.5 Wiederholungsanweisungen

MODULA kennt vier Formen von *Wiederholungsanweisungen*:

- LOOP-Anweisungen
- WHILE-Anweisungen
- REPEAT-Anweisungen
- FOR-Anweisungen

Stets geht es darum, Anweisungen solange wiederholt auszuführen, wie eine laufend geprüfte Bedingung erfüllt ist.

4.5.1 LOOP- und EXIT-Anweisungen

Eine LOOP-Anweisung hat die Form

```
LOOP  Anweisungsfolge  END
```

Wenn die letzte Anweisung der Anweisungsfolge ausgeführt ist, beginnt MODULA wieder mit der ersten Anweisung. Da dieser Kreislauf nicht ewig andauern darf, muß die Anweisungsfolge eine *Ausgangsanweisung* enthalten, die auch ausgeführt wird.

```
LOOP
      Anweisungsfolge
      IF Test THEN EXIT END;
      Anweisungsfolge
END
```

Hier ist die Ausgangsanweisung eine EXIT-Anweisung, die nur aus dem Symbol EXIT besteht. Ihre Ausführung terminiert die Ausführung der LOOP-Anweisung. Eine andere Ausgangsanweisung ist die RETURN-Anweisung, die nicht nur die LOOP-Anweisung terminiert, sondern auch die Ausführung der umfassenden Prozedur, die die LOOP-Anweisung enthält.

```
k:= 0;
LOOP
     INC(k);
     IF k > max THEN EXIT END;
     m:= 0;
     LOOP
          INC(m);
          IF m > max THEN EXIT END;
          a[k, m]:= b[k, m] + c[k, m]
     END
END
```

Bei geschachtelten LOOP-Anweisungen terminiert eine EXIT-Anweisung immer die aus ihrer Sicht *innerste* LOOP-Anweisung.

4.5.2 WHILE- *und* REPEAT-*Anweisungen*

Für die beiden häufigen Formen der LOOP-Anweisung

```
LOOP
     IF NOT Bedingung THEN EXIT END;
     Anweisungsfolge
END

LOOP
     Anweisungsfolge
     IF Bedingung THEN EXIT END
END
```

kennt MODULA die spezielle Form der WHILE und REPEAT-Anweisung:

```
WHILE Bedingung DO Anweisungsfolge END

REPEAT Anweisungsfolge UNTIL Bedingung
```

MODULA führt die WHILE-Anweisung solange aus, wie die Bedingung den Wert TRUE liefert. Der Test steht also vor dem Ausführen der Anweisungsfolge. Bei der REPEAT-Anweisung wird diese jedoch mindestens einmal ausgeführt.

```
k:= 1;
WHILE k <= max DO
     m:= 1;
     WHILE m <= max DO
          a[k, m]:= b[k, m] + c[k, m];
          INC(m)
     END;
     INC(k)
END
```

Wiederholungsanweisungen und Aufzählungstypen

Im Zusammenhang mit Aufzählungstypen muß man das Beenden einer Wiederholungsanweisung besonders aufmerksam studieren:

```
TYPE  A = (a1, a2, a3, a4, a5, a6, a7, a8, a9);
VAR   a : A;

a:= a1;
WHILE a <= a9 DO INC(a) END
```

Die Ausführung der WHILE-Anweisung liefert einen Fehler, da der Wert INC(a9) nicht existiert. Die Abfrage <= darf hier nicht benutzt werden.

4.5.3 FOR-*Anweisungen*

Eine FOR-Anweisung hat die Form:

> FOR Laufvariable:= Ausdruck_1 TO Ausdruck_2
> BY Konstanter Ausdruck
> DO Anweisungsfolge
> END

Die Angabe BY Konstanter Ausdruck kann fehlen. Dann nimmt MODULA BY 1 an.

```
FOR k:= 1 TO max DO
     FOR m:= 1 TO max DO
          a[k, m]:= b[k, m] + c[k, m]
     END
END
```

Wie man sieht, durchlaufen die *Laufvariablen* k und m einen Ausschnitt. MODULA prüft folgende Bedingungen:

1. Die Laufvariable muß Variable eines geordneten Datentyps sein, also INTEGER, CARDINAL, CHAR, BOOLEAN, ein Aufzählungstyp oder ein Ausschnittstyp.
2. Die Ergebnistypen der ersten beiden Ausdrücke müssen *Zuweisungskompatibel* mit dem Datentyp der Laufvariablen sein. Der Ergebnistyp des

dritten Ausdrucks, der nur Konstanten als Operanden hat, muß `CARDINAL` oder `INTEGER` sein.

Die `FOR`-Anweisung ist dann gleichwertig mit folgenden Programmstücken:

```
VAR LV, anfang, ende : T; zuwachs : INTEGER;

anfang := Ausdruck₁;
ende   := Ausdruck₂;
zuwachs:= Konstanter Ausdruck;

IF zuwachs > 0 THEN
     LV:= anfang;
     WHILE LV <= ende DO
          Anweisungsfolge; INC(LV, zuwachs)
     END
ELSIF zuwachs < 0 THEN
     LV:= anfang;
     WHILE LV >= ende DO
          Anweisungsfolge; DEC(LV, -zuwachs)
     END
ELSE (* ??? *)
END
```

Obwohl die Laufvariable eine normale Variable ist, sollte ihr Wirkungsbereich als Laufvariable auf die jeweilige `FOR`-Anweisung beschränkt sein:

1. Sie sollte in der Anweisungsfolge wie ein Konstantenname behandelt werden, d.h. man ändert ihren Wert nicht durch eine Zuweisung. Die `FOR`-Anweisung sorgt ja selbst für die Wertänderung.
2. Nach der Ausführung der `FOR`-Anweisung ist der Wert der Laufvariablen undefiniert. Dies ist besonders zu beachten, wenn sie die Werte eines Aufzählungs- oder Ausschnittstyps durchläuft.

Bemerkung: Die Existenz der `FOR`-Anweisung hängt eng damit zusammen, daß fast alle Computer sie mit speziellen Befehlen codieren. Da viele MODULA Systeme `FOR`-Anweisungen zudem optimieren, sind die letzten beiden Regeln unbedingt zu beachten.

4.6 Beispiel *Worttrennung*

Am Beispiel eines Algorithmus zur Trennung deutscher Wörter sollen kompliziertere Ausdrücke und Anweisungen vorgestellt werden. Ein *Wort* ist eine Zeichenreihe des Typs `TypWort` mit `Lg` Zeichen.

```
CONST MaxWort = 60;
TYPE  TypWort = ARRAY [0..MaxWort] OF CHAR;
VAR   Wort : TypWort; Lg : CARDINAL;
```

Die in einem Wort vorkommenden Zeichen sind in 8 Klassen unterteilt:

```
ZTC : ARRAY CHAR OF [0..7];

ZTC["A"]:=  0; ZTC["B"]:=  2; ZTC["C"]:=  4;
ZTC["D"]:=  2; ZTC["E"]:=  0; ZTC["F"]:=  2;
ZTC["G"]:=  2; ZTC["H"]:=  5; ZTC["I"]:=  0;
ZTC["J"]:=  1; ZTC["K"]:=  7; ZTC["L"]:=  6;
ZTC["M"]:=  6; ZTC["N"]:=  6; ZTC["O"]:=  0;
ZTC["P"]:=  3; ZTC["Q"]:=  1; ZTC["R"]:=  6;
ZTC["S"]:=  2; ZTC["T"]:=  3; ZTC["U"]:=  0;
ZTC["V"]:=  1; ZTC["W"]:=  6; ZTC["X"]:=  1;
ZTC["Y"]:=  0; ZTC["Z"]:=  1;
FOR c:= "0" TO "9" DO ZTC[c]:=  1 END;
ZTC["'"]:=  1; ZTC["-"]:=  0;
```

Die Zeichen eines Worts werden als Vokale, Konsonanten und Konsonantengruppen klassifiziert. Zum Beispiel ist *sch* eine solche Gruppe.

```
TYPE Kennung = (Null, Vokal, Konsonant, Gruppe);
VAR  D : ARRAY [0..MaxWort]
         OF RECORD
              Stelle  : CARDINAL;
              Zeichen : Kennung
         END;
```

Mit Unterstützung der (Hilfs-) Variablen

```
VAR  d : Kennung;
     W, Walt : ARRAY [1..8] OF BOOLEAN;
     i, k, S, T : CARDINAL;
     b : BOOLEAN;
     ch : CHAR;
```

wird die Klassifizierung vorgenommen:

```
FOR k:= 1 TO 8 DO W[k]:= FALSE END;
Walt:= W;
T:= 0; S:= 0; D[0].Stelle:= 0;
FOR i:= 0 TO Lg DO
     INC(T); ch:= Wort[i];
     (* CASE-Anweisung *)
     D[T].Stelle:= i;
     IF d <> Null THEN D[T].Zeichen:= d END;
END;
```

Die CASE-Anweisung hat im wesentlichen die Aufgabe, Gruppen von Konsonanten zu finden. Nach der Klassifizierung werden potentielle Trennstellen ausfindig gemacht.

```
S:= 0; b:= TRUE;
FOR i:= 1  TO T DO
     IF    b THEN b:= D[i].Zeichen = Vokal
     ELSIF D[i].Zeichen = Vokal THEN
           INC(S); b:= TRUE;
           D[S].Stelle:= D[i - 2].Stelle;
     END;
END;
IF NOT b THEN
     INC(S); D[S].Stelle:= D[T - 1].Stelle
END;
k:= D[S].Stelle;
IF S <> 0 THEN
     S:= S - ORD((D[0].Stelle + 2 > k)
                   OR ((k + 2) > Lg))
END;
LOOP
     i:= D[S].Stelle;
     IF ((i = Lg - 2)  OR (i = Lg - 3))
        AND (D[T].Zeichen = Gruppe)
     THEN DEC(S); IF S = 0 THEN EXIT END
     ELSE EXIT
     END
END;
```

Zum Schluß wird das Wort mit seinen richtigen und falschen Trennstellen ausgegeben.

```
k:= 0;
WHILE (k <= S) AND (D[k].Stelle = 0) DO INC(k) END;
FOR i:= 0 TO Lg DO
     Write(Wort[i]);
     IF (k <= S) AND (i = D[k].Stelle) THEN
          Write("="); INC(k)
     END;
END;
WriteLn;
```

Die `CASE`-Anweisung hat Fallmarken aus dem Bereich `[0..7]`. Es ist natürlich auch möglich, direkt auf den Zeichen des Worts, also auf den Wertebereich `CHAR`, aufzubauen und die Abbildung `ZTC` zu vermeiden.

```
CASE ZTC[ch]
OF 0 : d:= Vokal; W:= Walt
|  1 : d:= Konsonant; W:= Walt
|  2 : W:= Walt; d:= Konsonant; S:= T;
       IF    ch = "S" THEN W[1]:= TRUE
       ELSIF ch = "F" THEN W[7]:= TRUE
       ELSE                W[2]:= TRUE
       END;
```

```
|   3 : IF W[1] THEN
             W:= Walt; W[2]:= TRUE;
             T:= S; d:= Gruppe
        ELSE W:= Walt; d:= Konsonant; S:= T;
             IF ch = "T" THEN
                  W[3]:= TRUE
             ELSE W[6]:= TRUE
             END;
        END;
|   4 : IF W[1] THEN d:= Null
        ELSE d:= Konsonant; S:= T
        END;
        W:= Walt; W[4]:= TRUE
|   5 : IF W [4] THEN
             W:= Walt; T:= S; d:= Gruppe
             IF T = (S + 2) THEN W[5]:= TRUE END;
        ELSIF W[3] OR W[6] THEN
             W:= Walt; T:= S; d:= Gruppe
        ELSE W:= Walt; d:= Konsonant
        END;
|   6 : IF    ch = "N" THEN b:= W[5] OR W[8]
        ELSIF ch = "L" THEN b:= W[5] OR W[6] OR W[7]
        ELSIF ch = "R" THEN b:= W[2] OR W[3] OR W[5]
                              OR W[6] OR W[7] OR W[8]
        ELSE b:= W[5]
        END;
        IF b THEN T:= S; d:= Gruppe
        ELSE d:= Konsonant
        END;
        W:= Walt
|   7 : d:= Konsonant;
        IF NOT W[4] THEN W:= Walt; W[8]:= TRUE; S:= T
        ELSE W:= Walt;
        END
END;
```

5 Prozeduren und Funktionen

5.1 Prozedurvereinbarungen und -anweisungen

Bei einer *Prozedur* (englisch: procedure) unterscheidet MODULA zwischen einer *Prozedurvereinbarung*, die sie einführt, und *Prozeduranweisungen*, die sie ausführen. Statt Prozeduranweisung sagt man auch *Prozeduraufruf*.

Prozedurvereinbarungen

Dies ist das Muster der Vereinbarung einer *Prozedur mit Parameter*:

```
PROCEDURE Prozedurname (Parameterliste);
     Vereinbarungen
BEGIN
     Anweisungen
END Prozedurname
```

Die geklammerte Parameterliste kann fehlen. Dann liegt eine *parameterlose Prozedur* vor. Eine Parameterliste ist ähnlich aufgebaut wie eine Folge von Variablenvereinbarungen:

Parameterliste → Formale Parameter; . . . ; Formale Parameter

Formale Parameter → Name, . . . , Name : Typname

Formale Parameter → VAR Name, . . . , Name : Typname

Maximum und Minimum einer Zahlenfolge

Der Algorithmus zum Auffinden der kleinsten und größten Zahl in einer Zahlenfolge wird in diesem Kapitel immer wieder herangezogen, um den Umgang mit Prozeduren zu üben.

```
PROCEDURE MinMax
          (Anzahl : Index;
           VAR MinPos, MaxPos : Index
          );
VAR k : Index;
```

```
BEGIN
     MinPos:= 1; MaxPos:= 1;
     FOR k:= 2 TO Anzahl
     DO
          IF Fg[k] < Fg[MinPos] THEN MinPos:= k END;
          IF Fg[k] > Fg[MaxPos] THEN MaxPos:= k END
     END;
END MinMax
```

Betrachtet man die Anweisungen der Prozedur `MinMax` für sich allein, erkennt man:

1. `Fg` ist offensichtlich eine Reihungsvariable. Ihr Indexbereich `Index` umfaßt das ganzzahlige Intervall `[1, Anzahl]`. Ihr Komponententyp kann jeder Datentyp sein, für den die Operationen < und > definiert sind.
2. Nach der Ausführung der Anweisungen gibt `MinPos` bzw. `MaxPos` den Index der kleinsten bzw. größten Komponente in dem Intervall `[1..Anzahl]` an.
3. Die Namen `Fg` und `Index` sind offensichtlich in dem Umfeld von `MinMax` definiert und bekannt, während die Namen `Anzahl`, `MinPos`, `MaxPos` und `k` offensichtlich durch diese Prozedur einführt und nicht außerhalb bekannt sein werden.

Prozeduranweisungen

Unter der Voraussetzung, daß `Fg` als Zahlenfolge in folgender *Umgebung* vereinbart ist:

```
CONST MaxFg = 10;
TYPE Index = [- MaxFg..+ MaxFg];
VAR  Fg : ARRAY Index OF INTEGER;
     a, max, min : Index;
     minmax : ARRAY Index, [1..2] OF Index;
```

kann man folgende Anweisungen einschließlich Prozeduranweisungen für `MinMax` schreiben:

```
MinMax(5, min, max);
WriteString("Minimum: "); WriteInt(Fg[min], 7);
WriteString("Maximum: "); WriteInt(Fg[max], 7);
```

Nach dem Prozeduraufruf gibt `max` bzw. `min` die Position der größten bzw. kleinsten Zahl für den Indexbereich `[1..5]` an.

```
a:= 5; MinMax(a + 1, max, min);
WriteString("Minimum: "); WriteInt(Fg[max], 7);
WriteString("Maximum: "); WriteInt(Fg[min], 7);
```

Nach dem Prozeduraufruf gibt `min` bzw. `max` die Position der größten bzw. kleinsten Zahl für den Indexbereich `[1..6]` an.

```
FOR a:= 1 TO MAX(Index) DO
     MinMax(a, minmax[a, 1], minmax[a, 2])
END
```

Nach dem Ende der Ausführung der `FOR`-Anweisung gibt `minmax[k, 1]` bzw. `minmax[k, 2]` die Position der kleinsten bzw. größten Zahl für den Indexbereich `[1..k]` mit `1 <= k <= 10` an.

Eingangs- und Ergebnisparameter

Wie man sieht, hat der Parameter `Anzahl` offensichtlich die Aufgabe, einen oberen Indexwert für die Suche in der Zahlenfolge bereitzustellen:

```
5      →  Anzahl
a + 1  →  Anzahl
a      →  Anzahl
```

In jedem Fall ist eine Zahl gefragt, d.h. die zu `Anzahl` passenden *aktuellen Parameter* der Prozeduranweisung sind Ausdrücke mit einem Ergebniswert des Typs `Index`.

Die Parameter `MinPos` und `MaxPos` haben eine andere Aufgabe: Sie sollen einen Ergebniswert nach außen schaffen.

```
MinPos, MaxPos  →  min, max
MinPos, MaxPos  →  max, min
MinPos, MaxPos  →  minmax[a, 1], minmax[a, 2]
```

Sie haben innerhalb der Prozedur eine stellvertretende Funktion für außerhalb der Prozedur existierende Variablen des Typs `Index`.

`Anzahl` ist ein *Eingangsparameter* und `MinPos` und `MaxPos` sind *Ausgangsparameter* (*Ergebnisparameter*, *Resultatsparameter*). Dies ist eine rein *funktionale* Unterscheidung.

Wert- und Variablenparameter

MODULA hingegen nimmt eine *technische Unterscheidung* vor. Ein Parameter wie `Anzahl`, der einen Wert einbringt, ist ein *Wertparameter*. Zwei Parameter wie `MinPos` und `MaxPos`, die mit außerhalb existierenden Variablen gleichgesetzt werden, sind *Variablenparameter* (*Referenzparameter*). Sie kann man an dem Auftreten des Symbols `VAR` erkennen, daß bei Wertparametern fehlt.

Stellt man diese beiden Klassifizierungen einander gegenüber, ist klar, daß ein *Wertparameter* stets auch *Eingangsparameter* ist, während ein *Variablenparameter* im Prinzip *Eingangs-* oder *Ausgangsparameter* sein kann. Diesen Effekt erhält man, wenn die Zahlenfolge selbst zum Parameter wird.

```
CONST MaxFg = 10;
TYPE Index = [- MaxFg..+ MaxFg];
TYPE Folge = ARRAY Index OF INTEGER;
VAR  Zahlenfolge: Folge; max, min : Index;
```

```
PROCEDURE MinMax(VAR Fg : Folge; Anzahl : Index;
                 VAR MinPos, MaxPos : Index);
VAR k : Index;
BEGIN
     MinPos:= 1; MaxPos:= 1;
     FOR k:= 2 TO Anzahl DO
         IF Fg[k] < Fg[MinPos] THEN MinPos:= k END;
         IF Fg[k] > Fg[MaxPos] THEN MaxPos:= k END;
     END;
END MinMax
```

Jede Prozeduranweisung hat vier aktuelle Parameter:

```
MinMax(Zahlenfolge, 5, max, min)
```

Der Parameter `Fg` ist ein Variablenparameter, dem die Prozeduranweisung die Variable `Zahlenfolge` des gleichen Typs zuordnet. Da innerhalb der Prozedur keine Komponente der Zahlenfolge verändert wird, ist `Fg` von der Funktion her ein Eingangsparameter.

Bemerkung: Hieraus abzuleiten, daß man auf Eingangsparameter verzichten könne, wie es einige andere Programmiersprachen tun, hebt nur den technischen Aspekt der Parameterübergabe hervor und vernachlässigt z.B. Argumente für die Klarheit und Sicherheit der Programmierung. Wohl kostet ein Wertparameter für eine Reihung mehr Speicherplatz als ein Variablenparameter für eine Reihungsvariable, doch jeder Zugriff auf den Variablenparameter ist wesentlich aufwendiger als der Zugriff auf den Wertparameter.

Syntax der Prozedurvereinbarungen und -anweisungen

Die zwischen Meta-Klammern [[und]] stehenden Angaben können fehlen.

```
Prozedurvereinbarung →
        PROCEDURE Prozedurname [[ (Parameterliste) ]] ;
        [[ Vereinbarungsteil ]]
        [[ BEGIN
               Anweisungen ]]
        END Prozedurname
```

Die *Parameterliste* ist eine Folge von Vereinbarungen für Wert- und Variablenparameter, die durch ; voneinander getrennt sind:

Wertparameter → Name, ..., Name : Typname

Variablenparameter → VAR Name, ..., Name : Typname

Der Vereinbarungsteil ist eine Sequenz von Vereinbarungen der folgenden Arten:

- Konstantenvereinbarungen
- Typvereinbarungen
- Variablenvereinbarungen
- Prozedurvereinbarungen
- Modulvereinbarungen

Eine Reihenfolge der Vereinbarungen ist nicht vorgeschrieben. Man muß jedoch darauf achten, daß jeder Name, der in Vereinbarungen und Anweisungen der Prozedur benutzt wird, vorher durch eine Vereinbarung eingeführt ist. (Es gibt einige wenige Ausnahmen von dieser Regel.)

Aktuelle Parameter

Die Zahl der *aktuellen Parameter* einer *Prozeduranweisung* stimmt überein mit der Zahl der *formalen Parameter* der Prozedurvereinbarung. Jeder aktuelle Parameter ist ein Ausdruck.

```
Prozeduranweisung  →
        Prozedurname  [[ (Ausdruck, ..., Ausdruck) ]]
```

Ist der formale Parameter ein Variablenparameter, reduziert sich sein Ausdruck zu einer Variablen.

5.2 Lokale und globale Namen einer Prozedur

Alle Namen, die in der Parameterliste und in dem Vereinbarungsteil einer Prozedur eingeführt werden, sind *lokale Namen* der Prozedur, alle anderen sind *globale Namen*. Diese globalen Namen sind entweder *Standardnamen* wie `INTEGER` oder `CHAR` oder in einem anderen Vereinbarungsteil eingeführte, dort dann lokale Namen. Ein lokaler Name auf Parameterposition heißt auch *formaler Parametername*.

Zuordnungstabelle globaler und lokaler Namen

Diese Unterscheidung soll an der ersten Version der Prozedur `MinMax` studiert werden. Das Zeichen * zeigt globales Auftreten an.

Name	Auftreten	Vereinbarung	Art
Vereinbarungsstufe: *E* Umgebung von `MinMax`			
`INTEGER`	Umgeb.03		global
`Fg`	*MinMax.10 *MinMax.11	Umgeb.03	lokal
`Index`	Umgeb.03 *MinMax.02 *MinMax.03 *MinMax.05	Umgeb.02	lokal
`MaxFg`	Umgeb.02	Umgeb.01	lokal
`MinMax`	MinMax.13	MinMax.01	lokal

Name	Auftreten	Vereinbarung	Art
Vereinbarungsstufe: *E+1* MinMax			
Anzahl	MinMax.08	MinMax.02	formal
Fg	MinMax.10		global
	MinMax.11		
k	MinMax.08	MinMax.05	lokal
	MinMax.10		
	MinMax.11		
Index	MinMax.02		global
	MinMax.03		
	MinMax.05		
MaxPos	MinMax.07	MinMax.03	formal
	MinMax.11		
MinPos	MinMax.07	MinMax.03	formal
	MinMax.10		

Die Namen des Vereinbarungsteils, zu dem die Prozedurvereinbarung für MinMax gehört, gehören der *Vereinbarungsstufe E* an, während die lokalen Namen von MinMax zur *Vereinbarungsstufe E+1* zählen.

Wie man an dieser *Zuordnungstabelle* und an den Aufrufen von MinMax erkennen kann, ist die Prozedurvereinbarung wegen der globalen Namen fest an die nächst niedere Vereinbarungsstufe gebunden. Die in aktuellen Parametern benutzten Namen können hingegen einer anderen Vereinbarungsstufe entstammen. Die Aufnahme von Fg in die Parameterliste bei der zweiten Version von MinMax macht diese gegenüber der umfassenden Vereinbarungsstufe unabhängiger.

Schnittstellenbeschreibung mit Kommentaren

Es ist auf jeden Fall empfehlenswert, die globalen Variablen einer Prozedurvereinbarung separat aufzuführen, z.B. durch einen Kommentar:

```
PROCEDURE MinMax
          (Anzahl : Index;
           VAR MinPos, MaxPos : Index
          );
(* GLOBAL:  Index, Fg *)
VAR k : Index;
. . .
```

Schnittstellenbeschreibung mit lokalem Modul

Noch besser kann man dies mit einer lokalen Modulvereinbarung tun, da dann das MODULA System die Richtigkeit der Angabe prüfen muß.

```
PROCEDURE MinMax (Anzahl : Index;
                  VAR MinPos, MaxPos : Index);
MODULE Schnittstelle;
IMPORT Anzahl, MinPos, MaxPos, Index, Fg;
VAR k : Index;
BEGIN
     MinPos:= 1; MaxPos:= 1;
     FOR k:= 2 TO Anzahl DO
         IF Fg[k] < Fg[MinPos] THEN MinPos:= k END;
         IF Fg[k] > Fg[MaxPos] THEN MaxPos:= k END;
     END;
END Schnittstelle;

END MinMax
```

Diese Technik der *Schnittstellenbeschreibung* ist in den meisten Fällen überflüssig, kann aber mitunter die Sicherheit der Programmierung erhöhen, denn die Importliste des lokalen Moduls `Schnittstelle` muß immer stimmen.

5.3 Geschachtelte Prozeduren

Eine etwas andere Formulierung der Prozedur `MinMax` führt zu zwei *lokalen Prozeduren* `Min` und `Max`:

```
PROCEDURE MinMax
                 (Anzahl : Index;
                  VAR MinPos, MaxPos : Index
                 );

PROCEDURE Min
              (k : Index; VAR p : Index);
BEGIN
     IF Fg[k] < Fg[p] THEN p:= k END
END Min;

PROCEDURE Max
              (k : Index; VAR p : Index);
BEGIN
     IF Fg[k] > Fg[p] THEN p:= k END
END Max;

VAR k : Index;
BEGIN
     MinPos:= 1; MaxPos:= 1;
     FOR k:= 2 TO Anzahl
     DO
         Min(k, MinPos);
         Max(k, MaxPos)
     END;
END MinMax
```

Zuordnungstabelle mit lokalen Prozeduren

Die Zuordnung der Namen in Ausdrücken und Anweisungen zu ihren Vereinbarungen ergibt jetzt folgende Zuordnungstabelle:

Name	Auftreten	Vereinbarung	Art
Vereinbarungsstufe: *E* Umgebung			
INTEGER	Umgeb.03		global
Fg	*Min.04	Umgeb.03	lokal
	*Max.04		
Index	Umgeb.03	Umgeb.02	lokal
	*MinMax.02		
	*MinMax.03		
	*MinMax.05		
	*Min.02		
	*Max.02		
MaxFg	Umgeb.02	Umgeb.01	lokal
MinMax	MinMax.13	MinMax.01	lokal
Vereinbarungsstufe: *E+1* MinMax			
Anzahl	MinMax.08	MinMax.02	formal
Fg	*Min.04		global
	*Max.04		
k	MinMax.08	MinMax.05	lokal
	MinMax.10		
	MinMax.11		
Index	MinMax.02		global
	MinMax.03		
	MinMax.05		
	*Min.02		
	*Max.02		
Max	MinMax.05	Max.01	lokal
	MinMax.11		
MaxPos	MinMax.07	MinMax.03	formal
	MinMax.11		
Min	MinMax.05	Min.01	lokal
	MinMax.10		
MinPos	MinMax.07	MinMax.03	formal
	MinMax.10		
Vereinbarungsstufe: *E+2* Min			
k	Min.04	Min.02	formal
p	Min.04	Min.02	formal
Vereinbarungsstufe: *E+2* Max			
k	Max.04	Max.02	formal
p	Max.04	Max.02	formal

Da Min und Max im gleichen Vereinbarungsteil enthalten sind, haben sie auch die gleiche Vereinbarungsstufe.

Ablauf der Zuordnung

Ein MODULA System analysiert diese Schachtelung von Prozeduren so, wie es das nachfolgende Bild zeigt:

MinMax.01	Min.01	Min.02	Max.01	Max.02	MinMax.05	MinMax.13

E:

Umgeb.	Umgeb.	Umgeb.	Umgeb.	Umgeb.	Umgeb.	Umgeb.
Fg Index MaxFg MinMax	Fg Index MaxFg MinMax	Fg Index MaxFg MinMax	Fg Index MaxFg MinMax	Fg Index MaxFg MinMax	Fg Index MaxFg MinMax	Fg Index MaxFg MinMax

E+1:

MinMax	MinMax	MinMax	MinMax	MinMax
Anzahl MaxPos MinPos Min k	Anzahl MaxPos MinPos Min k	Anzahl MaxPos MinPos Min Max k	Anzahl MaxPos MinPos Min Max k	Anzahl MaxPos MinPos Min Max k

E+2:

Min
k p

Max
k p

Man sieht ein dynamisches Verhalten: Ist der Anfang einer Prozedurvereinbarung erkannt, entsteht eine neue Vereinbarungsebene, die mit dem Ende der Prozedurvereinbarung wieder verschwindet und somit auch ihre lokale Information.

Findet das MODULA System während der Analyse einer Prozedur das Auftreten eines Namens, sucht es in den Vereinbarungsebenen *E+2*, *E+1*, *E*, ... nach einer Vereinbarung für ihn. Existiert keine oder verträgt sie sich nicht mit dem Auftreten, liegt ein Fehler vor.

- Zu dem Auftreten von k in Max.04 gehört die Vereinbarung in Max.02 auf der gleichen Vereinbarungsebene, während zu dem Auftreten von Fg in Max.04 die Vereinbarung in Umgeb.03 gehört.

Gültigkeitsbereich

Der *Gültigkeitsbereich* (englisch: scope) eines Namens ist diejenige Prozedurvereinbarung (oder Modulvereinbarung), die die Vereinbarung des Namens enthält, mit Ausnahme aller lokalen Prozedurvereinbarungen (und Modulvereinbarungen), die diesen Namen auch vereinbaren.

- So hat `Fg` keinen eingeschränkten Gültigkeitsbereich, während der lokale Name `k` der Prozedur `MinMax` nicht in den Prozeduren `Min` und `Max` gültig ist, da beide den gleichen Namen `k` auch vereinbaren.

5.4 Prozeduranweisungen

Eine *Prozeduranweisung* (oder ein *Prozeduraufruf*) hat die syntaktische Form

```
Prozeduranweisung  →
        Prozedurname ( Ausdruck, . . ., Ausdruck )
```

Die Ausdrücke heißen *aktuelle Parameter* der Prozedur.

Parameterübergabe

Es gelten folgende Regeln für die *Parameterübergabe*, d.h. für die Zuordnung der aktuellen zu den formalen Parametern:

1. Hat eine Prozedurvereinbarung `N` formale Parameter vereinbart, so muß jede ihrer Prozeduranweisungen `N` aktuelle Parameter haben, die einander in der Reihenfolge ihrer Aufschreibung zugeordnet werden. Die Ausdrücke werden vor Ausführung der ersten Anweisung der Prozedur ausgewertet.
2. Ist ein formaler Parameter ein *Wertparameter* mit Datentyp `T`, so muß sein aktueller Parameter einen Ergebnistyp haben, der mit `T` *Zuweisungskompatibel* ist. Der formale Parameter hat die Funktion einer Variablen, deren Anfangswert der Ergebniswert des aktuellen Parameters ist.
3. Ist ein formaler Parameter ein *Variablenparameter* mit Datentyp `T`, so muß sein aktueller Parameter eine Variable des gleichen Typs `T` sein. Beide Parameter werden gleichgesetzt, d.h. innerhalb der Prozedurvereinbarung ist die Variable (auch noch) unter dem formalen Namen bekannt.

`MinMax`.11 enthält eine Prozeduranweisung für `Max`:

```
Max(k, MaxPos)
```

Die formalen Parameter sind

`k : Index` und `VAR p : Index`

Der Wertparameter `k` erhält den Wert der Variablen `k` als Anfangswert, der Variablenparameter `p` wird mit der Variablen `MaxPos` gleichgesetzt.

Ablauf eines Prozeduraufrufs

Unter der Voraussetzung, daß `Fg` zum Zeitpunkt einer Prozeduranweisung `MinMax(3, A, B)` den Wert

```
Fg = (. . ., 5, 3, -1, 0, 5, 2, 9, -4, 3, -3)
```

hat, erhält der formale Parameter `Anzahl` die Zahl 3 als Anfangswert, während `A` mit `MinPos` und `B` mit `MaxPos` gleichgesetzt sind:

```
Umgebung:
```

```
Fg = (..., 5, 3, -1, 0, 5, 2, 9, -4, 3, -3)
A  = ?
B  = ?
```

Parameterübergabe des Aufrufs von `MinMax`:

```
Anzahl =  3
MinPos == A
MaxPos == B
k      =  ?
```

Zum Zeitpunkt des ersten Aufrufs von `Min` liegt folgende Situation vor:

```
Umgebung:
```

```
Fg = (..., 5, 3, -1, 0, 5, 2, 9, -4, 3, -3)
A  = 1
B  = 1
```

Ausführung der Anweisungen von `MinMax`:

```
Anzahl =  3
MinPos == A
MaxPos == B
k      =  2
```

---

1. Aufruf von `Min`:

```
k      =  2
p      == MinPos
```

Nach diesem ersten Aufruf hat `A` den Wert 2:

```
Umgebung:
```

```
Fg = (..., 5, 3, -1, 0, 5, 2, 9, -4, 3, -3)
A  = 2
B  = 1
```

Ausführung der Anweisungen von `MinMax`:

```
Anzahl =  3
MinPos == A
MaxPos == B
k      =  2
```

Danach kommt der erste Aufruf von `Max`:

```
Umgebung:

Fg = (..., 5, 3, -1, 0, 5, 2, 9, -4, 3, -3)
A  = 2
B  = 1
```

Ausführung der Anweisungen von `MinMax`:

```
Anzahl =  3
MinPos == A
MaxPos == B
k      =  2
```

1. Aufruf von `Max`:

```
k      =  2
p      == MaxPos
```

Der Wert von `p == MaxPos == B` ändert sich nicht, so daß folgendes Bild nach dem Aufruf von `Max` vorliegt:

```
Umgebung:

Fg = (..., 5, 3, -1, 0, 5, 2, 9, -4, 3, -3)
A  = 2
B  = 1
```

Ausführung der Anweisungen von `MinMax`:

```
Anzahl =  3
MinPos == A
MaxPos == B
k      =  2
```

Die Laufvariable `k` in `MinMax` erhöht ihren Wert um `1`, und es kommt zum zweiten Aufruf von `Min`:

```
Umgebung:

Fg = (..., 5, 3, -1, 0, 5, 2, 9, -4, 3, -3)
A  = 2
B  = 1
```

Ausführung der Anweisungen von `MinMax`:

```
Anzahl =  3
MinPos == A
MaxPos == B
k      =  3
```

2. Aufruf von `Min`:

```
k        =  3
p        == MinPos
```

Der Wert von `p == MinPos == A` ist jetzt 3. Der zweite Aufruf von `Max` ändert nichts. Da die Laufvariable `k` in `MinMax` ihren Endwert 3 erreicht hat, ist die letzte Anweisung in `MinMax` ausgeführt und damit dieser Aufruf von `MinMax` beendet. Folgende Situation liegt zum Abschluß vor:

```
Umgebung:

Fg = (..., 5, 3, -1, 0, 5, 2, 9, -4, 3, -3)
A  = 3
B  = 1
```

5.5 Dynamisches Speicherverhalten von Prozeduraufrufen

Bei jeder Prozeduranweisung führt das MODULA System folgende Aktionen und Speicherzuordnungen durch:

1. Für jeden Aufruf einer Prozedur wird ein neuer *Speicherblock* angelegt: Dies sind einige Byte für die Organisation des Aufrufs sowie der Platz für die formalen Parameter und lokalen Variablen.
2. Die *Parameterübergabe* wertet die aktuellen Parameter aus und initialisiert Wertparameter bzw. identifiziert Variablenparameter.
3. Die Anweisungen der Prozedur werden ausgeführt.
4. Nach der Ausführung der letzten Anweisung wird der Aufruf beendet und der *Speicherblock* wieder freigegeben.

Hieraus ergibt sich ein Auf- und Abbau der Speicherblöcke:

E	*E+1*	*E+2*
Umgebung		
Umgebung	1. Aufruf `MinMax`	
Umgebung	1. Aufruf `MinMax`	1. Aufruf `Min`
Umgebung	1. Aufruf `MinMax`	
Umgebung	1. Aufruf `MinMax`	1. Aufruf `Max`
Umgebung	1. Aufruf `MinMax`	
Umgebung	1. Aufruf `MinMax`	2. Aufruf `Min`
Umgebung	1. Aufruf `MinMax`	
Umgebung	1. Aufruf `MinMax`	2. Aufruf `Max`
Umgebung	1. Aufruf `MinMax`	
Umgebung		

Diese Form der Speicherzuordnung trägt den Namen *Kellerorganisation* oder *LIFO-Organisation*. Der *Keller* – auch bekannt als *Laufzeitkeller* (englisch: Runtime-Stack) – besteht aus einer sich zeitlich, in Abhängigkeit von Prozeduranweisungen ändernden Zahl von Speicherblöcken. *LIFO* besagt: Der letzte Prozeduraufruf erhält einen neuen Speicherblock im Keller: *Last In*; am Ende des Aufrufs verschwindet er wieder aus dem Keller: *First Out*.

5.6 Funktionsprozeduren

Neben den (eigentlichen) Prozeduren kennt MODULA noch *Funktionsprozeduren*, oder kurz: *Funktionen*.

```
PROCEDURE Prozedurname() : Typname;
        Vereinbarungen
BEGIN
        Anweisungen
END Prozedurname

PROCEDURE Prozedurname(Formale Parameter) : Typname;
        Vereinbarungen
BEGIN
        Anweisungen
END Prozedurname
```

Der erste Fall beschreibt eine parameterlose Funktionsprozedur.

Im Gegensatz zu einer Prozeduranweisung ist der Aufruf einer Funktion, der *Funktionsaufruf*, ein Ausdruck und liefert einen *Ergebniswert des Funktionsaufrufs*.

```
PROCEDURE Min(k, p : Index) : Index;
BEGIN
     IF Fg[k] < Fg[p] THEN RETURN k ELSE RETURN p END
END Min

PROCEDURE Max(k, p : Index) : Index;
BEGIN
     IF Fg[k] > Fg[p] THEN RETURN k ELSE RETURN p END
END Max
```

Der Ergebnistyp des Funktionen `Min` und `Max` ist `Index`. Jeder Aufruf liefert einen Wert dieses Typs mittels einer `RETURN`-Anweisung, die zugleich die Ausführung des Aufrufs beendet. Folgende Aufrufe sind möglich:

`MinPos:= Min(k, MinPos)` und `MaxPos:= Max(k, MaxPos)`

Auch `MinMax` kann als Funktion formuliert werden, sofern man einen Ergebnistyp `Pos` einführt:

```
TYPE Pos = RECORD MinPos, MaxPos : Index END;

PROCEDURE MinMax(Anzahl : Index) : Pos;
VAR k : Index; p : Pos;
. . .
BEGIN
     p.MinPos:= 1; p.MaxPos:= 1;
     FOR k:= 1 TO Anzahl DO
          p.MinPos:= Min(k, p.MinPos);
          p.MaxPos:= Max(k, p.MaxPos)
     END;
     RETURN p
END MinMax
```

RETURN p liefert als Ergebnis einen Verbund mit zwei Komponenten.

Bemerkung: [2] erlaubt keinen Verbundtyp (oder Reihungstyp) als Ergebnistyp einer Funktion. Dann macht man aus Pos einen Zeigertyp und schreibt p↑.MinPos statt p.MinPos.

5.7 RETURN-Anweisungen

In einer Prozedur besteht eine RETURN-Anweisung nur aus dem Symbol RETURN, während in einer Funktion noch ein Ausdruck dazugehört, dessen Ergebnistyp *Zuweisungs-kompatibel* mit dem Ergebnistyp der Funktion sein muß. Die Ausführung einer RETURN-Anweisung terminiert den Aufruf.

5.8 Offene Reihungsparameter

Fg ist globaler Name von MinMax. Das schränkt die Bearbeitung anderer Zahlenfolgen ein. Abhilfe schafft die Aufnahme von Fg als formalen Parameter, wobei man einen Typnamen für den Typ von Fg einführen muß. Diese Version von MinMax wurde am Anfang des Kapitels gezeigt.

Man kann MinMax noch allgemeiner verwenden, wenn man den Indexbereich von Fg von der speziellen Angabe Index löst und von Aufruf zu Aufruf mit einem anderen Indexbereich arbeitet.

```
PROCEDURE MinMax(VAR Fg : ARRAY OF INTEGER;
                 Anzahl : CARDINAL;
                 VAR MinPos, MaxPos : CARDINAL);
VAR k : CARDINAL;
BEGIN
     MinPos:= 0; MaxPos:= 0;
     IF Anzahl > HIGH(Fg) THEN Anzahl:= HIGH(Fg) END;
     FOR k:= 1 TO Anzahl DO
     . . .
     END
END MinMax
```

Bei einem Aufruf

```
MinMax(F, 3, A, B)
```

wird der Indexbereich [a..b] des Datentyps Folge der Reihung F auf den Indexbereich [0..HIGH(Fg)] abgebildet mit HIGH(Fg) = b - a.

Die neue Prozedur MinMax verarbeitet jetzt auch Zahlenfolgen dieser Reihungstypen:

```
ARRAY [ 0..MaxFg] OF INTEGER
ARRAY [ 5..15]    OF INTEGER
ARRAY [-5..20]    OF INTEGER
ARRAY CHAR        OF INTEGER
ARRAY Wochentage  OF INTEGER
ARRAY Monate      OF INTEGER
```

Da die aktuellen Parameter A und B jetzt als CARDINAL-Variablen zu vereinbaren sind, liefern sie nur die Position der kleinsten und größten Zahl relativ zum Anfang der Zahlenfolge. Eine Korrektur des Ergebnisses ist notwendig, z.B.

```
TYPE Wochentage = (son, mon, die, mit, don, fre, sam);
TYPE Folge = ARRAY Wochentage OF INTEGER;
VAR  F : Folge; A, B : CARDINAL; a, b : Wochentage;

MinMax(F, 3, A, B);
a:= VAL(Wochentage, A);
b:= VAL(Wochentage, B)
```

5.9 Rekursive Prozeduren

Wenn eine Prozeduranweisung in dem Anweisungsteil der eigenen Prozedurvereinbarung vorkommt, spricht man von einer *rekursiven Prozedur*.

```
PROCEDURE Fakultaet(N : CARDINAL) : CARDINAL;
BEGIN
     IF N = 0 THEN
          RETURN 1
     ELSE RETURN N * Fakultaet(N - 1)
     END
END Fakultaet
```

Die rekursive Formulierung folgt der mathematischen Definition der *Fakultät*:

```
0 ! = 1
1 ! = 1
N ! = N * (N - 1) !
```

Häufig kann man einen solchen rekursiven Algorithmus auch iterativ mit einer Wiederholungsanweisung formulieren:

```
PROCEDURE Fakultaet(N : CARDINAL) : CARDINAL;
VAR k, F : CARDINAL;
BEGIN
     F:= 1;
     FOR k:= 2 TO N DO F:= F * k END;
     RETURN F
END Fakultaet
```

Es gibt jedoch viele Beispiele, die zeigen, daß eine rekursive Formulierung mitunter einer iterativen aus unterschiedlichen Gründen vorzuziehen ist.

Wenn man will, kann man auch die lokalen Prozeduren `Min` und `Max` der Prozedur `MinMax` rekursiv formulieren, obwohl in diesem Fall kaum Gründe dafür sprechen.

```
PROCEDURE MinMax
     (Anzahl : Index; VAR MinPos, MaxPos : Index);

PROCEDURE Min(N : Index) : Index;
VAR k : Index;
BEGIN
     IF N = Anzahl THEN
          RETURN N
     ELSE k:= Min(N + 1);
          IF Fg[N] < Fg[k] THEN k:= N END;
          RETURN k
     END
END Min;

PROCEDURE Max(N : Index) : Index;
VAR k : Index;
. . .
END Max;

BEGIN
     MinPos:= Min(1);
     MaxPos:= Max(1);
END MinMax
```

Indirekte Rekursion

Neben der Form der *direkten Rekursion* läßt MODULA auch die *indirekte Rekursion* zu, die dadurch entsteht, daß eine Prozedur `P` eine andere Prozedur `Q` aufruft, die wiederum `P` aufruft.

Die Anzahl `P(N)` der Darstellung einer `CARDINAL`-Zahl `N` als Summe von `CARDINAL`-Zahlen, z.B. für die Zahl 5

```
5, 4 + 1, 3 + 2, 3 + 1 + 1, 2 + 2 + 1,
2 + 1 + 1 + 1, 1 + 1 + 1 + 1
```

berechnet man mit folgendem indirekt rekursiven Algorithmus:

```
P(0) = 1
P(n) = 0 für  n < 0
P(n) = R(n, 1) - R(n, 2) + R(n, 3) - R(n, 4) + ...
              ± R(n, n)  für n > 0

R(n, k) = P(n - (3 * k * k - k) DIV 2) +
          P(n - (3 * k * k + k) DIV 2)
```

Das ergibt folgende Prozeduren:

```
PROCEDURE P(n : INTEGER) : INTEGER;
VAR i, j : INTEGER;
BEGIN
     IF n = 0  THEN RETURN 1 END;
     IF n < 0 THEN RETURN 0 END;
     j:= 0;
     FOR i:= 1 TO n DO
          IF (i MOD 2) = 0 THEN
               j:= j - R(n, i)
          ELSE j:= j + R(n, i)
          END
     END;
     RETURN j
END P

PROCEDURE R(n, k : INTEGER) : INTEGER;
BEGIN
     RETURN P(n - (3 * k * k - k) DIV 2) +
            P(n - (3 * k * k + k) DIV 2)
END R
```

Bemerkung: Richtig interessant werden rekursive Prozeduren erst im Zusammenhang mit rekursiven Datenstrukturen, die auf Zeigertypen aufbauen. Beispiele sind lineare Listen und binäre Bäume.

5.10 Prozedurtypen

Die drei Prozeduren

```
PROCEDURE MinMax(Anzahl : Index; VAR MinPos, MaxPos : Index);
PROCEDURE Min(k, q : Index) : Index;
PROCEDURE Max(k, q : Index) : Index;
```

sind *Prozedurkonstanten* von *Prozedurtypen*:

```
MinMax  →  PROCEDURE(Index, VAR Index, VAR Index)
Min     →  PROCEDURE(Index, Index) : Index
Max     →  PROCEDURE(Index, Index) : Index
```

Solche Prozedurtypen können wie alle anderen Typen Typnamen erhalten:

```
TYPE P1  =  PROCEDURE(Index, VAR Index, VAR Index);
TYPE P2  =  PROCEDURE(Index, Index) : Index;
```

oder in Variablenvereinbarungen und Parameterlisten auftreten:

```
VAR p1 : P1; p2, p3 : P2;
PROCEDURE Q(pp : P1; c : CARDINAL); ... END Q
```

Prozedurvariablen haben Prozedurkonstante als Werte:

```
p1:= MinMax;
p2:= Min;
p3:= Max
```

Der Standardtyp PROC steht für den Prozedurtyp ohne Parameter:

```
TYPE  PROC  =  PROCEDURE  ;
```

Beispiel mit Prozedurtypen

Die folgenden vier Prozeduren vergleichen zwei INTEGER-Zahlen miteinander:

```
PROCEDURE Gleich(a, b : INTEGER) : BOOLEAN;
BEGIN  RETURN a = b  END Gleich

PROCEDURE Ungleich(a, b : INTEGER) : BOOLEAN;
BEGIN  RETURN a <> b  END Ungleich

PROCEDURE Kleiner(a, b : INTEGER) : BOOLEAN;
BEGIN  RETURN a < b  END Kleiner

PROCEDURE Groesser(a, b : INTEGER) : BOOLEAN;
BEGIN  RETURN a > b  END Groesser
```

Alle sind Prozedurkonstanten des Prozedurtyps

```
TYPE Vergleich = PROCEDURE(INTEGER, INTEGER) : BOOLEAN;
```

Mit der Prozedur Summe, die einen Parameter dieses Typs hat,

```
PROCEDURE Summe(VAR Fg : ARRAY OF INTEGER;
                Op : Vergleich;
                W : INTEGER) : INTEGER;
VAR k : CARDINAL; z : INTEGER;
BEGIN
     z:= 0;
     FOR k:= 0 TO HIGH(Fg) DO
          IF Op(Fg[k], W) THEN INC(z, Fg[k]) END
     END;
     RETURN z
END Summe
```

kann man alle Werte einer Zahlenfolge addieren, die gleich, ungleich, kleiner oder größer als ein Bezugswert W sind. Packt man etwas Information in eine Reihung

```
VAR OpFg:
     ARRAY[1..4] OF
          RECORD Name: CHAR; Op: Vergleich END;
```

und initialisiert sie mit

```
WITH OpFg[1] DO Name:= "="; Op:= Gleich   END;
WITH OpFg[2] DO Name:= "#"; Op:= Ungleich END;
WITH OpFg[3] DO Name:= "<"; Op:= Kleiner  END;
WITH OpFg[4] DO Name:= ">"; Op:= Groesser END;
```

so kann man auf folgende Weise alle Additionen mit Bezugswert 0 durchführen:

```
FOR k:= 1 TO 4 DO
     WITH OpFg[k] DO
          Write(Name); WriteString(": ");
          z:= Summe(Fg, Op, 0);
     END;
     WriteCard(z, 0); WriteLn
END
```

6 Moduln

6.1 Programm-Moduln und lokale Moduln

Ein *Programm-Modul* ist eine Zusammenfassung von Vereinbarungen und Anweisungen:

```
MODULE  Modulname;
        Vereinbarungen
BEGIN
        Anweisungen
END Modulname.
```

Ein einfaches Beispiel ist das Lesen und Schreiben eines Zeichens:

```
MODULE Zeichen;
VAR ch : CHAR;
BEGIN
     Read(ch); Write(ch)
END Zeichen.
```

Hier treten 5 Namen auf:

- Der *Modulname* `Zeichen` ist frei gewählt und wird am Ende wiederholt (wie auch bei Prozeduren).
- `ch` ist eine `CHAR`-Variable.
- `CHAR` ist ein Standardtyp und der Name daher stets bekannt.
- `Read` und `Write` sind unbekannt. Hier fehlt noch eine Aussage über ihre Herkunft.

```
MODULE Zeichen;
FROM Terminal IMPORT Read, Write;
VAR ch : CHAR;
BEGIN
     Read(ch); Write(ch)
END Zeichen.
```

`Terminal` ist der Name eines anderen Moduls, eines *System-Moduls*, der die Prozeduren `Read` und `Write` zur Verfügung stellt: Der Programm-Modul `Zeichen` importiert sie von `Terminal`.

Eine andere Formulierung des Moduls `Zeichen` ist:

```
MODULE Zeichen;
IMPORT Terminal;
VAR ch : CHAR;
BEGIN
     Terminal.Read(ch);
     Terminal.Write(ch)
END Zeichen.
```

Der Unterschied ist leicht zu erkennen:

- In der ersten Version importiert `Zeichen` die Namen `Read` und `Write`, nicht aber den Namen `Terminal`.
- In der zweiten Version importiert `Zeichen` den Namen `Terminal` und damit indirekt auch die Namen `Terminal.Read` und `Terminal.Write`. Solche aus einem Modulnamen und einem normalen Namen zusammengesetzte Namen heißen *Bezeichner*.

`Terminal` ist nicht der einzige System-Modul, der `Read` und `Write` exportiert. Ein anderer ist `InOut`.

```
MODULE Zeichen;
FROM InOut IMPORT Read, Write;
VAR ch : CHAR;
BEGIN
     Read(ch); Write(ch)
END Zeichen.
```

Übersetzungseinheiten

Ein Programm-Modul ist eine *Übersetzungseinheit*, d.h. ein MODULA System analysiert und übersetzt einen Programm-Modul unabhängig von anderen Programm-Moduln, stützt sich aber auf importierte Namen von Moduln, die als *Definitions-Moduln* selbst Übersetzungseinheiten sind.

Aufbau eines Sortierprogramms

Es gibt drei Methoden, die Vereinbarungen und Anweisungen des Programm-Moduls zum Sortieren einer Zahlenfolge zu schreiben.

(1) Alle Vereinbarungen stehen vor `BEGIN`, alle Anweisungen danach. Man beachte, daß die lokalen Namen für Eingabe, Ausgabe und Sortierung an einer Stelle stehen.

```
MODULE Sortieren;
IMPORT ...;
Vereinbarungen;
BEGIN
     Anweisungen für die Eingabe der unsortierten Zahlenfolge;
     Anweisungen für die Sortierung der Zahlenfolge;
     Anweisungen für die Ausgabe der sortierten Zahlenfolge
END Sortieren.
```

(2) Man formuliert drei Prozeduren und ruft sie auf. Der Vereinbarungsteil des Programm-Moduls enthält nur die Namen, auf die diese Prozeduren zugreifen.
(3) Man formuliert drei *lokale Moduln*. Der Vereinbarungsteil des Programm-Moduls enthält nur die Namen, auf die diese lokalen Moduln zugreifen.

```
MODULE Sortieren;
IMPORT ...;
Vereinbarungen

PROCEDURE Eingabe(...);

Vereinbarungen
BEGIN
      Anweisungen
END Eingabe;

PROCEDURE Sortierung(...);



Vereinbarungen
BEGIN
      Anweisungen
END Sortierung;

PROCEDURE Ausgabe(...);

Vereinbarungen
BEGIN
      Anweisungen
END Ausgabe;

BEGIN
   Eingabe(...);
   Sortierung(...);
   Ausgabe(...)
END Sortieren.
```

```
MODULE Sortieren;
IMPORT ...;
Vereinbarungen

MODULE Eingabe;
IMPORT ...;
Vereinbarungen
BEGIN
      Anweisungen
END Eingabe;

MODULE Sortierung;


IMPORT ...;
Vereinbarungen
BEGIN
      Anweisungen
END Sortierung;

MODULE Ausgabe;
IMPORT ...;
Vereinbarungen
BEGIN
      Anweisungen
END Ausgabe;

END Sortieren.
```

Man sieht, daß (3) aus (1) durch Unterteilung des Anweisungsteils in lokale Moduln entsteht, wobei lokale Variablen der Moduln in ihre eigenen Vereinbarungsteile übernommen werden. Aber jeder lokale Modul muß seine globalen Namen, die er dem Vereinbarungsteil des Programm-Moduls entnimmt, in einer *Importliste* aufzählen.

(2) entsteht aus (3) durch Umwandlung der lokalen Moduln in Prozeduren, wobei ein Teil der in den Importlisten stehenden Namen zu Parametern der Prozeduren wird.

Zugriff auf globale Namen

Der Programm-Modul definiert die Zahlenfolge, weil alle lokalen Moduln sie benutzen. Seine Anweisungsfolge ist leer. Da die lokalen Moduln `Eingabe` und `Ausgabe` auf Prozeduren des System-Moduls `InOut` zurückgreifen, muß der Programm-Modul den Namen `InOut` (und sonst nichts) importieren und weiterreichen.

```
MODULE Sortieren;
IMPORT InOut;
CONST  MaxZahlen  = 100;
TYPE   Index = [1..MaxZahlen];
       Folge = ARRAY Index OF INTEGER;
VAR    Fg : Folge;
       Anzahl : [0..MaxZahlen];
. . .
END Sortieren.
```

Der lokale Modul `Eingabe`

`Eingabe` liest Zahlen ein und speichert sie in `Fg`. Seine Anweisungen sind:

```
Anzahl:= 1;
LOOP
     WriteCard(Anzahl, 4); WriteString(". Zahl ? ");
     ReadInt(Fg[Anzahl]);
     IF NOT Done THEN DEC(Anzahl); EXIT END;
     IF Anzahl = MaxZahlen THEN EXIT END;
     INC(Anzahl);
END;
WriteString("Ende der Eingabe"); WriteLn
```

`Eingabe` braucht keine eigenen Namen, muß aber alle benutzten importieren.

```
MODULE Eingabe;
FROM InOut
     IMPORT WriteString, WriteLn,
            WriteCard, ReadInt, Done;
IMPORT Anzahl, Fg, MaxZahlen;
BEGIN
. . .
END Eingabe
```

Der lokale Modul `Sortierung`

Hier wird der schon in Kapitel 1 vorgestellte Sortieralgorithmus zugrunde gelegt.

```
MODULE Sortierung;
IMPORT Anzahl, Fg;

VAR i, k, pos : CARDINAL; h : INTEGER;
BEGIN
...
END Sortierung
```

Der lokale Modul `Ausgabe`

`Ausgabe` schreibt Zahlen auf den Bildschirm, doch höchstens `Max` in eine Zeile.

```
MODULE Ausgabe;
FROM InOut
     IMPORT WriteString, WriteLn, WriteInt;
IMPORT Anzahl, Fg;

CONST Max = 10;
VAR   i : CARDINAL;
BEGIN
     WriteString("Ausgabe der Zahlenfolge");
     WriteLn; WriteLn;
     FOR i:= 1 TO Anzahl DO
          WriteInt(Fg[i], 7);
          IF (i MOD Max) = 0 THEN WriteLn END;
     END;
     IF (Anzahl MOD Max) <> 0 THEN WriteLn END;
     WriteLn; WriteString("Ende der Ausgabe");
END Ausgabe;
```

Lokale Moduln vs. Prozeduren

Die Unterteilung einer längeren Anweisungsfolge in lokale Moduln ist in jedem Fall zweckmäßig, da dies wesentlich zur Strukturierung eines Programms (oder Programm-Moduls) beiträgt. Insbesondere beschreiben die *Importlisten* die *Schnittstelle* des lokalen Moduls zu seiner Umwelt exakt. Einen lokalen Modul in eine Prozedur umzuwandeln, lohnt sich erst dann, wenn man mehr als einen Aufruf der Prozedur hat. Die Prozedur hat außer der Parameterliste keine Schnittstellenbeschreibung, doch man kann sie leicht, wenn man will, durch die Einbettung eines lokalen Moduls erhalten.

```
PROCEDURE Ausgabe(VAR Fg : Folge; Anzahl : CARDINAL);

MODULE Schnittstelle;
FROM InOut
     IMPORT WriteString, WriteLn, WriteInt;
IMPORT Anzahl, Fg;
...
END Schnittstelle;

END Ausgabe
```

Exportierte Sortieralgorithmen

Der lokale Modul `Sortierung` verrät nicht, nach welcher Methode er sortiert. Man kann sich vorstellen, daß der mehrere Verfahren zur Verfügung stellt: *Einfaches Sortieren*, *Quicksort*, *Bubblesort*, *Mergesort*, usw.

```
MODULE Sortierung;
IMPORT Anzahl, Fg;
EXPORT EinfachSort, QuickSort, BubbleSort, MergeSort;

     PROCEDURE EinfachSort; ...
     PROCEDURE QuickSort; ...
     PROCEDURE BubbleSort; ...
     PROCEDURE MergeSort; ...

BEGIN
...
END Sortierung
```

Der lokale Modul führt vier lokale Prozeduren ein, die er mit der *Exportliste* dem umfassenden Modul, also dem Programm-Modul, zur Verfügung stellt. Diese Prozedurnamen sind damit auch lokale Namen des Programm-Moduls.

Der lokale Modul `Auswahl`

Da die Auswahl des gewünschten Sortierverfahrens im Programm-Modul erfolgen soll, schiebt man einen weiteren lokalen Modul zwischen `Sortierung` und `Ausgabe` ein:

```
MODULE Auswahl;
IMPORT EinfachSort, QuickSort, BubbleSort, MergeSort;
FROM InOut IMPORT WriteLn, WriteString, Read;
VAR ch : CHAR;
BEGIN
     WriteString("Auswahl des Sortierverfahrens");
     WriteLn;
     WriteString("E(infachSort, Q(uickSort, ");
     WriteString("B(ubbleSort, M(ergeSort");
     WriteLn;
     Read(ch);
     CASE CAP(ch)
     OF "B" : BubbleSort
     |   "E" : EinfachSort
     |   "M" : MergeSort
     |   "Q" : QuickSort
     ELSE EinfachSort
     END
END Auswahl
```

Will man die Zahlenfolge nacheinander nach verschiedenen Verfahren sortieren, faßt man am besten die lokalen Moduln `Auswahl` und `Ausgabe` zusammen und transformiert `Ausgabe` in eine Prozedur.

Qualifizierter Export

Die Aufnahme der von einem lokalen Modul exportierten Namen in den umfassenden Modul ist dann problematisch, wenn dieser den einen oder anderen exportierten Namen selbst als lokalen Namen einführt. Diesen Konflikt vermeidet man durch einen *qualifizierten Export*.

```
MODULE Sortierung;
IMPORT Anzahl, Fg;
EXPORT QUALIFIED
     EinfachSort, QuickSort, BubbleSort, MergeSort;
...
END Sortierung

MODULE Auswahl;
FROM Sortierung
     IMPORT EinfachSort, QuickSort, BubbleSort,
            MergeSort;
FROM InOut IMPORT WriteLn, WriteString, Read;
VAR ch : CHAR;
BEGIN
...
END Auswahl
```

Durch den qualifizierten Export ist nicht der Name `EinfachSort`, sondern der *Bezeichner* `Sortierung.EinfachSort` im Programm-Modul bekannt. Daher muß der lokale Modul `Auswahl` die Herkunft der Sortierprozeduren jetzt nennen.

Indirekter Import und Export

Indirekter Import und *indirekter Export* entsteht, wenn Verbunde und Aufzählungen weitergereicht werden, da dies automatisch die Komponenten- und Elementnamen einschließt, wie die nachfolgende Modifikation zeigt.

Zunächst faßt der Programm-Modul zwei Variablen zu einem Verbund zusammen:

```
MODULE Sortieren;
IMPORT InOut;
CONST  MaxZahlen  = 100;
TYPE   Index = [1..MaxZahlen];
       Folge =
            RECORD
                 Sequenz : ARRAY Index OF INTEGER;
                 Anzahl  : [0..MaxZahlen]
            END;
VAR    Fg : Folge;
...
END Sortieren.
```

Der lokale Modul `Sortierung` importiert einen Verbund, aber exportiert nicht mehrere Sortierprozeduren, sondern eine einzelne Prozedur mit einem Aufzählungstyp.

```
MODULE Sortierung;
IMPORT Fg;
EXPORT SortierVerfahren, Methode;
TYPE   Methode = (Einfach, Bubble, Merge, Quick);

     PROCEDURE SortierVerfahren(M : Methode);
     ...
     END SortierVerfahren;

END Sortierung
```

Der lokale Modul `Auswahl` muß angepaßt werden: Er importiert diese Prozedur und den Aufzählungstyp mit all seinen Elementnamen.

```
MODULE Auswahl;
IMPORT SortierVerfahren, Methode;
FROM InOut IMPORT WriteLn, WriteString, Read;
VAR  ch : CHAR; m : Methode;
BEGIN
     ...
     CASE CAP(ch)
     OF "B" :  m:= Bubble
     |   "E" :  m:= Einfach
     |   "M" :  m:= Merge
     |   "Q" :  m:= Quick
     ELSE m:= Einfach
     END;
     SortierVerfahren(m)
END Auswahl
```

6.2 Definitions- und Implementierungs-Moduln

Da Eingabe und Ausgabe von Zahlenfolgen Operationen sind, die man immer braucht, liegt es nahe, sie aus dem Programm-Modul `Sortieren` zu lösen und zu verselbständigen. MODULA bietet eine Zweiteilung in einen *Definitions-Modul* und in einen *Implementierungs-Modul* an.

```
DEFINITION MODULE EinAus;
EXPORT QUALIFIED Eingabe, Ausgabe;

PROCEDURE Eingabe(VAR Fg : ARRAY OF INTEGER;
                  VAR Anzahl : CARDINAL);
PROCEDURE Ausgabe(VAR Fg : ARRAY OF INTEGER;
                  Anzahl : CARDINAL);
END EinAus.
```

Der Implementierungs-Modul realisiert:

```
IMPLEMENTATION MODULE EinAus;
FROM InOut
     IMPORT WriteString, WriteLn, WriteInt,
            WriteCard, ReadInt, Done;

PROCEDURE Eingabe(VAR Fg : ARRAY OF INTEGER;
                  VAR Anzahl : CARDINAL);
BEGIN
     Anzahl:= 0;
     LOOP
          WriteCard(Anzahl, 4);
          WriteString(". Zahl ? ");
          ReadInt(Fg[Anzahl]);
          IF NOT Done THEN DEC(Anzahl); EXIT END;
          IF Anzahl = HIGH(Fg) THEN EXIT END;
          INC(Anzahl);
     END;
     WriteString("Ende der Eingabe"); WriteLn
END Eingabe;

PROCEDURE Ausgabe(VAR Fg : ARRAY OF INTEGER;
                  Anzahl : CARDINAL);
CONST Max = 10;
VAR   i : CARDINAL;
BEGIN
...
END Ausgabe;

END EinAus.
```

Bemerkung: Man muß beachten, daß der Indexbereich der Zahlenfolge mit 0 beginnt.

Der Programm-Modul `Sortieren` importiert die beiden Prozeduren des Moduls `EinAus`:

```
MODULE Sortieren;
IMPORT InOut;
FROM EinAus IMPORT Eingabe, Ausgabe;
...
END Sortieren.
```

Aufbau und Export eines Definitions-Moduls

Ein Definitions-Modul hat folgenden Aufbau:

```
DEFINITION MODULE Modulname;
Importlisten
Exportliste
Vereinbarungen
END Modulname.
```

Er exportiert alle Namen, die in seinen Vereinbarungen eingeführt werden. Sein Implementierungs-Modul muß diese nicht importieren, er kennt sie automatisch. Die Importlisten enthalten alle Namen, die für das Schreiben der Vereinbarungen notwendig sind.

Prozedurdefinitionen eines Definitions-Moduls

Prozedurvereinbarungen werden zu *Prozedurdefinitionen* verkürzt, d.h. auf den Prozedurkopf reduziert, da alles weitere im Implementierungs-Modul steht:

`PROCEDURE` Prozedurname (Parameterliste) ;

Für Funktionen gilt entsprechendes.

Opake Datentypen

Im Definitions-Modul ist auch eine Typvereinbarung

`TYPE` Name ;

erlaubt. Es wird lediglich der Name exportiert: die Struktur des Datentyps, die der Implementierungs-Modul festlegt, bleibt den importierenden Moduln verborgen. Man spricht hier von *undurchsichtigen Datentypen* oder *opaken Datentypen*. Diese Methode ist beschränkt auf Zeigertypen und auf Ausschnittstypen mit `INTEGER` oder `CARDINAL` als Basistyp.

System- und Anwendungs-Moduln

Jedes MODULA System stellt eine Anzahl von Definitions-Moduln zur Verfügung, mit denen spezielle Eigenschaften des Computers und seines Betriebssystems vermittelt werden. `Terminal` und `InOut` sind solche Moduln. Die zugehörigen Implementierungs-Moduln sind meistens nicht bekannt. Solche Moduln werden als *System-Moduln* bezeichnet. Alle anderen Moduln sind *Anwendungs-Moduln*.

Übersetzungsregeln

Ein MODULA System übersetzt Definitions- und Implementierungs-Moduln getrennt:

1. Ein Definitions-Modul wird vor seinem Implementierungs-Modul übersetzt. Eine Änderung und erneute Übersetzung des Implementierungs-Moduls hat keinen Einfluß auf den Definitions-Modul.
2. Ein Definitions-Modul wird vor allen anderen Moduln übersetzt, die seine Namen importieren. Wird er verändert, müssen alle von ihm abhängigen Moduln erneut übersetzt werden.

7 Maschinennahe Eigenschaften

Zu den von MODULA unterstützten maschinennahen Eigenschaften zählen

- der System-Modul `SYSTEM`, der eine Schnittstelle zum Betriebssystem definiert,
- Typtransfer-Funktionen, die eine Uminterpretation einer Bit-, Byte- und Wortfolge erlauben,
- (nebenläufige) Prozesse mit Unterbrechungsangaben (englisch: interrupts),
- Prioritätsangaben für Moduln zur Behandlung von Unterbrechungen wie `MODULE M[4]`,
- Adreßangaben in Verbindung mit einer Variablenvereinbarung wie `VAR a[Adresse] : Typ;`.

Hier werden nur die ersten beiden Eigenschaften betrachtet. Kapitel 17 behandelt Prozesse, und die Verwendung von Variablen mit Adreßangaben ist äußerst System-abhängig.

Durch Definition geeigneter System-Moduln kann ein MODULA System weitere maschinennahe Eigenschaften einführen und damit die Besonderheiten des Computers und seines Betriebssystems berücksichtigen.

7.1 Der System-Modul `SYSTEM`

Jedes MODULA System hat eine Schnittstelle zu dem Betriebssystem eines Computers. N.Wirth schlägt in [2] einen Definitions-Modul `SYSTEM` mit folgenden Eigenschaften vor:

```
DEFINITION MODULE SYSTEM;
EXPORT QUALIFIED ...;

TYPE  WORD, ADDRESS, PROCESS;
PROCEDURE NEWPROCESS(P : PROC; A : ADDRESS;
                     N : CARDINAL; VAR Pr : PROCESS);
PROCEDURE TRANSFER(VAR P1, P2 : PROCESS);
PROCEDURE ADR(Variable) : ADDRESS;
PROCEDURE SIZE(Variable) : CARDINAL;
PROCEDURE TSIZE(Datentyp) : CARDINAL;

END SYSTEM.
```

Der Datentyp WORD unterstellt eine Einteilung des Speichers in Speicherworten. Auf Werte des Datentyps

```
TYPE ADDRESS = POINTER TO WORD ;
```

sind die arithmetischen Operationen + und - des Typs CARDINAL sowie alle Vergleichsoperationen anwendbar.

ADR, SIZE und TSIZE sind drei für MODULA untypische Prozeduren, da die Syntax ihrer Parameter von der sonst üblichen abweicht.

ADR liefert die (Anfangs-) Adresse einer Variablen, deren Typ nicht angegeben werden muß.
SIZE liefert den Speicherumfang für die angegebene Variable.
TSIZE liefert den Speicherumfang für die Werte des angegebenen Datentyps.

PROCESS, NEWPROCESS und TRANSFER werden für (nebenläufige) Prozesse benötigt (siehe Kapitel 17).

Bemerkung: In [3] ist der Datentyp PROCESS durch ADDRESS ersetzt worden, und SIZE ist eine Standardprozedur.

Logitech System-Modul SYSTEM

Jedes MODULA System muß diese minimale Schnittstelle erweitern. Das MODULA System der Firma Logitech definiert SYSTEM so:

```
DEFINITION MODULE SYSTEM;
EXPORT QUALIFIED ...;
TYPE BYTE, WORD, ADDRESS, PROCESS;
```

Die kleinste adreßierbare Speichereinheit ist hier ein Byte.

```
PROCEDURE NEWPROCESS(P : PROC; A : ADDRESS;
                     N : CARDINAL; VAR Pr : PROCESS);
PROCEDURE TRANSFER  (VAR P1, P2 : PROCESS);
PROCEDURE IOTRANSFER(VAR P1, P2 : PROCESS;
                     N : CARDINAL);
PROCEDURE LISTEN;
PROCEDURE ADR  (Variable) : ADDRESS;
PROCEDURE SIZE (Variable) : CARDINAL;
PROCEDURE TSIZE(Datentyp) : CARDINAL;
```

Es folgen Betriebssystem-spezifische Angaben.

```
PROCEDURE GETREG(Reg : CARDINAL; VAR W : WORD);
PROCEDURE SETREG(Reg : CARDINAL; W : WORD);
PROCEDURE CODE(B1, B2, ... : BYTE);
PROCEDURE SWI(N : CARDINAL);
PROCEDURE ENABLE;
PROCEDURE DISABLE;
PROCEDURE INBYTE(Port : CARDINAL; VAR W : WORD);
```

```
PROCEDURE OUTBYTE(Port : CARDINAL;  W : WORD);
PROCEDURE INWORD(Port : CARDINAL; VAR W : WORD);
PROCEDURE OUTWORD(Port : CARDINAL;  W : WORD);
PROCEDURE DOSCALL(Fct : CARDINAL; ...);

END SYSTEM.
```

Für einfache Datentypen gilt:

```
TSIZE(BYTE)    = 1        TSIZE(WORD)           = 2
TSIZE(ADDRESS) = 4        TSIZE(BOOLEAN)        = 1
TSIZE(CHAR)    = 1        TSIZE(Aufzählungstyp) = 1
TSIZE(INTEGER) = 2        TSIZE(CARDINAL)       = 2
TSIZE(BITSET)  = 2        TSIZE(Zeigertyp)      = 4
TSIZE(REAL)    = 8 (* im INTEL 8087 Double Precision Format *)
```

Logitech System-Modul System

Neben SYSTEM kennt das MODULA System der Firma Logitech noch einen System-Modul System:

```
DEFINITION MODULE System;
EXPORT QUALIFIED ...;
FROM SYSTEM IMPORT ADDRESS, PROCESS;
CONST EOL = 36C;
```

Der Typ Status zählt alle Zustände einer Modulausführung auf, die mit der Prozedur ProgMessage.WriteStatus eines anderen System-Moduls ausdruckbar sind.

```
TYPE Status =
    (normal, warned, stopped, asserted, halted,
     caseerr, stackovf, heapovf, functionerr,
     addressoverflow, realoverflow, cardinaloverflow,
     integeroverflow, rangeerr, dividebyzero,
     coroutineend, loaderr, caller, programnotfound,
     modulenotfound, incompatiblemodule,
     filestructureerr, illegalinstr,
     RTSfunctionerr, interrupterr);

PROCEDURE Terminate(st : Status);
```

Der Typ ProcessDescriptor beschreibt den Zustand eines (nebenläufigen) Prozesses.

```
TYPE ProcessDescriptor =
     RECORD
          AX, BX, CX, DX, SP, BP, SI, DI,
          DS, SS, ES, CS, IP : CARDINAL;
          flags : BITSET;
          status : Status;
          programId, auxId, shareId : CARDINAL;
          fatherProcess : PROCESS;
          stackLimit, retStack : CARDINAL;
          interuptMask : BITSET;
          progEndStack : ADDRESS;
          intVector : CARDINAL;
          oldISR, interruptedProcess : ADDRESS;
          heapBase, heapTop : ADDRESS;
          modTable : ADDRESS;
     END;
```

```
TYPE  ProcessPtr = POINTER TO ProcessDescriptor;
VAR   curProcess : ProcessPtr;
CONST targetSystem = 0;
```

Der Typ `Time` gestattet den Zugriff auf die Uhr des Computers.

```
TYPE Time = RECORD day, minute, sec : CARDINAL END;
PROCEDURE GetTime(VAR T : Time);
PROCEDURE SetTime(T : Time);
```

Für Programm-Moduln gibt es Initialisierungs- und Terminierungsprozeduren.

```
PROCEDURE TermProcedure(P : PROC);
PROCEDURE CallTermProc;
PROCEDURE InitProcedure(P : PROC);
PROCEDURE CallInitProc;
```

Die folgenden Konstanten definieren den Unterbrechungsvektor des MODULA Laufzeitsystem und die Register des Prozessors.

```
CONST RTSCall = 228;
CONST RegAX =  0; RegCX =  1; RegDX =  2; RegBX =  3;
      RegSP =  4; RegBP =  5; RegSI =  6; RegDI -  7;
      RegES =  8; RegCS =  9; RegSS = 10; RegDS = 11;
END System.
```

7.2 Typtransfer

Bei maschinennaher Programmierung ist es oft unerläßlich, die Bitfolge eines Werts `W` des Typs `S` als Bitfolge eines anderen Typs `T` umzuinterpretieren. Hier dienen Typnamen als *Typtransferfunktionen*, z.B.

```
BOOLEAN(1)        BITSET(15)        REAL(-4)
```

Wer einen Wert, d.h. eine Bitfolge, uminterpretieren will, muß die Darstellung der Werte im Speicher seines Computers kennen.

Bei einem Aufruf einer Prozedur, die einen Parameter des Typs `WORD` (oder `BYTE`) hat wie

```
PROCEDURE P(W : WORD); ... END P;
```

sind alle Datentypen `T` zulässig, für die `TSIZE(T) = TSIZE(WORD)` gilt. Bei einer Prozedur

```
PROCEDURE P(W : ARRAY OF WORD); ... END P;
```

ist der Datentyp jedes aktuellen Parameters `Par` eines Aufrufs `P(Par)` mit dem Datentyp des formalen Parameters `W` kompatibel.

8 Bildschirm-Eingabe und -Ausgabe

Jedes Programm gibt Daten, d.h. Zeichen und Zahlen, aus und wird häufig auch solche einlesen. Im Normalfall ist der Bildschirm das Ein/Ausgabe-Medium, genannt *Standard-Eingabedatei* und *Standard-Ausgabedatei*. Eine solche Datei (englisch: stream) ist eine Folge von Zeichen mit *Zeilenende-Zeichen* `EOL`, die eine zeilenweise Interpretation der Datei gestatten. Der Bildschirm (englisch: terminal) ist eben 2-dimensional und hat häufig 24 Zeilen mit je 80 Zeichen. Jede Ausgabe eines Zeilenende-Zeichens führt zu einem Zeilenwechsel.

8.1 System-Modul `Terminal`

Der *System-Modul* `Terminal` liest die mit der Tastatur eingetippten Zeichen ein und schreibt sie ab der aktuellen Cursorposition auf den Bildschirm.

```
DEFINITION MODULE Terminal;
EXPORT QUALIFIED ...;

PROCEDURE Read        (VAR ch : CHAR);
PROCEDURE ReadLn      (VAR st : ARRAY OF CHAR);
PROCEDURE ReadAgain;
PROCEDURE Write       (ch : CHAR);
PROCEDURE WriteString(st : ARRAY OF CHAR);
PROCEDURE WriteLn;

END Terminal.
```

`Read`	liest ein Zeichen.
`ReadAgain`	setzt vor das zuletzt gelesene Zeichen zurück.
`ReadLn`	liest Zeichen bis zum nächsten Zeilenende-Zeichen.
`Write`	schreibt ein Zeichen.
`Write String`	schreibt eine Folge von Zeichen.
`WriteLn`	schreibt ein Zeilenende-Zeichen.

8.2 System-Modul `InOut`

Im allgemeinen ist es recht mühsam, wenn man nur Zeichen lesen und schreiben kann. Daher bietet *System-Modul* `InOut` auch das Lesen und Scheiben von Zahlen an.

```
DEFINITION MODULE InOut;
EXPORT QUALIFIED ...;

CONST  EOL = 15C;  (* Code-abhängig *)
VAR    Done : BOOLEAN; termCH : CHAR;

PROCEDURE OpenInput (Text : ARRAY OF CHAR);
PROCEDURE OpenOutput(Text : ARRAY OF CHAR);
PROCEDURE CloseInput;
PROCEDURE CloseOutput;

PROCEDURE Read        (VAR ch : CHAR);
PROCEDURE ReadString  (VAR st : ARRAY OF CHAR);
PROCEDURE ReadInt     (VAR I : INTEGER);
PROCEDURE ReadCard    (VAR C : CARDINAL);

PROCEDURE Write       (VAR ch : CHAR);
PROCEDURE WriteLn;
PROCEDURE WriteString (st : ARRAY OF CHAR);
PROCEDURE WriteInt    (K : INTEGER; N : CARDINAL);
PROCEDURE WriteCard   (C, N : CARDINAL);
PROCEDURE WriteOct    (C, N : CARDINAL);
PROCEDURE WriteHex    (C, N : CARDINAL);

END InOut.
```

`EOL` ist das Zeilenende-Zeichen.

`DONE` wird von Leseprozeduren auf `TRUE` gesetzt, wenn das Lesen erfolgreich ist, sonst auf `FALSE`.

Umsteuerung von Ein- und Ausgabedateien

Um nicht immer nur den Bildschirm als Ein- und Ausgabe-Medium zu haben, erlaubt `InOut` die Umsteuerung der Ein- und Ausgabe auf *Textdateien*, die sequentiell lesbar und schreibbar sind.

`OpenInput` fragt den Namen einer neuen Eingabedatei ab und erweitert ihn gegebenenfalls mit dem Suffix `.Text`. `Done` wird gesetzt. Die Eingabe kommt im Fall `TRUE` von der neuen Eingabedatei.

`OpenOutput` fragt den Namen einer neuen Ausgabedatei ab und erweitert ihn gegebenenfalls mit dem Suffix `.Text`. `Done` wird gesetzt. Die Ausgabe geht im Fall `TRUE` in die neue Ausgabedatei.

`CloseInput` schließt die aktuelle Eingabedatei ab und kehrt zur Standard-Eingabedatei zurück.

`CloseOutput` schließt die aktuelle Ausgabedatei ab und kehrt zur Standard-Ausgabedatei zurück.

Eingabeprozeduren

Die Variable Done erhält durch jede Eingabeprozedur einen neuen Wert. Wird das Ende der Eingabedatei erreicht, hat TermCH den Wert 0C.

Read	liest ein Zeichen.
ReadString	liest eine Folge von Zeichen, in denen keine Zwischenräume (Leerzeichen) und keine Kontrollzeichen vorkommen. Führende Zwischenräume werden ignoriert. TermCH ist das Zeichen (Zwischenraum oder Kontrollzeichen), das das Lesen beendet.
ReadInt	liest eine Zeichenfolge und transformiert sie in eine INTEGER-Zahl.
ReadCard	liest eine Zeichenfolge und transformiert sie in eine CARDINAL-Zahl.

Ausgabeprozeduren

Der Parameter N gibt die Zahl der Zeichen für die Darstellung einer Zahl an. Ist N zu groß, erhält die Darstellung führende Zwischenräume. Ist N zu klein, wird N ignoriert.

Write	schreibt ein Zeichen.
WriteLn	schreibt ein Zeilenende-Zeichen.
WriteString	schreibt eine Zeichenreihe.
WriteInt	schreibt eine INTEGER-Zahl.
WriteCard	schreibt eine CARDINAL-Zahl.
WriteOct	schreibt eine CARDINAL-Zahl als Oktalzahl.
WriteHex	schreibt eine CARDINAL-Zahl als Hexadezimalzahl.

Ausgabe einer CARDINAL-Zahl

Wie man WriteCard auf Write zurückzuführt, zeigt die folgende Prozedur:

```
PROCEDURE WriteCard(C, N : CARDINAL);
VAR st : ARRAY[0..8] OF CHAR; k, m : CARDINAL;
BEGIN
    st:= "         "; (* 9 Zwischenräume *)
    k:= 8;
    REPEAT
        st[k]:= CHR((C MOD 10) + ORD("0"));
        C:= C DIV 10;
        k:= k - 1
    UNTIL C = 0;
    FOR m:= 1 TO N - (8 - k) DO Write(" ") END;
    FOR m:= k + 1 TO 8 DO Write(st[k]) END;
END WriteCard
```

8.3 System-Modul Conversions

Mitunter ist es wichtig, eine Zahl in eine Zeichenreihe umzuwandeln, die man weiterverarbeiten kann, und umgekehrt.

```
DEFINITION MODULE Conversions;
EXPORT QUALIFIED ...;

CONST MaxBase = 16;
TYPE  BASE = [2..MaxBase];

PROCEDURE IntToString
     (I : INTEGER; VAR st : ARRAY OF CHAR;
      W : CARDINAL);
PROCEDURE StringToInt
     (st : ARRAY OF CHAR; VAR I : INTEGER;
      VAR Done : BOOLEAN);
PROCEDURE CardToString
     (C : CARDINAL; VAR st : ARRAY OF CHAR;
      W : CARDINAL);
PROCEDURE StringToCard
     (st : ARRAY OF CHAR; VAR C : CARDINAL;
      VAR Done : BOOLEAN);
PROCEDURE NumToString
     (C : CARDINAL; B : BASE;
      VAR st : ARRAY OF CHAR; W : CARDINAL);
PROCEDURE StringToNum
     (st : ARRAY OF CHAR; B : BASE;
      C : CARDINAL; VAR Done : BOOLEAN);

END Conversions.
```

IntToString	stellt eine INTEGER-Zahl als Zeichenreihe dar. W ist die Länge der Zeichenreihe.
StringToInt	transformiert eine Zeichenreihe in eine INTEGER-Zahl und setzt Done.
CardToString	stellt eine CARDINAL-Zahl als Zeichenreihe dar. W ist die Länge der Zeichenreihe.
StringToCard	transformiert eine Zeichenreihe in eine CARDINAL-Zahl und setzt Done.
NumToString	transformiert eine CARDINAL-Zahl in eine Zahldarstellung zur Basis B als Zeichenreihe. W ist die Länge der Zeichenreihe.
StringToNum	transformiert eine Zahldarstellung zur Basis B in eine CARDINAL-Zahl und setzt Done.

8.4 System-Modul RealInOut

```
DEFINITION MODULE RealInOut;
EXPORT QUALIFIED ...;

VAR Done : BOOLEAN;
PROCEDURE ReadReal(VAR X : REAL);
PROCEDURE WriteReal(X : REAL; N : CARDINAL);
PROCEDURE WriteRealOct(X : REAL);

END RealInOut.
```

`ReadReal` liest eine reelle Zahl und setzt `Done`.
`WriteReal` schreibt eine reelle Zahl mit `N` Zeichen.
`WriteRealOct` schreibt eine reelle Zahl in Oktal-Schreibweise.

8.5 System-Modul MathLib0

Dieser System-Modul stellt einige typische mathematische Standardfunktionen für reelle Zahlen zur Verfügung.

```
DEFINITION MODULE MathLib0;
EXPORT QUALIFIED ...;

PROCEDURE sqrt   (X : REAL) : REAL;
PROCEDURE exp    (X : REAL) : REAL;
PROCEDURE ln     (X : REAL) : REAL;
PROCEDURE sin    (X : REAL) : REAL;
PROCEDURE cos    (X : REAL) : REAL;
PROCEDURE arctan(X : REAL) : REAL;
PROCEDURE real   (I : INTEGER) : REAL;
PROCEDURE entier(X : REAL) : INTEGER;

END MathLib0.
```

`sqrt` liefert die Quadratwurzel einer positiven reellen Zahl.
`exp` liefert den Wert e^X mit e = 2.71828 ....
`ln` liefert den natürlichen Logarithmus zur Basis e mit e = 2.71828 ....
`sin` liefert den Sinus-Wert von dem im Bogenmaß angegebenen Parameter.
`cos` liefert den Cosinus-Wert von dem im Bogenmaß angegebenen Parameter.
`arctan` liefert den Arctan-Wert von dem im Bogenmaß angegebenen Parameter.
`real` wandelt eine `INTEGER`-Zahl in einer `REAL`-Zahl um.
`entier` wandelt eine `REAL`-Zahl in eine `INTEGER`-Zahl um, sofern das möglich ist.

8.6 System-Modul `Screen`

Den Bildschirm kann man sich als eine 2-dimensionale Matrix von Zeichen vorstellen.

Das Bild zeigt die Koordinaten der vier Eckpunkte, die durch einen Stern gekennzeichnet sind.

```
DEFINITION MODULE Screen;
EXPORT QUALIFIED ...;

PROCEDURE HomeCursor;
PROCEDURE ClearScreen;
PROCEDURE EraseLine;
PROCEDURE GotoXY(X, Y : CARDINAL);

END Screen.
```

`HomeCursor` bringt den Cursor zur Position `(0,0)`.
`ClearScreen` löscht den Bildschirm.
`EraseLine` löscht die Zeile ab der Cursorposition.
`GotoXY` setzt den Cursor auf die angegebene Position.

8.7 Eingabe einer Kurve

Um die Anwendung der Ein/Ausgabe-Moduln an einem einfachen Beispiel zu zeigen, wird auf dem Bildschirm ein Fenster gezeichnet, in das man durch Angabe geeigneter Koordinaten eine Kurve zeichnen kann.

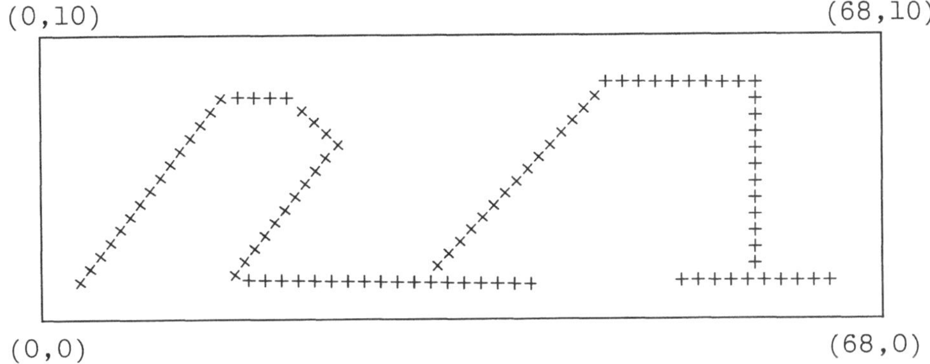

Die Koordinaten des Fensters

Den Bereich der Fensterkoordinaten beschreiben folgende Konstanten:

```
AnfZeichen = 5; MaxZeichen = 74;
AnzZeichen = MaxZeichen - AnfZeichen - 1;
AnfZeilen  = 6; MaxZeilen  = 17;
AnzZeilen  = MaxZeilen - AnfZeilen - 1;
```

Man muß beachten, daß die Koordinatensysteme des Bildschirms und des Fensters gegensinnig sind.

Das Zeichnen des Fensters

Die Prozedur `Fenster` zeichnet das Fenster auf den Bildschirm und versieht es mit Koordinaten.

```
PROCEDURE Fenster;
VAR i, k : CARDINAL;
BEGIN
     HomeCursor; ClearScreen;
```

Dem Löschen des Bildschirms folgt das Zeichnen der beiden waagerechten Linien.

```
     GotoXY(AnfZeichen, AnfZeilen); Write("+");
     FOR k:= AnfZeichen + 1 TO MaxZeichen - 1 DO
          Write("-")
     END;
     Write("+");
     GotoXY(AnfZeichen, MaxZeilen); Write("+");
     FOR k:= AnfZeichen + 1 TO MaxZeichen - 1 DO
          Write("-")
     END;
     Write("+");
```

Dann folgt das Zeichnen der beiden senkrechten Linien.

```
     FOR i:= AnfZeilen + 1 TO MaxZeilen - 1 DO
          GotoXY(AnfZeichen, i); Write("|");
          GotoXY(MaxZeichen, i); Write("|")
     END;
```

Die vier Eckpunkte erhalten ihre Koordinaten.

```
     GotoXY(AnfZeichen - 3, MaxZeilen  + 1);
     WriteString(" (0,0)");
     GotoXY(MaxZeichen - 3, MaxZeilen  + 1);
     Write("("); WriteCard(AnzZeichen, 0);
     WriteString(",0)");
     GotoXY(MaxZeichen - 3, AnfZeilen  - 1);
     Write("("); WriteCard(AnzZeichen, 0);
     Write(","); WriteCard(AnzZeilen, 0);
     Write(")");
     GotoXY(AnfZeichen - 3, AnfZeilen  - 1);
     WriteString(" (0,"); WriteCard(AnzZeilen, 0);
     Write(")");
END Fenster
```

Die Fenster-Überschrift

Oberhalb des Fensters erscheint ein Text.

```
PROCEDURE Ueberschrift;
BEGIN
     GotoXY(2, 0);
     WriteString("MALEN  SIE  EINE  KURVE !");
     GotoXY(2, 2);
     WriteString("Geben Sie eine x-Koordinate");
     WriteString(" aus dem Bereich [0, ");
     WriteCard(AnzZeichen, 0);
     WriteString("]");
     GotoXY(2, 3);
     WriteString("und eine y-Koordinate");
     WriteString(" aus dem Bereich [0, ");
     WriteCard(AnzZeilen, 0);
     WriteString("] an.");
END Ueberschrift
```

Das Malen der Kurve

Die Prozedur `Malen` fragt Koordinaten ab und schreibt an der angegebenen Position das Zeichen `"+"`. Das Malen endet, wenn keine Zahl eingegeben wird. Gelesen wird mit `ReadInt`.

```
PROCEDURE Malen;
VAR X, Y : INTEGER;
BEGIN
    LOOP
        GotoXY(2, 21); EraseLine;
        GotoXY(2, 21);
        WriteString("X = "); ReadInt(X);
        IF NOT Done THEN EXIT END;
        GotoXY(12, 21);
        WriteString("Y = "); ReadInt(Y);
        IF NOT Done THEN EXIT END;
```

Liegt die Koordinate im Fenster, wird gezeichnet und die Koordinate noch einmal zur Erinnerung protokolliert: Zeile 23 des Bildschirms gibt die zuletzt geschriebene Position an.

```
        IF (0 <= Y)  AND (Y <= AnzZeilen) AND
           (0 <= X)  AND (X <= AnzZeichen)
        THEN
            GotoXY(AnfZeichen + X + 1,
                   MaxZeilen - Y);
            Write("+");
            GotoXY(2, 23); EraseLine;
            GotoXY(2, 23);
            WriteString("X = ");
            WriteCard(X, 0);
            WriteString("; Y = ");
            WriteCard(Y, 0);
        END;
    END;
END Malen
```

Eine Anwendung

Der Programm-Modul `Bild` importiert Namen des System-Moduls `InOut` für die Eingabe und Ausgabe sowie Namen des System-Moduls `Screen` für die Cursoransteuerung des Bildschirms.

```
MODULE Bild;
FROM InOut
     IMPORT Done, Write, WriteString, Read,
            WriteCard, ReadInt;
FROM Screen
     IMPORT EraseLine, HomeCursor, ClearScreen, GotoXY;
PROCEDURE Fenster; ...;
PROCEDURE Ueberschrift; ...;
PROCEDURE Malen; ...;
```

```
BEGIN
     Fenster;
     Ueberschrift;
     Malen;
     GotoXY(2, 21); EraseLine;
     GotoXY(2, 23);
     WriteString("Ende des Malens");
END Bild.
```

Teil III

9 Modulhierarchien und Ebenenstruktur: Ausgabe eines Kalenders

Paragraph 1.10 beschreibt die Technik der Programmentwicklung mit abstrakten Ebenen und Operationen. An einem Programm zur Ausgabe eines Kalenders soll diese Technik demonstriert werden. Das Ergebnis ist ein Programm-Modul mit einer Hierarchie von Definitions- und Implementierungs-Moduln.

9.1 Die Parameter des Kalenders

Das Ziel ist die Ausgabe eines Kalenders für ein bestimmtes Jahr. Monatsangaben stehen in einer *Kalenderzeile*, z.B.

```
1984          Januar                Februar                Maerz
-------------------------------------------------------------------
Mon         2  9 16 23 30           6 13 20 27          5 12 19 26
Die         3 10 17 24 31           7 14 21 28          6 13 20 27
Mit         4 11 18 25           1  8 15 22 29          7 14 21 28
Don         5 12 19 26           2  9 16 23          1  8 15 22 29
Fre         6 13 20 27           3 10 17 24          2  9 16 23 30
Sam         7 14 21 28           4 11 18 25          3 10 17 24 31
Son       1 8 15 22 29           5 12 19 26          4 11 18 25
-------------------------------------------------------------------
Woc       0 1  2  3  4  5        5  6  7  8  9       9 10 11 12 13
```

Mit `Par` als Anzahl der Monate in einer Kalenderzeile gibt es

```
n = (12 DIV Par) + ORD((12 MOD Par) <> 0)
```

Kalenderzeilen, von denen jede eine *Kopfzeile* für Jahresangabe und Monatsnamen, 7 Zeilen für Wochentage und eine *Fußzeile* für Wochennummern hat. Diese Teile sind durch eine *Strichzeile*, die von *Leerzeilen* umgeben sein kann, getrennt.

Vertikale Parameter

Es gibt 4 Parameter für die *vertikale* Auslegung einer Kalenderzeile:

`dd > 0` Zahl der Leerzeilen einschließlich zentrierter Strichzeile zwischen Kopfzeile und der ersten Tageszeile.

`ee > 0` Zahl der Leerzeilen einschließlich zentrierter Strichzeile zwischen Fußzeile und der letzten Tageszeile.

`ff >= 0` Zahl der Leerzeilen zwischen zwei Tageszeilen.
`gg > 0` Zahl der Leerzeilen zwischen zwei Kalenderzeilen.

Jede Kalenderzeile beginnt mit einer Spalte der Tagesnamen. Dann folgen `Par` Monatsangaben.

Horizontale Parameter

Dies gibt weitere 5 Parameter für die *horizontale* Auslegung einer Kalenderzeile:

`aa > 0` Zahl der Zeichen in der linken Spalte für Tagesnamen, Jahresangabe und den Text *Woche*, linksbündig.
`bb > 1` Zahl der Zeichen für Tages- und Wochenzahlen, zentriert.
`cc > 0` Zahl der Zwischenräume zwischen zwei Tageszahlen.
`hh >= 0` Zahl der Zwischenräume zwischen linker Spalte und Rest.
`gg > 0` Zahl der Zwischenräume zwischen zwei Monatsangaben.

Startparameter

Drei weitere Parameter, die *Startparameter* für den Kalenderaufbau, schließen die Parameterdiskussion ab:

`Jahr` Das vorgegebene Kalenderjahr.
`Jan` Der Wochentag des ersten Tages dieses Jahres.
`Par` Die Zahl der Monatsangaben in einer Kalenderzeile.

Parameterwerte

Die obige Kalenderzeile des Jahres 1984 hat folgende Parameterwerte:

```
Jahr = 1984, Jan = 6, Par = 3,
aa = 3, bb = 2, cc = 1, dd = 1, ee = 1,
ff = 0, gg = 1, hh = 1, ii = 1
```

Definitions-Modul `Parameter`

Alle Parameter für Aufbau und Ausgabe eines Kalenders sind in dem Definitions-Modul `Parameter` zusammengefaßt. Ihre Bedeutung ist teilweise schon genannt, sonst offensichtlich.

```
DEFINITION MODULE Parameter;
EXPORT QUALIFIED ...;
CONST  LinksBuendig = TRUE; Zentriert = FALSE;
       MaxZeilenLaenge = 72;
TYPE   Tage = (mon, die, mit, don, fre, sam, son);
       ZehnZeichen = [0..9];
       String = ARRAY ZehnZeichen OF CHAR;
       Jahre  = [1900..1999];
       Monate = (jan, feb, mae, apr, mai, jun,
                 jul, aug, sep, okt, nov, dez);
```

```
        TypPP =  (aa, bb, cc, dd, ee, ff, gg, hh, ii);
        Aufbau =
             RECORD
                  ErsterTag    : Tage;
                  ErsteWoche   : [0..53];
                  Spalten      : [4..6];
                  Laenge       : [28..31]
             END;
VAR Jahr : Jahre;
    Jan  : Tage;
    Par  : [1..12];
    TagText        : ARRAY Tage OF String;
    WochenText     : String;
    MonatText      : ARRAY Monate OF String;
    MonatsAngabe   : ARRAY Monate OF Aufbau;
    PP             : ARRAY TypPP OF CARDINAL;
END Parameter.
```

Die Komponenten des Verbundtyps `Aufbau` haben folgende Bedeutung:

- `ErsterTag` gibt den Wochentag des Monatsanfangs an. Die Wochen eines Jahres sind durchnumeriert.
- `ErsteWoche` gibt die Wochennummer der ersten Woche des Monats an.
- Ein Monat zieht sich über 4 bis 6 Wochen hin: `Spalten` kennt den richtigen Wert.
- `Laenge` gibt die Zahl der Monatstage an.

9.2 Die Eingabe und Aufbereitung monatlicher Kenndaten

Anwendungs-Modul `Vorbereitung`

Ein weiterer Modul liest Parameterwerte und bereitet monatliche Kenndaten auf.

```
DEFINITION MODULE Vorbereitung;
EXPORT QUALIFIED ...;

PROCEDURE Eingabe() : BOOLEAN;
PROCEDURE Konstruktion;
PROCEDURE Ausgabe;

END Vorbereitung.
```

Der Implementierungs-Modul enthält Standardwerte für die Parameter.

```
IMPLEMENTATION MODULE Vorbereitung;
IMPORT ...;
FROM InOut
     IMPORT Write, WriteLn, WriteString, WriteCard,
            Read, ReadCard, Done;
...
BEGIN
     Jahr:= 1984; Jan:= son; Par:= 3;
     PP[aa]:= 3; PP[bb]:= 2; PP[cc]:= 1;
     PP[dd]:= 1; PP[ee]:= 1; PP[ff]:= 0;
     PP[gg]:= 1; PP[hh]:= 1; PP[ii]:= 1;
     InitTexte;
END Vorbereitung.
```

Eingabe der Parameterwerte

`Eingabe` liest Parameterwerte, sofern das gewünscht ist, und liefert den Wert TRUE, wenn sie zulässig sind.

```
PROCEDURE Eingabe() : BOOLEAN;
VAR i, h : CARDINAL; c : CHAR; p : TypPP;
BEGIN
     WriteString("Aenderung der Parameter? ");
     WriteString("J(a oder N(ein ?");
     Read(c); WriteLn;
     IF CAP(c) <> "J" THEN RETURN TRUE END;
     ...
     RETURN TRUE
END Eingabe
```

Bei der Angabe neuer Parameterwerte wird nach dem Kalenderjahr gefragt.

```
LOOP
     WriteString("Welches Jahr aus 1900..1999 ? ");
     ReadCard(h); WriteLn;
     IF (NOT Done) OR (1900 > h) OR (h > 1999) THEN
          Fehler(1)
     ELSE EXIT
     END
END;
Jahr:= h;
```

Es wird nach dem Wochentag des Jahresanfangs gefragt.

```
LOOP
     WriteString("Welcher Jahresanfang ? ");
     ReadCard(h); WriteLn;
     IF (NOT Done) OR (h > ORD(son)) THEN
          Fehler(2)
     ELSE EXIT
     END
END;
Jan:= VAL(Tage, h);
```

Es wird nach der Zahl der Monatsangaben pro Kalenderzeile gefragt.

```
LOOP
     WriteString("Wieviele Monate aus 1..12 ? ");
     ReadCard(h); WriteLn;
     IF NOT (Done AND (h IN {1..12})) THEN
          Fehler(3)
     ELSE EXIT
     END
END;
Par:= h;
```

Dann kommen die PP-Parameter.

```
c:= "a"; DEC(c);
FOR p:= aa TO ii DO
     INC(c);
     LOOP
          WriteString("Kalender-Parameter ");
          Write(c); Write(c); WriteString(" ?");
          ReadCard(h); WriteLn;
          IF (NOT Done) OR (h > 10) OR
             ((p <> ff) AND (h < 1))
          THEN Fehler(4)
          ELSE EXIT
          END
     END;
     PP[p]:= h;
END;
```

Die PP-Parameter werden auf Konsistenz geprüft.

```
IF (PP[bb] < 2) THEN
     Fehler(4); RETURN FALSE
END;
IF  PP[aa] + PP[hh] + ((Par - 1) * PP[ii]) +
    (Par * ((6 * PP[bb]) + (5 * PP[cc])))
    > MaxZeilenLaenge
THEN Fehler(5); RETURN FALSE
END;
```

Die Fehlermitteilungen sind in einer lokalen Prozedur zusammengefaßt.

```
PROCEDURE Fehler(i : CARDINAL);
BEGIN
   CASE i
   OF 1 : WriteString("Falsche Jahresangabe")
    |  2 : WriteString("Falscher Jahresanfang")
    |  3 : WriteString("Falsche Zahl paralleler Monate")
    |  4 : WriteString("Falsche Ausgabeparameter")
```

```
    | 5 : WriteString("Zu grosse Ausgabebreite")
    | 6 : WriteString("Falsche Eingabezahl")
    END;
    WriteLn
END Fehler;
```

Initialisierung der Texte

```
PROCEDURE InitTexte;
BEGIN
     TagText[mon]   := "Montag    ";
     ...
     TagText[son]   := "Sonntag   ";
     WochenText     := "Woche     ";
     MonatText[jan]:= "    Januar";
     ...
     MonatText[dez]:= "  Dezember";
END InitTexte
```

Berechnung der monatlichen Kenndaten

Folgende Fragen sind zu beantworten:

1. Auf welchen Wochentag fällt der erste Tag eines Monats?
2. Wieviel Tage hat ein Monat?
3. Welche Wochen belegt ein Monat?

```
PROCEDURE Konstruktion;
TYPE SetMonate = SET OF Monate;
VAR i, k : Monate;
    Rest : ARRAY Monate OF [1..31];
BEGIN
...
END Konstruktion
```

Die Kenndaten des Monats *Januar* sind fest.

```
WITH MonatsAngabe[jan] DO
     ErsterTag:= Jan;
     ErsteWoche:= ORD(Jan <= don);
     Laenge:= 31
END;
```

Dann wird die Zahl der Tage der restlichen Monate bestimmt.

```
MonatsAngabe[feb].Laenge:= 28 + ORD((Jahr MOD 4) = 0);
FOR k:= mae TO dez DO
     MonatsAngabe[k].Laenge:=
          31 - ORD(k IN SetMonate{apr, jun, sep, nov})
END;
```

Es folgt die Berechnung der Zahl der Tage des Monats in seiner letzten Woche.

```
WITH MonatsAngabe[jan] DO
     Rest[jan]:= Laenge - (7 - ORD(ErsterTag))
END;
FOR i:= feb TO dez DO
     k:= i; DEC(k);
     WITH MonatsAngabe[i]  DO
          ErsterTag:= VAL(Tage, Rest[k] MOD 7);
          Rest[i]:= Laenge - (7 - ORD(ErsterTag))
     END
END;
```

Davon ausgehend wird berechnet, wieviel Wochen ein Monat belegt.

```
FOR i:= jan TO dez DO
     WITH MonatsAngabe[i] DO
          Spalten:= 1 + (ORD(Rest[i]) DIV 7) +
                 ORD((ORD(Rest[i]) MOD 7) <> 0)
     END
END;
```

Nun kennt man die Nummer der ersten Woche eines Monats.

```
FOR i:= jan TO nov DO
     k:= i; INC(k);
     WITH MonatsAngabe[i] DO
          MonatsAngabe[k].ErsteWoche:=
              ErsteWoche + Spalten -
          ORD((ORD(Rest[i]) MOD 7) <> ORD(mon))
     END
END;
```

Ausgabe der Parameter

```
PROCEDURE Ausgabe;
VAR p : TypPP; c : CHAR;
BEGIN
     WriteString("Jahr = "); WriteCard(Jahr, 0);
     WriteString("; Jan  = ");
     WriteCard(ORD(jan), 0);
     WriteString("; Par  = "); WriteCard(Par, 0);
     WriteLn;
     c:= "a"; DEC(c);
     FOR p:= aa TO ii DO
          INC(c);
          Write(c); Write(c); WriteString(" = ");
          WriteCard(PP[p], 0); WriteString("; ")
     END;
     WriteLn; WriteLn;
END Ausgabe
```

9.3 Die Ausgabe des Kalenders

Der Entwurf für die Ausgabe des Kalenders stützt sich auf eine Ebenenstruktur mit folgenden Bedingungen:

1. Eine Ebene E_i ist eine Menge von Operationen.
2. Die Operationen von E_i greifen nur auf die Operationen von E_{i-1}, E_{i-2}, ..., E_0 zu.
3. E_0 integriert die Moduln `InOut` und `Parameter`.
4. Nur die Operationen von E_1 greifen auf die Operationen des System-Moduls `InOut` zu.
5. Eine Operation enthält höchstens zwei ineinandergeschachtelte Wiederholungsanweisungen.

Entwurf der Ebenenstruktur

a) Zunächst werden die Operationen von E_0, E_1 und E_2 definiert (Bottom-Up Strategie).
b) Danach ergeben sich aus der Aufgabenstellung und -analyse die Operationen von E_6, E_5 und E_4 (Top-Down Strategie).
c) Die Operationen von E_3 ergeben sich aus dem Zusammenfügen der Entwicklungsteile a) und b) (wobei es zu Änderungen und Neudefinitionen der benachbarten Ebenen gekommen ist).

Schnittstellen der Ebenen

E_0 `InOut, Parameter`

E_1
```
IMPORT InOut;
EXPORT LeerZeilen, StrichZeile, ZwiRaeume,
       DruckeReihe, DruckeZiffern, ZeilenEnde;
```

E_2
```
IMPORT ZwiRaeume, DruckeReihe, DruckeZiffern;
EXPORT DruckeName, DruckeZahl, DruckeJahr;
```

E_3
```
IMPORT ZwiRaeume, DruckeZahl;
EXPORT DruckeZahlenZeile, DruckeWochen;
```

E_4
```
IMPORT ZwiRaeume, ZeilenEnde, LeerZeilen,
       StrichZeile, DruckeJahr, DruckeName,
       DruckeZahlenZeile, DruckeWochen;
EXPORT KopfZeile, FussZeile, TagesAngabe,
       Abstand;
```

E_5
```
IMPORT KopfZeile, FussZeile, TagesAngabe,
       Abstand;
EXPORT KalenderZeile;
```

E_6
```
IMPORT LeerZeilen, KalenderZeile;
EXPORT Ausgabe;
```

Programm-Modul `Kalender`

```
MODULE Kalender;
IMPORT Vorbereitung, Ebene6;
BEGIN
     Vorbereitung.Ausgabe;
     IF Vorbereitung.Eingabe() THEN
          Vorbereitung.Ausgabe
     ELSE RETURN
     END;
     Vorbereitung.Konstruktion;
     Ebene6.Ausgabe
END Kalender.
```

Bemerkung: Statt den Programm-Modul auf (vorübersetzte) Definitions- und Implementierungs-Moduln aufzubauen, kann man auch alle Moduln zu lokalen Moduln machen. Das empfiehlt sich (vielleicht) dann, wenn die Entwicklung des Programms abgeschlossen ist und das Ergebnis in Form *eines Moduls* statt einer Menge von Moduln in einer Bibliothek stehen soll.

Elementare Ausgabe-Operationen

Auf der untersten Ebene baut die Ausgabe des Kalenders auf folgende elementare Operationen auf:

- Ausgabe von Leerzeilen, d.h. Folgen von Zwischenräumen
- Ausgabe von Strichzeilen, d.h. Folgen des Zeichens `"-"`
- Ausgabe von `CARDINAL`-Zahlen
- Ausgabe von Tages- und Monatsnamen, d.h. Folgen von Buchstaben, denen Zwischenräume vorausgehen oder nachfolgen

Die Ebene E_0, d.h. der Modul `InOut`, bietet folgende Operationen an:

```
FROM InOut IMPORT Write, WriteCard, WriteLn;
```

Ebene E_1

Auf `InOut` aufbauend, definiert E_1 elementare Ausgabeoperationen:

```
DEFINITION MODULE Ebene1;
EXPORT QUALIFIED ...;

PROCEDURE LeerZeilen(anz : CARDINAL);
PROCEDURE StrichZeile(anz : CARDINAL);
PROCEDURE ZwiRaeume(anz : CARDINAL);
PROCEDURE DruckeReihe(z : ARRAY OF CHAR; anz : CARDINAL);
PROCEDURE DruckeZiffern(z, anz : CARDINAL);
PROCEDURE ZeilenEnde;

END Ebene1.
```

Der Implementierungs-Modul realisiert diese Prozeduren.

```
IMPLEMENTATION MODULE Ebenel;
FROM InOut IMPORT WriteLn, Write, WriteCard;


PROCEDURE LeerZeilen(anz : CARDINAL);
VAR k : CARDINAL;
BEGIN
     FOR k:= 1 TO anz DO WriteLn END
END LeerZeilen;


PROCEDURE StrichZeile(anz : CARDINAL);
VAR k : CARDINAL;
BEGIN
     FOR k:= 1 TO anz DO Write("-") END;
     WriteLn
END StrichZeile;


PROCEDURE ZwiRaeume(anz : CARDINAL);
VAR k : CARDINAL;
BEGIN
     FOR k:= 1 TO anz DO Write(" ") END;
END ZwiRaeume;


PROCEDURE DruckeReihe(z : ARRAY OF CHAR;
                        anz : CARDINAL);
VAR k : CARDINAL;
BEGIN
     FOR k:= 0 TO anz - 1 DO Write(z[k]) END
END DruckeReihe;


PROCEDURE DruckeZiffern(z, anz : CARDINAL);
BEGIN  WriteCard(z, anz)  END DruckeZiffern;

PROCEDURE ZeilenEnde;
BEGIN  WriteLn  END ZeilenEnde;

END Ebenel.
```

Ebene E_2

Auf den E_1 Operationen aufbauend, definiert E_2 die Ausgabe von Namen, linksbündig oder zentriert in ihrem Ausgabebereich, die Ausgabe von 2-stelligen Zahlen, rechtsbündig in ihrem Ausgabebereich, und die Ausgabe der Jahreszahl, rechtsbündig in ihrem Ausgabebereich.

```
DEFINITION MODULE Ebene2;

FROM Parameter IMPORT String, Jahre;
EXPORT QUALIFIED ...;

PROCEDURE DruckeName(VAR t : String; breite : CARDINAL;
                      links : BOOLEAN);
PROCEDURE DruckeZahl(z, breite : CARDINAL);
PROCEDURE DruckeJahr(j : Jahre; breite : CARDINAL);

END Ebene2.
```

Der Implementierungs-Modul realisiert diese Prozeduren.

```
IMPLEMENTATION MODULE Ebene2;
FROM Parameter IMPORT String, Jahre, ZehnZeichen;
FROM Ebene1
     IMPORT ZwiRaeume, DruckeReihe, DruckeZiffern;

PROCEDURE DruckeName(VAR t : String; breite : CARDINAL;
                      links : BOOLEAN);
VAR min, k : CARDINAL;
BEGIN
     IF 10 < breite THEN
          min:= 10; k:= breite - min
     ELSE min:= breite; k:= 0; links:= TRUE
     END;
     ZwiRaeume(ORD(NOT links) * (k DIV 2));
     DruckeReihe(t, min);
     ZwiRaeume(k - ORD(NOT links) * (k DIV 2))
END DruckeName;

PROCEDURE DruckeZahl(z, breite : CARDINAL);
VAR i : CARDINAL;
BEGIN
     ZwiRaeume((breite - 2) DIV 2);
     DruckeZiffern(z, 2) ;
     ZwiRaeume(breite - 2 - ((breite - 2) DIV 2))
END DruckeZahl;

PROCEDURE DruckeJahr(j : Jahre; breite : CARDINAL);
BEGIN
     IF    breite >= 4 THEN DruckeZiffern(j, 4)
     ELSIF breite =  3 THEN DruckeZiffern(j MOD 1000, 3)
     ELSIF breite =  2 THEN DruckeZiffern(j MOD 100, 2)
     ELSE                   DruckeZiffern(j MOD 10, 1)
     END;
     IF breite > 4 THEN ZwiRaeume(breite - 4) END
END DruckeJahr;

END Ebene2.
```

Ebene E_6

Im Top-Down Entwurf beschreibt E_6 die Ausgabe mehrerer Kalenderzeilen, darauf vertrauend, daß E_5 eine einzelne Kalenderzeile realisiert.

```
DEFINITION MODULE Ebene6;
EXPORT QUALIFIED Ausgabe;

PROCEDURE Ausgabe;

END Ebene6.
```

Der Implementierungs-Modul realisiert diese Prozedur.

```
IMPLEMENTATION MODULE Ebene6;
FROM Parameter IMPORT Monate, PP, gg, Par;
FROM Ebene1 IMPORT LeerZeilen;
FROM Ebene5 IMPORT KalenderZeile;

PROCEDURE Ausgabe;
VAR i, n : CARDINAL; k, z : Monate;
BEGIN
     n:= (12 DIV Par) + ORD((12 MOD Par) <> 0);
     k:= jan;
     FOR i:= 1 TO n - 1 DO
          z:= k; INC(z, Par - 1);
          KalenderZeile(k, z);
          LeerZeilen(PP[gg]);
          INC(k, Par);
     END;
     INC(z);
     KalenderZeile(z, dez)
END Ausgabe;

END Ebene6.
```

Ebene E_5

E_5 realisiert die Ausgabe einer Kalenderzeile, d.h. die Ausgabe von Kopf- und Fußzeile, von Tages- und Abstandsangaben, die E_4 definiert.

```
DEFINITION MODULE Ebene5;
FROM Parameter IMPORT Monate;
EXPORT QUALIFIED ...;

PROCEDURE KalenderZeile (anf, ende : Monate);

END Ebene5.
```

Der Implementierungs-Modul realisiert diese Prozedur.

```
IMPLEMENTATION MODULE Ebene5;
FROM Parameter IMPORT Monate, PP, dd, ee;
FROM Ebene4
     IMPORT KopfZeile, FussZeile, TagesAngabe, Abstand;

PROCEDURE KalenderZeile (anf, ende : Monate);
BEGIN
     KopfZeile(anf, ende);
     Abstand(PP[dd]);
     TagesAngabe(anf, ende);
     Abstand(PP[ee] );
     FussZeile(anf, ende)
END KalenderZeile;

END Ebene5.
```

Ebene E_4

1. Eine Kopfzeile besteht aus Jahresangabe und zentriert angegebenen Monatsnamen.
2. Eine Fußzeile enthält den Text *Woche* und Wochennummern.
3. Die sieben Tagesangaben beginnen linksbündig mit Tagesnamen, denen die Tagesangaben der einzelnen Monate folgen.
4. Zwischen Kopfzeile und Tagesangaben bzw. Tagesangaben und Fußzeile steht mindestens eine Strichzeile, die von Leerzeilen umgeben sein kann.

```
DEFINITION MODULE Ebene4;
FROM Parameter IMPORT Monate;
EXPORT QUALIFIED ...;

PROCEDURE KopfZeile(anf, ende : Monate);
PROCEDURE Abstand(z : CARDINAL);
PROCEDURE TagesAngabe(anf, ende : Monate);
PROCEDURE FussZeile(anf, ende : Monate);

END Ebene4.
```

Der Implementierungs-Modul realisiert die Prozeduren.

```
IMPLEMENTATION MODULE Ebene4;
FROM Parameter
     IMPORT LinksBuendig, Zentriert, Tage, Monate,
            Jahr, Par, TagText, WochenText, MonatText,
            PP, aa, bb, cc, ff, hh, ii;
FROM Ebene1
     IMPORT ZwiRaeume, ZeilenEnde, LeerZeilen,
            StrichZeile;
FROM Ebene2 IMPORT DruckeJahr, DruckeName;
FROM Ebene3 IMPORT DruckeZahlenZeile, DruckeWochen;
```

```
PROCEDURE KopfZeile(anf, ende : Monate);
VAR i : Monate;
BEGIN
     DruckeJahr(Jahr, PP[aa] + PP[hh]);
     FOR i:= anf TO ende DO
        DruckeName(MonatText[i],
                   (6 * PP[bb]) + (5 * PP[cc]),
                   Zentriert);
        ZwiRaeume(ORD(i <> ende) * PP[ii])
     END;
     ZeilenEnde
END KopfZeile;

PROCEDURE Abstand(z : CARDINAL);
BEGIN
     LeerZeilen(z DIV 2);
     StrichZeile(PP[aa] + PP[hh]
                 + (Par - 1) * PP[ii]
                 + Par * (6 * PP[bb]
                 + 5 * PP[cc]));
     LeerZeilen(z - 1 - (z DIV 2))
END Abstand;

PROCEDURE TagesAngabe(anf, ende : Monate);
VAR k : Monate; i : Tage;
BEGIN
     FOR i:= mon TO son DO
          DruckeName(TagText[i], PP[aa],
                     LinksBuendig);
          ZwiRaeume(PP[hh]);
          FOR k:= anf TO ende DO
               DruckeZahlenZeile(i, k);
               ZwiRaeume(ORD(k <> ende) * PP[ii])
          END;
          ZeilenEnde;
          LeerZeilen(ORD(i <> son) * PP[ff])
     END;
END TagesAngabe;

PROCEDURE FussZeile(anf, ende : Monate);
VAR i : Monate; min : CARDINAL;
BEGIN
     DruckeName(WochenText, PP[aa], LinksBuendig);
     ZwiRaeume(PP[hh]);
     FOR i:= anf TO ende DO
          DruckeWochen(i);
          ZwiRaeume(ORD(i <> ende) * PP[ii])
     END;
     ZeilenEnde
END FussZeile;

END Ebene4.
```

Ebene E_3

Diese Ebene enthält nur die Operationen DruckeWochen und DruckeZahlenZeile, die in E_4 wegen der Regeln über die Hierarchie nicht untergebracht werden können.

```
DEFINITION MODULE Ebene3;
FROM Parameter IMPORT Tage, Monate;
EXPORT QUALIFIED ...;

PROCEDURE DruckeZahlenZeile(z : Tage; k : Monate);
PROCEDURE DruckeWochen(i : Monate);

END Ebene3.
```

Der Implementierungs-Modul realisiert die Prozeduren.

```
IMPLEMENTATION MODULE Ebene3;
FROM Parameter
     IMPORT Tage, Monate, MonatsAngabe, PP, bb, cc;
FROM Ebene1 IMPORT ZwiRaeume;
FROM Ebene2 IMPORT DruckeZahl;

PROCEDURE DruckeZahlenZeile(z : Tage; k : Monate);
VAR i : [1..6]; n : CARDINAL;
BEGIN
     WITH MonatsAngabe[k] DO
          ZwiRaeume((6 - Spalten) *
                    (PP[bb] + PP[cc]));
          n:= ORD(z) - ORD(ErsterTag) + 1;
          FOR i:= 1 TO Spalten DO
               IF (n < 1) OR (n > Laenge) THEN
                    ZwiRaeume(PP[bb])
               ELSE DruckeZahl(n, PP[bb])
               END;
               ZwiRaeume(ORD(i <> Spalten) * PP[cc]);
               n:= n + 7
          END
     END
END DruckeZahlenZeile;

PROCEDURE DruckeWochen(i : Monate);
VAR  n : [1..6];
BEGIN
     WITH MonatsAngabe[i] DO
          ZwiRaeume((6 - Spalten) *
                      (PP[bb] + PP[cc]));
          FOR n:= 1 TO Spalten DO
             DruckeZahl(ErsteWoche + n - 1, PP[bb]);
             ZwiRaeume(ORD(n <> Spalten) * PP[cc])
          END
     END
END DruckeWochen;

END Ebene3.
```

10 Der Umgang mit Mengen

MODULA kennt standardmäßig `BITSET`-Mengen und frei definierbare Mengentypen, wobei die maximale Größe einer Menge von dem benutzten MODULA System abhängt. Der erste Paragraf zeigt den Umgang mit Zeichenmengen, der zweite führt sog. Supermengen ein, d.h. ganzzahlige Mengen mit beliebig vielen Elementen.

10.1 Die Aufteilung von Zeichenmengen

Gegeben sei eine Folge von Zeichenreihen. Jede Zeichenreihe wird interpretiert als eine Menge des Typs SET OF CHAR, indem alle Zeichen der Zeichenreihe in einer Menge zusammengefaßt werden.

Zeichenmengen

Die Zeichenmengen `M[1], ..., M[AnzZR]` sollen so in maximale disjunkte Zeichenmengen `TM[1], ..., TM[AnzTM]` zerlegt werden, daß jede Menge `M[i]` die Vereinigung disjunkter Zeichenmengen `TM[k]` ist.

Zeichenreihen:

helmut
angelika
walter

Zeichenmengen:

```
M[1] = {e, h, l, m, t, u}
M[2] = {a, e, g, i, k, l, n}
M[3] = {a, e, l, r, t, w}
```

Maximale disjunkte Zeichenmengen:

```
TM[1] = {a}
TM[2] = {e, l}
TM[3] = {h, m, u}
TM[4] = {g, i, k, n}
TM[5] = {t}
TM[6] = {r, w}
```

Würde man z.B. TM[2] noch in {e} und {l} aufspalten, wären die disjunkten Zeichenmengen nicht mehr maximal.

Zahlenmengen

Jede ursprüngliche Zeichenmenge ist durch die Indizes der disjunkten Zeichenmengen repräsentierbar.

```
M[1] = {e, h, l, m, t, u}      →  {2, 3, 5}
M[2] = {a, e, g, i, k, l, n}   →  {1, 2, 4}
M[3] = {a, e, l, r, t, w}      →  {1, 2, 5, 6}
```

Der Zerlegungs-Algorithmus

```
WHILE Lies Zeichenreihe Z DO
        transformiere Zeichenreihe Z in eine Zeichenmenge S;
        protokolliere S;
        trage S in eine Tabelle ein;
        stelle disjunkte Zeichenmengen für S fest;
        trage sie in eine Tabelle ein
END;
protokolliere die maximalen disjunkten Zeichenmengen;
FOR alle Zeichenreihen S DO
      repräsentiere S durch eine Menge N von Indizes
      disjunkter Zeichenmengen;
      protokolliere N;
END
```

Umfang des Zeichensatzes

Geht man davon aus, daß die Zeichen der Zeichenreihen im Ausschnitt [CHR(MinChar)..CHR(MaxChar)] liegen, gibt es höchstens

MaxChar - MinChar + 1

disjunkte Zeichenmengen.

```
CONST MinChar = 64; MaxChar = 127;
      AnzChar = MaxChar - MinChar + 1;
TYPE SetOfChar = SET OF CHAR;
     SetOfCard = SET OF [1..AnzChar];
VAR LEER : SetOfChar; (* leere Zeichenmenge *)
```

Der lokale Modul Transformation

Ein lokaler Modul Transformation liest mit EinZeile eine Zeichenreihe ein und wandelt sie in eine Zeichenmenge um, die mit CharAusgabe protokollierbar ist. CardAusgabe protokolliert eine Menge von CARDINAL-Zahlen.

```
MODULE Transformation;
FROM InOut
     IMPORT Write, WriteString, WriteLn,
            WriteCard, Read, EOL;
```

```
IMPORT MinChar, MaxChar, AnzChar,
       SetOfChar, SetOfCard, LEER;
EXPORT EinZeile, CharAusgabe, CardAusgabe;
. . .
END Transformation
```

Zeichenreihen → Zeichenmengen

EinZeile liefert den Wert FALSE, wenn das erste Zeichen einer Bildschirm-Eingabe das Zeichen $ ist.

```
PROCEDURE EinZeile(VAR S : SetOfChar) : BOOLEAN;
VAR k : CARDINAL; ch : CHAR;
BEGIN
     k:= 0; S:= LEER;
     WriteString("? ");
     LOOP
          Read(ch);
          IF (ch = "$") AND (k = 0) THEN
               RETURN FALSE
          END;
          IF ch = EOL THEN RETURN TRUE END;
          INCL(S, ch); INC(k)
     END;
END EinZeile
```

Ausgabe von Zeichenmengen

CharAusgabe geht davon aus, daß die Ausgabe einer Zeichenmenge nur eine Bildschirmzeile benötigt.

```
PROCEDURE CharAusgabe(S : SetOfChar);
VAR c : CHAR; komma : BOOLEAN;
BEGIN
     WriteString("{"); komma:= FALSE;
     FOR c:= CHR(MinChar) TO CHR(MaxChar) DO
          IF c IN S THEN
               IF komma THEN
                    Write(",")
               ELSE komma:= TRUE
               END;
               Write(c)
          END;
     END;
     WriteString("}"); WriteLn
END CharAusgabe
```

Ausgabe von Zahlenmengen

Auch CardAusgabe geht davon aus, daß die Ausgabe einer Zahlenmenge nur eine Bildschirmzeile benötigt. Statt wie bei CharAusgabe die Ausgabe des Komma-Zeichens durch eine lokale Boolesche Variable komma zu kontrollieren, wird die Ausgabe des ersten Mengenelements von der Ausgabe der anderen getrennt.

```
PROCEDURE CardAusgabe(S : SetOfCard);
VAR k, m : CARDINAL;
BEGIN
     IF S = SetOfCard{ } THEN
          WriteString("{ }"); WriteLn; RETURN
     END;
```

In der nicht-leeren Menge wird das erste Element gesucht.

```
     WriteString("{");
     k:= 0;
     LOOP
          INC(k);
          IF k IN S THEN
               WriteCard(k, 0); EXCL(S, k);
               EXIT
          END;
     END;
     IF S = SetOfCard{ } THEN
          WriteString("}"); WriteLn; RETURN
     END;
```

Der nicht-leere Rest der Menge wird ausgegeben.

```
     FOR m:= k + 1 TO AnzChar DO
          IF m IN S THEN
               Write(","); WriteCard(m, 0)
          END
     END;
     WriteString("}"); WriteLn
END CardAusgabe
```

Der lokale Modul MengenTabelle

Die Zeichenmengen der transformierten Zeichenreihen werden in eine Tabelle, realisiert durch eine lineare Liste, eingetragen.

```
MODULE MengenTabelle;
FROM Storage IMPORT ALLOCATE;
IMPORT SetOfChar, LEER;
EXPORT EintragMenge, AustragMenge;

TYPE PtrMengen = POINTER TO TypMengen;
     TypMengen =
          RECORD Nachf : PtrMengen; Mg : SetOfChar END;
VAR Tab : PtrMengen;
. . .
BEGIN
     Tab:= NIL
END MengenTabelle
```

Eintrag und Austrag von Zeichenmengen

```
PROCEDURE EintragMenge(S : SetOfChar);
VAR ptr : PtrMengen;
BEGIN
     NEW(ptr); ptr↑.Mg:= S; ptr↑.Nachf:= Tab;
     Tab:= ptr;
END EintragMenge
```

```
PROCEDURE AustragMenge(VAR S : SetOfChar) : BOOLEAN;
BEGIN
     IF Tab = NIL THEN RETURN FALSE END;
     S:= Tab↑.Mg;
     Tab:= Tab↑.Nachf;
     RETURN TRUE
END AustragMenge
```

Der lokale Modul `DisjunkteMengen`

```
MODULE DisjunkteMengen;
FROM InOut
     IMPORT WriteString, WriteCard, Write, WriteLn;
IMPORT MinChar, MaxChar, AnzChar, SetOfChar,
       SetOfCard, LEER, CharAusgabe;
EXPORT DisjunktMengenAufbau, MengenZerlegung,
       DisjunktMengenAusgabe;

VAR TM : ARRAY[1..AnzChar] OF SetOfChar;
    AnzTM : [1..AnzChar];
...
BEGIN
     InitTM
END DisjunkteMengen
```

Initialisierung der disjunkten Zeichenmengen

Am Anfang gibt es eine (disjunkte) Zeichenmenge, die alle Zeichen umfaßt.

```
PROCEDURE InitTM;
VAR k : CARDINAL; c : CHAR;
BEGIN
     AnzTM:= 1;
     FOR k:= 1 TO AnzChar DO TM[k]:= LEER END;
     FOR c:= CHR(MinChar) TO CHR(MaxChar) DO
          INCL(TM[1], c)
     END
END InitTM
```

Aufbau der disjunkten Zeichenmengen

Jede neue Zeichenmenge `S` kann weitere disjunkte Zeichenmengen durch Aufspalten der Anfangsmenge `TM[1]` oder einer später eingerichteten disjunkten Zeichenmenge einführen.

```
PROCEDURE DisjunktMengenAufbau(VAR S : SetOfChar);
VAR i, j : CARDINAL; T : SetOfChar;
BEGIN
     j:= AnzTM; i:= 1;
     WHILE (i < AnzTM) AND (S <> LEER) DO
          INC(i); T:= S * TM[i];
          IF T <> LEER THEN
               S:= S - T;
               IF (TM[i] - T) <> LEER THEN
                    TM[i]:= TM[i] - T;
                    INC(j); TM[j]:= T;
               END
          END
     END;
     IF S <> LEER THEN INC(j); TM[j]:= S END;
     AnzTM:= j;
END DisjunktMengenAufbau
```

Zerlegung der Zeichenmengen

Nachdem alle maximalen disjunkten Zeichenmengen bekannt sind, ordnet `MengenZerlegung` jeder ursprünglichen Zeichenmenge `S` die Zahlenmenge `N` der Indizes der disjunkten Zeichenmengen zu.

```
PROCEDURE MengenZerlegung(S : SetOfChar;
                          VAR N : SetOfCard);
VAR i : [1..AnzChar];
BEGIN
     N:= SetOfCard{ };
     FOR i:= 1 TO AnzTM DO
          IF (TM[i] * S) = TM[i] THEN
               INCL(N, i)
          END
     END;
END MengenZerlegung
```

Ausgabe der disjunkten Zeichenmengen

```
PROCEDURE DisjunktMengenAusgabe;
VAR k : CARDINAL;
BEGIN
     WriteString("Disjunkte Zeichenmengen ");
     WriteLn;
     FOR k:= 1 TO AnzTM DO
          WriteCard(k, 3); WriteString(": ");
          CharAusgabe(TM[k]);
     END;
END DisjunktMengenAusgabe
```

Ausführung des Zerlegungs-Algorithmus

Mit diesen lokalen Moduln und den von ihnen exportierten Prozeduren kann man den Zerlegungs-Algorithmus realisieren. Nach der Initialisierung werden Zeichenreihen eingelesen, in Zeichenmengen transformiert, diese gespeichert und disjunkte Zeichenmengen angelegt. Die so entstandenen disjunkten Zeichenmengen sind maximal und werden protokolliert. Danach wird jede ursprüngliche Zeichenmenge in diese Zeichenmengen aufgespalten und die Zahlenmenge der Indizes protokolliert.

```
VAR S : SetOfChar; T : SetOfCard;
BEGIN
     WriteString("Anfang des Programms"); WriteLn;
     WriteString("Ende der Eingabe: $ am Anfang!");
     WriteLn;
     LEER:= SetOfChar{ };
     WHILE EinZeile(S) DO
          CharAusgabe(S);
          EintragMenge(S);
          DisjunktMengenAufbau(S);
     END;
     DisjunktMengenAusgabe;
     WHILE AustragMenge(S) DO
          CharAusgabe(S);
          WriteString("   ===> ");
          MengenZerlegung(S, T);
          CardAusgabe(T);
     END;
     WriteString("Ende des Programms"); WriteLn
END
```

10.2 Die Definition von Supermengen

Supermengen sind wie `BITSET`-Mengen ganzzahlige Mengen, deren maximale Anzahl von Mengenelementen abgefragt wird:

```
Supermengen : 0..??
```

Der Anwendungs-Modul `SuperMengen`

Der Definitions-Modul `SuperMengen` zeigt die Prozeduren für Supermengen-Operationen, die MODULA's Mengenoperationen entsprechen. `AusMenge` gibt eine Supermenge auf den Bildschirm aus.

```
DEFINITION MODULE SuperMengen;
EXPORT QUALIFIED ...;

TYPE SuperMenge;
```

```
VAR Getan : BOOLEAN;
PROCEDURE LeereMenge   () : SuperMenge;
PROCEDURE AusMenge     (S : SuperMenge;
PROCEDURE Enthalten    (S : SuperMenge; k : CARDINAL)
                       : BOOLEAN;
PROCEDURE Identitaet   (S, T : SuperMenge) : BOOLEAN;
PROCEDURE NichtIdent   (S, T : SuperMenge) : BOOLEAN;
PROCEDURE Vereinigung (S, T : SuperMenge) : SuperMenge;
PROCEDURE Durchschnitt(S, T : SuperMenge) : SuperMenge;
PROCEDURE Differenz    (S, T : SuperMenge) : SuperMenge;
PROCEDURE SymDifferenz(S, T : SuperMenge) : SuperMenge;
PROCEDURE Incl(S : SuperMenge; z : CARDINAL);
PROCEDURE Excl(S : SuperMenge; z : CARDINAL);

END SuperMengen.
```

Ein Anwendungsbeispiel

Um den Umgang mit Supermengen zu üben, kann man mit folgenden Anweisungen für drei Supermengen P, S, T beginnen:

```
S:= LeereMenge(); T:= LeereMenge(); P:= S
```

Die gewünschten Mengenoperationen werden abgefragt:

```
LOOP
     WriteString("S, T, +, *, -, /, =, #, ?, ");
     WriteString("I, E, H: ");
     Read(c); WriteString("  ");
     CASE CAP(c)
     OF "I" : ReadCard(k); Incl(P, k)
     |  "E" : ReadCard(k); Excl(P, k)
     |  "S" : P:= S
     |  "T" : P:= T
     |  "+" : P:= Vereinigung(S, T)
     |  "*" : P:= Durchschnitt(S, T)
     |  "-" : P:= Differenz(S, T)
     |  "/" : P:= SymDifferenz(S, T)
     |  "=" : AusLog(Identitaet(S, T))
     |  "#" : AusLog(NichtIdent(S, T))
     |  "?" : ReadCard(k); AusLog(Enthalten(P, k))
     |  "H" : HALT
     ELSE
     END;
     AusMenge(P)
END
```

Die Prozedur AusLog schreibt die Werte TRUE und FALSE auf den Bildschirm.

Aufbau der Supermengen

Jede Supermenge ist eine Folge von BITSET-Mengen. Jede BITSET-Menge hat MaxBit Elemente:

```
CONST MaxBit = 16;
```

0 15	16 31	32 47	48 63	64 79

Um keine obere Schranke für die Anzahl der Elemente einer Supermenge zu haben, werden BITSET-Mengen verkettet:

```
TYPE PtrMenge = POINTER TO TypMenge;
     TypMenge = RECORD Nf : PtrMenge; BitSet : BITSET END;
     SuperMenge =
          POINTER TO
          RECORD
               Anfang, Ende : PtrMenge;
               Anzahl : CARDINAL;
          END;
```

Eine Supermenge ist also eine lineare Liste mit Listenkopf, deren Länge abgefragt wird.

Initialisierung von Supermengen

InitSuperMengen fordert eine ganze Zahl N an, so daß der Ausschnittstyp [0..N] der Basistyp des Supermengentyps SET OF [0..N] wird. Mit (N = 34) braucht man für eine Supermenge AnzahlBitSet = 3 BITSET-Mengen. Breite, ZahlenProZeile und MaxZeilenlaenge legen das Ausgabeformat einer Supermenge fest.

```
CONST MaxZeilenlaenge = 40;
VAR   Breite, ZahlenProZeile : CARDINAL;
      ObereGrenze, RestBitSet, AnzahlBitSet  : CARDINAL;

PROCEDURE InitSuperMengen(VAR AnzahlBitSet : CARDINAL);
VAR N : CARDINAL;
BEGIN
     WriteString("Neue Mengen : 0..");
     REPEAT ReadCard(N) UNTIL N > 0;
     ObereGrenze:= N;
     INC(N);
     RestBitSet:= N MOD MaxBit;
     AnzahlBitSet:= (N DIV MaxBit) + ORD(RestBitSet <> 0);
     Breite:= 0;
     WHILE N > 0 DO INC(Breite); N:= N DIV 10 END;
     ZahlenProZeile:= MaxZeilenlaenge DIV (Breite + 1);
END InitSuperMengen
```

Leere Supermengen

Eine leere Supermenge ist eine Folge von leeren BITSET-Mengen.

```
PROCEDURE LeereMenge() : SuperMenge;
VAR k : CARDINAL; ptr : PtrMenge; S : SuperMenge;
BEGIN
     NEW(S); S↑.Anzahl:= AnzahlBitSet;
     NEW(S↑.Anfang); S↑.Ende:= S↑.Anfang;
     S↑.Ende↑.BitSet:= { };
     FOR k:= 2 TO S↑.Anzahl DO
          NEW(S↑.Ende↑.Nf);
          S↑.Ende:= S↑.Ende↑.Nf;
          S↑.Ende↑.BitSet:= { };
     END;
     RETURN S
END LeereMenge
```

Ausgabe von Supermengen

AusMenge protokolliert eine Supermenge auf den Bildschirm und beachtet, daß

```
    ZahlenProZeile = MaxZeilenLaenge DIV (Breite + 1)
```

die Zahl der Mengenelemente pro Ausgabezeile festlegt:

```
{ 1,  2, 3, 4, 5}
{11, 17}
{ 1,  2, 3,  4,  5,  6,
  7,  8, 9, 10, 11, 12,
 13, 14}
```

n durchläuft die Werte des Basistyps der Supermengen, b zählt die ausgegebenen Mengenelemente pro Ausgabezeile mit. ptr durchläuft die lineare Liste der BITSET-Mengen.

```
PROCEDURE AusMenge(S : SuperMenge);
VAR  b, k, n : CARDINAL;
     komma : BOOLEAN; ptr : PtrMenge;
BEGIN
     WriteString("{");
     b:= 0; n:= 0; komma:= FALSE;
     ptr:= S↑.Anfang;
     FOR k:= 1 TO S↑.Anzahl - 1 DO
          AusBitSet(ptr, MaxBit); ptr:= ptr↑.Nf
     END;
     AusBitSet(ptr, RestBitSet);
     WriteString("}"); WriteLn;
END AusMenge
```

Die lokale Prozedur AusBitSet übernimmt die Ausgabe der Elemente einer BITSET-Menge.

```
PROCEDURE AusBitSet(ptr : PtrMenge; Laenge : CARDINAL);
VAR m : CARDINAL;
BEGIN
     FOR m:= 0 TO Laenge - 1 DO
          IF m IN ptr↑.BitSet THEN AusZahl(n) END;
          INC(n)
     END;
END AusBitSet
```

Die lokale Prozedur AusZahl gibt eine Zahl aus.

```
PROCEDURE AusZahl(n : CARDINAL);
BEGIN
     IF komma THEN Write(",") ELSE komma:= TRUE END;
     IF b < ZahlenProZeile THEN
          INC(b)
     ELSE b:= 1; WriteLn; WriteString("  ");
     END;
     WriteCard(n, Breite);
END AusZahl
```

Die Operation IN

Enthalten realisiert die Operation k IN S.

```
PROCEDURE  Enthalten(S  :  SuperMenge;  k  :  CARDINAL)
                       : BOOLEAN;
VAR ptr : PtrMenge; i : CARDINAL;
BEGIN
     IF k > ObereGrenze THEN RETURN FALSE END;
     ptr:= S↑.Anfang;
     FOR i:= 1 TO k DIV MaxBit DO ptr:= ptr↑.Nf END;
     RETURN (k MOD MaxBit) IN ptr↑.BitSet
END Enthalten
```

Die Operationen = und

S = T   realisiert durch Identitaet
S # T   realisiert durch NichtIdent

```
PROCEDURE Identitaet(S, T : SuperMenge) : BOOLEAN;
BEGIN
     RETURN MengenIdentitaet(S, T, TRUE)
END Identitaet
```

```
PROCEDURE NichtIdent(S, T : SuperMenge) : BOOLEAN;
BEGIN
     RETURN MengenIdentitaet(S, T, FALSE)
END NichtIdent
```

Beide Operationen werden auf eine gemeinsame Prozedur zurückgeführt.

```
PROCEDURE MengenIdentitaet
     (S, T : SuperMenge; gleich : BOOLEAN) : BOOLEAN;
VAR ptrS, ptrT : PtrMenge; i : CARDINAL; b : BOOLEAN;
BEGIN
     ptrS:= S↑.Anfang; ptrT:= T↑.Anfang;
     b:= TRUE;
     FOR i:= 1 TO S↑.Anzahl DO
          b:= b AND (ptrS↑.BitSet = ptrT↑.BitSet);
          IF gleich AND (NOT b) THEN RETURN FALSE END;
          ptrS:= ptrS↑.Nf; ptrT:= ptrT↑.Nf;
     END;
     RETURN Gleich = b
END MengenIdentitaet
```

Die Operationen +, *, – **und** /

S + T realisiert durch `Vereinigung`
S * T realisiert durch `Durchschnitt`
S – T realisiert durch `Differenz`
S / T realisiert durch `SymDifferenz`

```
PROCEDURE Vereinigung(S, T : SuperMenge) : SuperMenge;
BEGIN
     RETURN MengenOperation(S, T, plus)
END Vereinigung

PROCEDURE Durchschnitt(S, T : SuperMenge) : SuperMenge;
BEGIN
     RETURN MengenOperation(S, T, stern)
END Durchschnitt

PROCEDURE Differenz(S, T : SuperMenge) : SuperMenge;
BEGIN
     RETURN MengenOperation(S, T, minus)
END Differenz

PROCEDURE SymDifferenz(S, T : SuperMenge) : SuperMenge;
BEGIN
     RETURN MengenOperation(S, T, strich)
END SymDifferenz
```

Alle Operationen werden auf eine gemeinsame Prozedur zurückgeführt.

```
TYPE TypOperator = (plus, minus, stern, strich);

PROCEDURE MengenOperation
     (S, T : SuperMenge; op : TypOperator)
     : SuperMenge;
VAR ptrE, ptrS, ptrT : PtrMenge; i : CARDINAL;
    Erg : SuperMenge; B : BITSET;
BEGIN
     Erg:= LeereMenge();
     ptrS:= S↑.Anfang;
     ptrT:= T↑.Anfang;
     ptrE:= Erg↑.Anfang;
     FOR i:= 1 TO S↑.Anzahl DO
          CASE op
          OF plus   : B:= ptrS↑.BitSet + ptrT↑.BitSet
          |  minus  : B:= ptrS↑.BitSet - ptrT↑.BitSet
          |  stern  : B:= ptrS↑.BitSet * ptrT↑.BitSet
          |  strich : B:= ptrS↑.BitSet / ptrT↑.BitSet
          END;
          ptrE↑.BitSet:= B;
          ptrE:= ptrE↑.Nf;
          ptrS:= ptrS↑.Nf;
          ptrT:= ptrT↑.Nf;
     END;
     RETURN Erg
END MengenOperation
```

Die Operationen `INCL` **und** `EXCL`

`INCL(S, z)` realisiert durch `Incl`
`EXCL(S, z)` realisiert durch `Excl`

```
PROCEDURE Incl(S : SuperMenge; z : CARDINAL);
BEGIN
     InclExcl(S, z, TRUE)
END Incl

PROCEDURE Excl(S : SuperMenge; z : CARDINAL);
BEGIN
     InclExcl(S, z, FALSE)
END Excl
```

Beide Operationen werden auf eine gemeinsame Prozedur zurückgeführt.

```
PROCEDURE InclExcl(S : SuperMenge; z : CARDINAL;
                       hinein : BOOLEAN);
VAR ptr : PtrMenge; i : CARDINAL;
BEGIN
     Getan:= z <= ObereGrenze;
     IF NOT Getan THEN RETURN END;
     ptr:= S↑.Anfang;
     FOR i:= 1 TO z DIV MaxBit DO ptr:= ptr↑.Nf END;
     IF hinein THEN
          INCL(ptr↑.BitSet, z MOD MaxBit)
     ELSE EXCL(ptr↑.BitSet, z MOD MaxBit)
     END;
END InclExcl
```

Allgemeine Supermengen

MODULA definiert Mengenoperationen für alle Mengentypen. Der Modul `SuperMengen` tut dies nur für einen Mengentyp. Seine Prozeduren können auch Supermengen unterschiedlicher Länge verarbeiten, wenn man die Variablen `ObereGrenze`, `AnzahlBitSet` und `RestBitSet` zu Komponenten des Typs `TypMenge` macht und jede Prozedur, die zwei Operanden `S` und `T` hat, mit einem Test auf Kompatibilität von `S` und `T` ausstattet.

```
PROCEDURE Test(S, T : SuperMenge) : BOOLEAN;
BEGIN
     RETURN S↑.ObereGrenze = T↑.ObereGrenze
END Test
```

Supermengen, deren Basistyp `CHAR` oder ein Aufzählungstyp ist, führt man auf ganzzahlige Supermengen zurück und stiftet Abbildungen zwischen den Werten des Basistyps und des entsprechenden ganzzahligen Ausschnitts.

11 Ein Leseprogramm

Eine der häufigen und wichtigen Programmieraufgaben ist das Schreiben eines Programms, daß eine Folge von Zeichen liest und in Symbole zerlegt, wie es auch jeder MODULA System macht.

11.1 Die Zerlegung von Zeilen in Symbole

Das zu entwickelnde Leseprogramm erkennt *Namen*, *Zahlen*, *Zeichenreihen* und *Einzelzeichen*.

Definition der Symbole

1. Ein *Name* ist eine Folge von Buchstaben und Ziffern, die mit einem Buchstaben beginnt.
2. Eine *Zahl* ist eine Folge von Ziffern.
3. Eine *Zeichenreihe* ist eine Folge von Zeichen, mit dem Anführungszeichen " oder dem Apostroph ' gerändert.
4. Es gibt 8 *Einzelzeichen*: `$, ;, *, +, -, /, (, )`.

Zwischen zwei aufeinanderfolgenden Namen und/oder Zahlen steht eine *Trennung*, d.h. eine Folge von Zwischenräumen, Zeilenwechseln oder Kommentaren, wobei ein *Kommentar* mit dem Zeichen % beginnt und mit dem Zeilenende aufhört. Ein Beispiel ist

```
Name  AB1  (301  / 'Folge';  % Eingabezeile)
```

Hier handelt es sich um folgende Symbole:

Name, *Name*, *Einzelzeichen*, *Zahl*, *Einzelzeichen*, *Zeichenreihe*, *Einzelzeichen*

Am Ende der Zeile steht ein *Kommentar*. Aufzählungstypen charakterisieren Symbole und Einzelzeichen:

```
TypSymbol = (SymName, SymZahl, SymReihe, SymZeichen,
             SymEOP, SymKommentar)
TypZeichen = (EzDollar, EzSemik, EzStern, EzPlus,
              EzMinus, EzStrich, EzKlauf, EzKlzu)
```

`SymEOP` kennzeichnet das Ende der Eingabe, also auch der Symbolfolge.

Aufgaben des Leseprogramms

1. Sequentielles Lesen der Textzeilen.
2. Ausgabe jeder Textzeile mit einer Zeilennummer.
3. Zerlegung jeder Textzeile in eine Symbolfolge:
   - Ein Name wird in eine Namenstabelle eingetragen, sofern er dort nicht schon vorkommt.
   - Eine Zahl wird konvertiert.
   - Eine Zeichenreihe wird in eine Zeichenreihentabelle eingetragen.
   - Ein Einzelzeichen wird durch den entsprechenden Wert des Typs `TypZeichen` codiert.
4. Die Namenstabelle wird zum Schluß lexikografisch sortiert.

Bei der Auswahl einer von vielen möglichen Lösungen dieser Teilaufgaben spielen Effizienzbetrachtungen keine Rolle. Die modulare Zerlegung der Aufgabe soll deshalb ein Auswechseln von Implementierungs-Moduln erlauben, um eine schnellere Analyse oder eine weniger aufwendigere Speicherung der Symbole zu erreichen.

11.2 Die Eingabe von Textzeilen

Die Eingabe der Textzeilen ist von den anderen Teilen des Leseprogramms unabhängig.

Der Anwendungs-Modul `ZeilenLesen`

```
DEFINITION MODULE ZeilenLesen;
EXPORT QUALIFIED ...;

CONST ZeilenEnde = 0C; MaxZeile = 100;
VAR   Zeile : ARRAY [0..MaxZeile] OF CHAR;
      ZeilenNummer : CARDINAL;
PROCEDURE InitLesen;
PROCEDURE EndeLesen;
PROCEDURE LiesZeile() : BOOLEAN;
PROCEDURE AusgabeZeile;

END ZeilenLesen.
```

Ein typische Anwendung dieses Moduls ist:

```
InitLesen;
WHILE LiesZeile() DO
     AusgabeZeile;
     Analysiere Textzeile
END;
EndeLesen
```

Liefert ein Aufruf von `LiesZeile` den Wert `TRUE`, enthält `Zeile` die Zeichen einer Textzeile, aber höchstens `MaxZeile` Zeichen. Textzeilen erhalten fortlaufend eine Nummer: `ZeilenNummer` hat die zuletzt vergebene als Wert.

Bildschirm-Eingabe des Implementierungs-Moduls

Für die Zwecke dieses Beispiels reicht es aus, wenn der Implementierungs-Modul die Textzeilen über den Bildschirm als Eingabemedium anfordert. Das Ende der Eingabe wird durch das Zeichen # als erstes Zeichen einer Textzeile signalisiert. Dies ist, wohlgemerkt, nur eine von vielen denkbaren Realisierungen des Implementierungs-Moduls.

```
IMPLEMENTATION MODULE ZeilenLesen;
FROM InOut
     IMPORT Read, WriteString, WriteLn, WriteCard, EOL;
FROM Screen
     IMPORT ClearScreen, HomeCursor;
...
BEGIN
     ZeilenNummer:= 0; Zeile[0]:= ZeilenEnde
END ZeilenLesen.
```

Initialisierung und Abschluß

`InitLesen` löscht den Bildschirm. `EndeLesen` ist leer.

```
PROCEDURE InitLesen;
BEGIN
     ClearScreen; HomeCursor;
     WriteString("Ende der Eingabe ist # ");
     WriteString("als erstes Zeichen!");
     WriteLn; WriteLn
END InitLesen

PROCEDURE EndeLesen;
END EndeLesen
```

Eingabe einer Textzeile

`LiesZeile` liest eine Textzeile und erhöht den Zeilenzähler.

```
PROCEDURE LiesZeile() : BOOLEAN;
VAR k : CARDINAL; ch : CHAR;
BEGIN
     WriteString("? ");
     k:= 0;
     LOOP
          IF k = MaxZeile THEN
               Zeile[MaxZeile]:= ZeilenEnde; EXIT
          END;
```

```
            Read(ch);
            IF ch = EOL THEN
                Zeile[k]:= ZeilenEnde; EXIT
            ELSE Zeile[k]:= ch; INC(k)
            END;
        END;
        INC(ZeilenNummer);
        RETURN Zeile[0] <> "#"
END LiesZeile
```

Ausgabe einer Textzeile

`AusgabeZeile` gibt die zuletzt gelesene Textzeile mit ihrer Zeilennummer auf den Bildschirm aus.

```
PROCEDURE AusgabeZeile;
BEGIN
        WriteCard(ZeilenNummer, 4);
        WriteString(": ");
        WriteString(Zeile);
        WriteLn
END AusgabeZeile
```

11.3 Die Definition der Symbole

Der Anwendungs-Modul `Symbole`

Definitions-Modul `Symbole` exportiert nicht nur die schon vorgestellten Typen `TypSymbol` und `TypZeichen`, sondern auch die Beschreibung `SymbolInf` eines Symbols.

```
DEFINITION MODULE Symbole;
EXPORT QUALIFIED ...;
TYPE TypSymbol =
     (SymName, SymZahl, SymReihe,
      SymZeichen, SymEOP, SymKommentar);
TypZeichen =
     (EzDollar, EzSemik, EzStern, EzPlus, EzMinus,
      EzStrich, EzKlauf, EzKlzu, KeinZeichen);
SymbolInf =
     RECORD
          CASE Art : TypSymbol
          OF SymName, SymReihe : Index : CARDINAL
          |  SymZahl :           Zahl  : CARDINAL
          |  SymZeichen :        Code  : TypZeichen
          |  SymEOP, SymKommentar :
          END
     END;
```

`Index` ist ein Verweis in die Tabelle für Namen und Zeichenreihen.

Variablen und Abbildungen

Es folgen Definitionen von Abbildungen zwischen Zeichen und Symbolen. (Der zugehörige Implementierungs-Modul realisiert sie.)

```
TYPE  SetOfChar = SET OF CHAR;
CONST Quote1 = "'"; Quote2 = '"';
VAR  Buchstaben, Ziffern, BuchZiffern : SetOfChar;
     Klasse      : ARRAY CHAR OF TypSymbol;
     CodeZeichen : ARRAY CHAR OF TypZeichen;
     ZeichenCode : ARRAY TypZeichen OF CHAR;
     SymText : ARRAY TypSymbol OF ARRAY[0..10] OF CHAR;
PROCEDURE SymbolAusgabe(Sym : SymbolInf);

END Symbole.
```

Der Implementierungs-Modul stützt sich auf die Prozeduren `GibName` und `GibReihe` eines noch undefinierten Anwendungs-Moduls `Tabelle`, mit denen man die Zeichenfolge eines Namen oder einer Zeichenreihe erhält.

```
IMPLEMENTATION MODULE Symbole;
FROM InOut
     IMPORT WriteString, WriteCard, Write, WriteLn;
FROM Tabelle IMPORT GibName, GibReihe;
FROM ZeilenLesen IMPORT MaxZeile;
VAR c : CHAR;
BEGIN
...
END Symbole.
```

Erlaubte Zeichenmengen

```
Buchstaben  := SetOfChar{"a".."z", "A".."Z"};
Ziffern     := SetOfChar{"0".."9"};
BuchZiffern:= Buchstaben + Ziffern;
```

Abbildung `CHAR` → `TypSymbol`

```
FOR c:= 0C TO 177C DO Klasse[c]:= SymZeichen END;
FOR c:= "a" TO "z" DO Klasse[c]:= SymName END;
FOR c:= "A" TO "Z" DO Klasse[c]:= SymName END;
FOR c:= "0" TO "9" DO Klasse[c]:= SymZahl END;
Klasse[Quote1]:= SymReihe;
Klasse[Quote2]:= SymReihe;
Klasse["%"]:= SymKommentar;
```

Abbildung CHAR → TypZeichen

```
FOR c:= 0C TO 177C DO CodeZeichen[c]:= KeinZeichen END;
CodeZeichen["$"]:= EzDollar;
CodeZeichen[";"]:= EzSemik ;
CodeZeichen["*"]:= EzStern ;
CodeZeichen["+"]:= EzPlus  ;
CodeZeichen["-"]:= EzMinus ;
CodeZeichen["("]:= EzKlauf ;
CodeZeichen[")"]:= EzKlzu  ;
CodeZeichen["/"]:= EzStrich;
```

Inverse Abbildung TypSymbol → CHAR

```
ZeichenCode[EzDollar]:= "$";
ZeichenCode[EzSemik ]:= ";";
ZeichenCode[EzStern ]:= "*";
ZeichenCode[EzPlus  ]:= "+";
ZeichenCode[EzMinus ]:= "-";
ZeichenCode[EzStrich]:= "/";
ZeichenCode[EzKlauf ]:= "(";
ZeichenCode[EzKlzu  ]:= ")";
ZeichenCode[KeinZeichen]:= "?";
```

Ausgabe–Abbildung TypSymbol → **Zeichenreihe**

```
SymText[SymName      ]:= "Name      : ";
SymText[SymZahl      ]:= "Zahl      : ";
SymText[SymReihe     ]:= "Reihe     : ";
SymText[SymZeichen   ]:= "Zeichen   : ";
SymText[SymKommentar]:= "Kommentar: ";
```

Bildschirm-Ausgabe der Symbole

```
PROCEDURE SymbolAusgabe(Sym : SymbolInf);
VAR Z : ARRAY[0..MaxZeile] OF CHAR;
BEGIN
     CASE Sym.Art
     OF SymName :    GibName(Sym.Index, Z);
                     WriteString(Z)
     |  SymZahl :    WriteCard(Sym.Zahl, 0)
```

```
    | SymReihe :    GibReihe(Sym.Index, Z);
                    WriteString(Z)
    | SymZeichen :  Write(ZeichenCode[Sym.Code])
    | SymEOP :      WriteString("Ende der Eingabe")
    ELSE
    END;
    WriteLn;
END SymbolAusgabe
```

11.4 Der Aufbau von Tabellen

Der Anwendungs-Modul `Tabelle`

Der Tabellenmodul muß folgende Aufgaben erledigen:

`EintragName`	Eintrag eines Namens in eine Tabelle
`EintragReihe`	Eintrag einer Zeichenreihe in eine Tabelle
`GibName`	Holen der Zeichen eines Namens
`GibReihe`	Holen der Zeichen einer Zeichenreihe
`AusTabNamen`	Ausgabe der sortierten Namen
`AusTabReihen`	Ausgabe der Zeichenreihen
`LexSortierung`	Sortierung der eingetragenen Namen

In den ersten vier Fällen liefert die Variable `Getan` den Wert `TRUE`, wenn die Operation erfolgreich ist, sonst den Wert `FALSE`.

```
DEFINITION MODULE Tabelle;
EXPORT QUALIFIED ...;

VAR Getan : BOOLEAN;
PROCEDURE GibName
     (Index : CARDINAL; VAR Z : ARRAY OF CHAR);
PROCEDURE GibReihe
     (Index : CARDINAL; VAR Z : ARRAY OF CHAR);
PROCEDURE AusTabNamen(Anfang : CARDINAL) ;
PROCEDURE AusTabReihen;
PROCEDURE EintragName
     (AnfPos, EndPos : CARDINAL) : CARDINAL;
PROCEDURE EintragReihe
     (AnfPos, EndPos : CARDINAL) : CARDINAL;
PROCEDURE LexSortieren() : CARDINAL;

END Tabelle.
```

Auch hier zeigt der Implementierungs-Modul nur eine von vielen denkbaren Realisierungen. Insbesondere werden Namen und Zeichenreihen in die gleiche Tabelle eingetragen.

Definition der Tabellenstruktur

```
IMPLEMENTATION MODULE Tabelle;
FROM InOut
     IMPORT Write, WriteString, WriteLn,
            WriteCard, Read;
FROM ZeilenLesen IMPORT Zeile;
CONST MaxTexte = 1000; MaxTab    = 100;
      NULL     =    0; MaxLaenge = 80;
TYPE TypTabText = ARRAY[1..MaxTexte] OF CHAR;
     TabIndex = [0..MaxTab];
     TypTab =
          ARRAY[1..MaxTab] OF
          RECORD
               Anfang, Laenge : CARDINAL;
               Name : BOOLEAN;
               Verweis : TabIndex
          END;
VAR  TabText : TypTabText; Tab : TypTab;
     PgTabText, PgTab : CARDINAL;
     Laenge : ARRAY[1..MaxLaenge] OF TabIndex;
     MaxName : CARDINAL;
...
BEGIN
     TabInit
END Tabelle.
```

Es gibt eine lange Zeichenreihe `TabText`, die alle Zeichen der Namen und Zeichenreihen aufnimmt:

1	...	10	...	35	36	37	...
"A"	...	"T"	...	"D"	"E"	"R"	...

Zu jedem Namen und zu jeder Zeichenreihe gibt es einen Verbund, der die Lage in `TabText` beschreibt:

	1	2	3	...
Anfang:	1	10	35	
Laenge:	9	25	3	
Name:	T	T	T	
Verweis:	0	0	0	

`Anfang` ist die Position des ersten Zeichens.
`Laenge` ist die Zahl der Zeichen.
`Name` `TRUE`: ein Name, `FALSE`: eine Zeichenreihe.

`Verweis` wird für die Sortierung der Namen gebraucht: Vor dem Sortieren werden alle Namen gleicher Länge über diese Komponente miteinander verbunden. Nach dem Sortieren ist es die Folge der sortierten Namen.

`MaxName` ist die Zahl der Zeichen des längsten Namens.

Hat `Laenge[k]` den Wert `NULL`, gibt es keinen Namen der Länge `k`. Ansonsten gibt `Laenge[k]` den ersten Namen dieser Länge an. Die anderen Namen gleicher Länge findet man, indem man die Komponente `Verweis` weiterverfolgt.

```
ptr:= Laenge[k];
WHILE ptr <> NULL DO ...; ptr:= Tab[ptr].Verweis END
```

Initialisierung der Tabellen

```
PROCEDURE TabInit;
VAR k : CARDINAL;
BEGIN
     PgTabText:= 0; PgTab:= 0;
     FOR k:= 1 TO MaxLaenge DO Laenge[k]:= NULL END;
     MaxName:= 0;
END TabInit
```

Zugriff auf Tabellenelemente

```
PROCEDURE GibName(Index : CARDINAL;
                  VAR Z : ARRAY OF CHAR);
BEGIN
     GibNameReihe(TRUE, Index, Z)
END GibName

PROCEDURE GibReihe(Index : CARDINAL;
                   VAR Z : ARRAY OF CHAR);
BEGIN
     GibNameReihe(FALSE, Index, Z)
END GibReihe
```

Da beide Prozeduren sich kaum unterscheiden, bauen sie auf einer gemeinsamen Prozedur auf.

```
PROCEDURE GibNameReihe
     (IstName : BOOLEAN; Index : CARDINAL;
       VAR Z : ARRAY OF CHAR);
VAR i, k : CARDINAL;
BEGIN
     WITH Tab[Index] DO
          Getan:= (Name = IstName) AND
                  (Laenge <= HIGH(Z) + 1);
```

```
            IF NOT Getan THEN RETURN END;
            i:= 0;
            FOR k:= Anfang TO Anfang + Laenge - 1 DO
                Z[i]:= TabText[k]; INC(i)
            END;
            IF i <= HIGH(Z) THEN Z[i]:= 0C END;
        END;
END GibNameReihe
```

Ausgabe von Tabellen

`AusTabNamen` druckt die sortierte Folge von Namen aus, deren Anfang der Parameter angibt. Die Namen sind über die Komponente `Verweis` verkettet.

```
PROCEDURE AusTabNamen(Anfang : CARDINAL);
VAR m : CARDINAL;
BEGIN
    WriteString("Sortierte Tabelle der Namen");
    WriteLn; WriteLn;
    WHILE Anfang <> NULL DO
        WITH Tab[Anfang]
        DO
            FOR m:= Anfang TO Anfang + Laenge - 1 DO
                Write(TabText[m])
            END;
            WriteLn;
        END;
        Anfang:= Tab[Anfang].Verweis
    END;
    WriteLn;
    WriteString("Ende der Ausgabe"); WriteLn;
END AusTabNamen
```

`AusTabReihen` druckt die Tabelle der Zeichenreihen aus. Die Komponente `Verweis` spielt keine Rolle: Die Tabelle wird einmal sequentiell durchlaufen.

```
PROCEDURE AusTabReihen;
VAR k, m : CARDINAL;
BEGIN
    WriteString("Tabelle des Zeichenreihen");
    WriteLn; WriteLn;
    FOR k:= 1 TO PgTab DO
        WITH Tab[k] DO
            IF NOT Name THEN
                FOR m:= Anfang TO Anfang + Laenge - 1
                DO Write(TabText[m])
                END;
                WriteLn;
            END;
        END;
    END;
```

```
     WriteLn;
     WriteString("Ende der Ausgabe"); WriteLn;
END AusTabReihen
```

Einträge in Tabellen

EintragName und EintragReihe stützen sich auf eine gemeinsame Prozedur. Sie liefern den Index des Tabellenelements, das den Namen oder die Zeichenreihe aufnimmt.

```
PROCEDURE EintragName(AnfPos, EndPos : CARDINAL)
                      : CARDINAL;
BEGIN
     RETURN EintragNameReihe(TRUE, AnfPos, EndPos)
END EintragName

PROCEDURE EintragReihe(AnfPos, EndPos : CARDINAL)
                      : CARDINAL;
BEGIN
     RETURN EintragNameReihe(FALSE, AnfPos, EndPos)
END EintragReihe
```

AnfPos und EndPos geben das erste und letzte Zeichen in Zeile, importiert vom Modul ZeilenLesen, an.

```
PROCEDURE EintragNameReihe
     (IstName : BOOLEAN; AnfPos, EndPos : CARDINAL)
     : CARDINAL;
VAR weiter : BOOLEAN; pos, lg : CARDINAL;
BEGIN
     ...
     Getan:= TRUE;
     RETURN PgTab
END EintragNameReihe
```

Sofern es sich um einen Namen handelt, wird die Kette aller Namen gleicher Länge lg durchlaufen, um festzustellen, ob der Name in der Tabelle schon existiert. Dabei müssen jeweils zwei gleichlange Zeichenfolgen verglichen werden.

```
lg:= EndPos - AnfPos + 1; pos:= Laenge[lg];
weiter:= IstName AND (pos <> NULL);
WHILE weiter DO
     IF Gleich(pos) THEN
           Getan:= TRUE; RETURN pos
     END;
     pos:= Tab[pos].Verweis;
     weiter:= pos <> NULL
END;
```

Ist die Tabelle voll, wird dies gemeldet.

```
IF (PgTab >= MaxTab) OR ((PgTabText + lg) >= MaxTexte)
THEN Getan:= FALSE; RETURN NULL
END;
```

Ansonsten erhält die Tabelle einen neuen Eintrag und die Liste `Laenge[Lg]` wird im Falle eines Namens erweitert.

```
INC(PgTab);
WITH Tab[PgTab] DO
     Anfang:= PgTabText + 1;
     Laenge:= lg;
     Name  := IstName;
END;
IF IstName THEN
     Tab[PgTab].Verweis:= Laenge[lg];
     Laenge[lg]:= PgTab
     IF MaxName < lg THEN MaxName:= lg END;
END;
```

Die Zeichen werden in `TabText` eingetragen. Der Index in `Tab` ist der Ergebniswert des Aufrufs.

```
FOR pos:= 1 TO lg DO
     TabText[PgTabText + pos]:= Zeile[AnfPos + pos - 1]
END;
INC(PgTabText, lg);
```

Vergleich von Namen

`Gleich` vergleicht zwei gleichlange Name auf Identität und ist lokale Prozedur von `EintragNameReihe`.

```
PROCEDURE Gleich(pos : CARDINAL) : BOOLEAN;
VAR k, p : CARDINAL;
BEGIN
     p:= Tab[pos].Anfang;
     FOR k:= 0 TO lg - 1 DO
          IF Zeile[AnfPos + k] <> TabText[p + k] THEN
               RETURN FALSE
          END
     END;
     RETURN TRUE
END Gleich
```

11.5 Lexikografisches Sortieren

Standard-Sortierung

Um die in der Tabelle gespeicherten Namen zu sortieren, kann man den früher für Zahlenfolgen benutzten Algorithmus verwenden.

```
PROCEDURE LexSortieren;
VAR k, n, pos : CARDINAL;
BEGIN
     FOR k:= 1 TO PgTab - 1 DO
          IF Tab[k].Name THEN
               pos:= k;
               FOR n:= k + 1 TO PgTab DO
                    IF Tab[n].Name AND
                       LexKleiner(pos, n)
                    THEN pos:= n
                    END
               END;
               IF pos <> k THEN LexTausch(k, pos) END
          END
     END
END LexSortieren
```

Während `LexKleiner` einfach zu formulieren ist, bringt `LexTausch` einige Probleme, wenn die beiden zu tauschenden Namen nicht gleichlang sind. Ein Schieben der Zeichen in `TabText` ist dann unvermeidlich.

Rückwärts Sortieren

Um dieses Problem zu umgehen, wird ein anderer Algorithmus verwendet, der voraussetzt, daß alle Namen gleicher Länge verkettet sind.

Adam	*Walter*	*Adamo*	*Abraham*
Friedrich	*Abel*	*Egon*	*Fritz*

Es ist `MaxName = 9`.

9. Zunächst werden alle Namen der Länge 9 nach dem 9. Zeichen sortiert.
8. Es werden alle Namen der Länge 8 hinzugenommen. Alle Namen werden nun nach dem 8. Zeichen sortiert.
7. Es werden alle Namen der Länge 7 hinzugenommen. Alle Namen werden nun nach dem 7. Zeichen sortiert.

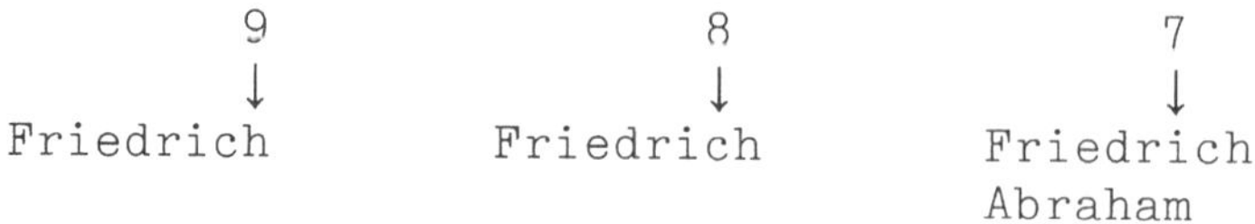

6. Es werden alle Namen der Länge 6 hinzugenommen. Alle Namen werden nun nach dem 6. Zeichen sortiert.
5. Es werden alle Namen der Länge 5 hinzugenommen. Alle Namen werden nun nach dem 5. Zeichen sortiert.
4. Es werden alle Namen der Länge 4 hinzugenommen. Alle Namen werden nun nach dem 4. Zeichen sortiert.

6	5	4
↓	↓	↓
Abraham	Friedrich	Abraham
Walter	Walter	Friedrich
Friedrich	Abraham	Abel
	Adamo	Adam
	Fritz	Adamo
		Egon
		Walter
		Fritz

3. Es werden alle Namen der Länge 3 hinzugenommen. Alle Namen werden nun nach dem 3. Zeichen sortiert.
2. Es werden alle Namen der Länge 2 hinzugenommen. Alle Namen werden nun nach dem 2. Zeichen sortiert.
1. Es werden alle Namen der Länge 1 hinzugenommen. Alle Namen werden nun nach dem 1. Zeichen sortiert.

3	2	1
↓	↓	↓
Adam	Walter	Abel
Adamo	Abel	Abraham
Abel	Abraham	Adam
Friedrich	Adam	Adamo
Fritz	Adamo	Egon
Walter	Egon	Friedrich
Egon	Friedrich	Fritz
Abraham	Fritz	Walter

Während des *n*-ten Sortiervorgangs werden alle Namen mit dem gleichen Zeichen `c` in `Stapel[c]`, einer linearen Liste mit Kopf, zusammengefaßt.

```
PROCEDURE LexSortieren() : CARDINAL;
CONST MinBuch = "A"; MaxBuch = "z";
VAR  k, m : CARDINAL; c : CHAR;
     Stapel : ARRAY[MinBuch..MaxBuch] OF
              RECORD Anfang, Ende : TabIndex;
                     Anzahl : CARDINAL
              END;
     Liste, hListe : CARDINAL;
BEGIN
     ...
     RETURN Liste
END LexSortieren
```

Am Anfang steht die Initialisierung leerer Listen `Stapel[c]`:

```
FOR c:= MinBuch TO MaxBuch DO
     WITH Stapel[c] DO
          Anfang:= NULL; Ende:= NULL; Anzahl:= 0
     END
END;
```

Nunmehr wird rückwärts sortiert.

```
Liste:= NULL;
FOR m:= MaxName TO 1 BY -1 DO
```

`Liste` zeigt auf den Anfang eine Liste von Namen, die nach dem `m + 1`-ten Zeichen sortiert sind. Es werden alle Namen der Länge `m` angehängt.

```
     IF Laenge[m] <> NULL THEN
          k:= Laenge[m];
          WHILE Tab[k].Verweis <> NULL DO
               k:= Tab[k].Verweis
          END;
          Tab[k].Verweis:= Liste;
          Liste:= Laenge[m];
     END;
```

Die Namen dieser Liste werden auf die Teillisten `Stapel[c]` aufgeteilt.

```
     WHILE Liste <> NULL DO
          c:= TabText[Tab[Liste].Anfang + m - 1];
          hListe:= Liste;
          Liste:= Tab[Liste].Verweis;
          Tab[hListe].Verweis:= NULL;
          WITH Stapel[c] DO
               IF Anzahl = 0 THEN
                    Anfang:= hListe
               ELSE Tab[Ende].Verweis:= hListe
               END;
               Ende:= hListe;
               INC(Anzahl)
          END;
     END;
```

Nun werden die Stapel wieder zu einer Liste vereinigt, deren Namen nach dem `m`-ten Zeichen sortiert sind.

```
     FOR c:= MaxBuch TO MinBuch BY -1 DO
          WITH Stapel[c] DO
               IF Anzahl > 0 THEN
                    Tab[Ende].Verweis:= Liste;
                    Liste:= Anfang; Anfang:= NULL;
                    Ende:= NULL; Anzahl:= 0
               END
          END
     END;
END;
```

Zum Schluß zeigt `Liste` auf den Anfang der sortierten Tabelle von Namen, die über die Komponente `Verweis` verkettet sind.

11.6 Die Analyse der Symbole

Der Anwendungs-Modul SymbolAnalyse

Die Prozedur LiesSymbol liefert ein Symbol nach dem anderen, solange der Ergebniswert des Aufrufs TRUE ist.

```
DEFINITION MODULE SymbolAnalyse;
FROM Symbole IMPORT SymbolInf;
EXPORT QUALIFIED ...;
PROCEDURE LiesSymbol(VAR Sym : SymbolInf) : BOOLEAN;
END SymbolAnalyse.
```

Ein typische Anwendung dieses Moduls zeigen folgende Anweisungen:

```
WHILE LiesSymbol(Sym) DO SymbolAusgabe(Sym) END;
AusTabNamen(LexSortieren()) ;
AusTabReihen
```

Der Implementierungs-Modul SymbolAnalyse stützt sich auf alle zuvor eingeführten Moduln und auf den System-Modul Conversions, um eine Folge von Ziffern-Zeichen in eine CARDINAL-Zahl umzuwandeln.

```
IMPLEMENTATION MODULE SymbolAnalyse;
FROM InOut
     IMPORT Write, WriteString, WriteLn, Read, WriteCard;
FROM Conversions IMPORT StrToCard;
FROM Tabelle
     IMPORT GibName, GibReihe, EintragName, EintragReihe,
            LexSortieren,Getan,AusTabNamen,AusTabReihen;
FROM Symbole
     IMPORT TypSymbol, TypZeichen, SymbolInf, SetOfChar,
            Buchstaben, Ziffern, BuchZiffern, Klasse,
            CodeZeichen, SymText, SymbolAusgabe;
FROM ZeilenLesen
     IMPORT Zeile, ZeilenEnde, ZeilenNummer, InitLesen,
            EndeLesen, LiesZeile, AusgabeZeile;
VAR Pegel : CARDINAL;
...
BEGIN
     InitLesen;
     Pegel:= 0;
END SymbolAnalyse.
```

Die Variable Pegel durchläuft die Zeichen in der importierten Textzeile Zeile.

Fehlermitteilungen

Tritt während der Symbolanalyse ein Fehler auf, erscheint eine Mitteilung auf dem Bildschirm.

```
PROCEDURE Fehler(F : CARDINAL);
VAR S : ARRAY[0..40] OF CHAR;
BEGIN
     WriteString("Fehler "); WriteCard(F, 2);
     WriteString(": ");
     CASE F
     OF 1 : S:= "Kein Platz in der Namenstabelle."
     |  2 : S:= "Zahl ist zu gross."
     |  3 : S:= "Zeichenreihe erreicht Zeilenende."
     |  4 : S:= "Kein Platz in der Zeichenreihentabelle."
     |  5 : S:= "Unzulaessiges Zeichen."
     ELSE   S:= "Keine Fehlerangabe"
     END;
     WriteString(S); WriteLn;
END Fehler
```

Analyse von Symbolen

`LiesSymbol` erkennt am ersten Zeichen die Art des Symbols und ruft eine Prozedur zu seiner weiteren Analyse auf.

```
PROCEDURE LiesSymbol(VAR Sym : SymbolInf) : BOOLEAN;
BEGIN
     IF LiesWeiter() THEN
          Sym.Art:= Klasse[Zeile[Pegel]];
     ELSE Sym.Art:= SymEOP;
     END;
     CASE Sym.Art
     OF SymName :     ProcName(Sym)
     |  SymZahl :     ProcZahl(Sym)
     |  SymReihe :    ProcReihe(Sym)
     |  SymZeichen : ProcZeichen(Sym)
     |  SymEOP :      RETURN FALSE
     |  SymKommentar : Zeile[Pegel]:= ZeilenEnde
     END;
     RETURN TRUE
END LiesSymbol
```

Lesen neuer Zeilen

Die lokale Prozedur `LiesWeiter` liefert das erste Zeichen des nächsten Symbols oder erkennt das Ende der Eingabe.

```
PROCEDURE LiesWeiter() : BOOLEAN;
CONST zwi = " ";
BEGIN
     REPEAT
          WHILE Zeile[Pegel] = zwi DO INC(Pegel) END;
          IF (Zeile[Pegel] = ZeilenEnde) AND
             LiesZeile()
          THEN AusgabeZeile; Pegel:= 0
          ELSE RETURN FALSE
          END
     UNTIL Zeile[Pegel] <> zwi;
     RETURN TRUE
END LiesWeiter
```

Analyse von Namen

```
PROCEDURE ProcName(VAR Sym : SymbolInf);
VAR p : CARDINAL;
BEGIN
     p:= Pegel;
     WHILE Zeile[Pegel] IN BuchZiffern DO INC(Pegel) END;
     Sym.Index:= EintragName(p, Pegel - 1);
     IF NOT Getan THEN Fehler(1) END;
END ProcName
```

Analyse von Zahlen

```
PROCEDURE ProcZahl(VAR Sym : SymbolInf);
CONST MaxZahl = 20;
VAR k, p : CARDINAL;
     z : ARRAY[0..MaxZahl] OF CHAR;
BEGIN
     p:= Pegel; k:= 0;
     WHILE Zeile[Pegel] IN Ziffern DO
          IF k <= MaxZahl THEN
               z[k]:= Zeile[Pegel]; INC(k)
          END;
          INC(Pegel)
     END;
     IF k <= MaxZahl THEN z[k]:= 0C END;
     IF NOT StrToCard(z, Sym.Zahl) THEN Fehler(2) END
END ProcZahl
```

Analyse von Einzelzeichen

```
PROCEDURE ProcZeichen(VAR Sym : SymbolInf);
BEGIN
     Sym.Code:= CodeZeichen[Zeile[Pegel]];
     IF Sym.Code = KeinZeichen THEN Fehler(5) END;
     INC(Pegel)
END ProcZeichen
```

Analyse von Zeichenreihen

```
PROCEDURE ProcReihe(VAR Sym : SymbolInf);
VAR p : CARDINAL; c : CHAR;
BEGIN
     p:= Pegel; c:= Zeile[Pegel];
     REPEAT INC(Pegel)
     UNTIL Zeile[Pegel] IN SetOfChar{c, ZeilenEnde};
     IF Zeile[Pegel] = ZeilenEnde THEN
          Fehler(3)
     ELSE INC(Pegel)
     END;
     Sym.Index:= EintragReihe(p, Pegel - 1);
     IF NOT Getan THEN Fehler(4) END
END ProcReihe
```

12 Ein Druckprogramm

12.1 Aufgabenstellung und Programmentwurf

Die Aufgabenstellung besteht aus drei Teilaufgaben:

(1) Eine Textdatei wird eingelesen. Die Zeilen erhalten einen linken Rand, der Zeilennummern aufnehmen kann. Deutsche Umlaute werden codiert. Der neue Text wird in eine Datei ausgegeben.
(2) Eine Textdatei wird eingelesen und in Seiten für einen Drucker umgebrochen. Jede Seite hat einen Kopf- und Fußteil. Der neue Text wird in eine Datei ausgegeben.
(3) Eine Textdatei wird eingelesen und auf einen Drucker ausgegeben. Zeilennummern im linkem Rand sind durch Zwischenräume ersetzbar. Eine Seitenauswahl ist möglich.

Der Programmentwurf

Folgende System-Moduln werden verwendet:

`Files`	Ein/Ausgabe von Dateien
`Texts`	Ein/Ausgabe von Textdateien
`Program`	System-Modul zum Aufruf von Programm-Moduln
`InOut`	Ein/Ausgabe von Werten
`Screen`	Cursoransteuerung des Bildschirms

Es werden folgende Anwendungs-Moduln entwickelt:

`Dateien`	regelt den Zugriff auf Dateien
`Umlaut`	definiert alle Parameter des Druckprogramms
`UMZEILEN`	realisiert Teilaufgabe (1)
`UMBRUCH`	realisiert Teilaufgabe (2)
`AUSGABE`	realisiert Teilaufgabe (3)
`Shell`	führt den Dialog mit dem Benutzer

Ausgabeparameter

1. `InitUmlaut` definiert die Transformation deutscher Umlaute:

   Eingabe: $a, $o, $u, $A, $U, $O, $s, $$
   Ausgabe: ä, ö, ü, Ä, Ü, Ö, ß, $

   `UmlautZeichen` gibt das gewünschte Codezeichen an (hier: `"$"`).

2. `Numerierung` parametrisiert `UMZEILEN` und beeinflußt die Gestaltung des linken Zeilenrands:

   `TRUE` Der linke Rand enthält fortlaufende Zeilennummern.
   `FALSE` Der linke Rand hat nur Zwischenräume.

   `Numerierung` parametrisiert auch `AUSGABE`:

   `TRUE` Der linke Rand bleibt unverändert.
   `FALSE` Der linke Rand hat nur Zwischenräume.

3. `Spacing` parametrisiert `AUSGABE`: Nach jeder Textzeile werden `Spacing` Leerzeilen ausgegeben.

4. `ErsteSeite` und `LetzteSeite` parametrisieren `AUSGABE`: Der Modul druckt nur die Seiten des ausgewählten Bereichs.

12.2 Das Rahmenprogramm *Shell*

Alle Programm-Moduln der drei Teilaufgaben sind unabhängig voneinander. Sie werden von dem Programm-Modul *Shell* ausgewählt:

```
MODULE Shell;
FROM Program
     IMPORT Call, CallResult, Unshared, SystemTrap;
FROM InOut
     IMPORT WriteString, WriteLn, Read, ReadCard, Done;
FROM Screen IMPORT ClearScreen, GotoXY, EraseLine;
FROM Umlaut
     IMPORT InitUmlaut, UmlautZeichen, Numerierung,
            Spacing, ErsteSeite, LetzteSeite;
VAR  ch : CHAR;
     Ergebnis : CallResult;
     Name : ARRAY [0..30] OF CHAR;
. . .
BEGIN
     InitUmlaut; UmlautZeichen:= "$";
     Numerierung:= TRUE; Spacing:= 0;
     ClearScreen;
     . . .
END Shell.
```

Der Initialisierung folgt die Eingabe eines Buchstabens. Dies führt zur Auswahl eines Programm-Moduls und zu seinem `ProgrammAufruf`. Dieser Vorgang ist wiederholbar.

```
LOOP
    ch:= KommandoZeile(); Name:= 0C;
    CASE ch
    OF "Z" : Name:= "UMZEILEN";
    |  "A" : Name:= "AUSGABE";
             Ausgabe(ErsteSeite, LetzteSeite);
    |  "U" : Name:= "UMBRUCH";
    |  "N" : Nummer(Numerierung)
    |  "S" : Abstand(Spacing)
    |  "C" : Codierung(UmlautZeichen)
    |  "H" : HALT
    ELSE GotoXY(4, 3);
         WriteString("Falsche Eingabe")
    END;
    IF ProgrammAufruf(Name, Ergebnis) THEN
         Protokoll(Name, Ergebnis)
    END
END;
```

Analyse von Kommandoeingaben

`Shell` stützt sich auf einige lokale Prozeduren. `KommandoZeile` liest ein Zeichen ein und identifiziert es als Anfangsbuchstaben eines Kommandos.

```
PROCEDURE KommandoZeile() : CHAR;
VAR ch : CHAR;
BEGIN
     GotoXY(0, 0);
     WriteString("Z(eilen, U(mbruch, A(usgabe, ");
     WriteString("N(ummern, S(pacing, H(alt    ");
     Read(ch); ch:= CAP(ch);
     ClearScreen;
     RETURN ch
END KommandoZeile
```

Parameter `ErsteSeite` **und** `LetzteSeite`

`Ausgabe` beschafft zwei Parameter für die Seiten-orientierte Ausgabe: die Nummer der ersten und der letzten Ausgabeseite.

```
PROCEDURE Ausgabe(VAR Anfang, Ende: CARDINAL);
BEGIN
     REPEAT
          GotoXY(4, 3); EraseLine;
          GotoXY(4, 3);
          WriteString("Erste Seite ? ");
          ReadCard(Anfang)
     UNTIL Done;
```

```
     REPEAT
          GotoXY(4, 4); EraseLine;
          GotoXY(4, 4);
          WriteString("Letzte Seite  ? ");
          ReadCard(Ende)
     UNTIL Done;
END Ausgabe
```

Parameter Numerierung

Nummer beschafft den neuen Wert für den Parameter Numerierung.

```
PROCEDURE Nummer(VAR b : BOOLEAN);
VAR c : CHAR;
BEGIN
     REPEAT
          GotoXY(4, 3); EraseLine;
          GotoXY(4, 3);
          WriteString("Zeilennumerierung: ");
          WriteString("J(a oder N(ein ? ");
          Read(c);
     UNTIL Done;
     b:= (c = "J") OR (c = "j");
END Nummer
```

Parameter Spacing

Abstand beschafft den neuen Wert für den Parameter Spacing.

```
PROCEDURE Abstand(VAR k : CARDINAL);
BEGIN
     REPEAT
          GotoXY(4, 3); EraseLine;
          GotoXY(4, 3);
          WriteString("Zeilenabstand [0..9]? ");
          ReadCard(k);
     UNTIL Done AND (k <= 9);
END Abstand
```

Änderung der Codierung

Codierung beschafft ein neues Codezeichen für Umlautzeichen.

```
PROCEDURE Codierung(VAR c : CHAR);
TYPE Set = SET OF CHAR;
VAR  Menge : Set;
BEGIN
     Menge:=Set{"$", '"', "%", "&", "@", "/", "\", "#", "↑"};
     REPEAT
          GotoXY(4, 3); EraseLine;
          GotoXY(4, 3);
```

```
        WriteString("Codierung ? ");
        Read(c);
     UNTIL Done AND (c IN Menge);
END Codierung
```

Aufruf eines Programm-Moduls

`ProgrammAufruf` ruft den ausgewählten Programm-Modul auf und liefert das Ergebnis des Aufrufs ab.

```
PROCEDURE ProgrammAufruf
     (Name : ARRAY OF CHAR;
       VAR erg : CallResult) : BOOLEAN;
BEGIN
     IF Name[0] = 0C THEN RETURN FALSE END;
     GotoXY(0, 7); WriteString(Name);
     GotoXY(0, 9);
     erg:= Call(Name, Unshared, SystemTrap);
     RETURN TRUE
END ProgrammAufruf
```

Protokoll des Aufrufs

`Protokoll` schreibt das Ergebnis des Aufrufs eines Programm-Moduls auf den Bildschirm. Jeder aufgerufene Programm-Modul protokolliert seinen eigenen Ablauf unabhängig von den anderen auf den Bildschirm.

```
PROCEDURE Protokoll
          (Name : ARRAY OF CHAR; Erg : CallResult);
BEGIN
     IF Name[0] = 0C THEN RETURN END;
     GotoXY(4, 20);
     WriteString(" Programm  "); WriteString(Name);
     IF Erg <> CallResult(0) THEN
          WriteString(" : Nicht korrekt !")
     ELSE WriteString(" : Korrekt !");
     END;
END Protokoll
```

12.3 Der System-Modul `Program`

Das Rahmenprogramm `Shell` ruft Programm-Moduln mit der Prozedur `Call` auf. Da das Verfahren offensichtlich ist, wird auf eine detaillierte Beschreibung des System-Moduls `Program` verzichtet.

```
DEFINITION MODULE Program;
EXPORT QUALIFIED ...;
TYPE CallResult = CARDINAL;
     CallMode   = (Shared, Unshared);
     ErrorMode  = (SystemTrap, CallerTrap);
PROCEDURE Call
     (ProgramName : ARRAY OF CHAR;
      CallType    : CallMode;
      Errors      : ErrorMode)
     : CallResult;
TYPE EnvMode = (AllCalls, UnsharedCalls, FirstCall);
PROCEDURE SetEnvelope
     (Init, Term : PROC; Mode : EnvMode);
END Program.
```

Die Parameter `Init` und `Term` der Prozedur `SetEnvelope` erhalten bei einem Aufruf zwei Prozeduren eines Implementierungs-Moduls zugeordnet. In Abhängigkeit von dem Parameter `Mode` ist `Init` eine Initialisierungs- und `Term` eine Terminierungsprozedur jedes Programm-Moduls, der sich auf den Implementierungs-Modul bezieht.

12.4 Der System-Modul `Files`

Der System-Modul `Files` unterstützt das Lesen und Schreiben sequentieller Dateien.

```
DEFINITION MODULE Files;
FROM SYSTEM IMPORT WORD, ADDRESS;
EXPORT QUALIFIED
     FILE, EOF, FileStatus, FileState,
     SetFileHandler,
     Open, Create, Close, Release, Rename,
     Delete,
     FilePos, SetPos, GetPos, CalcPos,
     SetEOF, GetEOF,
     Read, Write, ReadRec, WriteRec,
     ReadBytes, WriteBytes;
...
END Files.
```

Der Zugriff auf Dateien erfolgt mit Variablen des Typs `FILE`:

```
TYPE FILE;
```

Zustand einer Datei

```
PROCEDURE EOF(F : FILE) : BOOLEAN;
```

Nach jeder Leseoperation liefert ein Aufruf `EOF` den Wert `TRUE`, wenn das Ende der Datei `F` erreicht ist oder eine der folgenden Prozeduren nicht das Ergebnis `FileOK` abliefert, sonst den Wert `FALSE`.

```
TYPE FileState =
     (FileOK, NameError, UseError, StatusError,
      DeviceError, EndError);
PROCEDURE FileStatus(F : FILE) : FileState;
```

`FileStatus` gibt Auskunft über den Zustand der Datei.

Datei-Fehlerbehandlung

```
TYPE FileHandler = PROCEDURE(FileState);
PROCEDURE SetFileHandler
     (F : FILE; Handler : FileHandler);
```

`SetFileHandler` ordnet einer Datei `F` eine Prozedur zur individuellen Fehlerbehandlung zu. Sie wird immer dann automatisch aufgerufen, wenn eine Operation mit dieser Datei `F` nicht den Zustand `FileOK` hinterläßt.

Datei-Operationen

```
PROCEDURE Open    (VAR F : FILE; Name : ARRAY OF CHAR)
                  : FileState;
PROCEDURE Create  (VAR F : FILE; Name : ARRAY OF CHAR)
                  : FileState;
PROCEDURE Close   (VAR F : FILE) : FileState;
PROCEDURE Release(VAR F : FILE) : FileState;
PROCEDURE Delete  (Name : ARRAY OF CHAR) : FileState;
PROCEDURE Rename  (Old, New : ARRAY OF CHAR)
                  : FileState;
```

`Open` verbindet eine existierende Datei `Name` mit der `FILE`-Variablen `F`.
`Create` legt eine neue Datei `Name` an und verbindet sie mit `F`.
`Close` löst eine solche Verbindung.
`Release` entfernt darüberhinaus die Datei.
`Delete` löscht eine Datei.
`Rename` gibt einer Datei einen neuen Namen.

Wahlfreier Zugriff auf Dateien

```
TYPE FilePos;
PROCEDURE GetPos(F : FILE; VAR Pos : FilePos);
PROCEDURE GetEOF(F : FILE; VAR Pos : FilePos);
PROCEDURE SetPos(F : FILE; Pos : FilePos);
PROCEDURE SetEOF(F : FILE; Pos : FilePos);
PROCEDURE CalcPos(RecNum, RecSize : CARDINAL;
                  VAR Pos : FilePos);
```

Alle Prozeduren dienen zum wahlfreien Zugriff auf Daten einer Datei.

Lesen und Schreiben

```
PROCEDURE Read     (F : FILE; VAR ch : CHAR);
PROCEDURE Write    (F : FILE; ch : CHAR);
PROCEDURE ReadRec  (F : FILE; VAR Rec : ARRAY OF WORD);
PROCEDURE WriteRec(F : FILE; VAR Rec : ARRAY OF WORD);
PROCEDURE ReadBytes
          (F : FILE; buf : ADDRESS; n : CARDINAL)
          : CARDINAL;
PROCEDURE WriteBytes
          (F : FILE; buf : ADDRESS; n : CARDINAL)
          : CARDINAL;
```

`Read`	liest ein Zeichen.
`Write`	schreibt ein Zeichen.
`ReadRec`	liest einen Wort-orientierten Verbund.
`WriteRec`	schreibt einen Wort-orientierten Verbund.
`ReadBytes`	liest `n` Byte und liefert die Zahl der wirklich bearbeiteten Byte.
`WriteBytes`	schreibt `n` Byte und liefert die Zahl der wirklich bearbeiteten Byte.

12.5 Der System-Modul `Texts`

Der System-Moduls `Texts` interpretiert eine sequentielle Datei als Textdatei (im Sinne des System-Moduls `InOut`). Hier dient das Zeichen `0C` auch zur Kennzeichnung eines Zeilenwechsels.

```
DEFINITION MODULE Texts;
FROM Files IMPORT FILE;
EXPORT QUALIFIED
     TEXT, inout, output, console,
     Connect, Disconnect,
     EOT, EOL, TextStatus, TextState, SetTextHandler,
     Read, ReadInt, ReadCard, ReadLn, ReadAgain,
     Write, WriteString, WriteInt, WriteCard, WriteLn;
...
END Texts.
```

Der Zugriff auf Textdateien erfolgt mit Variablen des Typs `TEXT`:

```
TYPE TEXT;
VAR inout, output, console : TEXT;
```

`input` und `output` bezeichnen die Standard-Eingabedatei und Standard-Ausgabedatei. `console` gibt den Bildschirm an.

Zustand von Textdateien

```
PROCEDURE EOT(T : TEXT) : BOOLEAN;
PROCEDURE EOL(T : TEXT) : BOOLEAN;
TYPE TextState =
     (TextOK, FormatError, FileError, ConnectError);
PROCEDURE TextStatus(T : TEXT) : TextState;
```

`EOT` liefert den Wert `TRUE`, wenn eine der folgenden Prozeduren nicht das Ergebnis `TextOK` abliefert, sonst den Wert `FALSE`.

`EOL` liefert den Wert `TRUE`, wenn das Ende einer Textzeile erreicht ist oder `EOT` den Wert `TRUE` hat.

`TextStatus` gibt Auskunft über den Zustand der Datei.

Fehlerbehandlung von Textdateien

```
TYPE TextHandler = PROCEDURE(TextState);
PROCEDURE SetTextHandler(T : TEXT; Handler : TextHandler);
```

`SetTextHandler` ordnet einer Textdatei `T` eine eigene Prozedur zur Fehlerbehandlung zu. Diese wird immer dann automatisch aufgerufen, wenn eine Operation mit dieser Datei `T` nicht den Zustand `TextOK` hinterläßt.

Textdatei-Operationen

```
PROCEDURE Connect(VAR T : TEXT; VAR F : FILE) : TextState;
PROCEDURE Disconnect(VAR T : TEXT) : TextState;
```

`Connect` verbindet eine schon eröffnete Datei `F` mit der `Text`-Variablen `T`. `Disconnect` löst eine solche Verbindung.

Lesen und Schreiben

```
PROCEDURE Read (T : TEXT; VAR ch : CHAR);
PROCEDURE Write(T : TEXT; ch : CHAR);
PROCEDURE WriteString(T : TEXT; s : ARRAY OF CHAR);
PROCEDURE ReadInt(T : TEXT; VAR i : INTEGER);
PROCEDURE WriteInt(T : TEXT; i : INTEGER; n : CARDINAL);
PROCEDURE ReadCard(T : TEXT; VAR c : CARDINAL);
PROCEDURE WriteCard(T : TEXT; c, n : CARDINAL);
PROCEDURE ReadLn   (T : TEXT);
PROCEDURE WriteLn  (T : TEXT);
PROCEDURE ReadAgain(T : TEXT);
```

`Read` liest ein Zeichen.

`Write` schreibt eine Zeichen.

`WriteString` schreibt eine Zeichenreihe.

`ReadInt` überliest führende Zwischenräume und Kontrol-Zeichen und stoppt nach dem ersten, von einer Ziffer verschiedenen Zeichen.

`WriteInt` schreibt eine `INTEGER`-Zahl.

`ReadCard`	überliest führende Zwischenräume und Kontrol-Zeichen und stoppt nach dem ersten, von einer Ziffer verschiedenen Zeichen.
`WriteCard`	schreibt eine `CARDINAL`-Zahl.
`ReadLn`	liest den Rest einer Textzeile. `EOL` liefert danach stets den Wert `TRUE`.
`WriteLn`	schreibt einen Zeilenwechsel.
`ReadAgain`	bewirkt das erneute Lesen des letzten Zeichens.

12.6 Das Öffnen und Schließen von Textdateien

Der Anwendungs-Modul `Dateien` übernimmt das Öffnen, Anlegen und Schließen von zwei Textdateien.

```
DEFINITION MODULE Dateien;

FROM Texts IMPORT TEXT;
EXPORT QUALIFIED ...;
VAR EingabeText, AusgabeText : TEXT;
PROCEDURE DateiEroeffnen;
PROCEDURE DateiSchliessen;

END Dateien.
```

Der Implementierungs-Modul baut auf den System-Moduln `Files` und `Texts` auf. Zwei Dateien werden als Textdateien interpretiert.

```
IMPLEMENTATION MODULE Dateien;
FROM Files
     IMPORT FILE, Open, Create, Close,
            FileStatus, FileState;
FROM Texts
     IMPORT TEXT, console, Connect, Disconnect,
            TextState, SetTextHandler,
            Write, WriteLn, WriteString, ReadLn;
CONST MaxName = 20;
VAR  EingabeDatei, AusgabeDatei : FILE;
     EingabeName, AusgabeName
          : ARRAY[0..MaxNamc] OF CHAR;
...
END Dateien.
```

Fehlerbehandlung und Fehlertexte

`Handler` übernimmt die individuelle Fehlerbehandlung für Textdateien.

```
PROCEDURE Handler(Fehler : TextState);
BEGIN
     WriteString(console, "Text Fehler"); HALT;
END Handler
```

```
PROCEDURE EAFehler(k : CARDINAL);
VAR s : ARRAY [0..30] OF CHAR;
BEGIN
     WriteString(console, "Datei E/A Fehler:  ");
     CASE k
     OF 1 : s:= "Falscher Dateiname"
     |  2 : s:= "Keine File-Eroeffnung"
     |  3 : s:= "Keine Text-Eroeffnung"
     |  4 : s:= "Kein File-Abschluss"
     |  5 : s:= "Kein Text-Abschluss"
     ELSE s:= "unbekannte Fehlermitteilung"
     END;
     WriteString(console, s);
     HALT;
END EAFehler
```

Einlesen von Dateinamen

`LiesName` liest einen Dateinamen ein und hängt die Endung `.TEXT` an.

```
PROCEDURE LiesName
          (VAR name : ARRAY OF CHAR) : BOOLEAN;
VAR i, k : CARDINAL;
    text : ARRAY[0..5] OF CHAR;
BEGIN
     WriteString(console, name);
     ReadLn(console, name);
     k:= 0;
     WHILE (k <= MaxName) AND (name[k] <> 0C) DO
          INC(k)
     END;
     IF (k + 4) > MaxName THEN RETURN FALSE END;
     text:= ".TEXT";
     FOR i:= 0 TO 5 DO name[k + i]:= text[i] END;
     RETURN TRUE
END LiesName
```

Öffnen von Textdateien

`FileOpen` eröffnet eine Plattendatei `F` als Textdatei `T` und ordnet ihr eine Fehlerprozedur `Handler` zu. Der Parameter `FProc` erhält die Prozedur `Open` oder `Create` zugeordnet.

```
TYPE DateiProzedur =
     PROCEDURE(VAR FILE, ARRAY OF CHAR) : FileState;

PROCEDURE FileOpen(VAR F : FILE;
                   FProc : DateiProzedur;
                   VAR T : TEXT;
                   VAR name : ARRAY OF CHAR);
VAR k : CARDINAL;
```

```
BEGIN
     IF    NOT LiesName(name)          THEN k:= 1
     ELSIF FProc(F, name) <> FileOK THEN k:= 2
     ELSIF Connect(T, F)  <> TextOK THEN k:= 3
     ELSE  k:= 0
     END;
     IF k > 0 THEN EAFehler(k) END;
     SetTextHandler(T, Handler);
END FileOpen
```

Schließen von Textdateien

```
PROCEDURE FileClose(VAR F : FILE; T : TEXT;
                     name : ARRAY OF CHAR);
VAR k : CARDINAL;
BEGIN
     IF    Disconnect(T) <> TextOK THEN k:= 5
     ELSIF Close(F) <> FileOK THEN k:= 4
     ELSE  k:= 0
     END;
     IF k > 0 THEN EAFehler(k) END;
END FileClose
```

Allgemeine Datei-Eröffnung

Die exportierte Prozedur `DateiEroeffnen` fragt nach dem Namen zweier Textdateien und eröffnet eine als Eingabedatei und legt die andere als neue Ausgabedatei an.

```
PROCEDURE DateiEroeffnen;
BEGIN
     EingabeName:= "Eingabedatei ? ";
     FileOpen(EingabeDatei, Open,
              EingabeText, EingabeName);
     AusgabeName:= "Ausgabedatei ? ";
     FileOpen(AusgabeDatei, Create,
              AusgabeText, AusgabeName);
END DateiEroeffnen
```

Allgemeine Datei-Abmeldung

Die exportierte Prozedur `DateiSchliessen` meldet zwei Textdateien ab.

```
PROCEDURE DateiSchliessen;
BEGIN
     FileClose(EingabeDatei, EingabeText, EingabeName);
     FileClose(AusgabeDatei, AusgabeText, AusgabeName);
END DateiSchliessen
```

12.7 Die Parametrisierung der Ausgabe

Der Anwendungs-Modul `Umlaut`

Dieser Modul führt die Parameter ein, auf welche die Programm-Moduln `UMZEILEN`, `UMBRUCH`, `AUSGABE` und `Shell` als gemeinsame Parametermenge zugreifen.

```
DEFINITION MODULE Umlaut;
EXPORT QUALIFIED
     UmlautZeichen, UmlautMenge, Usa, InitUmlaut,
     Numerierung, Spacing, Rand, RandAbstand,
     TypRand, ErsteSeite, LetzteSeite;
VAR  Numerierung : BOOLEAN;
     Spacing, ErsteSeite, LetzteSeite : CARDINAL;
. . .
END Umlaut.
```

Linker Seitenrand

Der linke Rand ist 8 Zeichen breit.

```
CONST RandAbstand = 8;
TYPE  TypRand   = ARRAY [0..RandAbstand - 1] OF CHAR;
VAR   Rand : TypRand;
```

Deutsche Umlautzeichen

`UmlautZeichen` gibt das aktuelle Codezeichen zum Codieren der Umlaute der deutschen Sprache an:

$a, $o, $u, $A, $U, $O, $s, $$ → ä, ö, ü, Ä, Ü, Ö, ß, $

`UmlautMenge` spiegelt diese Abbildung wieder. Die Transformation an der Position `Lg` der Reihung `Feld` stützt sich auf die Prozedur `Usa`, die vor der Transformation mit dem Parameter `usa = TRUE` und danach mit dem Parameter `usa = FALSE` aufgerufen wird.

```
VAR   UmlautZeichen : CHAR;
      UmlautMenge : ARRAY CHAR OF CHAR;
PROCEDURE Usa(VAR Feld : ARRAY OF CHAR;
              VAR Lg : CARDINAL;
              usa : BOOLEAN);
PROCEDURE InitUmlaut;
```

Der Implementierungs-Modul importiert aus dem System-Modul `Texts` und dem Anwendungs-Modul `Dateien`.

```
IMPLEMENTATION MODULE Umlaut;
FROM Texts IMPORT console, Write, WriteLn,
                  WriteString, WriteCard;
FROM Dateien IMPORT AusgabeText;
. . .
END Umlaut.
```

Testausgabe

Die nicht exportierte Prozedur `Ausgabe` dient für Codierungtests.

```
PROCEDURE Ausgabe(VAR Feld : ARRAY OF CHAR;
                  VAR Lg : CARDINAL);
VAR k : CARDINAL;
BEGIN
     Feld[Lg + 1]:= 0C;
     WriteString(AusgabeText, Feld);
     WriteString(console, Feld);
     WriteLn(AusgabeText);
     Write(console, "$"); WriteLn(console);
     Lg:= 0;
END Ausgabe
```

Wechsel des Zeichensatzes

`Usa` leitet in den amerikanischen Zeichensatz (`usa = TRUE`) oder in den deutschen Zeichensatz (`usa = FALSE`) des Druckers über.

```
PROCEDURE Usa(VAR Feld : ARRAY OF CHAR;
              VAR Lg : CARDINAL;
              usa : BOOLEAN);
VAR k, c : CARDINAL;
BEGIN
     k:= Lg;
     Feld[k + 0]:= CHR(27);
     Feld[k + 1]:= CHR(82);
     IF usa THEN c:= 3 ELSE c:= 2 END;
     Feld[k + 2]:= CHR(c);
     INC(Lg, 3)
END Usa
```

Initialisierung der Codierung

`InitUmlaut` definiert die Transformation der Zeichensätze und initialisiert den Rand und das Umlautzeichen.

```
PROCEDURE InitUmlaut;
VAR c : CHAR; k : CARDINAL;
BEGIN
     FOR c:= 0C TO 177C DO UmlautMenge[c]:= c END;
     (* nur deutsche Umlaute *)
     UmlautMenge["a"]:= CHR(123);
     UmlautMenge["o"]:= CHR(124);
     UmlautMenge["u"]:= CHR(125);
     UmlautMenge["A"]:= CHR(091);
     UmlautMenge["O"]:= CHR(092);
     UmlautMenge["U"]:= CHR(093);
     UmlautMenge["s"]:= CHR(126);
     FOR k:= 0 TO RandAbstand DO Rand[k]:= " " END;
     UmlautZeichen:= "$";
END InitUmlaut
```

Test der Codierung

Die nicht exportierte Prozedur `TestUmlaut` dient nur zum Testen der Transformation.

```
PROCEDURE TestUmlaut(VAR Feld : ARRAY OF CHAR;
                     VAR Lg : CARDINAL);
TYPE SetChar = SET OF CHAR;
VAR c : CHAR; m : SetChar;
BEGIN
     m:= SetChar{"a", "o", "u",
                 "A", "O", "U", "s"};
     Usa(Feld, Lg, FALSE);
     FOR c:= 0C TO 177C DO
          IF c IN m THEN
               Feld[Lg]:= UmlautMenge[c];
               INC(Lg);
          END;
     END;
     Usa(Feld, Lg, TRUE);
     Ausgabe(Feld, Lg);
END TestUmlaut
```

12.8 Die Eingabe und Transformation einer Textdatei

Der Programm-Modul `UMZEILEN`

Dieser Modul liest Eingabezeilen einer Textdatei ein, speichert sie als Datenstrukturen des Typs `String`, gibt ihnen einen linken Rand mit oder ohne Numerierung und transformiert deutsche Umlaute. Das Ergebnis steht in einer anderen Textdatei.

```
MODULE UMZEILEN;
FROM Texts
     IMPORT console, EOT, ReadLn,
            Write, WriteLn, WriteString, WriteCard;
FROM Dateien
     IMPORT DateiEroeffnen, DateiSchliessen,
            EingabeText, AusgabeText;
FROM Umlaut
     IMPORT UmlautZeichen, UmlautMenge, Usa,
            Numerierung, RandAbstand, Rand, TypRand;
TYPE String =
     RECORD
          Text : ARRAY[0..200] OF CHAR;
          Lg : CARDINAL
     END;
```

```
...
BEGIN
     DateiEroeffnen;
     LiesZeilen;
     DateiSchliessen;
END UMZEILEN.
```

Numerierung der Zeilen

`RandNummern` stellt, wenn eine Numerierung gebraucht wird, eine `CARDINAL`-Zahl als Zeichenreihe des Typs `TypRand` dar.

```
PROCEDURE RandNummer
     (VAR znr : TypRand; anz : CARDINAL);
VAR k, z : CARDINAL;
BEGIN
     znr:= Rand;
     IF NOT Numerierung THEN RETURN END;
     z:= anz; k:= RandAbstand - 2;
     WHILE z <> 0 DO
          znr[k]:= CHR((z MOD 10) + ORD("0"));
          IF k > 0 THEN
               DEC(k); z:= z DIV 10
          ELSE z:= 0
          END;
     END
END RandNummer
```

Protokoll der Eingabe

```
PROCEDURE Protokoll(anz : CARDINAL);
BEGIN
     IF (anz MOD 100) = 0 THEN WriteLn(console) END;
     IF (anz MOD 10 ) = 0 THEN
          WriteCard(console, anz, 6);
     END;
END Protokoll
```

Lesen von Textzeilen

`LiesZeilen` liest die Zeilen der Textdatei ein, versieht sie mit einem Rand und gibt sie an `TransZeile` für Transformationen ab.

```
PROCEDURE LiesZeilen;
VAR  anz : CARDINAL;
     znr : TypRand;
     Feld, NeuFeld : String;
BEGIN
...
END LiesZeilen
```

Auf die Initialisierung der Zeilenzählung anz folgt das Einlesen bis zum Ende der Textdatei.

```
WriteCard(console, 0, 6);
anz:= 0;
WHILE NOT EOT(EingabeText) DO
     INC(anz);
     ReadLn(EingabeText, Feld.Text);
     RandNummer(znr, anz);
     Protokoll(anz);
     WriteString(AusgabeText, znr);
     IF TransFeld(Feld, NeuFeld) THEN
          WriteString(AusgabeText, Feld.Text);
          WriteString(AusgabeText, NeuFeld.Text);
     ELSE WriteString(AusgabeText, Feld.Text);
     END;
     WriteLn(AusgabeText)
END;
```

TransFeld liefert den Wert TRUE, wenn eine Transformation vorkommt: Feld enthält die Zeichenfolge bis zur ersten Transformationstelle, NeuFeld den transformierten Rest. Die Zahl der eingelesenen Zeilen wird protokolliert.

```
WriteLn(console);
WriteCard(console, anz, 6);
WriteString(console, " Zeilen");
WriteLn(console);
```

Transformation von Textzeilen

TransFeld sucht in Feld nach Umlautzeichen.

```
PROCEDURE TransFeld
     (VAR Feld, NeuFeld : String) : BOOLEAN;
VAR  i, k : CARDINAL;
     umlaut, leer : BOOLEAN;
     c : CHAR;
BEGIN
...
END TransFeld
```

Zunächst wird festgestellt, ob Feld eine Leerzeile ist.

```
k:= 0; leer:= TRUE;
REPEAT
     c:= Feld.Text[k]; INC(k);
     leer:= leer AND (c = " ");
UNTIL (c = 0C) OR (c = UmlautZeichen);
```

Liegt eine Leerzeile vor oder tritt kein Umschaltzeichen auf, ist `TransZeile` am Ende. `Lg` gibt die Zahl der gefundenen Zeichen an.

```
IF c = 0C THEN
     IF leer THEN
          Feld.Lg:= 0; Feld.Text[0]:= 0C
     ELSE Feld.Lg:= k - 1
     END;
     RETURN FALSE
END;
```

Gibt es ein Umschaltzeichen, wird `Feld` abgeschlossen und `NeuFeld` initialisiert.

```
IF k >= 1 THEN
     Feld.Text[k - 1]:= 0C;
     Feld.Lg:= k - 1
END;
NeuFeld.Lg:= 0;
umlaut:= TRUE;
```

Alle Umlautzeichen in `Feld` werden transformiert und das Ergebnis wird nach `NeuFeld` übertragen.

```
LOOP
     c:= Feld.Text[k];
     IF c = 0C THEN EXIT END;
     WITH NeuFeld DO
          IF umlaut THEN
               umlaut:= FALSE;
               IF c = 0C THEN EXIT END;
               IF c = UmlautZeichen THEN
                    Text[Lg]:= c; INC(Lg)
               ELSE Usa(Text, Lg, FALSE);
                    Text[Lg]:= UmlautMenge[c];
                    INC(Lg);
                    Usa(Text, Lg, TRUE)
               END
          ELSIF c = UmlautZeichen THEN umlaut:= TRUE
          ELSE  Text[Lg]:= c; INC(Lg)
          END;
     END;
     INC(k);
END;
```

`NeuFeld` wird abgeschlossen und das Ergebnis `TRUE` festgestellt, d.h. es gibt mindestens eine Transformation.

```
NeuFeld.Text[NeuFeld.Lg]:= 0C;
RETURN TRUE
```

12.9 Der Seitenumbruch einer Textdatei

Der Programm-Modul UMBRUCH

Dieser Modul liest eine Textdatei und teilt sie in Seiten ein. Jede Seite erhält einen Kopftext und einen Fußtext. Das Ergebnis steht in einer neuen Textdatei.

Der Umbruch erfolgt interaktiv: UMBRUCH macht einen Vorschlag und der Benutzer bestätigt diesen Vorschlag oder korrigiert ihn durch die Eingabe einer kleineren Zeilennummer oder einer negativen Zahl.

```
MODULE UMBRUCH;
FROM Texts
     IMPORT TEXT, console, EOT,
            Write, WriteLn, WriteString, WriteCard,
            ReadCard, ReadInt, ReadLn;
FROM Dateien
     IMPORT DateiEroeffnen, DateiSchliessen,
            EingabeText, AusgabeText;
FROM Umlaut IMPORT Numerierung, Rand, RandAbstand;
```

Der Seitenaufbau

Kopftext und Fußtext sowie die Zahl der Zeilen pro Seite sind konstante Größen. (Will man dies ändern, müssen sie exportierte Variablen des Moduls Umlaut werden.)

```
CONST KopfZeilen = 5; FussZeilen = 5;
      MaxSeitenLaenge = 72 - KopfZeilen - FussZeilen;
      MaxZeilen = 2 * MaxSeitenLaenge;
```

Der Zeilenspeicher

Die Datenstruktur Zeilen ist eine ringförmige verwaltete Datenstruktur und enthält eingelesene Zeilen zwischen den Positionen Anfang und Ende.

```
TYPE String = ARRAY[0..200] OF CHAR;
VAR  Zeilen : ARRAY [0..MaxZeilen - 1] OF String;
     Anfang, Ende : CARDINAL;
```

Dazu kommen noch einige Zählvariable.

Ablauf des Umbruchs

```
VAR  AusgabeZeilen, AnzZeilen, AnzSeiten : CARDINAL;
VAR  k, trenn : CARDINAL; b : BOOLEAN;
...
BEGIN
     DateiEroeffnen;
     AnzSeiten:= 0;
     Anfang:= 1; Ende:= 0;
```

Nach der Initialisierung erfolgt der interaktive Umbruch. Nachdem klar ist, daß eine neue Seite vorliegt, wird eine Trennung bestimmt, die Zeilen bis zu dieser Stelle ausgegeben und die Seite abgeschlossen.

```
     LOOP
          LOOP
               b:= (NOT LiesZeilen())
                    AND (Anfang > Ende);
               IF b THEN EXIT END;
               IF NOT WegZeilen() THEN EXIT END;
          END;
          IF b THEN EXIT END;
          AnfangSeite;
          trenn:= ZeigZeilen();
          AusZeilen(AusgabeText, Anfang, trenn);
          EndSeite;
          Anfang:= trenn + 1;
     END;
```

Die Zahl der Seiten wird protokolliert.

```
     DateiSchliessen;
     WriteLn(console);
     WriteCard(console, AnzSeiten, 6);
     WriteString(console, " Seiten");
     WriteLn(console);
END UMBRUCH.
```

Entfernen von Leerzeilen am Seitenanfang

`WegZeilen` entfernt überflüssige Leerzeilen am Anfang einer neuen Seite. Der Aufruf liefert den Wert `TRUE`, wenn dies geschehen ist.

```
PROCEDURE WegZeilen() : BOOLEAN;
VAR  num, k, m, kmod, anf : CARDINAL; c : CHAR;
BEGIN
     . . .
     RETURN FALSE
END WegZeilen
```

Ab der ersten Zeile wird nach Leerzeilen geforscht.

```
num:= RandAbstand + 1;
anf:= Anfang;
FOR k:= Anfang TO Ende DO
     c:= Zeilen[k MOD MaxZeilen, num];
```

Das Zeichen `0C` oder `" "` am Zeilenanfang (nach dem Rand) terminiert den Aufruf.

```
     IF (c <> 0C) AND (c <> " ") THEN
          RETURN Anfang > anf
     END;
```

Bei einem Zwischenraum am Zeilenanfang wird nachgeforscht, ob eine Leerzeile vorliegt. Das erste Zeichen, verschieden von " ", terminiert den Aufruf.

```
     IF c = " " THEN
          kmod:= k MOD MaxZeilen;
          m:= num + 1;
          WHILE  Zeilen[kmod, m] = " " DO INC(m) END;
          IF Zeilen[kmod, m] <> 0C THEN
               RETURN Anfang > anf
          END
     END;
     INC(Anfang)
END;
```

Eingabe von Zeilen

`LiesZeilen` liest Textzeilen und speichert sie in der Datenstruktur `Zeilen`.

```
PROCEDURE LiesZeilen() : BOOLEAN;
VAR  k, frei : CARDINAL;
BEGIN
     IF EOT(EingabeText) THEN RETURN FALSE END;
     frei:= MaxZeilen - (Ende - Anfang + 1);
     FOR k:= Ende + 1 TO Ende + frei DO
          ReadLn(EingabeText,
                 Zeilen[k MOD MaxZeilen]);
          INC(Ende);
          IF EOT(EingabeText) THEN RETURN TRUE END;
     END;
     RETURN TRUE
END LiesZeilen
```

Ausgabe von Zeilen

`AusZeilen` schreibt Textzeilen in eine Textdatei (Parameter `Ort`).

```
PROCEDURE AusZeilen
          (Ort : TEXT; Anfang, Ende : CARDINAL);
VAR k : CARDINAL;
BEGIN
     FOR k:= Anfang TO Ende DO
          WriteString(Ort, Zeilen[k MOD MaxZeilen]);
          WriteLn(Ort);
     END;
END AusZeilen
```

Interaktiver Seitenumbruch

`ZeigZeilen` bietet eine Trennung an. Das Ergebnis ist die vorgeschlagene oder interaktiv korrigierte Stelle.

```
PROCEDURE ZeigZeilen() : CARDINAL;
CONST Abstand1 = 12; Abstand2 = 4;
VAR i, k, trenn : CARDINAL; znr : INTEGER;
BEGIN
     IF (Ende - Anfang + 1) <= MaxSeitenLaenge THEN
          RETURN Ende
     END;
     . . .
END ZeigZeilen
```

Es werden `Abstand1` Zeilen vor und `Abstand2` Zeilen nach der vorgeschlagenen Trennung auf dem Bildschirm gezeigt.

```
k:= Anfang + MaxSeitenLaenge;
AusZeilen(console, k - Abstand1, k - 1);
WriteString(console,"==============================");
WriteLn(console);
AusZeilen(console, k, k + Abstand2);
WriteLn(console);
```

`ZeigZeilen` erwartet nun die Eingabe einer Zeilennummer oder einer negative Zahl, die den Abstand zur vorgeschlagenen Trennung anzeigt.

```
LOOP
     WriteString(console, "Zeilennummer ? ");
     ReadInt(console, znr);
     IF znr <= 0 THEN
          trenn:= k - CARDINAL(-znr) - 1;
          IF Anfang <= trenn THEN EXIT END
     ELSE trenn:= znr;
          IF (Anfang <= trenn) AND (trenn <= k) THEN
               EXIT
          END
     END;
END;
```

Die bestätigte oder neue Trennstelle wird protokolliert und ist das Ergebnis des Aufrufs.

```
WriteLn(console);
WriteString(console, "Trennung nach Zeile ");
WriteCard(console, trenn, 0);
WriteLn(console);
RETURN trenn
```

Kopftext einer Seite

```
PROCEDURE AnfangSeite;
VAR  k : CARDINAL;
BEGIN
. . .
END AnfangSeite
```

Am Anfang stehen einige Leerzeilen.

```
FOR k:= 1 TO KopfZeilen DIV 2 DO
     WriteString(AusgabeText, Rand);
     WriteLn(AusgabeText)
END;
```

Danach folgt eine Textzeile.

```
WriteString(AusgabeText, Rand);
WriteString(AusgabeText, "SEITE ");
INC(AnzSeiten);
WriteCard(AusgabeText, AnzSeiten, 0);
WriteString(AusgabeText, "  ");
WriteString(AusgabeText, "Dr. H. Rohlfing-Brosell");
WriteLn(AusgabeText);
```

Den Abschluß bilden wieder einige Leerzeilen.

```
FOR k:= (KopfZeilen DIV 2) + 2 TO KopfZeilen DO
     WriteString(AusgabeText, Rand);
     WriteLn(AusgabeText)
END;
```

Fußtext einer Seite

```
CONST NeueSeite = 14C;
PROCEDURE EndSeite;
BEGIN
     Write(AusgabeText, NeueSeite)
END EndSeite
```

12.10 Die Seitenausgabe

Der ProgrammModul AUSGABE

Dieser Modul liest die Seiten einer Textdatei und kopiert einen durch die Parameter ErsteSeite und LetzteSeite festgelegten Teil in eine andere Textdatei. Zeilennummern werden unterdrückt, wenn der Parameter Numerierung den Wert FALSE hat. Jeder Textzeile folgen Spacing Leerzeilen.

```
MODULE AUSGABE;
FROM Texts
     IMPORT console, EOT, Write, WriteLn,
            WriteString, WriteCard, Read, ReadLn;
FROM Dateien
     IMPORT DateiEroeffnen, DateiSchliessen,
            EingabeText, AusgabeText;
```

```
FROM Umlaut
     IMPORT Usa, Spacing, Numerierung, Rand,
            RandAbstand, ErsteSeite, LetzteSeite;
TYPE String = ARRAY[0..200] OF CHAR;
CONST NeueSeite = 14C;
VAR   k, AktSeite : CARDINAL; s : String;
      TextZeile : BOOLEAN;
BEGIN
     IF ErsteSeite > LetzteSeite THEN RETURN END;
     IF ErsteSeite = 0 THEN RETURN END;
     DateiEroeffnen;
     InitDrucker;
     AktSeite:= 1;
     . . .
     DateiSchliessen;
END AUSGABE.
```

Überlesen von Seiten

Der Initialisierung folgt das Einlesen der Seiten und die Abfrage auf den Seitenanfang, bis die Seite mit der Seitennummer `ErsteSeite` gefunden ist. Jede Seite wird mit einem Punkt auf dem Bildschirm protokolliert.

```
LOOP
     IF EOT(EingabeText) THEN RETURN END;
     IF AktSeite = ErsteSeite THEN EXIT END;
     ReadLn(EingabeText, s);
     IF s[0] = CHR(NeueSeite) THEN
          INC(AktSeite); Write(console, ".")
     END;
END;
WriteLn(console);
```

Ausgabe von Seiten

```
TextZeile:= FALSE;
LOOP
     IF EOT(EingabeText) THEN RETURN END;
     ReadLn(EingabeText, s);
```

Eine neue Seite wird mit einem Punkt protokolliert. Die Ausgabe stoppt nach der Seite mit der Seitennummer `LetzteSeite`.

```
     IF s[0] = CHR(NeueSeite) THEN
          Write(AusgabeText, NeueSeite);
          INC(AktSeite);
          Write(console, ".");
          IF AktSeite > LetzteSeite THEN EXIT END
```

Bei einer Textzeile hat die Variable `TextZeile` den Wert TRUE. `Numerierung = FALSE` unterdrückt eine Zeilennumerierung.

```
     ELSIF Numerierung THEN
          TextZeile:= s[8] <> 0C;
          WriteString(AusgabeText, s);
     ELSE TextZeile:= s[8] <> 0C;
          FOR k:= 0 TO RandAbstand DO s[k]:= Rand[k] END;
          WriteString(AusgabeText, s);
     END;
     WriteLn(AusgabeText);
```

Einer Textzeile folgen `Spacing` Leerzeilen.

```
     IF TextZeile THEN
          FOR k:= 1 TO Spacing DO WriteLn(AusgabeText) END;
          TextZeile:= FALSE
     END;
END;
```

Initialisierung des Druckers

```
PROCEDURE InitDrucker;
VAR Feld : String; k : CARDINAL;
BEGIN
(* set INIT *)
     Feld[0]:= 33C; Feld[1]:= CHR(64);
(* set BEL  *)
     Feld[2]:= CHR(07);
     k:= 2;
     Usa(Feld, k, TRUE);
(* Sensor   *)
     Feld[6]:= 33C; Feld[7]:= CHR(56);
     Feld[8]:= 0C;
     WriteString(AusgabeText, Feld);
     WriteLn(AusgabeText);
     Write(AusgabeText, NeueSeite);
END InitDrucker
```

13 Dynamische Variable, Zeiger und Speicherverwaltung

In diesem Kapitel werden ausführlich drei Beispiele diskutiert, die den Umgang mit dynamischen Variablen und Zeigern behandeln:

- lineare, einfach verkettete Listen,
- lineare, doppelt verkettete Listen und
- graphische Strukturen.

Danach werden zwei Techniken der Speicherverwaltung von dynamischen Variablen vorgestellt:

- Freilistenverwaltung und
- Speicherbereinigung.

13.1 Ein einfacher Listentyp

Der hier vorgestellte (lineare) Listentyp kommt einerseits mit einer minimalen Anzahl von Operationen aus, andererseits hat jede Liste einen (verschiebbaren) Indexbereich, d.h. jedes Listenelement hat einen Index (wie bei einer Reihung). Die Definition dieses Datentyps geht zurück auf *A Discipline of Programming* von E.W. Dijkstra, Prentice Hall 1976, Kapitel 11.

13.1.1 Listenoperationen

Ein abstrakter Listentyp

Der Datentyp

```
LIST OF Typ
```

sieht folgende Operationen für eine Liste `L` vor:

`Init(L, K)`	beschafft eine neue Liste `L` und nimmt die `INTEGER`-Zahl `K` als unteren Index.
`Domain(L)`	liefert die Anzahl der Listenelemente.
`Lwb(L)`	liefert den kleinsten Index.
`Upb(L)`	liefert den größten Index.
`Get(L, I, T)`	liefert den Wert `T` an der Indexposition `I`.

`Put(L, I, T)` speichert den Wert `T` an der Indexposition `I`.
`Shift(L, K)` verschiebt den Indexbereich um `K`.
`LwbExt(L, T)` erniedrigt den unteren Index `Lwb(L)` und erweitert hier `L` um das neue Element `T`.
`UpbExt(L, T)` erhöht den oberen Index `Upb(L)` und erweitert hier `L` um das neue Element `T`.
`LwbRem(L)` erhöht den unteren Index `Lwb(L)` und verkürzt hier `L` um ein Element.
`UpbRem(L)` erniedrigt den oberen Index `Upb(L)` und verkürzt hier `L` um ein Element.

Nach `Init(L, K)` gilt:

```
Domain(L) = 0, Lwb(L) = K, Upb(L) = K - 1
```

Stets gilt:

```
Domain(L) = Upb(L) - Lwb(L) + 1  >= 0
```

Löschen eines Listenelements

Die Operationen reichen aus, um z.B. ein Element mit dem Index `I` aus der Liste `L` zu entfernen:

```
IF Domain(L) = 0 THEN RETURN END;
IF (I < Lwb(L)) OR (Upb(L) < I) THEN RETURN END;
```

Die ersten `I - 1` Elemente werden in eine Hilfsliste `M` eingetragen: Das zu entfernende Element steht danach am Anfang von `L`.

```
Init(M, 1);
FOR k:= Lwb(L) TO I - 1 DO
     Get(L, Lwb(L), T);
     LwbRem(L);
     UpbExt(M, T);
END;
LwbRem(L);
```

Nachdem es entfernt ist, erhält `L` die in `M` aufbewahrten Elemente zurück.

```
FOR k:= 1 TO Domain(M) DO
     Get(M, Upb(M), T);
     UpbRem(M);
     LwbExt(L, T);
END
```

13.1.2 Der Anwendungs-Modul `SimpleLists`

Unterstellt man die Existenz eine Datentyps für die Werte der Listenelemente, so zeigt der Definitions-Modul `SimpleLists` die obigen Listenoperationen in MODULA Schreibweise.

```
DEFINITION MODULE SimpleLists;
EXPORT QUALIFIED ...;
TYPE List;
TYPE TypElement = CARDINAL;
VAR  Done : BOOLEAN;

PROCEDURE Init  (VAR L : List; I : INTEGER);
PROCEDURE Domain(L : List) : CARDINAL;
PROCEDURE Upb   (L : List) : INTEGER;
PROCEDURE Lwb   (L : List) : INTEGER;
PROCEDURE Shift (L : List; I : INTEGER);
PROCEDURE Get   (L : List; I : INTEGER;
                 VAR T : TypElement);
PROCEDURE Put   (L : List; I : INTEGER;
                 VAR T : TypElement);
PROCEDURE UpbExt(L : List;  VAR T : TypElement);
PROCEDURE LwbExt(L : List;  VAR T : TypElement);
PROCEDURE UpbRem(L : List);
PROCEDURE LwbRem(L : List);

END SimpleLists.
```

Bemerkung: Listenelemente sind Werte des Typs `CARDINAL`. Diese Festlegung kann jederzeit geändert werden. Man beachte, daß `List` ein *opaker* Typ ist!

13.1.3 Die Realisierung von `SimpleLists` *mit Reihungen*

Es ist nicht zwingend, daß man die oben eingeführten Listen nur mit *Zeigern*, also mit *dynamischen Variablen*, realisiert. Alle Programmiersprachen, die *Zeiger* nicht kennen, müssen auf *Reihungen* zurückgreifen. Dies führt zu der ersten von zwei Implementierungen von `SimpleLists`.

```
IMPLEMENTATION MODULE SimpleLists;
FROM Storage IMPORT ALLOCATE;
CONST MaxFeld  = 10; MaxIndex = MaxFeld + 1;
TYPE  List =  POINTER TO TypListe;
      TypListe =
          RECORD
               Domain : [0..MaxIndex];
               Feld : ARRAY [0..MaxFeld] OF TypElement;
               Anfang, Ende : [0..MaxFeld];
               Upb, Lwb : INTEGER
          END;
...
END SimpleLists.
```

Die Zahl der Elemente in einer Liste ist wegen der Abbildung des Indexpaars (Lwb, Upb) der Liste auf das Indexpaar (Anfang, Ende) der implementierenden Reihung Feld beschränkt:

```
Anfang    →    Lwb MOD MaxIndex
Ende      →    Upb MOD MaxIndex
```

Bemerkung: Man beachte, daß die Operation MOD eine ringförmige Nutzung der Reihung Feld bedeutet.

Initialisierung von Listen

Init legt eine neue Liste an, d.h. weist einer Zeigervariablen L einen Zeiger auf einen Verbund zu, dessen Reihungskomponente Feld die Listenelemente enthalten wird.

```
PROCEDURE Init(VAR L : List; I : INTEGER);
BEGIN
     NEW(L);
     L↑.Domain:= 0; L↑.Anfang:= 1; L↑.Ende:= 0;
     L↑.Lwb:= I;    L↑.Upb:= I - 1
END Init
```

Manipulation von Indexbereichen

Domain liefert die aktuelle Zahl der Elemente der Liste L. Shift verschiebt den Indexbereich der Liste L um den Wert I.

```
PROCEDURE Domain(L : List) : CARDINAL;
BEGIN
     RETURN L↑.Domain
END Domain

PROCEDURE Shift(L : List; I : INTEGER);
BEGIN
     INC(L↑.Lwb, I); INC(L↑.Upb, I)
END Shift
```

Lwb liefert den *unteren*, Upb den *oberen* Index der Liste L.

```
PROCEDURE Upb(L : List) : INTEGER;
BEGIN
     RETURN L↑.Upb
END Upb

PROCEDURE Lwb(L : List) : INTEGER;
BEGIN
     RETURN L↑.Lwb
END Lwb
```

Zugriff auf Listenelemente

Get realisiert die Zuweisung T:= L[I], Put die Zuweisung L[I]:= T.

```
PROCEDURE Get(L : List; I : INTEGER;
              VAR T : TypElement);
BEGIN
     Done:= (L↑.Lwb <= I) AND (I <= L↑.Upb);
     IF NOT Done THEN RETURN END;
     T:= L↑.Feld[(L↑.Anfang + CARDINAL(I - L↑.Lwb))
                  MOD MaxIndex];
END Get

PROCEDURE Put(L : List; I : INTEGER;
              VAR T : TypElement);
BEGIN
     Done:= (L↑.Lwb <= I) AND (I <= L↑.Upb);
     IF NOT Done THEN RETURN END;
     L↑.Feld[(L↑.Anfang + CARDINAL(I - L↑.Lwb))
               MOD MaxIndex]:= T
END Put
```

Erweiterung von Listen

UpbExt erweitert die Liste L am *oberen* Ende, LwbExt am *unteren* Ende um das neue Element T. Man beachte, daß die MOD-Operation nur am oberen Ende der Reihung Feld einsetzbar ist, am unteren ist eine Abfrage notwendig.

```
PROCEDURE UpbExt(L : List; VAR T : TypElement);
BEGIN
     Done:= L↑.Domain <= MaxFeld;
     IF NOT Done THEN RETURN END;
     INC(L↑.Domain); INC(L↑.Upb);
     L↑.Ende:= (L↑.Ende + 1) MOD MaxIndex;
     L↑.Feld[L↑.Ende]:= T;
END UpbExt

PROCEDURE LwbExt(L : List; VAR T : TypElement);
BEGIN
     Done:= L↑.Domain <= MaxFeld;
     IF NOT Done THEN RETURN END;
     INC(L↑.Domain); DEC(L↑.Lwb);
     IF L↑.Anfang = 0 THEN
          L↑.Anfang:= MaxFeld
     ELSE DEC(L↑.Anfang)
     END;
     L↑.Feld[L↑.Anfang]:= T;
END LwbExt
```

Kürzung von Listen

UpbRem kürzt die Liste L am *oberen*, LwbRem am *unteren* Ende um ein Element.

```
PROCEDURE UpbRem(L : List);
BEGIN
     Done:= L↑.Domain > 0;
     IF NOT Done THEN RETURN END;
     DEC(L↑.Domain); DEC(L↑.Upb);
     IF L↑.Ende = 0 THEN
          L↑.Ende:= MaxFeld
     ELSE DEC(L↑.Ende)
     END
END UpbRem

PROCEDURE LwbRem(L : List);
BEGIN
     Done:= L↑.Domain > 0;
     IF NOT Done THEN RETURN END;
     DEC(L↑.Domain); INC(L↑.Lwb);
     L↑.Anfang:= (L↑.Anfang + 1) MOD MaxIndex
END LwbRem
```

13.1.4 Die Realisierung von SimpleLists *mit Zeigern*

```
IMPLEMENTATION MODULE SimpleList;
FROM Storage IMPORT ALLOCATE;
TYPE PtrList = POINTER TO TypList;
     TypList = RECORD Next : PtrList; T : TypElement END;
     List =    POINTER TO
               RECORD
                    Domain        : CARDINAL;
                    Anfang, Ende : PtrList;
                    Upb, Lwb      : INTEGER
               END;
VAR FreiList : PtrList;
. . .
BEGIN
     FreiList:= NIL
END SimpleList.
```

Die Zahl der Elemente einer Liste ist unbeschränkt. Das Indexpaar (Lwb, Upb) der Liste wird auf folgende Struktur abgebildet:

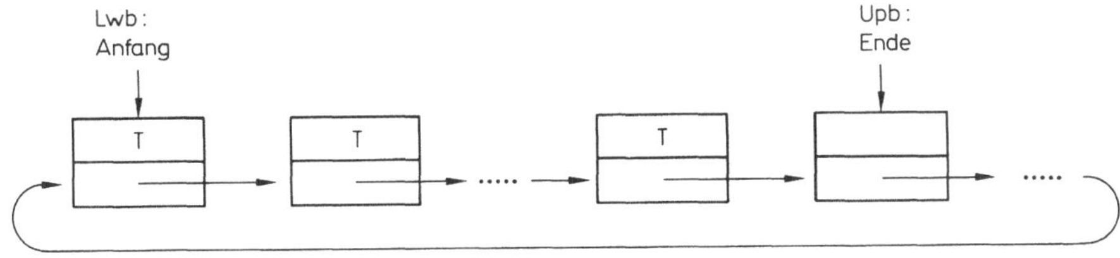

An die Stelle der ringförmig verwalteten Reihung tritt eine ringförmig verwaltete Kette von Zeigern von Verbund zu Verbund. `Anfang` zeigt auf das erste, `Ende` auf das letzte Element der Liste. Häufig gilt `Ende↑.Next = Anfang`. Gilt dies nicht, so haben `LwbRem` und `UpbRem` Listenelemente dem Zugriff entzogen, sie aber noch in der Kette belassen. `LwbExt` und `UpbExt` greifen zunächst auf solche (undefinierten) Elemente zurück, ehe sie mit `NEW` neue dynamische Variablen, also neuen Speicherplatz anfordern. Hat eine Liste nur undefinierte Elemente, wird sie an eine sog. ***Freispeicherliste*** `FreiList` zurückgegeben, die sie zur weiteren Verwendung aufhebt. Aus diesem Vorgehen wird die Strategie sichtbar, einen einmal angeforderten Speicherplatz möglichst lange zu nutzen.

Initialisierung von Listen

```
PROCEDURE Init(VAR L : List; I : INTEGER);
BEGIN
      NEW(L);
      L↑.Domain:= 0; L↑.Anfang:= NIL; L↑.Ende:= NIL;
      L↑.Lwb:= I;    L↑.Upb:= I - 1
END Init
```

Zugriff auf Listenelemente

Man beachte, daß man, beginnend mit dem ersten Element, mit einer `WHILE`-Anweisung nach dem gewünschten Element suchen muß.

```
PROCEDURE Get(L : List; I : INTEGER;
                    VAR T : TypElement);
VAR ptr : PtrList;
BEGIN
      Done:= (L↑.Lwb <= I) AND (I <= L↑.Upb);
      IF NOT Done THEN RETURN END;
      ptr:= L↑.Anfang; DEC(I, L↑.Lwb);
      WHILE I > 0 DO ptr:= ptr↑.Next; DEC(I) END;
      T:= ptr↑.T;
END Get
```

```
PROCEDURE Put(L : List; I : INTEGER;
                    VAR T : TypElement);
VAR ptr : PtrList;
BEGIN
      Done:= (L↑.Lwb <= I) AND (I <= L↑.Upb);
      IF NOT Done THEN RETURN END;
      ptr:= L↑.Anfang; DEC(I, L↑.Lwb);
      WHILE I > 0 DO ptr:= ptr↑.Next; DEC(I) END;
      ptr↑.T:= T;
END Put
```

Erweiterung von Listen

Man beachte, daß wegen der Verweise in *eine* Richtung das Erweitern am Anfang der Liste immer aufwendiger ist als am Ende. Symmetrisches Verhalten gibt es nur bei Verweisen in beide Richtungen.

```
PROCEDURE UpbExt(L : List; VAR T : TypElement);
BEGIN
     Done:= TRUE;
     WITH L↑ DO
          INC(Domain); INC(Upb);
          IF Anfang = NIL THEN
               NeuesElement(Anfang);
               Ende:= Anfang;
               Ende↑.Next:= Anfang;
          ELSIF Ende↑.Next <> Anfang THEN
               Ende:= Ende↑.Next;
          ELSE NeuesElement(Ende↑.Next);
               Ende:= Ende↑.Next; Ende↑.Next:= Anfang;
          END;
          Ende↑.T:= T
     END
END UpbExt
```

```
PROCEDURE LwbExt(L : List; VAR T : TypElement);
VAR ptr : PtrList;
BEGIN
     Done:= TRUE;
     WITH L↑ DO
          INC(Domain); DEC(Lwb);
          IF Anfang = NIL THEN
               NeuesElement(Anfang);
               Ende:= Anfang;
               Ende↑.Next:= Anfang;
          ELSIF Ende↑.Next <> Anfang THEN
               ptr:= Ende↑.Next;
               WHILE ptr↑.Next <> Anfang DO
                   ptr:= ptr↑.Next
               END;
               Anfang:= ptr
          ELSE NeuesElement(Ende↑.Next);
               Ende↑.Next↑.Next:= Anfang;
               Anfang:= Ende↑.Next
          END;
          Anfang↑.T:= T
     END
END LwbExt
```

Kürzung von Listen

Beim Löschen ist der Aufwand am Anfang der Liste geringer als an ihrem Ende.

```
PROCEDURE UpbRem(L : List);
VAR ptr : PtrList;
BEGIN
     WITH L↑ DO
          Done:= Domain > 0;
          IF NOT Done THEN RETURN END;
          DEC(Domain); DEC(Upb);
          IF Anfang = Ende THEN
               RueckElement(Anfang, Ende);
               Anfang:= NIL; Ende:= NIL
          ELSE ptr:= Anfang;
               WHILE ptr↑.Next <> Ende DO
                  ptr:= ptr↑.Next
               END;
               Ende:= ptr
          END
     END
END UpbRem
```

```
PROCEDURE LwbRem(L : List);
VAR ptr : PtrList;
BEGIN
     WITH L↑ DO
          Done:= L↑.Domain > 0;
          IF NOT Done THEN RETURN END;
          DEC(L↑.Domain); INC(L↑.Lwb);
          IF Anfang = Ende THEN
               RueckElement(Anfang, Ende);
               Anfang:= NIL; Ende:= NIL
          ELSE Anfang:= Anfang↑.Next
          END
     END
END LwbRem
```

Speicherverwaltung

`NeuesElement` fordert ein neues Element aus der Freispeicherliste an. Erst wenn diese leer ist, wird neuer Speicherplatz besorgt.

```
PROCEDURE NeuesElement(VAR ptr : PtrList);
BEGIN
     IF FreiList = NIL THEN
          NEW(ptr)
     ELSE ptr:= FreiList; FreiList:= FreiList↑.Next
     END
END NeuesElement
```

`RueckElement` sucht zunächst das Listenende. Es muß wegen undefinierter Elemente nicht mit `L↑.Ende` identisch sein.

```
PROCEDURE RueckElement(Anfang, Ende : PtrList);
VAR ptr : PtrList;
BEGIN
     ptr:= Ende;
     WHILE ptr↑.Next <> Anfang DO ptr:= Ptr↑.Next END;
     ptr↑.Next:= FreiList; FreiList:= Anfang
END RueckElement
```

13.1.5 Sequentielle vs. verkettete Darstellung

Die *sequentielle* Realisierung einer Liste durch eine Reihung ist nur dann vorteilhaft, wenn

1. die Operationen `LwbExt`, `UpbExt`, `LwbRem` und `UpbRem` relativ selten benutzt werden und
2. alle Listen eine gemeinsame obere Grenze für die Zahl ihrer Listenelemente haben.

Die *verkettete* Realisierung einer Liste durch Zeiger ist dann vorteilhaft, wenn

1. die Operationen `LwbExt`, `UpbExt`, `LwbRem` und `UpbRem` relativ häufig vorkommen und
2. es für die Längen der Listen, eben wegen des Löschens und Erweiterns, keine gemeinsame obere Grenze gibt.

Die durch die verkettete Darstellung gewonnene Flexibilität muß mit einem erhöhten Speicheraufwand und einem zeitlich aufwendigeren Zugriff auf Listenelemente bezahlt werden.

13.1.6 Keller und Warteschlangen

Aus dem Datentyp `LIST OF` Typ gewinnt man durch Einschränkung der Operationen zwei neue, häufig gebrauchte Datentypen:

`STACK OF` Typ und `QUEUE OF` Typ

Im ersten Fall handelt es sich um eine *Kellerorganisation* (Englisch: stack organisation) mit den Operationen

`LIST OF` Typ		`STACK OF` Typ
`Init(L, 1)`	→	`Init(L)`
`UpbExt(L, T)`	→	`Push(L, T)`
`UpbRem(L)`	→	`Pop(L)`
`Get(L, Upb(L), T)`	→	`Top(L, T)`
`Domain(L) = 0`	→	`Empty(L)`

Im zweiten Fall handelt es um eine *Warteschlangenorganisation* (Englisch: queue organisation) mit den Operationen

LIST OF Typ		QUEUE OF Typ
Init(L, 1)	→	Init(L)
LwbExt(L, T)	→	Last(L, T)
Get(L, upb(L), T); UpbRem(L)	→	First(L, T)
Domain(L) = 0	→	Empty(L)

Keller-Operationen

Da der Index offensichtlich keine Rolle spielt, kann man die Operationen der Kellerorganisation mit einem eigenen Implementierungs-Modul einfacher formulieren.

```
IMPLEMENTATION MODULE Keller;
FROM Storage IMPORT ALLOCATE;
CONST MaxFeld  = 10;
TYPE  Keller =  POINTER TO TypKeller;
      TypKeller =
          RECORD
               Feld : ARRAY [1..MaxFeld] OF TypElement;
               Ende : [0..MaxFeld];
          END;
...
END Keller.
```

Da der Verbund `TypKeller` weniger Komponenten enthält und `Feld` nicht mehr ringförmig organisiert ist, vereinfachen sich die Operationen teilweise erheblich.

```
PROCEDURE Init(VAR K : Keller);
BEGIN
     NEW(K); K↑.Ende:= 0
END Init

PROCEDURE Empty(K : Keller) : BOOLEAN;
BEGIN
     RETURN K↑.Ende = 0
END Empty

PROCEDURE Top(K : Keller; VAR T : TypElement);
BEGIN
     Done:= (K↑.Ende > 0) AND (K↑.Ende <= MaxFeld);
     IF NOT Done THEN RETURN END;
     T:= K↑.Feld[K↑.Ende]
END Top
```

```
PROCEDURE Push(K : Keller; VAR T : TypElement);
BEGIN
     Done:= K↑.Ende < MaxFeld;
     IF NOT Done THEN RETURN END;
     INC(K↑.Ende); K↑.Feld[K↑.Ende]:= T;
END Push

PROCEDURE Pop(K : Keller);
BEGIN
     Done:= K↑.Ende > 0;
     IF NOT Done THEN RETURN END;
     DEC(K↑.Ende);
END Pop
```

13.2 Das Listenkonzept der Sprache SIMULA

Die Programmiersprache SIMULA definiert eine *Klasse* (einen Modul) `Simset` für Listenstrukturen mit folgenden Eigenschaften:

1. Jede Liste hat einen *Listenkopf*, der auf das erste und letzte Listenelement zeigt und ihre Anzahl nennt.
2. Jedes *Listenelement* hat einen Zeiger auf das nachfolgende und vorangehende Listenelement sowie auf den Listenkopf.

Der Anwendungs-Modul `SimSet`

Die Listenoperationen in ihrer MODULA Wiedergabe zeigt `SimSet`.

```
DEFINITION MODULE SimSet;
EXPORT QUALIFIED ...;

TYPE PtrLinkage;
VAR NONE : PtrLinkage;
PROCEDURE NewHead () : PtrLinkage;
PROCEDURE NewLink () : PtrLinkage;
PROCEDURE Succ    (Link : PtrLinkage) : PtrLinkage;
PROCEDURE Pred    (Link : PtrLinkage) : PtrLinkage;
PROCEDURE First   (Head : PtrLinkage) : PtrLinkage;
PROCEDURE Last    (Head : PtrLinkage) : PtrLinkage;
PROCEDURE Empty   (Head : PtrLinkage) : BOOLEAN;
PROCEDURE Cardinal(Head : PtrLinkage) : CARDINAL;
PROCEDURE Clear   (Head : PtrLinkage);
PROCEDURE Out     (Link : PtrLinkage);
PROCEDURE Precede (Link, Elem : PtrLinkage);
PROCEDURE Follow  (Link, Elem : PtrLinkage);
PROCEDURE Into    (Head, Elem : PtrLinkage);

END SimSet.
```

Die Variable `NONE` entspricht der Konstanten `NIL`.

Die Listenstruktur

```
IMPLEMENTATION MODULE SimSet;
FROM Storage IMPORT ALLOCATE;
TYPE TypElement = (IsHead, IsLink);
     PtrLinkage = POINTER TO Linkage;
     ...
BEGIN
     NONE:= NewLink()
END SimSet.
```

SimSet führt eine Datenstruktur Linkage ein, deren zugehöriger Zeigertyp PtrLinkage ein *opaker* Typ des Definitions-Moduls ist.

```
    Linkage =
         RECORD
              succ, pred : PtrLinkage;
              CASE HL : TypElement
              OF IsHead :   cardinal : CARDINAL;
              |  IsLink :   Kopf : PtrLinkage;
              END
         END;
```

Schaffung neuer Listenelemente

NewHead beschafft eine leere Liste.

```
PROCEDURE NewHead() : PtrLinkage;
VAR ptr : PtrLinkage;
BEGIN
     NEW(ptr);
     ptr↑.succ:= ptr;  ptr↑.pred:= ptr;
     ptr↑.HL:= IsHead; ptr↑.cardinal:= 0;
     RETURN ptr
END NewHead
```

NewLink beschafft ein neues leeres Listenelement.

```
PROCEDURE NewLink() : PtrLinkage;
VAR ptr : PtrLinkage;
BEGIN
     NEW(ptr);
     ptr↑.succ:= NONE; ptr↑.pred:= NONE;
     ptr↑.HL:= IsLink; ptr↑.Kopf:= NONE;
     RETURN ptr
END NewLink
```

Zugriff auf nachfolgende und vorangehende Elemente

Succ liefert das auf Link nachfolgende Listenelement.

```
PROCEDURE Succ(Link : PtrLinkage) : PtrLinkage;
BEGIN
     IF Link↑.succ = Link↑.Kopf THEN
          RETURN NONE
     ELSE RETURN Link↑.succ
     END;
END Succ
```

Pred liefert das Link vorangehende Listenelement.

```
PROCEDURE Pred(Link : PtrLinkage) : PtrLinkage;
BEGIN
     IF Link↑.pred = Link↑.Kopf THEN
          RETURN NONE
     ELSE RETURN Link↑.pred
     END;
END Pred
```

Zugriff auf erstes und letztes Element

First liefert das erste Listenelement.

```
PROCEDURE First(Head : PtrLinkage) : PtrLinkage;
BEGIN
     IF Head↑.cardinal = 0 THEN
          RETURN NONE
     ELSE RETURN Head↑.succ
     END;
END First
```

Last liefert das letzte Listenelement.

```
PROCEDURE Last(Head : PtrLinkage) : PtrLinkage;
BEGIN
     IF Head↑.cardinal = 0 THEN
          RETURN NONE
     ELSE RETURN Head↑.pred
     END;
END Last
```

Zahl der Elemente

Empty zeigt an, ob eine Liste leer ist.

```
PROCEDURE Empty(Head : PtrLinkage) : BOOLEAN;
BEGIN
     RETURN Head↑.cardinal = 0
END Empty
```

Cardinal nennt die Zahl der Listenelemente.

```
PROCEDURE Cardinal(Head : PtrLinkage) : CARDINAL;
BEGIN
     RETURN Head↑.cardinal
END Cardinal
```

Entfernen von Elementen

Clear entfernt alle Listenelemente aus einer Liste. Zurück bleibt eine leere Liste.

```
PROCEDURE Clear(Head : PtrLinkage);
VAR ptr, qtr : PtrLinkage; k : CARDINAL;
BEGIN
     ptr:= Head↑.succ;
     FOR k:= 1 TO Head↑.cardinal DO
          qtr:= ptr↑.succ ; ptr↑.Kopf:= NONE;
          ptr↑.pred:= NONE; ptr↑.succ:= NONE;
          ptr:= qtr
     END;
     Head↑.cardinal:= 0;
     Head↑.succ:= Head; Head↑.pred:= Head;
END Clear
```

Out entfernt ein Listenelement aus einer Liste.

```
PROCEDURE Out(Link : PtrLinkage);
VAR ptr : PtrLinkage;
BEGIN
     IF Link↑.Kopf = NONE  THEN RETURN END;
     ptr:= Link↑.pred; ptr↑.succ:= Link↑.succ;
     ptr:= Link↑.succ; ptr↑.pred:= Link↑.pred;
     DEC(Link↑.Kopf↑.cardinal);
     Link↑.Kopf:= NONE;
     Link↑.succ:= NONE; Link↑.pred:= NONE;
END Out
```

Einfügen von Elementen

Into hängt ein Listenelement an eine Liste an.

```
PROCEDURE Into(Head, Elem : PtrLinkage);
VAR b : BOOLEAN;
BEGIN
     Out(Elem);
     IF Head↑.cardinal > 0 THEN
          Head↑.pred↑.succ:= Elem;
          Elem↑.pred:= Head↑.pred;
     ELSE Head↑.succ:= Elem; Elem↑.pred:= Head;
     END;
     Elem↑.succ:= Head; Head↑.pred:= Elem;
     Elem↑.Kopf:= Head;
     INC(Head↑.cardinal);
END Into
```

Precede fügt Elem vor Link ein.

```
PROCEDURE Precede(Link, Elem : PtrLinkage);
BEGIN
     Out(Elem);
     Link↑.pred↑.succ:= Elem; Elem↑.succ:= Link;
     Elem↑.pred:= Link↑.pred; Link↑.pred:= Elem;
     INC(Link↑.Kopf↑.cardinal);
     Elem↑.Kopf:= Link↑.Kopf;
END Precede
```

`Follow` fügt `Elem` nach `Link` ein.

```
PROCEDURE Follow(Link, Elem : PtrLinkage);
BEGIN
     Out(Elem);
     Link↑.succ↑.pred:= Elem; Elem↑.pred:= Link;
     Elem↑.succ:= Link↑.succ; Link↑.succ:= Elem;
     INC(Link↑.Kopf↑.cardinal);
     Elem↑.Kopf:= Link↑.Kopf;
END Follow
```

Erweiterung des Datentyps `Linkage`

Für eine Liste mit Werten des Typs `TypListe` muß `Linkage` erweitert werden:

```
Linkage =
     RECORD
          succ, pred : PtrLinkage;
          CASE HL : TypElement
          OF IsHead : cardinal : CARDINAL;
          |  IsLink : Kopf : PtrLinkage;
→            Wert   : TypListe
          END
     END;
```

Neue Modulhierarchie

Um Definitions- und Implementierungs-Modul `SimSet` unabhängig von solchen Erweiterungen zu machen, sind `TypElement` und `Linkage` in einem speziellen Anwendungs-Modul zusammengefaßt:

```
DEFINITION MODULE Basis;
EXPORT QUALIFIED ...;
TYPE TypListe   = ...;
TYPE PtrLinkage = POINTER TO Linkage;
     TypElement = (IsHead, IsLink);
     Linkage =
          RECORD
               succ, pred : PtrLinkage;
               CASE HL : TypElement
               OF IsHead : cardinal : CARDINAL;
               |  IsLink : Kopf : PtrLinkage;
                  Wert : TypListe
               END
          END;
END Basis;
```

```
IMPLEMENTATION MODULE Basis;
END Basis.
```

Definitions- und Implementierungs-Modul `SimSet` haben jetzt folgenden Aufbau:

```
DEFINITION MODULE SimSet;
FROM Basis IMPORT PtrLinkage;
EXPORT QUALIFIED ...;
...
END SimSet.
```

```
IMPLEMENTATION MODULE SimSet;
FROM Basis   IMPORT PtrLinkage, TypElement;
FROM Storage IMPORT ALLOCATE;
...
BEGIN
      NONE:= NewLink()
END SimSet.
```

13.3 Dynamischer Aufbau eines Graphen

Ein *Graph* ist eine Mengen von *Knoten* $\{K_1, \ldots, K_n\}$ und eine Menge von *Kanten* $\{\ldots, K_i \rightarrow K_j, \ldots\}$. Der Graph

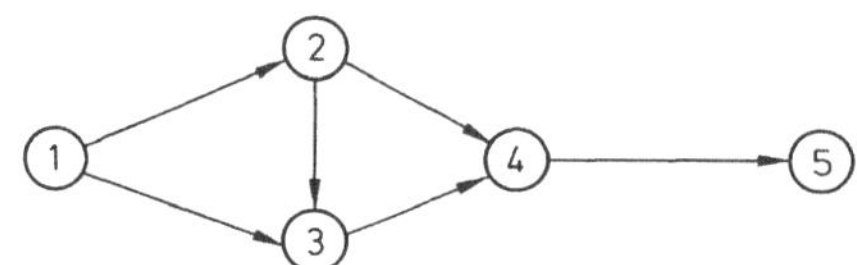

hat 5 Knoten und die Kanten

$$K_1 \rightarrow K_2 \qquad K_1 \rightarrow K_3$$
$$K_2 \rightarrow K_3 \qquad K_2 \rightarrow K_4$$
$$K_3 \rightarrow K_4 \qquad K_4 \rightarrow K_5$$

Knoten und Kanten

Jeder Knoten K_i hat eine Nummer und eine Liste von Verweisen auf Knoten K_j, für die es eine Kante $K_i \rightarrow K_j$ gibt. Die Knoten bilden selbst wieder eine lineare Liste, auf welche die Variable `Graph` zeigt.

```
MODULE Graphen;
FROM Storage IMPORT ALLOCATE;
FROM InOut
     IMPORT WriteLn, WriteString, WriteCard,
            ReadCard, Done;
TYPE
     PtrKanten = POINTER TO TypKanten;
     PtrKnoten = POINTER TO TypKnoten;
     TypKanten = RECORD
                    Next : PtrKanten;
                    Knot : PtrKnoten
                 END;
```

```
      TypKnoten = RECORD
                      Nummer    : CARDINAL;
                      Next      : PtrKnoten;
                      Kanten    : PtrKanten;
                      AnzKanten : CARDINAL
                  END;

VAR   AnzKnoten : CARDINAL; Graph : PtrKnoten;
. . .
BEGIN
      InitGraph;
      BildeGraph
END Graphen.
```

Leere Graphen

```
PROCEDURE InitGraph;
BEGIN
      Graph:= NIL; AnzKnoten:= 0
END InitGraph
```

Aufbau von Graphen

Ausgehend von einem leeren Graphen können neue Knoten und Kanten eingeführt bzw. existierende Knoten und Kanten entfernt werden.

```
PROCEDURE BildeGraph;
VAR z : CARDINAL;
BEGIN
     LOOP
          WriteString("1) Neuer Knoten, ");
          WriteString("2) Neue Kante, ");
          WriteString("3) Druck, ");
          WriteLn;
          WriteString("4) Loesche Knoten, ");
          WriteString("5) Loesche Kante, ");
          WriteString("6) Stop ?");
          WriteLn;
          REPEAT ReadCard(z)
          UNTIL Done AND (z IN {1..6});
          WriteLn;
          CASE z
          OF 1 : NeuerKnoten
          |  2 : NeueKante
          |  3 : DruckeGraph
          |  4 : LoescheKnoten
          |  5 : LoescheEineKante
          |  6 : EXIT
          END
     END
END BildeGraph
```

Ausgabe von Graphen

DruckeKnoten liefert alle Kanten, die von dem Knoten Kn ausgehen.

```
PROCEDURE DruckeKnoten(Kn : PtrKnoten);
VAR ptr : PtrKanten; k : CARDINAL;
BEGIN
     WriteString("Knoten ");
     WriteCard(Kn↑.Nummer, 0);
     WriteString("; ");
     WriteCard(Kn↑.AnzKanten, 2);
     WriteString(" Kanten: ");
     ptr:= Kn↑.Kanten;
     FOR k:= 1 TO Kn↑.AnzKanten DO
          WriteCard(ptr↑.Knot↑.Nummer, 3);
          ptr:= ptr↑.Next
     END;
     WriteLn;
END DruckeKnoten
```

DruckeGraph durchläuft die lineare Liste der Knoten und ruft für jeden Knoten DruckeKnoten auf.

```
PROCEDURE DruckeGraph;
VAR k : CARDINAL; ptr : PtrKnoten;
BEGIN
     WriteString("Zahl der Knoten: ");
     WriteCard(AnzKnoten, 0); WriteLn; WriteLn;
     ptr:= Graph;
     FOR k:= 1 TO AnzKnoten DO
          DruckeKnoten(ptr); ptr:= ptr↑.Next
     END;
     WriteString("Ende der Ausgabe"); WriteLn
END DruckeGraph
```

Neue Knoten und Kanten

NeuerKnoten führt einen neuen Knoten ein und gibt ihm eine eindeutige Nummer.

```
PROCEDURE NeuerKnoten;
VAR ptr : PtrKnoten;
BEGIN
     INC(AnzKnoten);
     NEW(ptr);
     ptr↑.Nummer:= AnzKnoten;
     ptr↑.Kanten:= NIL;  ptr↑.AnzKanten:= 0;
     ptr↑.Next:= Graph;  Graph:= ptr;
     WriteString("Knoten ");
     WriteCard(AnzKnoten, 0);
     WriteString(" ist eingerichtet.");
     WriteLn;
END NeuerKnoten
```

Da eine Kante die Angabe zweier Knoten erfordert, fragt `EingabeKnoten` die Nummer eines Knoten ab und liefert einen Zeiger auf den Knoten.

```
PROCEDURE EingabeKnoten(VAR ptr : PtrKnoten);
VAR nr : CARDINAL;
BEGIN
     WriteString("Knoten ?  ");
     REPEAT ReadCard(nr)
     UNTIL Done AND (nr <> 0) AND (nr <= AnzKnoten);
     ptr:= Graph;
     LOOP
          IF ptr↑.Nummer = nr THEN EXIT END;
          ptr:= ptr↑.Next;
     END
END EingabeKnoten
```

`NeueKante` fragt nach zwei Knoten und baut die Kante in den Graphen ein, auch wenn sie schon existiert.

```
PROCEDURE NeueKante;
VAR ptr, qtr : PtrKnoten; ktr : PtrKanten;
BEGIN
     EingabeKnoten(ptr); EingabeKnoten(qtr);
     INC(ptr↑.AnzKanten);
     NEW(ktr); ktr↑.Knot:= qtr;
     ktr↑.Next:= ptr↑.Kanten; ptr↑.Kanten:= ktr;
     WriteString("Kante ist eingerichtet.");
     WriteLn
END NeueKante
```

Entfernen von Knoten und Kanten

`LoescheKante` entfernt eine Kante. Hat der Parameter `T` den Wert `TRUE`, werden die Knoten abgefragt und das Entfernen protokolliert. Wegen der linearen Struktur der Listen mit einem Zeiger muß das erste Listenelement stets getrennt von den anderen behandelt werden.

```
PROCEDURE LoescheKante
     (ptr, qtr : PtrKnoten; T : BOOLEAN);
VAR ktr : PtrKanten; entfernt : CARDINAL;
BEGIN
     IF T THEN
          EingabeKnoten(ptr); EingabeKnoten(qtr)
     END;
     entfernt:= 0;
     IF ptr↑.AnzKanten = 0 THEN
          IF T THEN WriteString("fehlt"); WriteLn END;
          RETURN
     END;
```

```
     ktr:= ptr↑.Kanten;
     IF ktr↑.Knot = qtr THEN
          ptr↑.Kanten:= ptr↑.Kanten↑.Next;
          INC(entfernt)
     END;
     WHILE ktr↑.Next <> NIL DO
          IF ktr↑.Next↑.Knot = qtr THEN
               INC(entfernt);
               ktr↑.Next:= ktr↑.Next↑.Next;
          ELSE ktr:= ktr↑.Next
          END;
     END;
     DEC(ptr↑.AnzKanten, entfernt);
     WriteCard(entfernt, 0);
     WriteString(" sind geloescht."); WriteLn;
END LoescheKante
```

Soll nur eine einzige Kante gelöscht werden, übernimmt diese Aufgabe `LoescheEineKante`.

```
PROCEDURE LoescheEineKante;
BEGIN
     LoescheKante(NIL, NIL, TRUE)
END LoescheEineKante
```

Beim Löschen eines Knotens K_i müssen auch alle Kanten $K_i \rightarrow K_j$ und $K_n \rightarrow K_i$ entfernt werden.

```
PROCEDURE LoescheKnoten;
VAR  k, z : CARDINAL;
     ptr, qtr : PtrKnoten; ktr : PtrKanten;
BEGIN
...
END LoescheKnoten
```

Zunächst werden alle Kanten $K_n \rightarrow K_i$ entfernt.

```
EingabeKnoten(ptr);
qtr:= Graph;
FOR k:= 1 TO AnzKnoten DO
     IF ptr <> qtr THEN
          LoescheKante(qtr, ptr, FALSE);
     END;
     qtr:= qtr↑.Next
END;
```

Dann werden alle Kanten $K_i \rightarrow K_j$ und der Knoten selbst entfernt.

```
DEC(AnzKnoten);
IF ptr = Graph THEN
     Graph:= Graph↑.Next
ELSE
     qtr:= Graph;
     WHILE qtr↑.Next <> ptr DO qtr:= qtr↑.Next END;
     qtr↑.Next:= ptr↑.Next
END;
WriteString("Knoten");
WriteCard(ptr↑.Nummer, 3);
WriteString(" ist geloescht."); WriteLn;
```

13.4 Der System-Modul `Storage`

Um eine *dynamische Variable* des Typs `T` zu beschaffen, auf die eine *Zeigervariable* `Z` des Typs `POINTER TO T` zeigt, muß man sich des System-Moduls `Storage` bedienen, den jedes MODULA System mitliefert.

```
DEFINITION MODULE Storage;
FROM SYSTEM IMPORT ADDRESS;
EXPORT QUALIFIED ...;

PROCEDURE ALLOCATE(VAR A : ADDRESS; Size : CARDINAL);
PROCEDURE DEALLOCATE(VAR A : ADDRESS; Size : CARDINAL);
PROCEDURE Available(Size : CARDINAL) : BOOLEAN;

END Storage.
```

`Storage` verwaltet einen eigenen Speicherbereich, der den Namen *Halde* (englisch: heap) hat. Über die Organisation dieser Halde wird nichts verraten.

Speicherreservierung mit `ALLOCATE`

Mit der Prozedur `ALLOCATE` reserviert man einen Bereich von `Size` Speichereinheiten. Seine Anfangsadresse erhält `A`. Sollte kein Speicherbereich des gewünschten Umfangs vorhanden sein, meldet das MODULA System einen Fehler. Um das zu vermeiden, sollte man im Zweifelsfall zuvor die Prozedur `Available` aufrufen. Die Prozedur `NEW` wird auf `ALLOCATE` abgebildet:

`NEW(A)` → `ALLOCATE(A, SIZE(A))`

Speicherfreigabe mit `DEALLOCATE`

`DEALLOCATE` gibt einen Speicherbereich an die Halde zurück. Dies setzt natürlich voraus, daß es keine Zeiger mehr gibt, die auf diesen Bereich zeigen. `A` erhält den neuen Wert `NIL`.

Ein Beispiel

```
VAR  P : POINTER TO CHAR;
     W, V : POINTER TO
          RECORD
               I : INTEGER;
               Z : POINTER TO CHAR;
               C : CARDINAL
          END;

ALLOCATE(W, SIZE(W));
V:= W; P:= W↑.Z;
DEALLOCATE(W, SIZE(W));
```

Die Freigabe des Speicherbereichs berücksichtigt nicht, daß `V` und `P` noch in diesen Bereich zeigen. Da jetzt der Speicherbereich erneut, aber für einen anderen Zweck vergeben werden kann, führt ein weiteres Verwenden von `V` und `P` zu schweren Fehlern.

Speicherbereinigung

Die Reservierung und Freigabe von Speicherbereichen unterschiedlicher Größe kann zu einer Zerstückelung der Halde führen: Ein Aufruf `ALLOCATE(A, S)` findet keinen freien Speicherbereich der gewünschten Größe vor, obwohl die Halde insgesamt genügend freien Speicher hat, nur nicht in einem Stück. Eine *Kompaktifizierung* der Halde, die den freien Speicher zu einer Einheit zusammenfaßt, durch ein automatisch ablaufendes *Speicherbereinigungsverfahren* (englisch: garbage collection) als Teil des MODULA Laufzeitsystems bietet kein bekanntes MODULA System an. Hier gibt es Probleme im Zusammenhang mit Zeigern auf Verbunde mit Varianten und damit mit der Implementierung der Prozedur `ALLOCATE`, auf die nicht näher eingegangen werden soll.

Bemerkung: Es ist möglich, daß das eine oder andere MODULA System spezielle Speicherverwaltungsmoduln mit einem automatisch ablaufenden Speicherbereinigungsverfahren anbietet.

Der Programmierer kann mit zwei Techniken versuchen, die Speicherverwaltung der Halde zu unterstützen:

1. Werden während der Ausführung eines Algorithmus häufig dynamische Variable des gleichen Typs, also Speicherbereiche der gleichen Größe, angefordert und freigegeben, ist es zweckmäßiger, die augenblicklich nicht benötigten dynamischen Variablen mit einer sog. *Freispeicherverwaltung* selbst zu verwalten: Die Prozedur `NEW` wird nur dann benutzt, wenn der *Freispeicher* keine verfügbaren dynamischen Variablen enthält. Erst wenn man sicher weiß, daß man alle dynamischen Variablen nicht mehr braucht, gibt man sie mit `DEALLOCATE` zurück.
2. Man reserviert einen größeren Speicherbereich der Halde und organisiert dort seine eigene Verwaltung mit einem Anwendungs-Modul, der dem Modul `Storage` entspricht.

13.5 Eine Speicherverwaltung für einen Datentyp

Der Anwendungs-Modul `SpeicherVerwaltung`

Dieser Modul stellt Prozeduren für die Verwaltung von dynamischen Variablen *eines* Datentyps (hier: Folgen von höchstens 11 Zeichen) in einem eigenen Speicherbereich zur Verfügung.

```
DEFINITION MODULE SpeicherVerwaltung;
EXPORT QUALIFIED ...;
TYPE PtrKnoten;

PROCEDURE InitSpeicher;
PROCEDURE EndeSpeicher;
PROCEDURE AvailKnoten() : BOOLEAN;
PROCEDURE NeuerKnoten() : PtrKnoten;
PROCEDURE RueckKnoten(ptr : PtrKnoten);

END SpeicherVerwaltung.
```

Der Implementierungs-Modul führt den Datentyp `TypKnoten` ein, dessen Werte er verwaltet.

```
IMPLEMENTATION MODULE SpeicherVerwaltung;
FROM Storage IMPORT ALLOCATE, DEALLOCATE;
FROM SYSTEM  IMPORT ADDRESS, SIZE, TSIZE;
TYPE PtrKnoten = POINTER TO TypKnoten;
     TypKnoten =
          RECORD
               Lg : CARDINAL;
               Folge : ARRAY [0..10] OF CHAR
          END;
CONST MaxSpeicher = 1000;
VAR   Speicher : ADDRESS;
      MaxKnoten, FreiKnoten : CARDINAL;
CONST MaxFreiSpeicherElemente = 100;
VAR   FreiSpeicher :
           ARRAY [1..MaxFreiSpeicherElemente] OF
                RECORD
                     frei : BOOLEAN;
                     addr : ADDRESS
                END;
...
END SpeicherVerwaltung.
```

Die Anzahl der Knoten, die in dem reservierten Speicherbereich untergebracht werden können, ist

```
MaxKnoten = MaxSpeicher DIV TSIZE(TypKnoten)
```

Da dies leider kein konstanter Ausdruck ist, muß man eine *geschätzte* Konstante `MaxSpeicher` einführen, die gleich `MaxKnoten` sein sollte. Die Reihung `Freispeicher` weist auf freie Knoten hin.

Verwaltung des Speichers

`InitSpeicher` reserviert den Speicher und initialisiert `FreiSpeicher`.

```
PROCEDURE InitSpeicher;
VAR k : CARDINAL; p : ADDRESS;
BEGIN
     ALLOCATE(Speicher, MaxSpeicher);
     p:= Speicher;
     MaxKnoten:= MaxSpeicher DIV TSIZE(TypKnoten);
     FreiKnoten:= MaxKnoten;
     FOR k:= 1 TO FreiKnoten DO
          FreiSpeicher[k].frei:= TRUE;
          FreiSpeicher[k].addr:= p;
          INC(p, TSIZE(TypKnoten))
     END
END InitSpeicher
```

`EndeSpeicher` gibt den reservierten Speicherbereich zurück.

```
PROCEDURE EndeSpeicher;
BEGIN
     DEALLOCATE(Speicher, MaxSpeicher)
END EndeSpeicher
```

`AvailKnoten` gibt an, ob noch Platz für einen weiteren Knoten da ist.

```
PROCEDURE AvailKnoten() : BOOLEAN;
BEGIN
     RETURN FreiKnoten > 0
END AvailKnoten
```

Verwaltung von Knoten

`NeuerKnoten` liefert, sofern möglich, einen neuen Zeiger auf einen Speicherbereich für einen Knoten.

```
PROCEDURE NeuerKnoten() : PtrKnoten;
VAR k : CARDINAL;
BEGIN
     IF FreiKnoten = 0 THEN RETURN NIL END;
     DEC(FreiKnoten);
     FOR k:= 1 TO MaxKnoten DO
          IF FreiSpeicher[k].frei THEN
               FreiSpeicher[k].frei:= FALSE;
               RETURN PtrKnoten(FreiSpeicher[k].addr)
          END;
     END;
END NeuerKnoten
```

`RueckKnoten` gibt den Speicherplatz eines Knotens zurück.

```
PROCEDURE RueckKnoten(VAR ptr : PtrKnoten);
VAR k : CARDINAL;
BEGIN
     INC(FreiKnoten);
     FOR k:= 1 TO MaxKnoten DO
          IF ADDRESS(ptr) = FreiSpeicher[k].addr THEN
               FreiSpeicher[k].frei:= TRUE; ptr:= NIL;
               RETURN
          END
     END;
     ptr:= NIL;
END RueckKnoten
```

Umgang mit Knoten

Zwischen Einrichten und Rückgabe des Speichers für Knoten kann man nun mit Knoten umgehen:

```
VAR Kn, Ln : PtrKnoten;
. . .
InitSpeicher;
. . .
Kn:= NeuerKnoten();
Kn↑.Folge:= "Ein Knoten";
Kn↑.Lg:= 10;
Ln:= NeuerKnoten();
Ln:= Kn;
RueckKnoten(Kn);
. . .
EndeSpeicher
```

Bemerkung: `RueckKnoten` kann nicht kontrollieren, ob es noch Zeiger auf den zurückzugebenden Speicherbereich gibt. Hierin liegt eine Gefahr! Eine automatische Überprüfung setzt voraus, daß alle Variablen des Typs `PtrKnoten` bekannt sind, auch wenn sie Komponenten einer Reihung oder eines Verbunds sind.

13.6 Eine Speicherverwaltung für Listen und Texte

13.6.1 Listen und Texte

Listen und Texte

Folgende Datenstrukturen werden verwendet:

```
TYPE PtrText = POINTER TO TypText;
     TypText =
          RECORD
               Lg : CARDINAL;
               Folge : ARRAY [0..10] OF CHAR
          END;
```

```
    PtrList = POINTER TO TypList;
    TypList =
         RECORD
              next : PtrList;
              st : PtrText
         END;
```

Eine Speicherverwaltung mit automatischer Speicherbereinigung muß zwei verschieden große Speicherbereiche für `TypList` und `TypText` unterscheiden. Für sie ist es unerläßlich, alle Variablen der Typen `PtrList` und `PtrKnoten` zu kennen: Es gibt nur Listenvariablen `List[k]` und Textvariablen `Text[k]`.

```
CONST MaxList = 10;
      MaxText = 10;
VAR   List : ARRAY[1..MaxList] OF PtrList;
      Text : ARRAY[1..MaxText] OF PtrText;
```

Der Anwendungs-Modul `SpeicherVerwaltung`

```
DEFINITION MODULE SpeicherVerwaltung;
EXPORT QUALIFIED ...;

TYPE PtrText, PtrList;
PROCEDURE InitSpeicher;
PROCEDURE EndeSpeicher;
PROCEDURE Available(Size : CARDINAL) : BOOLEAN;
PROCEDURE NeuList() : PtrList;
PROCEDURE NeuText() : PtrText;
PROCEDURE RueckList(VAR ptr : PtrList);
PROCEDURE RueckText(VAR ptr : PtrText);

END SpeicherVerwaltung.
```

Der Implementierungs-Modul enthält die obigen Vereinbarungen für `PtrText`, `TypText`, `PtrList` und `TypList`. Daneben definiert er die Speicherverwaltung und die automatische Speicherbereinigung sowie die Prozeduren des Definitions-Moduls.

```
IMPLEMENTATION MODULE SpeicherVerwaltung;
FROM Storage IMPORT ALLOCATE, DEALLOCATE;
FROM SYSTEM  IMPORT ADDRESS, SIZE, TSIZE;
...
     CONST MaxSpeicher = 1000;
     VAR   Speicher : ADDRESS;
           Pegel : [0..MaxSpeicher];
...
END SpeicherVerwaltung.
```

13.6.2 Listen- und Textoperationen

Neue Listen und Texte

`NeuesElement` belegt neuen Speicher der Länge `S`. Gibt es den nicht, wird die Speicherbereinigung aufgerufen. Ergibt sich dadurch nicht der gewünschte Platz, beendet `HALT` die Ausführung.

```
PROCEDURE NeuesElement(S : CARDINAL) : ADDRESS;
BEGIN
     IF (Pegel + S) > MaxSpeicher THEN
          GarbageCollection
     END;
     IF (Pegel + S) > MaxSpeicher THEN HALT END;
     INC(Pegel, S);
     RETURN PtrList(Speicher + Pegel - S)
END NeuesElement

PROCEDURE NeuList() : PtrList;
BEGIN
     RETURN PtrList(NeuesElement(TSIZE(TypList)))
END NeuList

PROCEDURE NeuText() : PtrText;
BEGIN
     RETURN PtrText(NeuesElement(TSIZE(TypText)))
END NeuText
```

Rückgabe von Listen und Texten

```
PROCEDURE RueckList(VAR ptr : PtrList);
BEGIN
     ptr:= NIL
END RueckList

PROCEDURE RueckText(VAR ptr : PtrText);
BEGIN
     ptr:= NIL
END RueckText
```

Speicherorganisation

```
PROCEDURE InitSpeicher;
VAR k : CARDINAL;
BEGIN
     ALLOCATE(Speicher, MaxSpeicher);
     Pegel:= 0;
     FOR k:= 1 TO MaxList DO List[k]:= NIL END;
     FOR k:= 1 TO MaxText DO Text[k]:= NIL END;
END InitSpeicher
```

```
PROCEDURE EndeSpeicher;
BEGIN
     DEALLOCATE(Speicher, MaxSpeicher)
END EndeSpeicher

PROCEDURE Available(Size : CARDINAL) : BOOLEAN;
BEGIN
     RETURN (Pegel + Size) <= MaxSpeicher
END Available
```

13.6.3 Eine automatische Speicherbereinigung

Das Verfahren

Die automatische Speicherbereinigung erfolgt in drei Schritten:

1. Ausgehend von den Listen- und Textvariablen stellen `FindeAdresse` und `VerfolgeAdresse` eine Tabelle `Paar` aller Zeiger auf.
2. Nach einer Sortierung dieser *alten* Adressen berechnet `NeueAdressen` zu jeder *alten* Adresse eine *Adresse*, die durch das Verfahren der *Speicherkompaktifizierung* entsteht.
3. `Kompakt` führt die Kompaktifizierung aus und ersetzt alte Zeigerwerte in den Verbunden der Typen `TypList` und `TypText` durch neue.

Vor der Kompaktifizierung des Speichers:

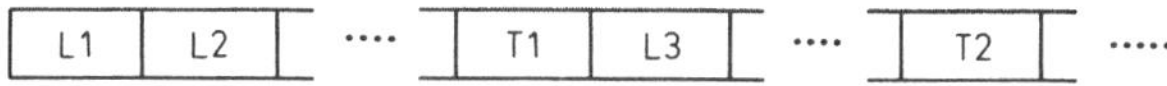

Nach der Kompaktifizierung des Speichers:

L1	L2	T1	L3	T2	

Bemerkung: Dieses Verfahren der Speicherbereinigung ist sicherlich nicht optimal programmiert: Es geht nur um das Prinzip.

```
PROCEDURE GarbageCollection;
TYPE TypArt  = (IsText, IsList);
     TypPaar =
          RECORD neu, alt : ADDRESS; art : TypArt END;
VAR  k : CARDINAL;
     Paar   : ARRAY[1..MaxList + MaxText] OF TypPaar;
     PgPaar : CARDINAL;
. . .
BEGIN
     PgPaar:= 0;
     FOR k:= 1 TO MaxList DO
          VerfolgeAdresse(List[k])
     END;
```

```
     FOR k:= 1 TO MaxText DO
          FindeAdresse(Text[k], IsText)
     END;
     Sortiere;
     NeueAdressen;
     Kompakt;
END GarbageCollection
```

Aufsammeln von Zeigern

`FindeAdresse` trägt die Adresse einer Zeigervariablen des Typs `PtrList` oder `PtrText` in die Tabelle `Paar` ein, sofern sie hier noch nicht gespeichert ist.

```
PROCEDURE FindeAdresse(adr : ADDRESS; art : TypArt);
VAR k : CARDINAL;
BEGIN
     IF adr = NIL THEN RETURN END;
     FOR k:= 1 TO PgPaar DO
          IF Paar[k].alt = adr THEN RETURN END
     END;
     INC(PgPaar);
     Paar[PgPaar].alt:= adr;
     Paar[PgPaar].neu:= NIL;
     Paar[PgPaar].art:= art;
END FindeAdresse
```

Da ein Verbund des Typs `TypList` zwei Zeigerkomponenten enthält, müssen auch diese Zeiger in die Tabelle `Paar` eingetragen werden. Die ganze Liste wird durchlaufen.

```
PROCEDURE VerfolgeAdresse(ptr : PtrList);
BEGIN
     WHILE ptr <> NIL DO
          FindeAdresse(ptr, IsList);
          FindeAdresse(ptr↑.st, IsText);
          ptr:= ptr↑.next
     END
END VerfolgeAdresse
```

Berechnung der neuen Adressen

Nach der Sortierung der *alten* Adressen in der Tabelle `Paar` organisiert `NeueAdressen` den Speicher um und trägt *neue* Adressen in die Tabelle ein.

```
PROCEDURE Sortiere;
. . .
END Sortiere

PROCEDURE NeueAdressen;
VAR k : CARDINAL;
```

```
BEGIN
     Pegel:= 0;
     FOR k:= 1 TO PgPaar DO
          Paar[k].neu:= Speicher + Pegel;
          IF Paar[k].art = IsText THEN
               INC(Pegel, TSIZE(TypText))
          ELSE INC(Pegel, TSIZE(TypList))
          END;
     END;
END NeueAdressen
```

Kompaktifizierung des Speichers

`Kompakt` schiebt die Verbunde der Typen `TypList` und `TypText` zusammen und ersetzt *alte* durch *neue* Zeiger.

```
PROCEDURE Kompakt;
VAR k : CARDINAL;
    kneu, kalt : PtrList; stalt, stneu : PtrText;
BEGIN
     FOR k:= 1 TO PgPaar DO
          IF Paar[k].art = IsText THEN
               stalt:= PtrText(Paar[k].alt);
               stneu:= PtrText(Paar[k].neu);
               stneu↑:= TypText(stalt↑);
          ELSE
               kalt:= PtrList(Paar[k].alt);
               kneu:= PtrList(Paar[k].neu);
               Ersetze(kalt↑.next);
               Ersetze(kalt↑.st);
               kneu↑:= TypList(kalt↑);
          END;
     END;
     FOR k:= 1 TO MaxList DO Ersetze(List[k]) END;
     FOR k:= 1 TO MaxText DO Ersetze(Text[k]) END;
END Kompakt
```

`Ersetze` ist eine lokale Prozedur von `Kompakt`.

```
PROCEDURE Ersetze(VAR A : ADDRESS);
VAR k : CARDINAL;
BEGIN
     IF A = ADDRESS(NIL) THEN RETURN END;
     FOR k:= 1 TO PgPaar DO
          IF Paar[k].alt = A THEN
               A:= Paar[k].neu; RETURN
          END
     END;
END Ersetze
```

14 Binäre Baumstrukturen

14.1 Die Aufgabenstellung und Definition der Symbole

Einen *vollständig geklammerter Ausdruck* wie

```
((a * b) + (c * (- d)))
```

kann man durch einen *binären Baum* zweidimensional darstellen:

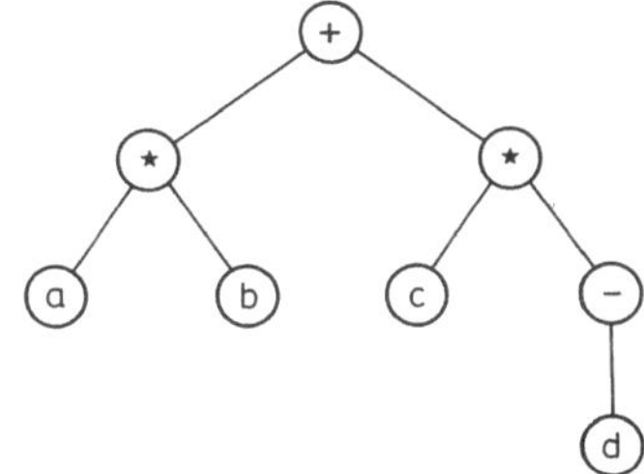

Es soll ein Programm entwickelt werden, daß einen arithmetischen Ausdruck einliest, ihn in einen binären Baum transformiert und diesen auf den Bildschirm zeichnet.

Der Anwendungs-Modul `BinaerBaum`

```
MODULE BinaerBaum;
. . .
MODULE EingabeAusdruck;
     EXPORT SymbolFolge, LiesAusdruck;
. . .
MODULE BaueBaum;
     EXPORT Ausdruck;
. . .
MODULE BaumAusgabe;
     EXPORT DruckeBaum, Postfix, ZeichneBaum;
. . .
VAR  Baum : PtrKnoten;
BEGIN
     IF NOT LiesAusdruck() THEN RETURN END;
     Baum:= Ausdruck();
     DruckeBaum(Baum);
     Postfix(Baum);
     ZeichneBaum(Baum);
END BinaerBaum.
```

Der Vereinfachung wegen sind Operanden Namen mit einem Buchstaben. Binäre (zweistellige) Operatoren sind +, -, *, /, DIV, MOD und unäre (einstellige) sind +, -.

Definition der Symbole

```
TYPE TypName    = CHAR;
     TypSymbol =
          (SymEnde,      (* Ende des Ausdrucks *)
           SymBez,       (* Operand *)
           SymKlAuf,     (* Klammer Auf ( *)
           SymKlZu,      (* Klammer Zu ) *)
           SymUnPlus,    (* Unäres Plus + *)
           SymUnMinus,   (* Unäres Minus - *)
           SymPlus,      (* Addition + *)
           SymMinus,     (* Subtraktion - *)
           SymStern,     (* Multiplikation * *)
           SymMod,       (* Restbildung % *)
           SymDiv);      (* Division / *)
     EinOperator  = [SymUnPlus..SymUnMinus];
     ZweiOperator = [SymPlus..SymDiv];
```

Aufgabe des lokalen Moduls `EingabeAusdruck` ist das Lesen eines Ausdrucks und seine Transformation in eine Symbolfolge:

```
CONST MaxFolge = 80;
VAR   SymbolFolge :
           ARRAY [0..MaxFolge] OF
           RECORD
                Sym  : TypSymbol;
                Name : TypName
           END;
```

`SymEnde` kennzeichnet des Ende der Symbolfolge.

14.2 Die Eingabe eines Ausdrucks

Der lokale Modul `EingabeAusdruck`

```
MODULE EingabeAusdruck;
FROM TERMINAL
     IMPORT Write, WriteString, WriteLn, ReadLn;
IMPORT EinOperator, ZweiOperator, TypSymbol, TypName,
       SymbolFolge;
EXPORT LiesAusdruck;
. . .
END EingabeAusdruck
```

Transformation eines Ausdrucks in eine Symbolfolge

`LiesAusdruck` hat `SymbolFolge` als globalen Parameter und liefert den Wert `TRUE`, wenn ein syntaktisch korrekter Ausdruck vorliegt.

```
PROCEDURE LiesAusdruck() : BOOLEAN;
VAR Zeile : ARRAY[0..90] OF CHAR;
     k, p : CARDINAL;
     b : BOOLEAN;
BEGIN
     WriteString("Eingabe eines Ausdrucks:");
     WriteLn;
     ReadLn(Zeile);
     ...
END LiesAusdruck
```

`Zeile` enthält die Zeichenfolge der Eingabezeile. `k` durchläuft `Zeile`, und `p` zeigt auf den nächsten freien Platz in `SymbolFolge`.

```
p:= 0; k:= 0;
WHILE Zeile[k] <> 0C DO
     WITH SymbolFolge[p] DO
          b:= TRUE; Name:= Zeile[k];
          CASE Name
          OF "a".."z", "A".."Z" :
                    Sym:= SymBez
          |   "+" :  Sym:= SymPlus
          |   "-" :  Sym:= SymMinus
          |   "*" :  Sym:= SymStern
          |   "/" :  Sym:= SymDiv
          |   "%" :  Sym:= SymMod
          |   "(" :  Sym:= SymKlAuf
          |   ")" :  Sym:= SymKlZu
          ELSE b:= FALSE
          END;
     END;
     INC(p, ORD(b)); INC(k)
END;
```

Zum Schluß erhält `SymbolFolge` die Endekennung und wird zur Kontrolle ausgedruckt.

```
WITH SymbolFolge[p] DO
     Sym:= SymEnde; Name:= "$"
END;
FOR k:= 0 TO p DO Write(SymbolFolge[k].Name) END;
WriteLn;
RETURN p <> 0
```

14.3 Die Transformation eines Ausdrucks in einen Baum

Eigenschaften von Binärbäumen

Ein binärer Baum zur Darstellung eines arithmetischen Ausdrucks hat folgende Eigenschaften:

1. Seine Endknoten sind die Operanden des Ausdrucks.
2. Alle anderen Knoten sind Operatoren mit zwei Verweisen für den linken und rechten Teilausdruck eines binären Operators und einem Verweis für den Teilausdruck eines unären Operators.

Rekursive Datenstruktur `Knoten`

Diese beiden Eigenschaften führen zu der rekursiven Datenstruktur `Knoten`:

```
TYPE PtrKnoten = POINTER TO TypKnoten;
     TypKnoten =
          RECORD
               CASE Art : TypSymbol
               OF SymBez :  Name     : TypName
               |  SymUnPlus..SymUnMinus :
                            Verweis  : PtrKnoten
               |  SymPlus..SymDiv :
                            Links    : PtrKnoten;
                            Rechts   : PtrKnoten
               END
          END;
```

Syntaxanalyse von Ausdrücken

Die syntaktische Struktur eines arithmetischen Ausdrucks beschreibt folgender rekursiver Algorithmus:

1. Ein *Ausdruck* ist ein *Term* oder eine Folge von *Termen* mit + und - als Operatoren.
2. Ein *Term* ist eine *Faktor* oder eine Folge von *Faktoren* mit *, / und % als Operatoren.
3. Ein *Faktor* ist ein Operand, ein mit (und) geklammerter *Ausdruck* oder ein *Faktor* mit den Operatoren + und -.

Beispiele:

Ausdruck:	`A,  A + B - C + (E * F)`
Term:	`A,  A * B`
Faktor:	`A, (A * B + (C - D)), - (A / D)`

Rekursive Prozeduren für rekursive Datenstrukturen

Die rekursive Definition von *Ausdruck*, *Term* und *Faktor* führt unmittelbar zu rekursiven Prozeduren:

```
PROCEDURE Faktor() : PtrKnoten;
PROCEDURE Term() : PtrKnoten;
PROCEDURE Ausdruck() : PtrKnoten;
```

Jede Prozedur liefert als Ergebnis einen Zeiger auf einen binären Teilbaum, der dem von ihr analysierten Teilausdruck entspricht. Man beachte, daß z.B. `Faktor` die Prozedur `Ausdruck` und `Ausdruck` über `Term` ebenfalls die Prozedur `Faktor` aufrufen kann. Dies ist die *indirekte Form der Rekursivität.* Die globale Variable `Pegel` deutet auf das aktuell betrachtete Symbol in `SymbolFolge`.

Analyse von Faktoren

```
PROCEDURE Faktor() : PtrKnoten;
VAR ptr : PtrKnoten;
BEGIN
     NEW(ptr);
     . . .
END Faktor
```

`ptr` zeigt auf die Wurzel des Teilbaums, den `Faktor` abliefert. Liegt nur ein Operand vor, hat der Teilbaum nur diese Wurzel.

```
IF SymbolFolge[Pegel].Sym = SymBez THEN
     ptr↑.Art := SymBez;
     ptr↑.Name:= SymbolFolge[Pegel].Name;
     INC(Pegel);
     RETURN ptr
END;
```

Ein unärer Operator `SymPlus` bzw. `SymMinus` wird in `SymUnPlus` bzw. `SymUnMinus` umgewandelt.

```
IF SymbolFolge[Pegel].Sym
          IN SymMenge{SymPlus, SymMinus} THEN
     ptr↑.Art:= SymbolFolge[Pegel].Sym;
     DEC(ptr↑.Art, 2);   (* Transformation ! *)
     INC(Pegel); ptr↑.Verweis:= Faktor();
     RETURN ptr;
END;
```

Ansonsten liegt ein geklammerter Ausdruck vor:

```
IF SymbolFolge[Pegel].Sym = SymKlAuf THEN
     INC(Pegel);
     ptr:= Ausdruck();
     WHILE SymbolFolge[Pegel].Sym <> SymKlZu DO
          INC(Pegel);
     END;
     INC(Pegel);
     RETURN ptr
END
```

Analyse von Termen

Ein *Term* ist ein *Faktor* oder eine Folge von *Faktoren*, getrennt durch binäre Multiplikationsoperatoren.

```
PROCEDURE Term() : PtrKnoten;
VAR ptr, ptrl : PtrKnoten;
BEGIN
     ptr:= Faktor();
     WHILE SymbolFolge[Pegel].Sym
               IN SymMenge{SymStern, SymDiv, SymMod} DO
          NEW(ptrl);
          ptrl↑.Links:= ptr; ptr:= ptrl;
          ptr↑.Art:= SymbolFolge[Pegel].Sym;
          INC(Pegel);
          ptr↑.Rechts:= Faktor();
     END;
     RETURN ptr
END Term
```

Analyse von Ausdrücken

Ein *Ausdruck* ist ein Term oder eine Folge von *Termen*, getrennt durch binäre Additionsoperatoren.

```
PROCEDURE Ausdruck() : PtrKnoten;
VAR ptr, ptrl : PtrKnoten;
BEGIN
     ptr:= Term();
     WHILE SymbolFolge[Pegel].Sym IN
               SymMenge{SymPlus, SymMinus} DO
          NEW(ptrl);
          ptrl↑.Links:= ptr; ptr:= ptrl;
          ptr↑.Art:= SymbolFolge[Pegel].Sym;
```

```
            INC(Pegel);
            ptr↑.Rechts:= Term();
        END;
        RETURN ptr
END Ausdruck
```

Der lokale Modul `BaueBaum`

Dieser Modul faßt die syntaktische Analyse und den Aufbau des binären Baums zusammen. Es exportiert nur die Prozedur `Ausdruck`.

```
MODULE BaueBaum;
FROM Storage IMPORT ALLOCATE;
IMPORT PtrKnoten, Knoten, SymbolFolge, EinOperator,
       ZweiOperator, TypSymbol, TypName;
EXPORT Ausdruck;
TYPE   SymMenge = SET OF TypSymbol;
VAR    Pegel : CARDINAL;
. . .
END BaueBaum
```

14.4 Darstellung von Bäumen

Vollständige Klammerung von Ausdrücken

Die erste Aufgabe ist die Transformation des binären Baums in einen *vollständig geklammerten* Ausdruck, der ausgedruckt wird.

```
PROCEDURE DruckeBaum(Baum : PtrKnoten);
BEGIN
     IF Baum = NIL THEN RETURN END;
     CASE Art
     OF SymBez : WriteString(Baum↑.Name)
     |  SymUnPlus..SymUnMinus :
          WriteString("( ");
          DruckeEinOp(Baum↑.Art);
          WriteString(" ");
          DruckeBaum(Baum↑.Verweis);
          WriteString(" )")
     |  SymPlus..SymDiv :
          WriteString("( ");
          DruckeBaum(Baum↑.Links);
          WriteString(" ");
          DruckeZweiOp(Baum↑.Art);
          WriteString(" ");
          DruckeBaum(Baum↑.Rechts);
          WriteString(" )")
     END;
END DruckeBaum
```

DruckeBaum stützt sich auf zwei Prozeduren:

```
PROCEDURE DruckeEinOp(Op : EinOperator);
BEGIN
     CASE Op
     OF SymUnPlus :   Write("+");
     |  SymUnMinus :  Write("-");
     END
END DruckeEinOp

PROCEDURE DruckeZweiOp(Op : ZweiOperator);
BEGIN
     CASE Op
     OF SymPlus :    WriteString(" +")
     |  SymMinus :   WriteString(" -")
     |  SymStern :   WriteString(" *")
     |  SymMod :     WriteString(" %")
     |  SymDiv :     WriteString(" /")
     END
END DruckeZweiOp
```

Postfix-Darstellung von Ausdrücken

Die gleiche Technik liefert auch eine *Postfix-Darstellung* eines Ausdrucks:

```
((a * b) + (c * d))    →    a b * c d +
```

```
PROCEDURE Postfix(Baum : PtrKnoten);
BEGIN
     IF Baum = NIL THEN RETURN END;
     CASE Baum↑.Art
     OF SymBez : WriteString(Baum↑.Name)
     |  SymUnPlus..SymUnMinus :
          Postfix(Baum↑.Verweis);
          DruckeEinOp(Baum↑.Art);
     |  SymPlus..SymDiv :
          Postfix(Baum↑.Links);
          Postfix(Baum↑.Rechts);
          DruckeZweiOp(Baum↑.Art);
     END;
END Postfix
```

Bestimmung der Baumtiefe

Die Tiefe des binären Baums, d.h. der längste Weg von seiner Wurzel bis zu einem Endknoten, berechnet man mit dem gleichen rekursiven Verfahren. Mit dem Parameter Max merkt man sich Zwischenergebnisse.

```
PROCEDURE BaumTiefe
     (Baum : PtrKnoten; t : CARDINAL; VAR Max : CARDINAL)
     : CARDINAL;
VAR t1, t2 : CARDINAL;
BEGIN
     IF Baum = NIL THEN RETURN 0 END;
     CASE Baum↑.Art
     OF SymBez :  INC(t);
     |  SymUnPlus..SymUnMinus :
          t:= BaumTiefe(Baum↑.Verweis, t + 1, Max);
     |  SymPlus..SymDiv :
          t1:= BaumTiefe(Baum↑.Links, t + 1, Max);
          t2:= BaumTiefe(Baum↑.Rechts, t + 1, Max);
          IF t1 < t2 THEN t:= t1 ELSE t:= t2 END
     END;
     IF t > Max THEN Max:= t END;
     RETURN t
END BaumTiefe
```

Zeichnen von Bäumen

Auch die grafische Ausgabe eines Baums bedient sich der rekursiven Formulierung. Die Parameter x und y geben die Koordinaten der Wurzel des (Teil-)Baums an, Tiefe seine Tiefe. Da man auf dem Bildschirm nicht jeden Baum ideal darstellen kann, ist so langes Probieren notwendig, bis die geeignete Darstellung gefunden ist. Dazu dienen die Vereinbarungen

```
TYPE Zweig = (ZwNull, ZwLinks, ZwRechts);
VAR  Abst : ARRAY[1..10] OF CARDINAL;
     xNull, yNull : CARDINAL;   (* Nullpunkt *)
```

Abst beschreibt die Abweichung der Koordinate x des linken und rechten Teilbaums in Abhängigkeit von seiner Tiefe.

```
PROCEDURE MaleBaum(Baum : PtrKnoten; Woher : Zweig;
                   Tiefe, x, y : CARDINAL);
CONST yAbstand = 2; xAbstand = 0;
BEGIN
     IF Baum = NIL THEN RETURN END;
     CASE Art
     OF SymBez :
          CASE Woher
          OF ZwNull   : GotoXY(x, y)
          |  ZwLinks  : GotoXY(x - xAbstand, y)
          |  ZwRechts : GotoXY(x + yAbstand, y)
          END;
          WriteString(Name)
```

```
    |  SymUnPlus..SymUnMinus :
         MaleBaum(Verweis, ZwNull, Tiefe - 1,
                    x, y + yAbstand);
         GotoXY(x, y); DruckeEinOp(Art);
      |  SymPlus..SymDiv :
           MaleBaum(Links, ZwLinks, Tiefe - 1,
                      x - Abst[Tiefe -1], y + yAbstand);
           MaleBaum(Rechts, ZwRechts, Tiefe - 1,
                      x + Abst[Tiefe -1], y + yAbstand);
           GotoXY(x, y); DruckeZweiOp(Art);
     END;
END MaleBaum
```

Um probieren zu können, werden Anfangswerte für `x`, `y` und `Abst` eingelesen.

```
PROCEDURE LiesAbstand(Max : CARDINAL);
VAR k : CARDINAL;
BEGIN
     WriteString(" X = "); ReadCard(xNull);
     IF NOT Done THEN xNull:= 40 END;
     WriteString(" Y = "); ReadCard(yNull);
     IF NOT Done THEN yNull:=  5 END;
     FOR k:= 1 TO Max DO
          WriteString("Abst[");
          WriteCard(k, 0); WriteString("] : ");
          ReadCard(Abst[k]);
          IF NOT Done THEN Abst[k]:= 5 END;
     END;
END LiesAbstand
```

`ZeichneBaum` ermöglicht dann mehrfaches Ausprobieren:

```
PROCEDURE ZeichneBaum(Baum : PtrKnoten);
VAR Max, t : CARDINAL; c : CHAR;
BEGIN
     WriteString("Baumtiefe = ");
     Max:= 0;
     t:= BaumTiefe(Baum, 0, Max);
     WriteCard(Max, 0); WriteLn;
     LOOP
          GotoXY(2, 20);
          WriteString("Druecke Taste"); Read(c);
          ClearScreen; HomeCursor;
          WriteString("Zeichnen? J(a oder N(ein ? ");
          Read(c); WriteLn;
          IF CAP(c) <> "J" THEN EXIT END;
          LiesAbstand(Max - 1);
          MaleBaum(Baum, ZwNull, Max, xNull, yNull);
     END;
END ZeichneBaum
```

Der lokale Modul BaumAusgabe

```
MODULE BaumAusgabe;
IMPORT PtrKnoten, Knoten, EinOperator, ZweiOperator,
       TypSymbol;
FROM Terminal IMPORT WriteLn, WriteString, ReadLn;
FROM InOut    IMPORT Done, Read, ReadCard, WriteCard;
FROM Screen   IMPORT ClearScreen, HomeCursor, GotoXY;
EXPORT DruckeBaum, Postfix, ZeichneBaum;
. . .
END BaumAusgabe
```

15 Aufbau und Ausgabe eines Lexikons

In diesem Kapitel wird der interaktive Aufbau eines Lexikons behandelt. Vor und nach jedem Eintrag eines Worts zeigt der Bildschirm den Zustand des Lexikons.

15.1 Die Darstellung von Lexika durch Bäume

Eine Folge von Wörtern wie

atem	mansarde	mantel	muster
messer	atom	messe	meinung
maus	marke	meister	

soll lexikografisch geordnet und durch (binäre) Bäume dargestellt werden, deren Gesamtmenge ein *Lexikon* darstellt:

```
a:      -|a|-|t|*-|e|-|m|-$
                |
                *-|o|-|m|-$

m:      -|m|*-|a|*-|n|*-|s|-|a|-|r|-|d|-|e|-$
             |     |     |
             |     |     *-|t|-|e|-|l|-$
             |     |
             |     *-|r|-|k|-|e|-$
             |     |
             |     *-|u|-|s|-$
             |
             *-|e|*-|i|*-|n|-|u|-|n|-|g|-$
             |     |     |
             |     |     *-|s|-|t|-|e|-|r|-$
             |     |
             |     *-|s|-|s|-|e|*-$
             |                  |
             |                  *-|r|-$
             |
             *-|u|-|s|-|t|-|e|-|r|-$
```

Die Struktur von Baumknoten

Jeder Knoten eines binären Baums ist ein Verbund des Typs Knoten.

```
TYPE TypKnoten = (Zeichen, Verweis, NULL);
     PtrKnoten = POINTER TO Knoten;
     Knoten =
          RECORD
               cdr : PtrKnoten;
               CASE Art : TypKnoten
               OF  Zeichen : c : CHAR
               |   Verweis : car : PtrKnoten
               |   NULL :
               END
          END;
```

Das grafische Bild kann man jetzt so interpretieren:

"|x|" steht für einen Verbund mit Art = Zeichen und c = x.
"*" steht für einen Verbund mit Art = Verweis.
"_" steht für den *horizontalen* Verweis cdr.
"|" steht für den *vertikalen* Verweis cad.
"$" steht für einen Verbund mit Art = NULL und kennzeichnet das Ende eines Worts.

Eigenschaften der binären Bäume

Es sei P eine Knoten mit P↑.Art <> NULL und W eine Variable für ein Wort.

1. Ist P der erste Knoten im Baum, also die *Wurzel*, gilt P↑.Art = Zeichen. P↑.c ist das erste Zeichen aller Wörter des binären Baums.
2. Gilt (P↑.Art = Zeichen) AND (P↑.cdr↑.Art = Zeichen), ist P↑.cdr↑.c das nächste Zeichen: W:= W & P↑.cdr↑.c.
3. Gilt (P↑.Art = Zeichen) AND (P↑.cdr = EndCdr), ist W fertig.
4. Gilt (P↑.Art = Zeichen) AND (P↑.cdr↑.Art = Verweis), ist W der Anfang von mindestens 2 Wörtern.
5. Gilt (P↑.Art = Verweis) AND (P↑.cdr↑.Art = Zeichen), ist P↑.cdr↑.c das nächste Zeichen: W:= W & P↑.cdr↑.c.
6. Gilt (P↑.Art = Verweis) AND (P↑.cdr = EndCdr), ist W fertig.
7. Gilt P↑.Art = Verweis, ist P↑.cdr↑.Art <> Verweis.
8. Gilt P↑.Art = Verweis, gibt es m Knoten Q_m und m - 1 Wörter mit W als Anfang:
   - m > 2
   - P = Q_1
   - (Q_i↑.car = Q_{i+1}) AND (Q_i↑.Art = Verweis), für i = 1, 2, . . ., m - 1
   - Q_m = EndCar
9. Alle Knoten mit P↑.Art = NULL sind *Endknoten* des Baums und es gilt: (P = EndCdr) OR (P = EndCar). P = EndCdr kennzeichnet das Ende eines Worts, P = EndCar das Ende einer Folge von Verzweigungen im Baum.

Durchlauf durch einen Baum

Die folgende Prozedur skizziert das Durchlaufen eines binären Baums, der die genannten Eigenschaften besitzt.

```
PROCEDURE DurchLauf(Stelle : PtrKnoten);
BEGIN
     CASE Stelle↑.Art
     OF Zeichen :
          Durchlauf(Stelle↑.cdr)
     |  Verweis :
          Durchlauf(Stelle↑.cdr);
          Durchlauf(Stelle↑.car)
     |  NULL :
     END
END Durchlauf
```

Die Initialisierung eines Lexikons

Ein Lexikon ist eine Datenstruktur des Typs

```
TYPE TypLexikon = ARRAY CHAR OF PtrKnoten;
```

Jeder Index zeigt auf einen binären Baum für alle Wörter mit dem gleichen Anfangszeichen.

```
PROCEDURE InitLexikon(VAR Lex : TypLexikon);
VAR c : CHAR;
BEGIN
     FOR c:= 0C TO 177C DO Lex[c]:= EndCdr END;
END InitLexikon
```

Die zulässige Zeichen in einem Wort

`Menge` gibt die Zeichen an, aus denen ein Wort bestehen kann.

```
TYPE  SetChar = SET OF CHAR;
VAR   Menge : SetChar;

PROCEDURE InitMenge(VAR Menge : SetChar);
BEGIN
     Menge:= SetChar{"a".."z", "A".."Z", "0".."9"}
END InitMenge
```

Die Initialisierung von Knoten

```
PROCEDURE InitKnoten(VAR ptr : PtrKnoten);
BEGIN
     NEW(ptr);
     ptr↑.cdr:= NIL;
     ptr↑.car:= NIL;
     ptr↑.Art:= NULL;
END InitKnoten
```

Zwei spezielle Knoten werden so initialisiert:

```
VAR EndCdr, EndCar : PtrKnoten;

InitKnoten(EndCdr);
InitKnoten(EndCar)
```

Die Initialisierung von Wörtern

Ein Wort ist eine Kette von maximal MaxWort Zeichen.

```
PROCEDURE InitListe(Max : CARDINAL) : PtrKnoten;
VAR k : CARDINAL; Anfang, ptr : PtrKnoten;
BEGIN
     NEW(ptr); Anfang:= ptr;
     FOR k:= 1 TO Max DO
          NEW(ptr↑.cdr); ptr:= ptr↑.cdr
     END;
     ptr↑.cdr:= NIL;
     RETURN Anfang
END InitListe
```

15.2 Die Eingabe eines Wortes

Der lokale Modul Eingabe

Einlesen und Kontrollausgabe eines Worts ist Aufgabe eines lokalen Moduls.

```
MODULE Eingabe;
IMPORT TypKnoten, PtrKnoten, Menge;
FROM InOut
     IMPORT Write, WriteLn, WriteString,
            Read, ReadString, Done;
EXPORT QUALIFIED LiesWort, AusWort;
. . .
END Eingabe
```

Das Lesen eines Worts

```
InitListe:   | |-| |-| |-| |-| |-| |-| |-| |-| |-| |-| |- . . .

LiesWort:    |m|-|a|-|n|-|s|-|a|-|r|-|d|-|e|

AusWort:     mansarde
```

```
PROCEDURE LiesWort(Wort : PtrKnoten);
VAR  c : CHAR; k : CARDINAL;
     w : ARRAY [0..80] OF CHAR;
BEGIN
     WriteString("Wort : "); ReadString(w);
     IF (NOT Done) OR (NOT (w[0] IN Menge)) THEN
          Wort↑.Art:= NULL; RETURN
     END;
     Wort↑.c:= w[0]; Wort↑.Art:= Zeichen;
     k:= 1;
     WHILE (w[k] <> 0C) AND (w[k] IN Menge) DO
          Wort:= Wort↑.cdr; Wort↑.c:= w[k];
          Wort↑.Art:= Zeichen; INC(k)
     END;
     Wort:= Wort↑.cdr; Wort↑.Art:= NULL;
END LiesWort
```

Die Ausgabe eines Worts

```
PROCEDURE AusWort(Wort : PtrKnoten);
BEGIN
     WHILE Wort↑.Art <> NULL DO
          Write(Wort↑.c); Wort:= Wort↑.cdr
     END;
     WriteLn
END AusWort
```

15.3 Die grafische Darstellung eines Lexikons

Der lokale Modul `Male`

Aufgabe dieses lokalen Moduls ist die grafische Darstellung eines binären Baums auf dem Bildschirm.

```
MODULE Male;
IMPORT TypKnoten, PtrKnoten, EndCdr, EndCar;
FROM InOut IMPORT Write, WriteString, WriteLn;
FROM Screen IMPORT ClearScreen, GotoXY;
EXPORT QUALIFIED Baum;
. . .
END Male
```

Die exportierte Prozedur `Baum` durchläuft den Baum und druckt ihn in der Gestalt aus, die am Anfang dieses Kapitels zu sehen ist. Ihr Aufbau folgt dem Schema der Prozedur `DurchLauf`.

```
PROCEDURE Baum(Stelle : PtrKnoten;
               X : CARDINAL; VAR Y : CARDINAL);
VAR  k, AltY : CARDINAL; b : BOOLEAN;
BEGIN
     GotoXY(X, Y);
     CASE Stelle↑.Art
     OF Zeichen :
          WriteString("-|"); Write(Stelle↑.c);
          Write("|");
          Baum(Stelle↑.cdr, X + 4, Y)
     |  Verweis :
          WriteString("*");
          AltY:= Y; b:= TRUE;
          Baum(Stelle↑.cdr, X + 1, Y);
          IF Stelle↑.car <> EndCar THEN AusStelle END
     |  NULL : WriteString("-$");
     END;
END Baum
```

AusStelle ist eine lokale Prozedur.

```
PROCEDURE AusStelle;
BEGIN
     IF b THEN
          FOR k:= AltY + 1 TO Y DO
               GotoXY(X, k); Write("|")
          END;
          b:= FALSE
     END;
     GotoXY(X, Y + 1); Write("|");
     INC(Y, 2); GotoXY(X + 1, Y);
     Baum(Stelle↑.car, X, Y);
END AusStelle
```

15.4 Die Ausgabe eines Lexikons

Das Lexikon wird auf zwei Weisen ausgedruckt, um zwei Verfahren zu zeigen:

```
DruckeLexikon(Lex, Druck1.Baum)
DruckeLexikon(Lex, Druck2.Baum)
```

Der Typ des zweiten Parameters ist ein Prozedurtyp.

```
TYPE TypDruck = PROCEDURE(PtrKnoten);
```

```
PROCEDURE DruckeLexikon(VAR Lex : TypLexikon;
                            op : TypDruck);
VAR c : CHAR;
BEGIN
     InOut.WriteString("AUSGABE  DES  LEXIKONS");
     InOut.WriteLn;
     InOut.WriteString("=====================");
     InOut.WriteLn; InOut.WriteLn;
     FOR c:= 0C TO 177C DO
          IF Lex[c] <> EndCdr THEN op(Lex[c]) END;
     END;
     InOut.WriteLn; InOut.WriteLn;
     InOut.WriteString("ENDE  DER  AUSGABE ");
     InOut.WriteLn;
END DruckeLexikon
```

Fadenlegen im Baum

Bei dem ersten Verfahren wird bei dem Durchlaufen des Baums ein *Faden* von der Wurzel bis zu einem Endknoten gelegt.

```
CONST MaxFaden = MaxWort;
VAR   FadenAnfang, Faden : PtrKnoten;
```

Ist ein Endknoten erreicht, gibt der Faden, d.h. eine lineare Liste von Knoten, ein Wort an.

```
PROCEDURE Baum(Anfang : PtrKnoten);


PROCEDURE DurchLauf(ptr, Faden : PtrKnoten);
BEGIN
     CASE ptr↑.Art
     OF Zeichen :
          Faden↑.car:= ptr;
          DurchLauf(ptr↑.cdr, Faden↑.cdr)
     |  Verweis :
          DurchLauf(ptr↑.cdr, Faden);
          DurchLauf(ptr↑.car, Faden)
     |  NULL :
          IF ptr = EndCdr THEN AusWort(Faden) END
     END;
END DurchLauf;


BEGIN
     Faden:= FadenAnfang;
     DurchLauf(Anfang, Faden)
END Baum
```

Ausgabe des Fadens

```
PROCEDURE AusWort(FadenEnde : PtrKnoten);
VAR  ptr : PtrKnoten; Index   : CARDINAL;
     Puffer : ARRAY [0..MaxFaden] OF CHAR;
BEGIN
     ptr:= FadenAnfang; Index:= 0;
     WHILE ptr <> FadenEnde DO
          Puffer[Index]:= ptr↑.car↑.c;
          ptr:= ptr↑.cdr; INC(Index)
     END;
     Puffer[Index]:= 0C;
     WriteString(Puffer); WriteLn
END AusWort
```

Der lokale Modul `Druckl`

```
MODULE Druckl;
IMPORT TypKnoten, PtrKnoten, MaxWort,
       EndCdr, InitListe;
FROM InOut   IMPORT WriteString, WriteLn;
FROM Storage IMPORT ALLOCATE;
EXPORT QUALIFIED Baum, AusWort;
. . .
BEGIN
     Faden:= InitListe(MaxFaden);
     FadenAnfang:= Faden;
END Druckl
```

Zeichenreihen statt Fäden

Das Fadenlegen ist die allgemeinere Methode. Da das Ergebnis eine Folge von Zeichen ist, die unmittelbar ausgegeben wird, kann man auf den Faden verzichten und die Zeichen direkt ausgeben.

```
CONST MaxPuffer = MaxWort;
VAR   Puffer : ARRAY [0..MaxPuffer] OF CHAR;
      Index  : CARDINAL;
```

Direkte Ausgabe beim Durchlauf

`AusWort` gibt die aufgesammelten Zeichen aus.

```
PROCEDURE AusWort(Index : CARDINAL);
BEGIN
     Puffer[Index]:= 0C;
     WriteString(Puffer); WriteLn
END AusWort
```

Baum sammelt die Zeichen auf.

```
PROCEDURE Baum(ptr : PtrKnoten);

PROCEDURE DurchLauf(ptr : PtrKnoten; Index : CARDINAL);
BEGIN
     CASE ptr↑.Art
     OF Zeichen :
          Puffer[Index]:= ptr↑.c;
          DurchLauf(ptr↑.cdr, Index + 1)
     |  Verweis :
          DurchLauf(ptr↑.cdr, Index);
          DurchLauf(ptr↑.car, Index)
     |  NULL :
          IF ptr = EndCdr THEN AusWort(Index) END
     END;
END DurchLauf;

BEGIN
     Index:= 0; Puffer[0]:= ptr↑.c;
     DurchLauf(ptr↑.cdr, Index + 1)
END Baum
```

Der lokale Modul Druck2

```
MODULE Druck2;
IMPORT TypKnoten, PtrKnoten, MaxWort, EndCdr;
FROM InOut IMPORT WriteString, WriteLn;
EXPORT QUALIFIED Baum;
...
END Druck2
```

15.5 Der Eintrag eines Wortes in ein Lexikon

Um ein Wort in das Lexikon einzutragen, muß man die richtige Stelle im binären Baum finden. EinZeichen nutzt das Schema des Durchlaufs durch einen Baum und ruft an geeigneten Stellen diejenigen Prozeduren auf, die das neue Wort eintragen:

- EinEnde — Das Ende des einzutragenden Worts ist bei Vergleichen mit Worten im Baum erreicht.
- EinNeu — Ehe das Ende des einzutragenden Worts erreicht ist, steht fest, daß es ein neues Wort ist.
- EinZweig — Beim Durchlaufen des Baums muß verzweigt werden. Es kommt zu (rekursiven) Aufrufen von EinZeichen.

```
PROCEDURE EinZeichen(Wort, Stelle : PtrKnoten);
BEGIN
     IF Wort↑.cdr↑.Art = NULL THEN
          EinEnde(Stelle); RETURN
     END;
     CASE Stelle↑.cdr↑.Art
     OF Zeichen :
          IF Stelle↑.cdr↑.c = Wort↑.cdr↑.c THEN
               EinZeichen(Wort↑.cdr, Stelle↑.cdr)
          ELSE EinNeu(Wort, Stelle)
          END
     |   Verweis :
          EinZweig(Wort, Stelle);
     |   NULL :
          NewCdr(Stelle, EndCdr, EndCar);
          NewCar(Stelle↑.cdr,
                      Kopiere(Wort↑.cdr), EndCar)
     END
END EinZeichen
```

Die Bildung von Teilbäumen

Die folgenden beiden Bilder zeigen eine typische Situation bei dem Eintragen eines Worts wie *BERGE*:

Vorher:

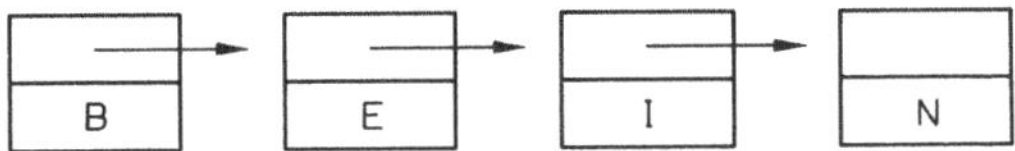

Nachher:

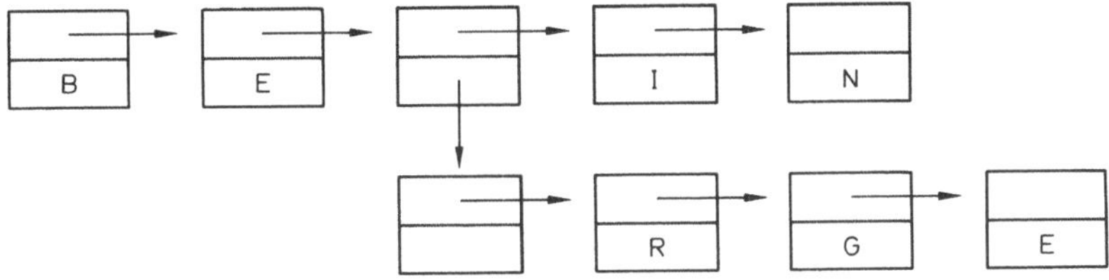

Den Einbau neuer Knoten übernehmen `NewCdr` und `NewCar`.

```
PROCEDURE NewCdr(w : PtrKnoten; Cdr, Car : PtrKnoten);
BEGIN
     NEW(w↑.cdr); w:= w↑.cdr;
     w↑.Art:= Verweis; w↑.cdr:= Cdr; w↑.car:= Car
END NewCdr
```

```
PROCEDURE NewCar(w : PtrKnoten; Cdr, Car : PtrKnoten);
BEGIN
     NEW(w↑.car); w:= w↑.car;
     w↑.Art:= Verweis; w↑.cdr:= Cdr; w↑.car:= Car
END NewCar
```

Das Ende des neuen Worts

```
PROCEDURE EinEnde(Stelle : PtrKnoten);
VAR ptr : PtrKnoten;
BEGIN
     CASE Stelle↑.cdr↑.Art
     OF Zeichen :
          ptr:= Stelle↑.cdr;
          NewCdr(Stelle, EndCdr, NIL);
          NewCar(Stelle↑.cdr, ptr, EndCar)
     |   Verweis :
          IF Stelle↑.cdr↑.cdr↑.Art = NULL THEN
               GotoXY(50, 0);
               WriteString("Schon vorhanden");
               WriteLn;
          ELSE NewCdr(Stelle, EndCdr, Stelle↑.cdr);
          END
     |   NULL :
          GotoXY(50, 0);
          WriteString("Schon vorhanden"); WriteLn;
     END
END EinEnde
```

Vor dem Ende des neuen Worts

```
PROCEDURE EinNeu(Wort, Stelle : PtrKnoten);
VAR b : BOOLEAN; ptr, ptrl, ptr2 : PtrKnoten;
BEGIN
     Wort:= Wort↑.cdr;
     b:= Stelle↑.cdr↑.c < Wort↑.c;
     ptrl:= Stelle↑.cdr;
     ptr2:= Kopiere(Wort);
     IF b THEN ptr:= ptrl ELSE ptr:= ptr2 END;
     NewCdr(Stelle, ptr, NIL);
     IF b THEN ptr:= ptr2 ELSE ptr:= ptrl END;
     NewCar(Stelle↑.cdr, ptr, EndCar)
END EinNeu
```

Verzweigung beim Durchlauf

```
PROCEDURE EinZweig(Wort, Stelle : PtrKnoten);
VAR d, f : CHAR; ptr : PtrKnoten;
BEGIN
     ptr:= Stelle↑.cdr;
     d:= Wort↑.cdr↑.c;
     f:= ptr↑.cdr↑.c;
     IF d = f THEN
          EinZeichen(Wort↑.cdr, ptr↑.cdr); RETURN
     END;
     IF f > d THEN
          NewCdr(Stelle, Kopiere(Wort↑.cdr), ptr);
          RETURN
     END;
     REPEAT
          f:= ptr↑.car↑.cdr↑.c;
          IF f = d THEN
               EinZeichen(Wort, ptr↑.car); RETURN
          END;
          IF f > d THEN
               NewCar(ptr, Kopiere(Wort↑.cdr), ptr↑.car);
               RETURN
          END;
          ptr:= ptr↑.car
     UNTIL ptr↑.car = EndCar;
     NewCar(ptr, Kopiere(Wort↑.cdr), EndCar)
END EinZweig
```

Kopieren des Restworts

`Kopiere` wird immer dann aufgerufen, wenn die Stelle des neuen Worts im binären Baum gefunden ist und nun noch die restlichen Zeichen des Worts als lineare Liste in dem Baum aufzunehmen sind. Das Ergebnis eines Aufrufs ist ein Zeiger auf die Kopie dieses Restworts.

```
PROCEDURE Kopiere(Wort : PtrKnoten) : PtrKnoten;
VAR Anfang, ptr : PtrKnoten;
BEGIN
     NEW(Anfang); ptr:= Anfang;
     ptr↑.Art:= Zeichen; ptr↑.c:= Wort↑.c;
     WHILE Wort↑.cdr↑.Art = Zeichen DO
          NEW(ptr↑.cdr);
          ptr:= ptr↑.cdr; Wort:= Wort↑.cdr;
          ptr↑.Art:= Wort↑.Art; ptr↑.c:= Wort↑.c
     END;
     ptr↑.cdr:= EndCdr;
     RETURN Anfang
END Kopiere
```

Eintrag des Worts in das Lexikon

Die Prozedur `Eintrag` faßt alle diese Prozeduren zusammen. Sie macht auch den Zustand vor und nach dem Eintrag auf dem Bildschirm sichtbar.

```
PROCEDURE Eintrag(VAR Lex : TypLexikon;
                  Wort : PtrKnoten);
...
VAR Y1, Y2 : CARDINAL;
BEGIN
     Y1:= 6; Y2:= 6;
     IF Lex[Wort↑.c] = EndCdr THEN
          Lex[Wort↑.c]:= Kopiere(Wort); RETURN
     END;
     GotoXY(0, 4); WriteString(" Vorher: ");
     Male.Baum(Lex[Wort↑.c], 0, Y1);
     EinZeichen(Wort, Lex[Wort↑.c]);
     GotoXY(40, 4); WriteString("Nachher: ");
     Male.Baum(Lex[Wort↑.c], 40, Y2);
END Eintrag
```

Der lokale Modul `Baum`

```
MODULE Baum;
IMPORT TypKnoten, PtrKnoten, Male, TypLexikon,
       InitKnoten, EndCdr, EndCar;
FROM Storage IMPORT ALLOCATE;
FROM InOut   IMPORT WriteString, WriteLn;
FROM Screen  IMPORT GotoXY;
EXPORT QUALIFIED Eintrag;
...
END Baum
```

15.6 Der interaktive Aufbau eines Lexikons

Vor der Eingabe eines neuen Worts wird der Bildschirm gelöscht. Man sieht den Zustand vor und nach dem Lexikoneintrag. Es ist klar, daß dieses interaktive Verfolgen des Lexikonaufbaus nur den Eintrag einiger weniger Wörter zuläßt.

```
PROCEDURE AufbauLexikon(VAR Lex : TypLexikon);
VAR w : PtrKnoten; ch : CHAR; Y : CARDINAL;
BEGIN
     w:= InitListe(MaxWort);
     LOOP
          Screen.ClearScreen;
          Screen.GotoXY(0, 0);
          Eingabe.LiesWort(w); Eingabe.AusWort(w);
          IF w↑.Art = NULL THEN EXIT END;
          Y:= 2;
          Male.Baum(w, 0, Y);
          Baum.Eintrag(Lex, w);
```

```
          Screen.GotoXY(0, 22);
          InOut.WriteString(" Taste druecken");
          InOut.Read(ch);
     END;
END AufbauLexikon
```

Der Programm-Modul `Lexikon`

```
MODULE Lexikon;
IMPORT InOut, Storage, Screen;
FROM Storage IMPORT ALLOCATE;

MODULE Eingabe; ...
MODULE Male; ...
MODULE Druck1; ...
MODULE Druck2; ...
MODULE Baum; ...

VAR Lex : TypLexikon;
BEGIN
     InitKnoten(EndCdr);
     InitKnoten(EndCar);
     InitMenge(Menge);
     InitLexikon(Lex);
     AufbauLexikon(Lex);
     DruckeLexikon(Lex, Druck1.Baum);
     DruckeLexikon(Lex, Druck2.Baum);
END Lexikon.
```

16 Zeichenreihen

Zeichenreihen sind in MODULA eine Folge von Zeichen mit fester Länge. Außer der Zuweisung und Indizierung gibt es keine Operationen. Das reicht in vielen Anwendungsfällen nicht aus. Daher behandelt dieses Kapitel zusätzlich drei Typen von Zeichenreihen:

- Zeichenreihen fester Länge mit weiteren Operationen, wie sie die Programmiersprache SIMULA definiert,
- Zeichenreihen variabler Länge, die auf das Listenkonzept von SIMULA aufbauen (siehe Kapitel 13.2) und
- Zeichenreihen fester Länge mit Operationen, wie sie zwei typische MODULA Systeme anbieten.

16.1 SIMULA Zeichenreihen

Die Datenstruktur von SIMULA Zeichenreihen

In der Programmiersprache SIMULA ist eine Zeichenreihe ein Zeiger auf einen Verbund, dessen Komponenten die Folge der Zeichen, die Position `Anfang` des ersten Zeichens und `Ende` des letzten Zeichens und ein Arbeitsindex `Index` sind.

```
TYPE String = POINTER TO TypString;
     TypString =
     RECORD
          Folge : POINTER TO
                      ARRAY [1..MaxString] OF CHAR;
          Anfang, Ende, Index : CARDINAL
     END;
```

Zwei Zeichenreihen `S` und `T` können eine gemeinsame Zeichenfolge haben:

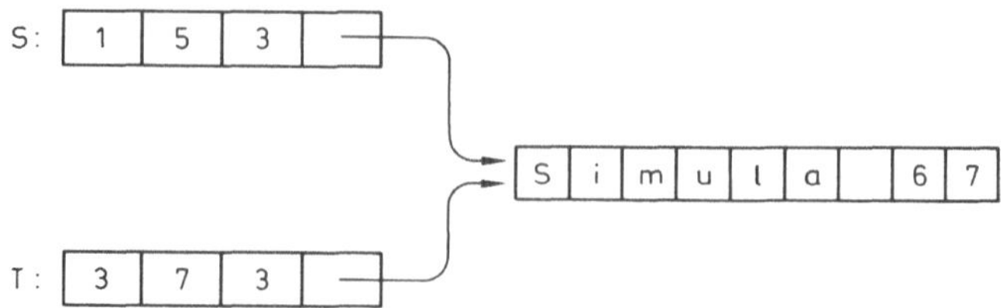

Das Komprimieren einer Zeichenreihe

Die SIMULA Prozedur `Compress` ordnet eine Zeichenreihe so um, daß alle Zwischenräume rechtsbündig stehen:

```
        "  Simula 67  "  →   "Simula67     "
```

```
PROCEDURE Compress(tx); TEXT tx;
BEGIN
     TEXT ux; CHARACTER C;
     IF (tx <> NOTEXT) AND (tx.Length > 0)
     THEN BEGIN
          ux:= tx.Strip;
          tx.SetPos(1);
          WHILE st.More
          DO BEGIN
               c:= st.GetChar;
               IF c =/ " " THEN tx.PutChar(c)
          END;
          tx.Sub(tx.Pos, tx.Length - tx.Pos + 1)
              := NOTEXT
     END;
END;
```

1. `NOTEXT` ist der Verweis auf eine leere Zeichenreihe (und entspricht damit der Konstanten `NIL`).
2. `tx.Length` liefert die Länge der Zeichenreihe `tx`.
3. `tx.Strip` liefert eine neue Zeichenreihe durch Entfernen von rechtsbündigen Zwischenräumen in `tx`.
4. `tx.SetPos(1)` setzt den Arbeitsindex der Zeichenreihe `tx` auf das erste Zeichen der Zeichenfolge, d.h. auf die Position mit dem Index `Anfang`.
5. `st.More` liefert solange den Wert `TRUE`, wie der Arbeitsindex von `st` noch nicht die Position `Ende` überschritten hat.
6. `st.GetChar` liefert das Zeichen, auf das der Arbeitsindex zeigt. Dieser wird danach um eine Position weitergerückt.
7. `tx.PutChar(c)` weist der Position des Arbeitsindexes von `tx` einen neuen Wert `c` zu. Der Arbeitsindex wird um eine Position weitergerückt.
8. `tx.Pos` liefert den Wert des Arbeitsindex.
9. `tx.Sub(A, L)` liefert eine neue Zeichenreihe mit der gleichen Zeichenfolge, die auch `tx` hat. Die Zuweisung des Werts `NOTEXT` bewirkt ein Überschreiben mit Zwischenräumen.

Der Anwendungs-Modul `SimulaZeichen`

Der Definitions-Modul gibt die Operationen für Zeichenreihen an.

```
DEFINITION MODULE SimulaZeichen;
EXPORT QUALIFIED ...;
CONST MaxString = 20;
TYPE  String;
```

```
TYPE  Operator = (Equal, NonEqual, Less,
                  NonLess, Greater, NonGreater);
VAR   Getan : BOOLEAN; NOTEXT : String;

PROCEDURE Length (S : String) : CARDINAL;
PROCEDURE Blanks (N : CARDINAL) : String;
PROCEDURE Copy   (S : ARRAY OF CHAR) : String;
PROCEDURE DeCopy (S : String; VAR Z : ARRAY OF CHAR);
PROCEDURE Assign (S, T : String);
PROCEDURE Sub    (S : String; I, N : CARDINAL) : String;
PROCEDURE Strip  (S : String) : String;
PROCEDURE Main   (S : String) : String;
PROCEDURE Pos    (S : String) : CARDINAL;
PROCEDURE SetPos (S : String; P : CARDINAL);
PROCEDURE More   (S : String) : BOOLEAN;
PROCEDURE GetChar(S : String) : CHAR;
PROCEDURE PutChar(S : String; C : CHAR);
PROCEDURE Change (S : String; A, E : CARDINAL);
PROCEDURE Ident  (S1, S2 : String) : BOOLEAN;
PROCEDURE NoIdent(S1, S2 : String) : BOOLEAN;
PROCEDURE Compare
     (S1, S2 : String; Op : Operator) : BOOLEAN;
END SimulaZeichen.
```

Der Implementierungs-Modul `SimulaZeichen`

```
IMPLEMENTATION MODULE SimulaZeichen;
FROM Storage IMPORT ALLOCATE;
TYPE String = POINTER TO TypString;
     TypString =
     RECORD
          Folge : POINTER TO
                  ARRAY [1..MaxString] OF CHAR;
          Anfang, Ende, Index, Laenge : CARDINAL
     END;
...
BEGIN
     NEW(NOTEXT); NEW(NOTEXT↑.Folge);
     WITH NOTEXT↑ DO
          Anfang:= 1; Ende  := 0;
          Index := 0; Laenge:= 0
     END;
END SimulaZeichen.
```

Die Komponente `Laenge` wird eingeführt, um nicht stets `Ende - Anfang + 1` berechnen zu müssen.

Für eine Variable S des Typs String gilt:

1. (S <> NIL) AND (S↑.Folge <> NIL)
2. S ist leer, wenn (S↑.Ende - S↑.Anfang + 1) = 0 ist. Dann gilt auch (S↑.Index = S↑.Ende) AND (S↑.Laenge = 0).
3. Ist S nicht leer, so gilt:
   - 1 <= S↑.Anfang <= S↑.Ende <= MaxString
   - S↑.Anfang <= S↑.Index <= S↑.Ende + 1
   - S↑.Laenge = S↑.Ende - S↑.Anfang + 1

Die Länge von Zeichenreihen

Length liefert die Länge der Zeichenreihe S. Es gilt insbesondere

Length(NOTEXT) = 0.

```
PROCEDURE Length(S : String) : CARDINAL;
BEGIN
     Getan:= TRUE;
     RETURN S↑.Laenge
END Length
```

Der Arbeitsindex von Zeichenreihen

Pos liefert den Arbeitsindex der Zeichenreihe S.

```
PROCEDURE Pos(S : String) : CARDINAL;
BEGIN
     Getan:= TRUE;
     RETURN S↑.Index - S↑.Anfang + 1
END Pos
```

SetPos setzt den Arbeitsindex der Zeichenreihe S auf den neuen Wert P.

```
PROCEDURE SetPos(S : String; P : CARDINAL);
BEGIN
     Getan:= (S↑.Laenge > 0) AND (1 <= P);
     IF NOT Getan THEN RETURN END;
     IF (S↑.Anfang + P) <= S↑.Ende THEN
          S↑.Index:= S↑.Anfang + P - 1
     ELSE S↑.Index:= S↑.Ende + 1
     END
END SetPos
```

More prüft, ob der Arbeitsindex S das Ende der Zeichenfolge erreicht hat.

```
PROCEDURE More(S : String) : BOOLEAN;
BEGIN
     Getan:= TRUE;
     RETURN (S↑.Laenge > 0) AND (S↑.Index <= S↑.Ende)
END More
```

Lesen und Schreiben von Zeichen

GetChar liefert das Zeichen an der Stelle des Arbeitsindex der Zeichenreihe S und rückt den Index um eine Position weiter.

```
PROCEDURE GetChar(S : String) : CHAR;
BEGIN
     Getan:= (S↑.Laenge > 0) AND
             (S↑.Index <= S↑.Ende);
     IF NOT Getan THEN RETURN OC END;
     INC(S↑.Index); RETURN S↑.Folge↑[S↑.Index - 1]
END GetChar
```

PutChar schreibt das Zeichen C an die Stelle des Arbeitsindex der Zeichenreihe S und rückt den Zeiger um eine Position weiter.

```
PROCEDURE PutChar(S : String; C : CHAR);
BEGIN
     Getan:= (S↑.Laenge > 0) AND
             (S↑.Index <= S↑.Ende);
     IF NOT Getan THEN RETURN END;
     S↑.Folge↑[S↑.Index]:= C; INC(S↑.Index);
END PutChar
```

Das Erzeugen neuer Zeichenreihen

Blanks legt eine neue Zeichenreihe an und initialisiert die ersten N Zeichen mit Zwischenräumen.

```
PROCEDURE Blanks(N : CARDINAL) : String;
VAR s : String; k : CARDINAL;
BEGIN
     Getan:= N <= MaxString;
     IF NOT Getan THEN RETURN NOTEXT END;
     NEW(s); NEW(s↑.Folge);
     FOR k:= 1 TO MaxString DO s↑.Folge↑[k]:= " " END;
     s↑.Anfang:= 1; s↑.Ende:= N;
     s↑.Laenge:= N; s↑.Index:= 1;
     RETURN s
END Blanks
```

Copy wandelt eine MODULA Zeichenreihe in eine SIMULA Zeichenreihe um.

```
PROCEDURE Copy(Z : ARRAY OF CHAR) : String;
VAR s : String; k : CARDINAL;
BEGIN
     Getan:= HIGH(Z) < MaxString;
     IF NOT Getan THEN RETURN NOTEXT END;
     NEW(s); NEW(s↑.Folge);
```

```
    WITH s↑ DO
        k:= 0; Laenge:= 0;
        WHILE (k <= HIGH(Z)) AND (Z[k] <> 0C) DO
            INC(Laenge); Folge↑[Laenge]:= Z[k];
            INC(k)
        END;
        Anfang:= 1; Ende:= Laenge; Index:= 1
    END;
    RETURN s
END Copy
```

`DeCopy` wandelt eine SIMULA Zeichenreihe in eine MODULA Zeichenreihe um.

```
PROCEDURE DeCopy(S : String; VAR Z : ARRAY OF CHAR);
VAR i, k : CARDINAL;
BEGIN
    Getan:= (S↑.Laenge > 0) AND
            (S↑.Laenge <= (HIGH(Z) + 1));
    IF NOT Getan THEN Z[0]:= 0C; RETURN END;
    i:= 0;
    FOR k:= S↑.Anfang TO S↑.Ende DO
        Z[i]:= S↑.Folge↑[k]; INC(i)
    END;
    IF S↑.Laenge <= HIGH(Z) THEN Z[i]:= 0C END;
END DeCopy
```

Zuweisungen von Zeichenreihen

Sind `S` und `T` zwei Variablen des Typs `String`, so haben nach der Zuweisung `S:= T` beide Variablen die gleiche Zeichenreihe als Wert. `Assign` realisiert die Zuweisung `S↑.Folge:= T↑.Folge` unter Berücksichtigung der Parameter von `S` und `T`. Insbesondere überschreibt die Zuweisung `Assign(S, NOTEXT)` die Zeichenfolge von `S` mit Zwischenräumen.

```
PROCEDURE Assign(S, T : String);
VAR i, k, E : CARDINAL;
BEGIN
    Getan:= S <> NOTEXT;
    IF NOT Getan      THEN RETURN END;
    IF S↑.Laenge = 0 THEN RETURN END;
    i:= S↑.Anfang; E:= S↑.Ende;
    S↑.Index:= S↑.Anfang;
    IF T <> NOTEXT THEN
        FOR k:= T↑.Anfang TO T↑.Ende DO
            IF i = E THEN RETURN END;
            S↑.Folge↑[S↑.Index]:= T↑.Folge↑[k];
            INC(i)
        END;
    END;
    IF i > E THEN RETURN END;
    FOR k:= i TO E DO S↑.Folge↑[k]:= " " END;
END Assign
```

Teilzeichenreihen

Sub liefert eine neue Zeichenreihe, die die gleiche Zeichenfolge wie S hat, aber auf einen Ausschnitt beschränkt ist.

```
PROCEDURE Sub(S : String; I, N : CARDINAL) : String;
VAR st : String;
BEGIN
     Getan:= (S↑.Laenge > 0) AND
             (I > 0) AND (N > 0) AND
             ((I + N - 1) <= S↑.Laenge);
     IF NOT Getan THEN RETURN NOTEXT END;
     NEW(st);
     st↑.Folge := S↑.Folge;
     st↑.Anfang:= S↑.Anfang + I - 1;
     st↑.Laenge:= N;
     st↑.Ende   := st↑.Anfang + N - 1;
     st↑.Index   := st↑.Anfang;
     RETURN st
END Sub
```

Main liefert die *Original*-Zeichenreihe von S.

```
PROCEDURE Main(S : String) : String;
VAR st : String;
BEGIN
     Getan:= S <> NOTEXT;
     IF NOT Getan THEN RETURN NOTEXT END;
     NEW(st);
     st↑.Folge := S↑.Folge;
     st↑.Anfang:= 1;
     st↑.Index := 1;
     st↑.Ende   := MaxString;
     st↑.Laenge:= MaxString;
     RETURN st
END Main
```

Change verändert die Komponenten Anfang und Ende der Zeichenreihe S.

```
PROCEDURE Change(S : String; A, E : CARDINAL);
BEGIN
     IF S = NOTEXT THEN RETURN END;
     IF (A > E) OR ((E - A + 1) > MaxString) THEN
          RETURN
     END;
     S↑.Anfang:= A;
     S↑.Ende   := E;
     S↑.Index  := A;
     S↑.Laenge:= E - A + 1;
END Change
```

Die Identität zweier Zeichenreihen

Zwei Zeichenreihen S und T sind identisch, wenn S = T gilt oder wenn sie auf die gleiche Zeichenfolge zeigen.

```
PROCEDURE Ident(S1, S2 : String) : BOOLEAN;
BEGIN
    RETURN (S1 = S2) OR (S1↑.Folge = S2↑.Folge)
END Ident

PROCEDURE NoIdent(S1, S2 : String) : BOOLEAN;
BEGIN
    RETURN (S1 <> S2) OR (S1↑.Folge <> S2↑.Folge)
END NoIdent
```

Vergleiche zweier Zeichenreihen

```
PROCEDURE Compare(S1, S2 : String; Op : Operator)
                 : BOOLEAN;
VAR  min, v, L1, L2 : CARDINAL;
     b : BOOLEAN; c1, c2 : CHAR;
BEGIN
. . .
END Compare
```

Die lokale Prozedur GleichBis stellt fest, bis zu welcher Position zwei nicht-leere Zeichenfolgen übereinstimmen.

```
PROCEDURE GleichBis(VAR min : CARDINAL) : BOOLEAN;
VAR i, k, m : CARDINAL;
BEGIN
    IF L1 < L2 THEN min:= L1 ELSE min:= L2 END;
    i:= S1↑.Anfang; k:= S2↑.Anfang;
    FOR m:= 1 TO min DO
        IF S1↑.Folge↑[i] <> S2↑.Folge↑[k] THEN
            min:= m; RETURN FALSE
        END;
        INC(i); INC(k)
    END;
    RETURN TRUE
END GleichBis;
```

Liefert ein Aufruf den Wert TRUE, stimmen sie bis zur minimalen Länge voll überein. Ansonsten gibt min die Position an, bei der zum erstenmal die Zeichen nicht dieselben sind.

```
IF (S1 = NOTEXT) OR (S2 = NOTEXT) THEN
    RETURN FALSE
END;
L1:= S1↑.Laenge; L2:= S2↑.Laenge;
```

Gleichheit setzt gleiche Längen voraus.

```
CASE Op
OF Equal :
     RETURN (L1 = L2) AND
            ((L1 = 0) OR GleichBis(min))
|  NonEqual :
     RETURN (L1 <> L2) OR
            (L1 = 0) OR (L2 = 0) OR
            NOT GleichBis(min)
ELSE
END;
```

Bei nicht-leeren Zeichenfolgen werden die Zeichen an der Position `min` bestimmt. Sie sind voneinander verschieden.

```
IF (L1 > 0) AND (L2 > 0) THEN
     b:= GleichBis(min);
     c1:= S1↑.Folge↑[S1↑.Anfang + min - 1];
     c2:= S2↑.Folge↑[S2↑.Anfang + min - 1];
END;
```

Dann werden die restlichen vier Fälle untersucht.

```
CASE Op
OF Less :
     IF L2 = 0 THEN RETURN FALSE END;
     IF L1 = 0 THEN RETURN TRUE  END;
     RETURN (b AND (L1 < L2)) OR
            ((NOT b) AND (c1 < c2))
|  Greater :
     IF L1 = 0 THEN RETURN FALSE END;
     IF L2 = 0 THEN RETURN TRUE  END;
     RETURN (b AND (L1 > L2)) OR
            ((NOT b) AND (c1 > c2));
|  NonLess :
     IF L2 = 0 THEN RETURN TRUE  END;
     IF L1 = 0 THEN RETURN FALSE END;
     RETURN (b AND (L1 <= L2)) OR
            ((NOT b) AND (c1 <= c2))
|  NonGreater :
     IF L1 = 0 THEN RETURN TRUE  END;
     IF L2 = 0 THEN RETURN FALSE END;
     RETURN (b AND (L1 >= L2)) OR
            ((NOT b) AND (c1 >= c2));
END;
```

Das Abschneiden von Zwischenräumen

`Strip` liefert eine neue Zeichenreihe, deren Zeichenfolge keine rechtsbündigen Zwischenräume mehr hat.

```
PROCEDURE Strip(S : String) : String;
VAR st : String; k : CARDINAL; ch : CHAR;
BEGIN
     Getan:= TRUE;
     IF S = NOTEXT THEN RETURN NOTEXT END;
     NEW(st); st↑:= S↑;
     NEW(st↑.Folge); st↑.Folge:= S↑.Folge↑;
     IF S↑.Laenge = 0 THEN RETURN st END;
     WITH st↑ DO
          ch:= Folge↑[Anfang];
          Folge↑[Anfang]:= "$";
          k:= Ende;
          WHILE Folge↑[k] = " " DO DEC(k) END;
          Folge↑[Anfang]:= ch;
          IF (k = Anfang) AND (ch = " ") THEN
               Laenge:= 0
          ELSE Laenge:= k - Anfang + 1; Ende:= k;
               Index:= Anfang
          END;
     END;
     RETURN st
END Strip
```

`Compress` **in neuer Form**

```
PROCEDURE Compress(S : String);
VAR st : String; c : CHAR;
BEGIN
     IF Ident(S, NOTEXT) OR (Length(S) = 0) THEN
          RETURN
     END;
     st:= Strip(S);
     SetPos(S, 1);
     WHILE More(st) DO
          c:= GetChar(st);
          IF c <> " " THEN PutChar(S, c) END;
     END;
     st:= Sub(S, Pos(S), Length(S) - Pos(S) + 1);
     Assign(st, NOTEXT);
END Compress
```

Statt der Prozeduren `Sub` und `Assign` mit der Hilfsvariablen `st` kann man auch die Prozedur `Change` allein benutzen:

```
Change(S, 1, Pos(S) - 1);
```

16.2 Zeichenreihen variabler Länge

In vielen Fällen ist es notwendig, die Länge einer Zeichenreihe beliebig zu verändern zu können, d.h. sie ist frei von einer oberen Grenze. Um dies zu erreichen, definiert man die Zeichenreihe als eine lineare Liste von Zeichenfolgen beschränkter Länge.

Die Struktur von Zeichenreihen variabler Länge

Eine Erweiterung der SIMULA Zeichenreihen führt zu folgendem Datentyp unter Verwendung von SIMULA Listen: `Linkage` wird an einer Stelle erweitert.

```
CONST MaxFolge = 20;
TYPE  TypTeilFolge = ARRAY[1..MaxFolge] OF CHAR;
      PtrLinkage = POINTER TO Linkage;
      TypElement = (IsHead, IsLink);
      Linkage =
           RECORD
                succ, pred : PtrLinkage;
                CASE HL : TypElement
                OF IsHead : cardinal : CARDINAL;
                |  IsLink : Kopf : PtrLinkage;
→                           Teil : TypTeilFolge;
→                           Lg   : [0..MaxFolge]
                END
           END;
```

Die Komponente `Folge` des Datentyps `String` ist nun der Kopf einer Liste von Zeichenfolgen.

```
      String = POINTER TO TypString;
      TypString =
           RECORD
                Folge : PtrLinkage;
                Anfang, Ende, Index : CARDINAL
           END;
```

Der Zugriff auf ein einzelnes Zeichen

Eine solche Datenstruktur erhöht den Aufwand für den Zugriff auf ein einzelnes Zeichen gegenüber der Indizierung. Es ist zweckmäßig, eine Prozedur `Zugriff` zu definieren, die dasjenige Listenelement liefert, welches das gewünschte Zeichen enthält.

```
PROCEDURE Zugriff
     (S : String; N : CARDINAL; VAR Pos : CARDINAL)
     : PtrLinkage;
VAR i, k : CARDINAL; ptr : PtrLinkage;
```

```
BEGIN
    IF S↑.Laenge = 0 THEN RETURN NIL END;
    IF (N < 0) OR (S↑.Laenge < N) THEN RETURN NIL END;
    ptr:= First(S↑.Folge);
    i:= 0;
    FOR k:= 1 TO Cardinal(S↑.Folge) DO
        IF N <= (i + ptr↑.Lg) THEN
         Pos:= N - i; RETURN ptr
        END;
        i:= i + ptr↑.Lg; ptr:= Succ(ptr)
    END;
END Zugriff
```

Das Erzeugen langer Zeichenreihen

```
PROCEDURE Blanks(N : CARDINAL) : String;
VAR s : String; k : CARDINAL;
    z : TypTeilFolge; ptr : PtrLinkage;
BEGIN
    Getan:= TRUE;
    NEW(s);
    s↑.Anfang:= 1; s↑.Ende:= N;
    s↑.Laenge:= N; s↑.Index:= 1;
    FOR k:= 1 TO MaxFolge DO z[k]:= " " END;
    s↑.Folge:= NewHead();
    FOR k:= 1 TO (N DIV MaxFolge) +
                  ORD((N MOD MaxFolge) <> 0) DO
        ptr:= NewLink();
        ptr↑.Teil:= z; ptr↑.Lg:= MaxFolge;
        Into(s↑.Folge)
    END;
    RETURN s
END Blanks
```

Die Konkatenation zweier Zeichenreihen

Eine wichtige Operation ist das Anhängen einer Zeichenreihe T an eine Zeichenreihe S: T ist danach leer.

```
PROCEDURE Concat(VAR S, T : String);
BEGIN
    IF S = NOTEXT THEN S:= T; T:= NOTEXT; RETURN END;
    IF T↑.Laenge = 0 THEN RETURN END;
    FOR k:= 1 TO Cardinal(T↑.Folge) DO
        Into(S↑.Folge, First(T↑.Folge))
    END;
    INC(S↑.Laenge, T↑.Laenge);
    INC(S↑.Ende, T↑.Laenge);
    T:= NOTEXT
END ConCat
```

Das Einfügen von Zeichen

Auf gleiche Weise kann man einerseits die Operationen für Zeichenreihen begrenzter Länge erweitern bzw. neue Operationen für Zeichenreihen beliebiger Länge einführen, z.B. das Löschen und Einfügen von Zeichen.

```
PROCEDURE Insert(S : String; P : CARDINAL; CH : CHAR);
VAR k : CARDINAL; ptr, neu : PtrLinkage;
BEGIN
     Getan:= TRUE;
     IF P = 0 THEN
          ptr:= First(S↑.Folge); Stelle:= 0
     ELSIF P > P↑.Ende THEN
          P:= S↑.Ende;
          ptr:= Last(S↑.Folge);
          Stelle:= ptr↑.Lg
     ELSE ptr:= Zugriff(S, P, Stelle)
     END;
     INC(S↑.Ende); Inc(S↑.Laenge);
```

Das Paar (`ptr, Stelle`) gibt nun die Position an, nach der das Zeichen `CH` eingefügt werden muß. Ist das Listenelement `ptr` voll belegt, wird ein neues beschafft: Es nimmt ein Zeichen auf und wird nach `ptr` in die Liste eingefügt.

```
     IF ptr↑.Lg = MaxFolge THEN
          neu:= NewLink(); neu↑.Lg:= 1;
          IF Stelle = MaxFolge THEN
               neu↑.Teil[1]:= Ch; RETURN
          ELSE neu↑.Teil[1]:= ptr↑.Teil[MaxFolge];
          END;
          DEC(ptr↑.Lg);
          Follow(ptr, neu);
     END;
```

Nun wird durch Rechtsschieben Platz für das Zeichen `CH` beschafft.

```
     FROM k:= ptr↑.Lg TO Stelle + 1 DO
          ptr↑.Teil[k + 1]:= ptr↑.Teil[k]
     END;
     INC(ptr↑.Lg); ptr↑.Teil[Stelle + 1]:= CH;
     RETURN
END Insert
```

Das Einfügen solcher fast-leerer Listenelemente kann zu einem unbestimmten Zeitpunkt eine Kompaktifizierung erfordern, um den Speicherplatz besser auszunutzen. Dies ist eine strategische Frage und hängt von der gewählten Form der Speicherverwaltung ab.

16.3 Der System-Modul Strings

Eine andere Menge von Operationen für Zeichenreihen beschränkter Länge bietet der Anwendungs-Modul Strings, den einige MODULA Systeme enthalten.

```
DEFINITION MODULE Strings;
EXPORT QUALIFIED ...;

TYPE STRING = ARRAY [0..80] OF CHAR;

PROCEDURE Assign (VAR source, dest : ARRAY OF CHAR);
PROCEDURE Insert (substr : ARRAY OF CHAR;
                  VAR str : ARRAY OF CHAR;
                  inx : CARDINAL);
PROCEDURE Delete (VAR str : ARRAY OF CHAR;
                  inx, len : CARDINAL);
PROCEDURE Pos    (substr, str : ARRAY OF CHAR)
                 : CARDINAL;
PROCEDURE Copy   (str : ARRAY OF CHAR;
                  inx, len : CARDINAL;
                  result : ARRAY OF CHAR);
PROCEDURE Concat (str1, str2 : ARRAY OF CHAR;
                  VAR result : ARRAY OF CHAR);
PROCEDURE Length (VAR str : ARRAY OF CHAR)
                 : CARDINAL;
PROCEDURE CompStr(str1, str2 : ARRAY OF CHAR)
                 : CARDINAL;

END String.
```

Assign	überträgt die Zeichen von source nach dest.
Insert	fügt substr in str ab der Stelle inx ein.
Delete	entfernt len Zeichen ab der Stelle inx aus str.
Pos	liefert die Anfangsstelle des ersten Auftretens von substr in str.
Copy	kopiert (höchstens) len Zeichen ab der Stelle inx in str nach result.
Concat	konkateniert str1 und str2. Das Ergebnis steht in result.
Length	liefert die Länge der Zeichen in str.
CompStr	vergleicht str1 und str2. Das Ergebnis ist -1 (0, 1), wenn str1 kleiner (gleich, größer) ist als str2.

Bemerkung: Es gibt keine Variable Done oder Getan, die das erfolgreiche Ausführen einer Operation anzeigt.

17 Prozesse

Dieses Kapitel behandelt die unterschiedlichen Prozeßmodelle der Programmiersprachen MODULA und SIMULA sowie das SIMULA Simulationsmodell.

17.1 Das MODULA Prozeßmodell

Hier werden die wesentlichen Eigenschaften des MODULA Prozeßmodells vorgestellt und seine Anwendung an einem einfachen Beispiel demonstriert.

17.1.1 Prozesse

Prozesse, auch *Koroutinen* genannt, sind *nebenläufige* Prozeduren, die unabhängig voneinander zeitlich verzahnt, aber nicht parallel ausgeführt werden.

Erzeugung von Prozessen

Ein Prozeß entsteht durch den Aufruf von `NEWPROCESS`. Diese Prozedur wird – wie die Typen `PROCESS` und `ADDRESS` – von dem System-Modul `SYSTEM` exportiert.

```
NEWPROCESS(P : PROC; A : ADDRESS; N : CARDINAL;
           VAR PR : PROCESS)
```

`P` ist eine parameterlose Prozedur und `A` die Anfangsadresse eines Speicherbereichs der Länge `N`, in dem der Prozeß `PR` abläuft. `P` heißt *Prozeßprozedur*, und der Speicherbereich heißt *Prozeßspeicher*.

Bemerkung: In [3] ist der Datentyp `PROCESS` durch den Datentyp `ADDRESS` ersetzt worden.

Ein Beispiel

Eine typische Situation ist die folgende:

```
...
VAR  Prozess   : PROCESS;
     Speicher  : ARRAY [1..MaxSpeicher] OF WORD;
...
PROCEDURE Ausgabe; BEGIN ... END Ausgabe;
...
NEWPROCESS(Ausgabe, ADR(Speicher), SIZE(Speicher),
           Prozess)
...
```

Bemerkung: Die Verwaltung eines Prozeßspeichers entspricht der normalen Speicherverwaltung eines MODULA Systems: Es gibt einen *Keller* und eine *Halde*. Die genauen Einzelheiten entnimmt man der Dokumentation des benutzten MODULA Systems.

17.1.2 Das Mischen zweier Zahlenfolgen

Ein einfaches Anwendungsbeispiel für Prozesse zeigt der Modul `Mischen`, der zwei sortierte Zahlenfolgen der Längen `Max1` und `Max2` mischt.

```
MODULE Mischen;
FROM SYSTEM
     IMPORT WORD, ADR, SIZE,
            PROCESS, NEWPROCESS, TRANSFER;
FROM InOut IMPORT WriteString, WriteLn, WriteInt;
CONST Max1 = 5; Max2 = 5;
VAR   Main, Eins, Zwei : PROCESS;
      Speicher1, Speicher2 : ARRAY[1..300] OF WORD;
      Wert1, Wert2 : INTEGER;
      Ind1, Ind2   : CARDINAL;
CONST MaxInt = 32767;
BEGIN
. . .
END Mischen.
```

Zur ersten bzw. zweiten Zahlenfolge gehört eine Prozeßvariable `Eins` bzw. `Zwei`, ein Prozeßspeicher `Speicher1` bzw. `Speicher2` sowie ein aktueller Wert `Wert1` bzw. `Wert2` an der Indexposition `Ind1` bzw. `Ind2` der jeweiligen Folge.

Eine Prozedur `Sortiere` sortiert jede Zahlenfolge, eine Prozedur `Ausgabe` schreibt sie auf den Bildschirm:

```
PROCEDURE Sortiere(VAR Fg : ARRAY OF INTEGER);
PROCEDURE Ausgabe (VAR Fg : ARRAY OF INTEGER);
```

Der Prozeßablauf

Zu jeder Zahlenfolge gehört eine Prozeßprozedur `Folge1` bzw. `Folge2`. Diese enthält die Reihung für die Zahlen der Folge als lokale Variable.

```
PROCEDURE Folge1;
VAR Fg : ARRAY [1..Max1] OF INTEGER;
     k : CARDINAL;
BEGIN
. . .
END Folge1
```

Nach dem Sortieren und der Ausgabe der sortierten Zahlenfolge kehrt der Prozeß `Eins`, dem `Folge1` zugeordnet ist, zum Haupt-Prozeß `Main`, dessen Prozeßprozedur der (umgebende) Programm-Modul ist, zurück:

```
Sortiere(Fg); Ausgabe(Fg);
Indl:= 1;  Wertl:= Fg[Indl];
TRANSFER(Eins, Main);
```

Erhält Eins später die Regie zurück, geht Eins in eine Schleife:

(1) Ist Wertl größer als Wert2 von Prozeß Zwei, folgt ein Transfer von Eins nach Zwei. Ein Transfer zurück nach Eins setzt an dieser Stelle wieder auf.
(2) Hat Eins alle Zahlen ausgegeben, folgt ein letzter Transfer zum Haupt-Prozeß Main. Es gibt keine Rückkehr.

Die Ausgabeanweisungen dienen zur Protokollierung des Prozeßablaufs.

```
LOOP
     IF Wertl <= Wert2 THEN
          WriteString("( 1 , ");
          WriteInt(Wertl, 0);
          WriteString(" ) ");
          WriteLn;
          INC(Indl);
     ELSE TRANSFER(Eins, Zwei)                            (1)
     END;
     IF Indl <= Maxl THEN
          Wertl:= Fg[Indl]
     ELSE TRANSFER(Eins, Main)                            (2)
     END;
END;
```

Prozeßprozedur Folge2 für Prozeß Zwei hat den gleichen Aufbau.

```
PROCEDURE Folge2;
. . .
END Folge2
```

Die Erzeugung der Prozesse

Main erzeugt die Prozesse Eins und Zwei und ruft sie nacheinander auf, damit sie ihre sortierten Zahlenfolgen ausgeben.

```
NEWPROCESS(Folgel, ADR(Speicherl),
           SIZE(Speicherl), Eins);
NEWPROCESS(Folge2, ADR(Speicher2),
           SIZE(Speicher2), Zwei);
TRANSFER(Main, Eins);
TRANSFER(Main, Zwei);
```

Beide Prozesse melden sich bei Main zurück. Es folgt der Anstoß zum Mischen der sortierten Folgen.

```
TRANSFER(Main, Eins);
```

Hat ein Prozeß das Ende seiner Folge erreicht, erfolgt ein letzter Transfer zum anderen Prozeß, damit dieser seine Restfolge abliefert.

```
IF Ind1 <= Max1 THEN
    Wert2:= MaxInt; TRANSFER(Main, Eins)
END;
IF Ind2 <= Max2 THEN
    Wert1:= MaxInt; TRANSFER(Main, Zwei)
END;
```

17.1.3 Prozesse und Unterbrechungen

Die Prozedur

```
TRANSFER(VAR Alt, Neu : PROCESS)
```

suspendiert den aktiven Prozeß `Alt` und aktiviert den suspendierten Prozeß `Neu`. Ein Prozeß erhält Realzeit-Eigenschaften durch die Prozedur

```
IOTRANSFER(VAR Alt, Neu : PROCESS; Vektor : CARDINAL)
```

Die Transfereigenschaft wird kombiniert mit *Unterbrechungen* (englisch: interrupts) des Prozessors: Nach der Übergabe der Regie von `Alt` an `Neu` bewirkt die nächste Unterbrechung einen ungeplanten Transfer zurück zu `Alt`. Der Parameter `Vektor` dient zur Identifizierung der Unterbrechung.

Modul-Prioritäten

Da Unterbrechungen im allgemeinen Prioritäten haben, die eine Reihenfolge ihrer Behandlung definieren, kennt MODULA sog. *Modul-Prioritäten.*

```
MODULE Modul-Bezeichner [Konstanter Ausdruck];
```

Die durch eine `CARDINAL`-Zahl festgelegte Priorität verhindert, daß Prozeduren des Moduls von Unterbrechungen mit einer niedrigeren Priorität gestört werden. Da dies gelegentlich doch sein muß, hebt die parameterlose Prozedur `LISTEN` die Sperre zeitweise auf.

Bemerkung: Weitere Informationen über Prozesse und Unterbrechungen sind den Handbüchern der benutzten MODULA Systeme zu entnehmen.

17.2 Das SIMULA Prozeßmodell

17.2.1 Ein einfaches Prozeßmodell

Das Prozeßmodel der Programmiersprache SIMULA baut auf einem System von $M+1$ Prozessen P_1, $P_2, \ldots$, P_M und P_0 mit folgenden Eigenschaften auf:

- Nur der *Zentral-Prozeß* P_0 aktiviert einen anderen Prozeß P_i.
- Jeder aktive Prozeß P_i gibt die Regie an P_0 zurück.
- Ein aktiver Prozeß P_i kann seinen Nachfolger bestimmen.

Der Datentyp `TypProzess` definiert solche Prozesse:

```
TYPE PtrProzess = POINTER TO TypProzess;
     TypProzess =
          RECORD
               terminated : BOOLEAN;
               event      : PtrEvent
          END;

TYPE PtrEvent = POINTER TO TypEvent;
     TypEvent =
          RECORD
               time    : TypZeit;
               prozess : PtrProzess
          END;
```

Lineare Listen nehmen Werte des Typs `PtrEvent` auf. Insbesondere gibt es eine *Ereignisliste* `SQS`.

Prozesse und Ereignisse

Bezogen auf `SQS` haben Prozesse und Ereignisse folgende Eigenschaften:

1. Ist `P` ein Prozeß mit `P↑.event <> NONE`, existiert genau ein Ereignis `E` in `SQS`, so daß gilt: `(P↑.event = E) AND (E↑.prozess = P)`.
2. Die Ereignisse in `SQS` sind nach wachsenden Werten der Komponente `time` geordnet. Sie gibt die *Prozeßzeit* eines Prozesses an.

Erfüllt ein Prozeß `P` eine der folgenden fünf Bedingungen, erhält er das zugehörige kennzeichnende Attribut:

blockiert	`(P↑.event = NONE) AND (NOT P↑.terminated)`
aktiv	`P↑.event = First(SQS)`
schlafend	`(P↑.event <> NONE) AND (P↑.event <> First(SQS))`
terminiert	`P↑.terminated`
untätig	`P↑.event = NONE`

Bemerkung: In den folgenden Beispielen ist `TypZeit` stets der Typ `CARDINAL`. Es kann aber im Prinzip auch jeder andere linear geordnete Datentyp sein.

Datenstrukturen für Prozesse und Ereignisse

Da Prozesse und Ereignisse in linearen Listen auftreten, wird der Typ `Linkage` des Anwendungs-Moduls `SimSet` (siehe 13.2) um die Komponenten der Typen

TypProzess und TypEvent erweitert. Zusätzlich erhält jedes Listenelement eine eigene Nummer nr.

```
TYPE TypZeit    = CARDINAL;
     PtrLinkage = POINTER TO Linkage;
     TypElement = (IsHead, IsLink);
     TypLink    = (IsEvent, IsProcess);
     Linkage =
          RECORD
               succ, pred : PtrLinkage;
               CASE HL : TypElement
               OF IsHead : cardinal : CARDINAL;
               |  IsLink :
                    Kopf : PtrLinkage;
       →            nr   : CARDINAL;
                    CASE TL : TypLink
                    OF IsEvent :
                         time        : TypZeit;
                         process     : PtrLinkage;
                    |  IsProcess :
                         event       : PtrLinkage;
                         terminated  : BOOLEAN;
                         ProcVar     : PROCESS;
       →            END
               END
          END;
```

Operationen für Prozesse und Ereignisse

```
Rank             (Event : PtrLinkage; Before : BOOLEAN)
Terminated       (P : PtrLinkage) : BOOLEAN
TerminateProcess(P : PtrLinkage)
Idle             (P : PtrLinkage) : BOOLEAN
EvTime           (P : PtrLinkage) : Real
NextEvent        (P : PtrLinkage) : PtrLinkage
NewProcess       (NR : CARDINAL; P : PROC;
                  ST : ADDRESS; LG : CARDINAL
                 ) : PtrLinkage
NewEventNotice   (NR : CARDINAL; T : TypZeit
                  P : PtrLinkage) : PtrLinkage
FirstEvent       () : PtrLinkage
Time             () : TypZeit
InitMain
Current          () : PtrLinkage
Resume           (von, nach : PtrLinkage)
Hold             (T : TypZeit)
Passivate
Wait             (VAR Head : PtrLinkage)
Cancel           (P : PtrLinkage)
Accum            (VAR a, b, c : TypZeit; d : TypZeit)
```

Anweisungen für Prozesse und Ereignisse

Es folgen die *Simulationsanweisungen* von SIMULA, wiedergegeben als MODULA Prozeduren. `Protokoll` ist eine spezielle Ausgabeprozedur für die Ereignisliste `SQS`.

```
Activate          (P : PtrLinkage)
ActivateBefore    (P, Q : PtrLinkage)
ActivateAfter     (P, Q : PtrLinkage)
ActivateAt        (P : PtrLinkage;
                   T : TypZeit; prior : BOOLEAN)
ActivateDelay     (P : PtrLinkage;
                   T : TypZeit; prior : BOOLEAN)
Reactivate        (P : PtrLinkage)
ReactivateBefore(P, Q : PtrLinkage)
ReactivateAfter (P, Q : PtrLinkage)
ReactivateAt      (P : PtrLinkage;
                   T : TypZeit; prior : BOOLEAN)
ReactivateDelay (P : PtrLinkage;
                   T : TypZeit; prior : BOOLEAN)
Protokoll         (s : ARRAY OF CHAR)
```

17.2.2 Simulationsprozeduren

Ein Aufruf von `NewProcess` legt einen neuen *untätigen* Prozeß mit der *Prozeßnummer* `NR` an.

```
PROCEDURE NewProcess
          (NR : CARDINAL; P : PROC;
           ST : ADDRESS;  LG : CARDINAL
          ) : PtrLinkage;
VAR ptr : PtrLinkage;
BEGIN
     ptr             := NewLink ();
     ptr↑.nr         := NR;
     ptr↑.TL         := IsProcess;
     ptr↑.terminated:= FALSE;
     ptr↑.event      := NONE;
     NEWPROCESS(P, ST, LG, ptr↑.ProcVar);
     RETURN ptr
END NewProcess
```

`InitMain` liefert den Zentral-Prozeß und initialisiert die Ereignisliste `SQS` sowie eine Freispeicherliste `FreeEvent`.

```
MainProcess : PROCESS;
SQS, FreeEvent : PtrLinkage;
TransferTest : BOOLEAN;
```

```
PROCEDURE InitMain;
VAR main, event : PtrLinkage;
BEGIN
     SQS                := NewHead();
     FreeEvent          := NewHead();
     main               := NewLink();
     main↑.terminated:= FALSE;
     main↑.TL           := IsProcess;
     main↑.ProcVar      := MainProcess;
     event              := NewEventNotice(0, 0, main);
     Into(SQS, event);
     TransferTest       := FALSE;
END InitMain
```

`Terminated` gibt Auskunft, ob der Prozeß `P` *terminiert* ist.

```
PROCEDURE Terminated(P : PtrLinkage) : BOOLEAN;
BEGIN
     RETURN P↑.terminated
END Terminated
```

`TerminateProcess` terminiert den Prozeß `P`.

```
PROCEDURE TerminateProcess(P : PtrLinkage);
BEGIN
     P↑.terminated:= TRUE;
     IF P = Current() THEN Passivate END;
END TerminateProcess
```

`Idle` gibt Auskunft, ob der Prozeß `P` *untätig* ist.

```
PROCEDURE Idle(P : PtrLinkage) : BOOLEAN;
BEGIN
     RETURN P↑.event <> NONE
END Idle
```

Ein Aufruf von `NewEventNotice` legt ein neues Ereignis mit der *Ereignisnummer* `NR` an. `P` ist ein Prozeß.

```
PROCEDURE NewEventNotice
          (NR : CARDINAL; T : TypZeit; P : PtrLinkage)
          : PtrLinkage;
VAR ptr : PtrLinkage;
BEGIN
     IF NOT Empty(FreeEvent) THEN
          ptr:= First(FreeEvent); Out(ptr)
     ELSE ptr:= NewLink()
     END;
     ptr↑.TL       := IsEvent;
     ptr↑.nr       := NR;
     ptr↑.time     := T;
     ptr↑.process:= P;
     RETURN ptr
END NewEventNotice
```

Rank ordnet ein Ereignis gemäß seiner Ereigniszeit in die nicht-leere Ereignisliste SQS ein.

```
PROCEDURE Rank(Event : PtrLinkage; Before : BOOLEAN);
VAR ptr : PtrLinkage;
BEGIN
     ptr:= Last(SQS);
     IF ptr↑.time < Event↑.time THEN
          Into(SQS, Event); RETURN
     END;
     WHILE (ptr <> NONE) AND (ptr↑.time > Event↑.time) DO
          ptr:= Pred(ptr)
     END;
     IF Before AND (ptr <> NONE) THEN
          WHILE (ptr <> NONE) AND
                (ptr↑.time = Event↑.time) DO
               ptr:= Pred(ptr)
          END;
     END;
     IF ptr = NONE THEN
          Precede(First(SQS), Event)
     ELSE Follow(ptr, Event)
     END;
END Rank
```

NextEvent liefert den auf Prozeß P folgenden Prozeß.

```
PROCEDURE NextEvent(P : PtrLinkage) : PtrLinkage;
VAR ptr : PtrLinkage;
BEGIN
     IF Idle(P) OR (Succ(P↑.event) = NONE) THEN
          RETURN NONE
     ELSE ptr:= Succ(P↑.event); RETURN ptr↑.process
     END;
END NextEvent
```

FirstEvent liefert das erste Ereignis in SQS.

```
PROCEDURE FirstEvent() : PtrLinkage;
BEGIN
     RETURN First(SQS)
END FirstEvent
```

EventTime liefert die Ereigniszeit des Prozesses P.

```
PROCEDURE EventTime(P : PtrLinkage) : TypZeit;
BEGIN
     IF Idle(P) THEN RETURN 0 END;
     RETURN P↑.event↑.time
END EventTime
```

`Current` liefert den *aktiven* Prozeß.

```
PROCEDURE Current() : PtrLinkage;
VAR ptr : PtrLinkage;
BEGIN
     ptr:= First(SQS);
     IF ptr <> NONE THEN ptr:= ptr↑.process END;
     RETURN ptr
END Current
```

`Time` liefert die Ereigniszeit des *aktiven* Prozesses.

```
PROCEDURE Time() : TypZeit;
VAR ptr : PtrLinkage;
BEGIN
     ptr:= First(SQS);
     IF ptr = NONE THEN RETURN 0 END;
     RETURN ptr↑.time
END Time
```

`Hold` erhöht die Ereigniszeit des *aktiven* Prozesses um den Wert `T`: Dies kann ihn verdrängen.

```
PROCEDURE Hold(T : TypZeit);
VAR ptr, ptrl, ptrc : PtrLinkage;
BEGIN
     ptr:= FirstEvent();
     IF ptr = NONE THEN RETURN END;
     ptrc:= ptr↑.process;
     IF T > 0 THEN INC(ptr↑.time, T) END;
     ptrl:= Succ(ptr);
     IF ptrl = NONE THEN RETURN END;
     IF ptrl↑.time <= ptr↑.time THEN
          Out(ptr); Rank(ptr, FALSE);
          Resume(ptrc, Current())
     END
END Hold
```

`Passivate` blockiert den *aktiven* und aktiviert den nächsten *schlafenden* Prozeß.

```
PROCEDURE Passivate;
VAR ptr : PtrLinkage;
BEGIN
     ptr:= Current();
     IF ptr = NONE THEN RETURN END;
     Into(FreeEvent, ptr↑.event);
     ptr↑.event:= NONE;
     IF Empty(SQS) THEN
          Resume(ptr, MainProcess)
     ELSE Resume(ptr, Current())
     END
END Passivate
```

Wait blockiert den *aktiven* Prozeß und trägt ihn in eine Liste H ein. Der nächste *schlafende* Prozeß wird aktiviert.

```
PROCEDURE Wait(VAR Head : PtrLinkage);
VAR ptr : PtrLinkage;
BEGIN
     ptr:= Current();
     IF ptr = NONE THEN RETURN END;
     Into(Head, ptr);
     Passivate
END Wait
```

Cancel blockiert einen *aktiven* oder *schlafenden* Prozeß.

```
PROCEDURE Cancel(P : PtrLinkage);
VAR ptr : PtrLinkage;
BEGIN
     ptr:= Current();
     IF (ptr = NONE) OR (P = NONE) THEN RETURN END;
     IF P = ptr THEN Passivate; RETURN END;
     IF ptr↑.event <> NONE THEN
          Into(FreeEvent, ptr↑.event);
          ptr↑.event:= NONE
     END
END Cancel
```

Accum akkumuliert Zeitangaben.

```
PROCEDURE Accum(VAR a, b, c : TypZeit; d : TypZeit);
BEGIN
     INC(a, c * (Time() - b));
     b:= Time();
     INC(c, d);
END Accum
```

Resume entspricht der Prozedur TRANSFER. Die Boolesche Variable TransferTest kontrolliert die Protokollierung der Transfers.

```
PROCEDURE Resume(von, nach : PtrLinkage);
VAR ch : CHAR;
BEGIN
     IF TransferTest THEN
          WriteString("Transfer von ");
          WriteCard(von↑.nr, 0);
          WriteString(" nach ");
          WriteCard(nach↑.nr, 0);
          WriteLn;
          REPEAT Read(ch) UNTIL ch = " ";
     END;
     TRANSFER(von↑.ProcVar, nach↑.ProcVar)
END Resume
```

17.2.3 Simulationsanweisungen

REACTIVATE Prozeßangabe
REACTIVATE Prozeßangabe BEFORE Prozeßangabe
REACTIVATE Prozeßangabe AFTER Prozeßangabe
REACTIVATE Prozeßangabe AT Zeitangabe [[PRIOR]]
REACTIVATE Prozeßangabe DELAY Zeitangabe [[PRIOR]]

Sie werden auf eine MODULA Prozedur `Aktiviere` abgebildet:

```
PROCEDURE Aktiviere
          (reac  : BOOLEAN    ; P     : PtrLinkage;
           code  : TypCode    ; T     : TypZeit;
           Q     : PtrLinkage; prior  : BOOLEAN
          )
```

1. REACTIVATE erwartet einen *aktiven*, *schlafenden* oder *blockierten* Prozeß P als ersten Parameter.
1a. Fehlt eine weitere Angabe, erhält P eine neue Ereigniskarte, die an den Anfang von SQS kommt. P wird *aktiv*.
1b. Hat der nach AFTER oder BEFORE angegebene Prozeß Q eine Ereigniskarte E in SQS, erhält P eine neue Ereigniskarte, die nach oder vor E in SQS eingefügt wird. Danach ist P *aktiv* oder *schläft*.
1c. Eine Zeitangabe nach AT oder DELAY fügt die neue Ereigniskarte von P an der – im Sinne einer wachsenden Ereigniszeit – richtigen Stelle in SQS ein. Danach ist P *aktiv* oder *schläft*.
2. Steht statt REACTIVATE das Symbol ACTIVATE, muß P *blockiert* sein.

Die Anweisungen

```
ACTIVATE P
ACTIVATE P BEFORE current
ACTIVATE P DELAY 0 PRIOR
ACTIVATE P AT Time PRIOR
```

sind äquivalent und aktivieren den Prozeß P. Er übernimmt die Ereigniszeit des aktiven Prozesses. Die zugehörigen Aufrufe lauten:

```
Aktiviere(FALSE, P, direct, 0, NONE, FALSE)
Aktiviere(FALSE, P, before, 0, Current(), FALSE)
Aktiviere(FALSE, P, delay, 0, NONE, prior)
Aktiviere(FALSE, P, at, Time(), NONE, prior)
```

Die Anweisungen

```
ACTIVATE P AFTER current
ACTIVATE P BEFORE current.nextevent
ACTIVATE P AT Time + 1
```

sind ebenfalls äquivalent und bringen den Prozeß P zum Schlafen. Die zugehörigen Aufrufe lauten:

```
Aktiviere(FALSE, P, after, 0, Current(), FALSE)
Aktiviere(FALSE, P, before, 0, Ptr, FALSE)
Aktiviere(FALSE, P, at, Time() + 1, NONE, FALSE)
```

Den Simulationsanweisungen

```
REACTIVATE P
REACTIVATE current AFTER P
REACTIVATE current AT Time + 1
REACTIVATE P BEFORE Q
REACTIVATE P DELAY 1 PRIOR
```

entsprechen die Aufrufe

```
Aktiviere(TRUE, P, direct, 0, NONE, FALSE)
Aktiviere(TRUE, P, after, 0, Current(), FALSE)
Aktiviere(TRUE, P, at, Time() + 1, NONE, FALSE)
Aktiviere(TRUE, P, before, 0, Q, FALSE)
Aktiviere(TRUE, P, delay, 1, NONE, prior)
```

Sie verändern die Position der Ereigniskarte von P in SQS. Die Anweisung

```
REACTIVATE current DELAY T
```

ist gleichwertig mit dem Aufruf Hold(T).

Die Prozedur Aktiviere

```
TYPE TypCode = (direct, delay, at, before, after);

PROCEDURE Aktiviere
          (reac  : BOOLEAN    ; P     : PtrLinkage;
           code  : TypCode    ; T     : TypZeit;
           Q     : PtrLinkage; prior : BOOLEAN);
VAR  Aktiv, Event : PtrLinkage;
     b : BOOLEAN;
BEGIN
...
END Aktiviere
```

Existiert kein Prozeß P oder ist P *terminiert*, geschieht nichts.

```
IF (P = NONE) OR Terminated(P) THEN RETURN END;
```

Existiert im Fall `reac` eine Ereigniskarte von `P`, wird sie vorerst aufgehoben. Die Variable `Aktiv` hält den *aktiven* Prozeß fest.

```
IF    reac                  THEN Event:= P↑.event
ELSIF P↑.event <> NONE THEN RETURN
ELSE                             Event:= NONE
END;
Aktiv:= Current();
```

Im Fall `Code = direct` erhält `P` eine neue Ereigniskarte, die an den Anfang von `SQS` rückt.

```
CASE code
OF direct :
     P↑.event:= NewEventNotice(P↑.nr, Time(), P);
     Precede(FirstEvent(), P↑.event);
```

Nach `DELAY` oder `AT` wird eine neue Ereigniszeit für `P` berechnet, die in `SQS` eingetragen wird.

```
|  delay, at :
     IF code = delay THEN INC(T, Time()) END;
     IF T < Time() THEN T:= Time() END;
     P↑.event:= NewEventNotice(P↑.nr, T, P);
     Rank(P↑.event, prior)
```

Existiert nach `AFTER` oder `BEFORE` kein Prozeß oder keine Ereigniskarte von `Q`, erhält auch `P` keine Ereigniskarte.

```
ELSE
     IF Q = NONE THEN b:= TRUE
     ELSE b:= Q↑.event = NONE
     END;
     IF b THEN P↑.event:= NONE
     ELSE
```

Ansonsten erhält `P` eine Ereigniskarte, die nach oder vor der Ereigniskarte von `Q` in `SQS` eingefügt wird.

```
          IF P = Q THEN RETURN END;
          P↑.event:= NewEventNotice
                      (P↑.nr, Q↑.event↑.time, P);
          IF code = before THEN
               Precede(Q↑.event, P↑.event)
          ELSE Follow (Q↑.event, P↑.event)
          END;
     END
END;
```

Die alte gemerkte Ereigniskarte von P wird aus SQS entfernt und ein Prozeß aktiviert.

```
IF Event <> NONE THEN
     Into(FreeEvent, Event);
     IF Empty(SQS) THEN
          Resume(Aktiv, MainProcess)
     END;
END;
IF Aktiv <> Current() THEN
     Resume(Aktiv, Current())
END;
```

Aufrufe der Prozedur Aktiviere

```
Activate(P : PtrLinkage)
 →   Aktiviere(FALSE, P, direct, 0, NONE, TRUE)

ActivateBefore(P, Q : PtrLinkage)
 →   Aktiviere(FALSE, P, before, 0, Q, FALSE)

ActivateAfter(P, Q : PtrLinkage)
 →   Aktiviere(FALSE, P, after, 0, Q, FALSE)

ActivateAt(P : PtrLinkage; T : TypZeit; prior : BOOLEAN)
 →   Aktiviere(FALSE, P, at, T, NONE, prior)

ActivateDelay(P : PtrLinkage; T : TypZeit; prior : BOOLEAN)
 →   Aktiviere(FALSE, P, delay, T, NONE, prior)

Reactivate(P : PtrLinkage)
 →   Aktiviere(TRUE, P, direct, 0, NONE, TRUE)

ReactivateBefore(P, Q : PtrLinkage)
 →   Aktiviere(TRUE, P, before, 0, Q, FALSE)

ReactivateAfter(P, Q : PtrLinkage)
 →   Aktiviere(TRUE, P, after, 0, Q, FALSE)

ReactivateAt(P : PtrLinkage; T : TypZeit; prior : BOOLEAN)
 →   Aktiviere(TRUE, P, at, T, NONE, prior)

ReactivateDelay(P : PtrLinkage; T : TypZeit; prior : BOOLEAN)
 →   Aktiviere(TRUE, P, delay, T, NONE, prior)
```

Protokollierung von Ereignissen

Protokoll druckt den Inhalt der Liste SQS aus. (Auf eine vollständige Angabe der Prozedur wird verzichtet.)

```
PROCEDURE Protokoll(s : ARRAY OF CHAR);
VAR  x, y, k : CARDINAL;
     proc, ptr : PtrLinkage;
     c : CHAR;
```

```
BEGIN
    HomeCursor; ClearScreen;
    x:= 0; y:= 0;
    GotoXY(x, y); WriteString("PROTOKOLL : ");
    WriteString(s);
    y:= y + 1;
    ptr:= First(SQS);
    FOR k:= 1 TO Cardinal(SQS) DO
        ...
        ptr:= Succ(ptr);
    END;
    GotoXY(0, y + 2);
    WriteString("ENDE PROTOKOLL ");
    REPEAT Read(c) UNTIL c = " ";
END Protokoll
```

17.2.4 Die Modulhierarchie des Simulationsmodells

Die Realisierung des Prozeßmodells des Sprache SIMULA in MODULA führt zu folgender Modulhierarchie:

```
DEFINITION MODULE Basis;
FROM SYSTEM IMPORT PROCESS;
EXPORT QUALIFIED
    TypElement, TypLink, PtrLinkage, TypZeit;
END Basis.

DEFINITION MODULE SimSet;
FROM Basis IMPORT PtrLinkage;
EXPORT QUALIFIED
    NONE,
    NewHead, NewLink, Succ, Pred, Empty, Cardinal,
    Follow, Precede, Into, Out, First, Last, Clear;
END Simset.

IMPLEMENTATION MODULE SimSet;
FROM Basis   IMPORT PtrLinkage, TypElement;
FROM Storage IMPORT ALLOCATE;
FROM Screen  IMPORT ...;
FROM InOut   IMPORT ...;
END SimSet.

DEFINITION MODULE Simulation;
FROM SYSTEM IMPORT ADDRESS;
FROM Basis  IMPORT PtrLinkage, TypZeit;
EXPORT QUALIFIED
    SQS, InitMain, Protokoll, TransferTest,
    Rank, Terminated, Idle, EventTime, NextEvent,
    NewProcess, NewEventNotice, FirstEvent, Time,
```

```
     Current, Hold, Passivate, Wait, Cancel, Accum,
     Activate, ActivateBefore, ActivateAfter,
     ActivateAt, Reactivate, ReactivateBefore,
     ReactivateAt, ActivateDelay, ReactivateDelay,
     ReactivateAfter, TerminateProcess;
END Simulation.

IMPLEMENTATION MODULE Simulation;
FROM SYSTEM IMPORT ...;
FROM Screen IMPORT ...;
FROM InOut  IMPORT ...;
FROM Basis  IMPORT ...;
FROM SimSet IMPORT ...;

END Simulation.
```

17.3 Das Mischen von Zahlenfolgen

Das Beispiel *Mischen zweier Zahlenfolgen* (siehe 17.2) wird jetzt mit den Simulationsanweisungen der Programmiersprache SIMULA dargestellt und auf beliebig viele Folgen erweitert. Die Zahlen dienen als Ereigniszeiten und müssen CARDINAL-Zahlen sein, solange TypZeit mit CARDINAL gleichgesetzt bleibt.

Die Erweiterung des Typs TypLinkage

Der Anwendungs-Modul Basis nimmt einen neuen Typ auf, der die Zahlenfolgen beschreibt:

```
CONST MaxZahlen = 5;
TYPE PtrFolge = POINTER TO TypFolge;
     TypFolge =
          RECORD
               Folge : ARRAY[1..MaxZahlen] OF CARDINAL;
               Wert  : CARDINAL;
               Nr, Max, Index : CARDINAL
          END;
```

Der Typ Linkage erhält die neue Komponente FgProcess:

```
...
CASE TL : TypLink
OF IsEvent :    time        : TypZeit;
                process     : PtrLinkage;
|  IsProcess :  event       : PtrLinkage;
                terminated  : BOOLEAN;
                ProcVar     : PROCESS;
                FgProcess   : PtrFolge;
END
...
```

Der Programm-Modul `Mischen`

Dieser Modul importiert folgende Größen und definiert einen hinreichend großen Prozeßspeicher:

```
MODULE Mischen;
FROM SYSTEM IMPORT WORD, ADR, NEWPROCESS, TRANSFER;
FROM Screen IMPORT HomeCursor, ClearScreen, GotoXY;
FROM InOut
     IMPORT WriteString, WriteLn,
            WriteCard, Read, ReadCard, Done;
FROM Basis
     IMPORT TypElement, TypLink, PtrLinkage,
            MaxZahlen, PtrFolge, TypZeit;
FROM SimSet
     IMPORT Cardinal, Succ, NONE, First, Last,
            NewHead, Into, NewLink;
FROM Simulation
     IMPORT NewProcess, Activate, TerminateProcess,
            FirstEvent, ReactivateAt, Current,
            InitMain, Hold, Protokoll;
FROM Storage IMPORT ALLOCATE;

CONST MaxStorage = 3000;
TYPE  PtrStorage = POINTER TO
                   ARRAY[0..MaxStorage - 1] OF WORD;
CONST MaxInt = 32767;
VAR  k, N : CARDINAL;
     ST, P : PtrLinkage; Fg : PtrFolge;
...
BEGIN
...
END Mischen.
```

Die Prozeßsteuerung des Programm-Moduls

Der Modul erzeugt die Prozesse und aktiviert sie nacheinander.

```
InitMain;
WriteString("Anzahl der Folgen? ");
REPEAT ReadCard(N) UNTIL Done AND (N <= 9);
FOR k:= 1 TO N DO
     NEW(ST);
     P:= NewProcess(k, ProcFolge,
                    ADR(ST), MaxStorage);
     Fg:= NewFolge(k, P);
     Activate(P);
END;
Hold(MaxInt);
```

In der `FOR`-Anweisung werden `N` Folgen und Prozesse beschafft. Jeder Prozeß wird aktiviert und sortiert erst einmal seine Zahlenfolge. Nach der Zuweisung des kleinsten Werts an die Komponente Wert kehrt er zurück. Seine Ereigniskarte wird mit der neuen Zeit Wert von der ersten Position in SQS auf eine andere verdrängt. Zum Schluß steht dann wieder die Ereigniskarte des Zentral-Prozesses am Anfang von SQS.

Nach der Initialisierung aller Folgen rückt die Ereigniskarte des Zentral-Prozesses durch den Aufruf Hold an das Ende der Ereignisliste und bleibt dort bis zum Ende des Mischens. Vor ihr stehen N Ereigniskarten, wobei jede den kleinsten Wert der zugehörigen Zahlenfolge als Ereigniszeit anzeigt.

Der Prozeß, der zu der ersten Ereigniskarte in SQS gehört, gibt den aktuellen minimalen Wert seiner Zahlenfolge aus, bestimmt seinen nächsten minimalen Wert und rückt seine Ereigniskarte mit der neuen Ereigniszeit an die entsprechende Stelle in SQS oder terminiert, wenn seine Zahlenfolge erschöpft ist. Dieser Vorgang wiederholt sich, bis alle Prozesse terminiert sind.

Neue Zahlenprozesse

NewFolge legt eine Zahlenfolge an und ordnet ihr einen Prozeß P zu.

```
PROCEDURE NewFolge(NR : CARDINAL; P : PtrLinkage)
             : PtrFolge;
VAR Fg : PtrFolge;
BEGIN
     NEW(Fg);
     Fg↑.Nr:= NR; Fg↑.Index:= 1; Fg↑.Max:= MaxZahlen;
     P↑.FgProcess:= Fg;
     RETURN Fg
END NewFolge
```

Ausgabe von Zahlenfolgen

```
PROCEDURE DruckFolge(Fg : PtrFolge; X, Y : CARDINAL);
VAR k : CARDINAL; ch : CHAR;
BEGIN
     GotoXY(X, Y);      EraseLine;
     GotoXY(X, Y + 1); EraseLine;
     GotoXY(X, Y);      WriteString("Folge Nr ");
     IF Fg = NIL THEN HALT END;
     WriteInt(Fg↑.Nr, 0);
     WriteString("; Wert = ");
     WriteCard(Fg↑.Wert, 0);
     WriteString("; Max  = ");
     WriteCard(Fg↑.Max, 0);
     WriteString("; Index= ");
     WriteCard(Fg↑.Index, 0);
     GotoXY(X, Y + 1);
     FOR k:= 1 TO MaxZahlen DO
          WriteCard(Fg↑.Folge[k], 6)
     END;
     REPEAT Read(ch) UNTIL ch = " ";
END DruckFolge
```

Die aktuelle Zahlenfolge

`FirstFolge` liefert die dem *aktiven* Prozeß zugeordnete Zahlenfolge.

```
PROCEDURE FirstFolge() : PtrFolge;
VAR ptr : PtrLinkage;
BEGIN
     ptr:= FirstEvent();
     RETURN ptr↑.process↑.FgProcess
END FirstFolge
```

Die Auswahl eines Index

`ProcFolge` ist die Prozeßprozedur jedes Prozesses.

```
PROCEDURE ProcFolge;
VAR Fg : PtrFolge;
BEGIN
. . .
END ProcFolge
```

Nach der Ausgabe der unsortierten und sortierten Zahlenfolge regelt eine `LOOP`-Anweisung den Zugriff auf den nächsten Index der Folge.

```
Fg:= FirstFolge();
WriteLn; WriteString(" Vor Sortieren "); WriteLn;
DruckFolge(Fg, 0, 18);
Sortiere(Fg↑.Folge);
WriteLn; WriteString(" Nach Sortieren "); WriteLn;
DruckFolge(Fg, 0, 20);
Fg↑.Index:= 1;
LOOP
     Fg↑.Wert:= Fg↑.Folge[Fg↑.Index];
     ReactivateAt(Current(), Fg↑.Wert, FALSE);
     WriteString(" ( "); WriteCard(Fg↑.Nr, 0);
     WriteString(" , "); WriteCard(Fg↑.Wert, 0);
     WriteString(" ) "); WriteLn;
     INC(Fg↑.Index);
     IF Fg↑.Index > Fg↑.Max THEN
          TerminateProcess(Current());
     END;
END;
```

17.4 Prozesse und Monitore

Viele MODULA-Systeme bieten einen Definitions-Modul `Processes` an. Sein Implementierungs-Modul wird hier mit den Anweisungen des SIMULA Simulationsmodells realisiert. Das bekannte *Leser-Schreiber*-Problem ist eine typische Anwendung von `Processes`.

17.4.1 Der Anwendungs-Modul `Processes`

```
DEFINITION MODULE Processes;
EXPORT QUALIFIED . . .;
PROCEDURE StartProcess(P : PROC; N : CARDINAL);
PROCEDURE SEND   (S : SIGNAL);
PROCEDURE WAIT   (S : SIGNAL);
PROCEDURE Awaited(S : SIGNAL) : BOOLEAN;
PROCEDURE Init   (VAR S : SIGNAL);
END Processes.
```

Der Begriff *Prozeß* ist hier weiter gefaßt als bisher: Mehrere Prozesse können zeitgleich von mehreren Prozessoren eines Computers ausgeführt werden. Sie kommunizieren über gemeinsame Variable und *Signale*.

- `StartProcess` legt einen neuen Prozeß `P` und einen Prozeßspeicher der Länge `N` an.
- Prozesse werden mit `SEND` und `WAIT` über Signale `S` synchronisiert.
- Um zu vermeiden, daß Prozesse gleichzeitig auf gemeinsame Variable zugreifen, werden diese Variablen und ihre Zugriffsprozeduren zu *Monitoren* zusammengefaßt, die den gegenseitigen Ausschluß der Prozesse garantieren.

17.4.2 Die Implementierung des Moduls `Processes`

Der Implementierungs-Modul wird mit dem SIMULA Prozeßmodell realisiert, also auf einen Computer mit einem Prozessor eingeschränkt.

Ein *Signal* `S` ist eine lineare Liste von Prozessen, die auf das Eintreten eines Ereignisses, verkündet durch einen Aufruf `SEND(S)`, warten. Die Variable `ProcZahl` gibt die Zahl der insgesamt gestarteten Prozesse an.

```
CONST MaxProcess = 10;
TYPE  SIGNAL     = PtrLinkage;
VAR   ProcZahl   : CARDINAL;
```

Ein neuer Prozeß wird mit `StartProcess` aktiviert.

```
PROCEDURE StartProcess(P : PROC; N : CARDINAL);
VAR ptr : PtrLinkage; Speicher : ADDRESS;
BEGIN
     INC(ProcZahl);
     IF ProcZahl > MaxProcess THEN RETURN END;
     ALLOCATE(Speicher, N);
     ptr:= NewProcess(ProcZahl, P, Speicher, N);
     Activate(ptr)
END StartProcess
```

Ein bestimmtes, einem Signal `S` zugeordnetes Ereignis ist eingetreten. Der erste wartende Prozeß wird mit `SEND` aktiviert.

```
PROCEDURE SEND(S : SIGNAL);
VAR ptr : PtrLinkage;
BEGIN
     ptr:= First(S); Out(ptr);
     Activate(ptr)
END SEND
```

Ein Prozeß muß auf das Eintreten eines bestimmten Ereignisses warten: Er wird mit `WAIT` in die Warteschlange des zugeordneten Signals `S` aufgenommen.

```
PROCEDURE WAIT(S : SIGNAL);
BEGIN
     Wait(S)
END WAIT
```

`Awaited` liefert den Wert `TRUE`, wenn die Warteschlange für `S` nicht leer ist.

```
PROCEDURE Awaited(S : SIGNAL) : BOOLEAN;
BEGIN
     RETURN NOT Empty(S)
END Awaited
```

`Init` führt ein neues Signal `S`, d.h. eine Warteschlange für ein Ereignis ein.

```
PROCEDURE Init(VAR S : SIGNAL);
BEGIN
     S:= NewHead()
END Init
```

17.4.3 Das Leser-Schreiber-Problem

Eine klassische Anwendung von Prozessen ist das *Leser-Schreiber-Problem*: Lesende Prozesse wollen Daten aus einem Puffer mit `MP` Plätzen holen, schreibende Prozesse hier Daten ablegen. Um sie zu synchronisieren und zeitgleiche Zugriffe auf den Puffer zu vermeiden, wird er zusammen mit seinen Zugriffsprozeduren `SchreibeWert` und `LiesWert` als *Monitor* – hier ein lokaler Modul – definiert.

Die Variable `Z` spiegelt den Zustand des Monitors wieder:

`Z < 0`	Der Puffer ist leer; `-Z` lesende Prozesse warten in der Warteschlange des Signals `NichtLeer`.
`0 <= Z <= MP`	`Z+1` Plätze des Puffers sind mit Werten belegt; kein Prozeß wartet.
`MP < Z`	Der Puffer ist voll; `MP-Z` schreibende Prozesse warten in der Warteschlange des Signals `NichtVoll`.

Bemerkung: Die importierten Prozeduren `Liest` und `Schreibt` dienen Simulationszwecken und werden in dem nächsten Abschnitt vorgestellt.

Der lokale Modul `Monitor`

```
MODULE Monitor;
IMPORT Liest, Schreibt,
       SIGNAL, SEND, WAIT, Init, TypElement;
EXPORT SchreibeWert, LiesWert;
CONST MP = 5;
VAR  z : INTEGER;
     Ein, Aus : CARDINAL;
     NichtVoll, NichtLeer : SIGNAL;
     Puffer : ARRAY [0..MP - 1] OF TypElement;
VAR  Index : CARDINAL; (* siehe ProcSchreiben *)
. . .
BEGIN
     z:= 0; Ein:= 1; Aus:= 1;
     Init(NichtVoll); Init(NichtLeer)
END Monitor.
```

Zugriffsprozeduren des Monitors

```
PROCEDURE SchreibeWert(nr : CARDINAL; x : TypElement);
BEGIN
     INC(z);
     IF z > MP THEN WAIT(NichtVoll) END;
     Puffer[Ein]:= x; Schreibt(nr, x);
     Ein:= (Ein + 1) MOD MP;
     IF z <= 0 THEN SEND(NichtLeer) END;
END SchreibeWert

PROCEDURE LiesWert(nr : CARDINAL; VAR x : TypElement);
BEGIN
     DEC(z);
     IF z < 0 THEN WAIT(NichtLeer) END;
     x:= Puffer[Aus]; Liest(nr, x);
     Aus:= (Aus + 1) MOD MP;
     IF z >= MP THEN SEND(NichtVoll) END;
END LiesWert
```

Lesende Prozesse

Lesende Prozesse durchlaufen ihre Prozeßprozedur `ProcLesen`. Ein Aufruf von `AnzLesen` fragt, wieviel Daten der Prozeß mit der Nummer `NR` lesen soll. Hat er dies getan, wartet er in `List` auf weitere Verwendungen.

```
PROCEDURE ProcLesen;
VAR  ptr : PtrLinkage; x : TypElement;
k, Anz, NR : CARDINAL;
```

```
BEGIN
     LOOP
          WAIT(List);
          ptr:= Current(); NR:= ptr↑.nr;
          AnzLesen(NR, Anz);
          FOR k:= 1 TO Anz DO LiesWert(NR, x) END;
     END;
END ProcLesen
```

Schreibende Prozesse

Schreibende Prozesse durchlaufen ihre Prozeßprozedur `ProcSchreiben`. Ein Aufruf von `AnzSchreiben` fragt, wieviel Daten der Prozeß mit der Nummer `NR` schreiben soll. Hat er dies getan, wartet er in `List` auf weitere Verwendungen. Die Variable `Index` zählt die in dem Puffer abgelegten Werte.

```
PROCEDURE ProcSchreiben;
VAR  ptr : PtrLinkage; x : TypElement;
k, Anz, NR : CARDINAL;
BEGIN
     LOOP
          WAIT(List);
          ptr:= Current(); NR:= ptr↑.nr;
          AnzSchreiben(NR, Anz);
          FOR k:= 1 TO Anz DO
               INC(Index); x:= (NR * 100) + Index;
               SchreibeWert(NR, x);
          END;
     END;
END ProcSchreiben
```

Simulation lesender und schreibender Prozesse

`LeserSchreiberSimulation` legt lesende und schreibende Prozesse an und startet sie nach einer einfachen Strategie.

```
PROCEDURE LeserSchreiberSimulation;
VAR c : CHAR; ptr : PtrLinkage; k : CARDINAL;
BEGIN
     Index:= 0; ProcZahl:= 0; List:= NewHead();
     Screen.ClearScreen;
     InitMain;
     LOOP
          IF NeuerProzess(c) THEN
               IF c = "H" THEN
                    StartProcess(ProcLesen, 1000)
               END;
               IF c = "S" THEN
                    StartProcess(ProcSchreiben, 1000)
               END;
```

```
        ELSE
            FOR k:= 1 TO Cardinal(List) DO
                ptr:= Last(List); Out(ptr);
                ActivateAfter(ptr, Current());
            END;
            Hold(Time() + 1);
        END;
    END;
END LeserSchreiberSimulation
```

Der Programm-Modul `LeserSchreiber`

```
MODULE LeserSchreiber;
IMPORT Screen, InOut;
FROM SYSTEM  IMPORT NEWPROCESS, ADDRESS;
FROM Storage IMPORT ALLOCATE;
FROM Basis   IMPORT PtrLinkage, IsProcess;
FROM SimSet
    IMPORT NewHead, NewLink, Cardinal, First,
           Out, Last, Empty, NONE;
FROM Simulation
    IMPORT Activate, Wait, Passivate, Current,
           Hold, ActivateAfter, Time, ActivateAt,
           NewProcess, InitMain, Protokoll;
TYPE TypElement = CARDINAL;
VAR  List : PtrLinkage;
...
BEGIN
    LeserSchreiberSimulation
END LeserSchreiber.
```

17.4.4 Das Ablaufprotokoll der Leser und Schreiber

Der lokale Modul `Bildschirm`

Um die Simulation lesender und schreibender Prozesse auf dem Bildschirm sichtbar zu machen, wird der lokale Modul `Bildschirm` eingeführt. Er teilt den Bildschirm in vier Fenster auf:

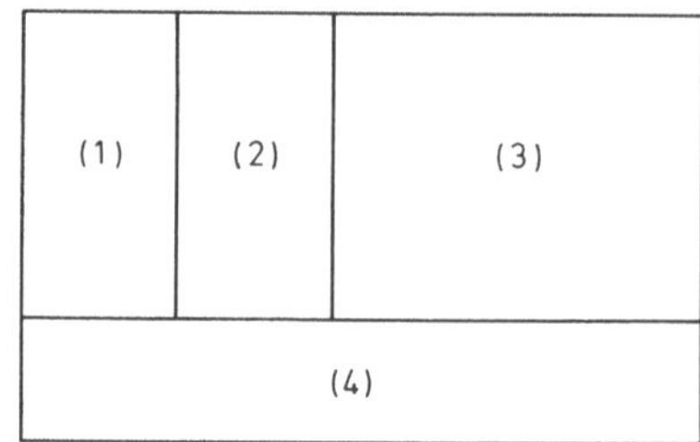

Fenster (1) und (2) protokollieren alternativ das Lesen und Schreiben der Prozesse. Fenster (3) gibt den Prozeßzustand an, d.h. die Zahl der noch zu lesenden oder schreibenden Werte. Fenster (4) ist ein *Dialogfenster* für die Definition neuer Prozesse und ihrer Parameter. X1, X2, X3, Y1, Y2 und Z bestimmen die Koordinaten der Fenster (1), (2) und (3).

```
MODULE BildSchirm;
FROM Screen IMPORT GotoXY, EraseLine;
FROM InOut
IMPORT Write, WriteString, Read, WriteCard, ReadCard;
IMPORT MaxProcess, TypElement;

EXPORT Liest, Schreibt, AnzLesen, AnzSpeichern,
       NeuerProzess;

VAR  k, X1, X2, X3, Y1, Y2 : CARDINAL; Z : BOOLEAN;
     ProcFeld : ARRAY[1..MaxProcess] OF CARDINAL;

PROCEDURE Plus(VAR X, Y : CARDINAL);
PROCEDURE Schreibt    (nr : CARDINAL; x : TypElement);
PROCEDURE Liest       (nr : CARDINAL; x : TypElement);
PROCEDURE AnzLesen    (nr : CARDINAL; VAR n : CARDINAL);
PROCEDURE AnzSchreiben(nr : CARDINAL; VAR n : CARDINAL);
PROCEDURE NeuerProcess(VAR ch : CHAR) : BOOLEAN;

BEGIN
     X1:= 0; Y1:= 0; X2:= 45;
     X3:= X2 + 22; Y2:= 0;
     Z:= FALSE;
     FOR k:= 1 TO MaxProcess DO ProcFeld[k]:= 0 END;
END BildSchirm
```

Fensterwechsel

Plus erhöht die Y-Komponente und wechselt in Abhängigkeit von Z im richtigen Augenblick von Fenster (1) zu Fenster (2), und umgekehrt.

```
PROCEDURE Plus(VAR X, Y : CARDINAL);
VAR k : CARDINAL;
BEGIN
     INC(Y);
     IF Y <= 20 THEN RETURN END;
     IF Z THEN X:= 0 ELSE X:= 20 END;
     FOR k:= 0 TO 20 DO
          GotoXY(X, k);
          WriteString("                    ")
     END;
     Z:= NOT Z;
     Y:= 1
END Plus
```

Das Protokoll schreibender Prozesse

```
PROCEDURE Schreibt(nr : CARDINAL; x : TypElement);
BEGIN
     Plus(X1, Y1); GotoXY(X1, Y1);
     WriteCard(nr, 3); WriteString(" schreibt ");
     WriteCard(x, 3);
     DEC(ProcFeld[nr]);
     GotoXY(X3, Y2 + nr);
     WriteCard(ProcFeld[nr], 5);
END Schreibt
```

Das Protokoll lesender Prozesse

```
PROCEDURE Liest(nr : CARDINAL; x : TypElement);
BEGIN
     Plus(X1, Y1); GotoXY(X1, Y1);
     WriteCard(nr, 3); WriteString(" liest");
     WriteCard(x, 3);
     DEC(ProcFeld[nr]);
     GotoXY(X3, Y2 + nr);
     WriteCard(ProcFeld[nr], 5);
END Liest
```

Die Parametrisierung lesender Prozesse

`AnzLesen` fragt, wieviel Werte ein Prozeß mit der Nummer `NR` lesen soll.

```
PROCEDURE AnzLesen(NR : CARDINAL; VAR n : CARDINAL);
VAR c : CHAR;
BEGIN
     GotoXY(2, 23); WriteString("Prozess ");
     WriteCard(NR, 0);
     WriteString(": Wieviele Daten holen ? ");
     ReadCard(n);
     Read(c);
     GotoXY(2, 23); EraseLine;
     ProcFeld[NR]:= n;
     GotoXY(X2, Y2 + NR);
     WriteCard(NR, 3);
     WriteString("   holt noch ");
     GotoXY(X3, Y2 + NR); WriteCard(n, 5);
END AnzLesen
```

Die Parametrisierung schreibender Prozesse

`AnzSchreiben` fragt, wieviel Werte ein Prozeß mit der Nummer `NR` schreiben soll.

```
PROCEDURE AnzSchreiben(NR : CARDINAL  VAR n : CARDINAL);
VAR c : CHAR;
BEGIN
     GotoXY(2, 23); WriteString("Pr zess ");
     WriteCard(NR, 0);
     WriteString(": Wieviele Werte  chreiben ? ");
     ReadCard(n);
     Read(c);
     GotoXY(2, 23); EraseLine;
     GotoXY(X2, Y2 + NR);
     ProcFeld[NR]:= n;
     GotoXY(X2, Y2 + NR);
     WriteCard(NR, 3);
     WriteString("   schreibt noch ");
     GotoXY(X3, Y2 + NR); WriteCard(n, 5);
END AnzSchreiben
```

Die Einführung von neuen Prozessen

```
PROCEDURE NeuerProzess(VAR ch : CHAR) : BOOLEAN;
VAR c : CHAR;
BEGIN
     GotoXY(2, 23);
     WriteString("Neuer Prozess ? ");
     REPEAT
          GotoXY(20, 23); Write(" ");
          GotoXY(20, 23); Read(c); c:= CAP(c)
     UNTIL (c = "J") OR (c = "N") OR (c = "H");
     IF c = "H" THEN HALT END;
     IF c = "J" THEN
          GotoXY(25, 23);
          WriteString("   L(esen oder S(chreiben ? ");
          REPEAT
               GotoXY(55, 23); Write(" ");
               GotoXY(55, 23); Read(c); c:= CAP(c)
          UNTIL (c = "L") OR (c = "S");
          ch:= c;
     ELSE ch:= " "
     END;
     Read(c);
     GotoXY(2, 23); EraseLine;
     RETURN ch <> " "
END NeuerProzess
```

17.5 Die Simulation eines Liftsystems

In einem Haus mit `MaxEtage - MinEtage + 1` Etagen gibt es `MaxLifte` Lifte. Ein Lift kann höchstens `MaxBelegung` Personen aufnehmen. Das Verhalten des Liftsystems soll simuliert werden. Die Simulationsergebnisse erscheinen in einer grafischen Darstellung auf dem Bildschirm.

17.5.1 Die Beschreibung der Personen und Lifte

Datenstrukturen für Lifte

```
CONST MinEtage    = 1; MaxEtage = 5;
      MaxBelegung = 4; MaxLifte = 3;
TYPE  TypRichtung = (Aufwaerts, Abwaerts, Neutral);
      TypTuer     = (TuerOffen, TuerZu);
      TypTage     = [MinEtage..MaxEtage];
      PtrLift = POINTER TO TypLift;
      TypLift =
          RECORD
               Nummer     : CARDINAL;
               Process    : PtrLinkage;
               EintrittsZeit, AustrittsZeit,
               StopZeit, AnlaufZeit, LaufZeit
                          : TypZeit;
               Knopf      : ARRAY TypEtage OF BOOLEAN;
               Tuer       : TypTuer;
               Standort   : TypEtage;
               Inhalt     : PtrLinkage;
               Richtung   : TypRichtung
          END;
```

Die Komponenten von `TypLift` haben folgende Bedeutung:

`Nummer` ist eine Kennzeichnung eines Lifts.
`Process` ist der ausführende Prozeß eines Lifts.
`EintrittsZeit` ist die Zeit, die eine Person zum Betreten eines Lifts braucht.
`AustrittsZeit` ist die Zeit, die eine Person zum Verlassen eines Lifts braucht.
`StopZeit` ist die Zeit, die ein Lift zum Abbremsen braucht.
`AnlaufZeit` ist die Zeit, die ein Lift zum Anlaufen braucht.
`LaufZeit` ist die Zeit, die ein Lift von einer Etage zur nächsten braucht.
`Knopf[I]` gibt an, ob ein Knopf für die Etage `I` gedrückt ist (`TRUE`) oder nicht (`FALSE`).
`Tuer` beschreibt den Zustand der Tür eines Lifts.
`Standort` gibt die Etage an, auf der sich ein Lift befindet.
`Inhalt` ist der Anfang einer linearen Liste, deren Elemente die Personen in einem Lift sind.
`Richtung` beschreibt die Bewegungsrichtung eines Lifts.

`EintrittsZeit`, `AustrittsZeit`, `StopZeit`, `AnlaufZeit` und `LaufZeit` sind wesentliche Simulationsparameter, die das Verhalten des Liftsystems stark beeinflussen.

Datenstrukturen für Personen

```
TYPE PtrPerson = POINTER TO TypPerson;
     TypPerson =
          RECORD
               Nummer          : CARDINAL;
               Process         : PtrLinkage;
               Standort, Ziel  : TypEtage;
               AnkunftsZeit,
               WarteZeit       : TypZeit;
               Richtung        : TypRichtung
          END;
```

Die Komponenten von `TypPerson` haben folgende Bedeutung:

`Nummer`	ist die Kennzeichnung einer Person.
`Process`	ist der ausführende Prozeß einer Person.
`Standort`	ist die Etage, vor deren Lifttür eine Person wartet.
`Zielort`	ist die Etage, zu der eine Person möchte.
`AnkunftsZeit`	ist die Zeit, zu der eine Person erscheint.
`WarteZeit`	ist die Zeit, zu der eine Person weggeht, sofern kein Lift sie aufgenommen hat.

Die Erweiterung des Typs `Linkage`

Die mit `IsProcess` markierte Komponente des Typs `Linkage` nimmt Verweise auf Lifte und Personen auf:

```
TYPE TypPL    = (IsPerson, IsLift);
TYPE Linkage =
     RECORD
          . . .
          |  IsProcess :
               event       : PtrLinkage;
               terminated  : BOOLEAN;
               ProcVar     : PROCESS;
               CASE PL : TypPL
               OF IsPerson :   person : PtrPerson
               |  IsLift   :   lift   : PtrLift
               END
          . . .
     END;
```

Der Anwendungs-Modul `PersonenLifte`

Dieser Modul enthält Prozeduren zur Festlegung der Simulationsparameter für Lifte und Personen.

```
DEFINITION MODULE PersonenLifte;
FROM Basis
     IMPORT PtrLinkage, TypRichtung, PtrPerson,
            PtrLift, TypEtage;
```

```
EXPORT QUALIFIED ...;
VAR  Haus : ARRAY TypEtage OF
              ARRAY TypRichtung OF PtrLinkage;
     LiftFolge : PtrLinkage;
     LiftAnzahl, PersonenZahl : CARDINAL;

PROCEDURE InitLifte;
PROCEDURE InitPersonen;
PROCEDURE LoeschePerson(Person : PtrPerson);
PROCEDURE NewPerson     (Nr : CARDINAL; P : PtrLinkage)
                        : PtrPerson;
PROCEDURE NewLift       (Nr : CARDINAL; P : PtrLinkage)
                        : PtrLift;
PROCEDURE FirstLift     () : PtrLift;
PROCEDURE FirstPerson   () : PtrPerson;
PROCEDURE PerProt       (per : PtrPerson;
                         s : ARRAY OF CHAR);
PROCEDURE LiftProt      (Lift : PtrLift;
                         s : ARRAY OF CHAR);
PROCEDURE NeueLifte     (Proc : PROC; VAR P : PtrLinkage)
                        : BOOLEAN;
PROCEDURE NeuePersonen  (Proc : PROC; VAR P : PtrLinkage)
                        : BOOLEAN;
END PersonenLifte.
```

Der zugehörige Implementierungs-Modul hat folgende Schnittstelle:

```
IMPLEMENTATION MODULE PersonenLifte;
FROM Screen
     IMPORT HomeCursor, EraseLine, GotoXY, ClearScreen;
FROM SYSTEM IMPORT WORD, ADR, PROCESS, NEWPROCESS;
FROM InOut
     IMPORT WriteString, WriteLn, ReadCard,
            Read, Done, Write, WriteCard;
FROM Basis
     IMPORT MinEtage, MaxEtage, MaxBelegung, TypPL,
     PtrPerson, PtrLift, TypRichtung, TypTuer,
     TypElement, TypLink, PtrLinkage, TypZeit;
FROM SimSet
     IMPORT Cardinal, Succ, NONE, First,
            Empty, Out, Into, NewHead;
FROM Simulation
     IMPORT NewProcess, FirstEvent, Current, Time,
     Protokoll, SimTest, InitMain;
FROM Storage IMPORT ALLOCATE;
CONST MaxStorage = 3000;
TYPE PtrStorage = POINTER TO
                     ARRAY[0..MaxStorage - 1] OF WORD;
...
END PersonenLifte.
```

17.5.2 Die Zustandsbeschreibung des Liftsystems

Die grafische Darstellung des Liftsystems

Um die Simulation des Liftsystems verfolgen zu können, wird sein Zustand als abstrakte grafische Darstellung auf dem Bildschirm gezeigt.

```
CONST BildAnf = 2;
      MaxBildBreite =
           MaxLifte * (MaxEtage - MinEtage + 2);
      EtagenBreite  = 4;
      MaxBildLaenge =
           (MaxEtage - MinEtage + 1) * EtagenBreite;
VAR   Rahmen : ARRAY [0..MaxBildLaenge] OF
               ARRAY [0..MaxBildBreite + 1] OF CHAR;
      AB, W, X, Y : CARDINAL;
```

Die Variable `Rahmen` definiert ein Teilfenster des Bildschirms, z.B. für ein Haus mit drei Liften und vier Etagen:

`InitRahmen` liefert den Umriß.

```
PROCEDURE InitRahmen;
VAR i, k : CARDINAL;
BEGIN
     FOR i:= 0 TO MaxBildBreite DO
          Rahmen[0, i]:= " "
     END;
     Rahmen[0, MaxBildBreite]:= 0C;
     FOR i:= 0 TO MaxBildLaenge DO
          Rahmen[i]:= Rahmen[0]
     END;
     FOR i:= 0 TO MaxBildBreite DO
          Rahmen[0, i]:= "-"
     END;
     FOR i:= 0 TO MaxBildLaenge BY EtagenBreite DO
          Rahmen[i]:= Rahmen[0]
     END;
```

```
     FOR i:= 0 TO MaxBildLaenge DO
          FOR k:= 0 TO MaxBildBreite
                    BY MaxEtage - MinEtage + 2 DO
               Rahmen[i, k]:= "|"
          END;
     END
END InitRahmen
```

Der Zustand der Etagen

Für alle Etagen zeigt `EintragEtage`, wieviel Personen aufwärts und abwärts wollen:

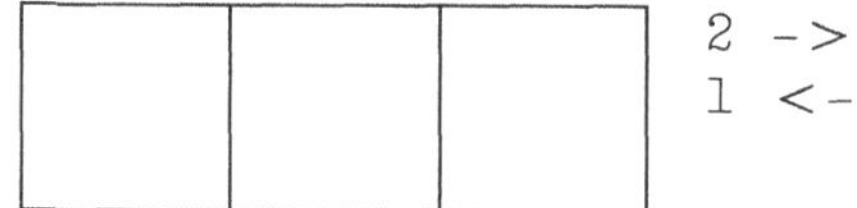


```
PROCEDURE EintragEtage;
CONST Anf = MaxBildBreite + BildAnf;
VAR h, k, y : CARDINAL;
BEGIN
     y:= 2 + BildAnf;
     FOR k:= MaxEtage TO MinEtage BY - 1 DO
          GotoXY(Anf, y);
          h:= Cardinal(Haus[k, Aufwaerts]);
          WriteCard(h, 2);
          WriteString(" ->");
          GotoXY(Anf, y + 1);
          h:= Cardinal(Haus[k, Abwaerts]);
          WriteCard(h, 2);
          WriteString(" <-");
          INC(y, EtagenBreite)
     END
END EintragEtage
```

Der Zustand der Lifte

```
PROCEDURE EintragLift;
VAR i, k, x, y : CARDINAL;
     Lift : PtrLift; LiftProc : PtrLinkage;
     c : CHAR; s : ARRAY [0..2] OF CHAR;
BEGIN
     LiftProc:= First(LiftFolge);
     FOR k:= 1 TO Cardinal(LiftFolge) DO
          ...
          LiftProc:= Succ(LiftProc)
     END
END EintragLift
```

Innerhalb der FOR-Anweisung werden die Kenndaten jedes Lifts ausgewertet:

```
Lift:= LiftProc↑.lift;
x:= (LiftProc↑.nr -1) * (MaxEtage - MinEtage + 2) + 1;
y:= (MaxEtage - Lift↑.Standort) *
        EtagenBreite + 3 + BildAnf;
GotoXY(x, y);
```

(1) Der Zustand der Knöpfe im Lift mit "*" oder "-".

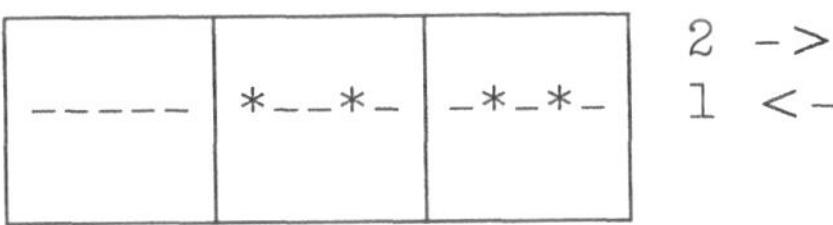


```
FOR i:= MinEtage TO MaxEtage DO
     IF Lift↑.Knopf[i] THEN c:= "*" ELSE c:= "-" END;
     Write(c)
END;
```

(2) Die Richtung des Lifts mit "->", "<-" oder "--":

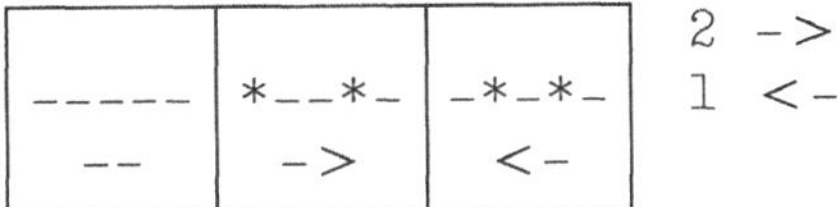


```
GotoXY(x, y + 1);
WriteCard(Cardinal(Lift↑.Inhalt), 2);
GotoXY(x, y + 2);
IF    Lift↑.Richtung = Aufwaerts THEN s:= "->"
ELSIF Lift↑.Richtung = Abwaerts  THEN s:= "<-"
ELSE  s := "--";
END;
WriteString(s)
```

(3) Der Zustand der Tür mit *zu* oder *of*:

```
-----   *--*-   -*-*-    2 ->
 --      ->      <-      1 <-
 zu      zu      of
```

```
IF Lift↑.Tuer = TuerZu s:= " zu" ELSE s:= " of" END;
WriteString(s);
```

Die Ausgabe der Zustände

```
PROCEDURE Bild;
VAR x, y, k : CARDINAL;
BEGIN
     x:= 0; y:= 2 + BildAnf;
     FOR k:= 0 TO MaxBildLaenge DO
          GotoXY(x, y + k);
          WriteString(Rahmen[k])
     END
END Bild
```

Die Gesamtbeschreibung der Personen

Zu der Zustandsbeschreibung gehört auch die Liste der Personen, die sich in dem Liftsystem aufhalten. Die Variable `Feld` enthält ihre Standorte und Ziele.

```
CONST MaxPersonen = 100;
VAR Feld : ARRAY[1..MaxPersonen]
           OF RECORD
                   Inhalt   : ARRAY [1..3] OF CARDINAL;
                   Speicher : PtrStorage
           END;
```

`InitPersonen` initialisiert alle Personenbeschreibungen:

- Gilt `Feld[k].Inhalt[1] = 0`, ist diese `Feld`-Komponente undefiniert.
- Ansonsten gibt ihr Wert die Nummer einer Person an, die von Etage `Feld[k].Inhalt[2]` nach Etage `Feld[k].Inhalt[3]` will.
- `Feld[k].Speicher` ist der Prozeßspeicher der Person.

```
PROCEDURE InitPersonen;
VAR k : CARDINAL;
BEGIN
     FOR k:= 1 TO MaxPersonen DO
          Feld[k].Inhalt[1]:= 0;
          Feld[k].Speicher:= NIL
     END
END InitPersonen
```

`AusPersonen` projiziert die Personenbeschreibungen in Abhängigkeit von den Ausgabeparametern `X`, `Y` und `AB` auf den Bildschirm.

```
                    Person 1: 2 --> 5
                    Person 2: 3 --> 2
```

```
PROCEDURE AusPersonen;
VAR i, k : CARDINAL;
BEGIN
     FOR k:= 1 TO AB DO
          GotoXY(X, k - 1); EraseLine
     END;
```

```
    i:= 0;
    FOR k:= 1 TO PersonenZahl DO
        IF Feld[k].Inhalt[1] > 0 THEN
            GotoXY(X + 10, i); INC(i);
            WriteString("Person ");
            WriteCard(Feld[k].Inhalt[3], 0);
            WriteString(": ");
            WriteCard(Feld[k].Inhalt[1], 0);
            WriteString(" --> ");
            WriteCard(Feld[k].Inhalt[2], 0);
        END;
    END;
    AB:= i
END AusPersonen
```

Verläßt eine Person das Liftsystem, wird dies in `Feld` vermerkt.

```
PROCEDURE LoeschePerson(Person : PtrPerson);
BEGIN
    Feld[Person↑.Nummer].Inhalt[1]:= 0
END LoeschePerson
```

17.5.3 Das Einrichten des Liftsystems

Das Erzeugen eines Lifts

`NewLift` führt einen neuen Lift in das Liftsystem ein. Die Simulationsparameter erhalten hier willkürliche Werte. `P` ist der zugeordnete Prozeß. Er wird in die lineare Liste `LiftFolge` eingetragen.

```
PROCEDURE NewLift(Nr : CARDINAL; P : PtrLinkage)
                        : PtrLift;
VAR Lift : PtrLift; k : CARDINAL;
BEGIN
    NEW(Lift);
    Lift↑.EintrittsZeit:= 1;
    Lift↑.AustrittsZeit:= 1;
    Lift↑.AnlaufZeit   := 1;
    Lift↑.StopZeit     := 1;
    Lift↑.LaufZeit     := 3;
    FOR k:= MinEtage TO MaxEtage DO
        Lift↑.Knopf[k]:= FALSE
    END;
    Lift↑.Tuer     := TuerZu;
    Lift↑.Standort:= MinEtage;
    Lift↑.Inhalt   := NewHead();
    Lift↑.Richtung:= Neutral
    P↑.PL:= IsLift;    P↑.lift:= Lift;
    Lift↑.Nummer:= Nr; Lift↑.Process:= P;
    Into(LiftFolge, P);
    RETURN Lift
END NewLift
```

Erzeugen einer Person

`NewPerson` führt eine neue Person in das Liftsystem ein. `P` ist ihr Prozeß. Er wird in `Haus[k, r]` eingetragen: `k` ist der Standort, `r` die Richtung.

```
PROCEDURE NewPerson(Nr : CARDINAL; P : PtrLinkage)
                  : PtrPerson;
VAR Person : PtrPerson;

PROCEDURE Lies(s : ARRAY OF CHAR) : CARDINAL;
VAR w : CARDINAL;
BEGIN
     LOOP
          WriteString(s); ReadCard(w);
          IF Done THEN RETURN w END
     END
END Lies;
```

Die Simulationsparameter einer Person werden nacheinander abgefragt.

```
VAR w : CARDINAL;
BEGIN
     NEW(Person);
     WITH Person↑ DO
          GotoXY(X, Y); EraseLine; GotoXY(X, Y);
          REPEAT w:= Lies(" Standort ? ")
          UNTIL (MinEtage <= w) AND (w <= MaxEtage);
          Standort:= w;
          REPEAT w:= Lies(" Ziel ? ")
          UNTIL (MinEtage <= w) AND (w <= MaxEtage);
          Ziel:= w;
          IF    Standort = Ziel THEN Richtung:= Neutral
          ELSIF Standort > Ziel THEN Richtung:= Abwaerts
          ELSE Richtung:= Aufwaerts
          END;
          WarteZeit:= Time() + 100;
     END;
     P↑.PL:= IsPerson; P↑.person:= Person;
     WITH Person↑ DO
          Nummer:= Nr; Process:= P;
          Into(Haus[Standort, Richtung], P)
     END;
     RETURN Person
END NewPerson
```

Bemerkung: Statt Simulationsparameter explizit abzufragen, kann man auch Zufallszahlengeneratoren einsetzen, die entsprechende Werte liefern.

Die Bestimmung aktiver Lifte und Personen

```
PROCEDURE AktiverLift() : PtrLift;
VAR ptr : PtrLinkage;
BEGIN
     ptr:= Current(); RETURN ptr↑.lift;
END AktiverLift

PROCEDURE AktivePerson() : PtrPerson;
VAR ptr : PtrLinkage;
BEGIN
     ptr:= Current(); RETURN ptr↑.person;
END AktivePerson
```

Die Initialisierung des Liftsystems

```
PROCEDURE InitSystem;
VAR k : CARDINAL;
BEGIN
     TransferTest:= FALSE;
     HomeCursor; ClearScreen;
     InitRahmen; Bild;
     FOR k:= MinEtage TO MaxEtage DO
          Haus[k, Aufwaerts]:= NewHead();
          Haus[k, Abwaerts]:= NewHead();
          Haus[k, Neutral]:= NewHead();
     END;
     EintragEtage;
     LiftFolge:= NewHead();
     EintragLift;
     InitMain;
     PersonenZahl:= 0; LiftAnzahl:= 0;
     X:= 28; Y:= MaxPersonen; W:= 0; AB:= 0;
END InitSystem
```

Die Initialisierung eines Lifts

Der Ergebnisparameter P liefert den zugeordneten Prozeß, der die Prozeßprozedur Proc ausführt.

```
PROCEDURE NeueLifte(Proc : PROC; VAR P : PtrLinkage)
                    : BOOLEAN;
VAR  ch : CHAR;
     St : PtrStorage; Lift : PtrLift;
BEGIN
. . .
END NeueLifte
```

Y gibt die Ausgabezeile des Bildschirms an.

```
INC(Y);
GotoXY(X, Y); EraseLine; GotoXY(X, Y);
IF LiftAnzahl = 0 THEN
     WriteString("Ein Lift ? ")
ELSE WriteString("Noch ein Lift ? ")
END;
REPEAT
     GotoXY(X + 15, Y); EraseLine;
     GotoXY(X + 15, Y); Read(ch);
     ch:= CAP(ch);
UNTIL (ch = "J") OR (ch = "N");
```

Hat die Variable ch den Wert "J", wird ein neuer Lift eingerichtet, sofern die Maximalzahl der verfügbaren Lifte nicht überschritten wird.

```
IF ch = "N" THEN RETURN FALSE END;
IF LiftAnzahl >= MaxLifte THEN
     WriteString("Zuviel Lifte");
     RETURN FALSE
END;
```

Ein neuer Prozeß wird eingerichtet und das Zustandbild des Liftsystems gezeigt.

```
INC(LiftAnzahl);
NEW(St);
P:= NewProcess(LiftAnzahl, Proc,
                  ADR(St↑), MaxStorage);
Lift:= NewLift(LiftAnzahl, P);
InitRahmen; Bild; EintragEtage; EintragLift;
RETURN TRUE
```

Die Initialisierung einer Person

```
PROCEDURE NeuePersonen(Proc : PROC; VAR P : PtrLinkage)
                        : BOOLEAN;
VAR  St : PtrStorage; Person : PtrPerson;
     ch : CHAR; k : CARDINAL;
BEGIN
. . .
END NeuePersonen
```

Auch hier geben X und Y die Cursorposition des Bildschirms an.

```
INC(Y); GotoXY(X, Y); EraseLine;
GotoXY(X, Y); WriteString("Neue Person ? ");
REPEAT
     GotoXY(X + 15, Y); EraseLine;
     GotoXY(X + 15, Y); Read(ch);
     ch:= CAP(ch);
UNTIL (ch = "J") OR (ch = "N");
```

Hat die Variable ch den Wert "J", wird eine neue Person aufgenommen, sofern die Maximalzahl der erlaubten Personen nicht überschritten wird.

```
IF ch = "N" THEN RETURN FALSE END;
k:= 1;
WHILE (k <= MaxPersonen) AND
       (Feld[k].Inhalt[1] <> 0) DO
      INC(k)
END;
IF k > MaxPersonen THEN
      GotoXY(X + 10, Y);
      WriteString("Zuviele Personen");
      RETURN FALSE
END;
INC(PersonenZahl);
```

Für eine neue Person wird ein Prozeß eingeführt und der neue Zustand des Liftsystems gezeigt.

```
IF Feld[PersonenZahl].Speicher = NIL THEN
      NEW(Feld[PersonenZahl].Speicher)
END;
P:= NewProcess(PersonenZahl, Proc,
               ADR(Feld[PersonenZahl].Speicher↑),
               MaxStorage);
INC(Y); GotoXY(X, Y);
Person:= NewPerson(PersonenZahl, P);
GotoXY(X, Y);
Feld[k].Inhalt[1]:= Person↑.Standort;
Feld[k].Inhalt[2]:= Person↑.Ziel;
Feld[k].Inhalt[3]:= PersonenZahl;
AusPersonen; EintragEtage; EintragLift;
RETURN TRUE
```

17.5.4 Die Ablaufprotokolle von Personen und Lifte

Um den Weg einer Person in dem Liftsystem verfolgen zu können, werden die einzelnen Phasen ihres Aufenthalts protokolliert.

```
PROCEDURE PerProt(per : PtrPerson; s : ARRAY OF CHAR);
VAR ch : CHAR; ptr : PtrLinkage; k : CARDINAL;
BEGIN
      InitRahmen; Bild; EintragEtage; EintragLift;
      Y:= (Y + 1) MOD 24;
      IF Y = 0 THEN Y:= AB + 1 END;
      GotoXY(X, Y); EraseLine; GotoXY(X, Y);
      INC(W);
      WriteCard(W, 3); WriteString(": Person ");
      WriteCard(per↑.Nummer, 0);
```

```
     WriteString(": "); WriteString(s);
     GotoXY(65, Y);
     WriteString("Zeit = "); WriteCard(Time(), 0);
     Read(ch);
     IF    ch = "t"  THEN TransferTest:= TRUE
     ELSIF ch = "f"  THEN TransferTest:= FALSE
     ELSIF ch <> " " THEN HALT
     END
END PerProt
```

Auch der aktuelle Zustand eines Lifts wird protokolliert.

```
PROCEDURE LiftProt(Lift : PtrLift; s : ARRAY OF CHAR);
VAR  ch : CHAR; ptr, ptrl, ptr2 : PtrLinkage;
     i, k : CARDINAL;
BEGIN
...
END LiftProt
```

Zunächst wird angegeben, welche Personen in welchen Liften sind.

```
ptrl:= First(LiftFolge);
FOR k:= 1 TO Cardinal(LiftFolge) DO
     GotoXY(0, k - 1); EraseLine;
     GotoXY(0, k - 1);
     WriteString("Lift "); WriteCard(k, 0);
     WriteString(": ");
     ptr2:= First(ptrl↑.lift↑.Inhalt);
     FOR i:= 1 TO Cardinal(ptrl↑.lift↑.Inhalt)
          WriteCard(ptr2↑.nr, 3);
          ptr2:= Succ(ptr2)
     END;
     ptrl:= Succ(ptrl)
END;
```

Das Bild des Liftsystems wird noch einmal gebracht.

```
AusPersonen;
InitRahmen; Bild; EintragEtage; EintragLift;
Y:= (Y + 1) MOD 24;
IF Y = 0 THEN Y:= AB + 1 END;
GotoXY(X, Y); EraseLine; GotoXY(X, Y);
```

Der Zustand des Lifts wird ausgegeben.

```
ptr:= FirstEvent();
INC(W);
WriteCard(W, 3); WriteString(": Lift ");
WriteCard(ptr↑.nr, 0); WriteString(" in ");
WriteCard(Lift↑.Standort, 0);
WriteString(": "); WriteString(s);
GotoXY(65, Y);
WriteString("Zeit = "); WriteCard(Time(), 0);
Read(ch);
IF    ch = "t" THEN TransferTest:= TRUE
ELSIF ch = "f" THEN TransferTest:= FALSE
ELSIF ch <> " " THEN HALT
END;
```

17.5.5 Die Simulation des Liftsystems

Der Programm-Modul `LiftSystem`

Auf dem Modul `PersonenLifte` aufbauend, realisiert der Programm-Modul `LiftSystem` die Simulation.

```
MODULE LiftSystem;
FROM InOut
     IMPORT WriteString, WriteLn, ReadCard, Done;
FROM Basis
     IMPORT TypEtage, MinEtage, MaxEtage, MaxBelegung,
            PtrPerson, PtrLift, TypRichtung, TypTuer,
            TypElement, TypLink, PtrLinkage, Real;
FROM SimSet
     IMPORT Cardinal, Succ, NONE, First, Empty, Out;
FROM Simulation
     IMPORT Activate, Hold, TerminateProcess,
            ReactivateAt, Current, Time,
            ReactivateDelay, Wait, Reactivate,
            ReactivateAfter, Passivate,
            Protokoll, TransferTest;
FROM PersonenLifte
     IMPORT MaxLifte, MaxPersonen,
            Haus, LiftFolge,
            NewPerson, NewLift,
            AktivePerson, AktiverLift,
            PerProt, LiftProt,
            LiftAnzahl, PersonenZahl,
            NeueLifte, NeuePersonen,
            InitSystem, InitPersonen, LoeschePerson;
CONST MaxInt = 32767;
VAR P : PtrLinkage;
PROCEDURE ProcPerson; ...; END ProcPerson;
PROCEDURE ProcLift; ...; END ProcLift;
```

```
BEGIN
     InitSystem;
     WHILE NeueLifte(ProcLift, P) DO
          Activate(P) END;
     IF LiftAnzahl = 0 THEN HALT END;
     InitPersonen;
     WHILE NeuePersonen(ProcPerson, P) DO
          Activate(P)
     END;
     Hold(MaxInt);
END LiftSystem.
```

`ProcPerson` bzw. `ProcLift` ist die den Prozessen für Personen bzw. Lifte zugeordnete Prozeßprozedur.

Die Ablaufstrategie für Personen

Bemerkung: Es wird nicht behauptet, daß die Ablaufstrategie für Personen optimal ist.

```
PROCEDURE ProcPerson;
CONST StartZeit = 5; WarteZeit = 3;
VAR  ptr : PtrLinkage;
     Person : PtrPerson;
     Lift : PtrLift;
     Weiter, Warten : BOOLEAN;

PROCEDURE LiftDa ... END LiftDa;
PROCEDURE WeckeLift ... END WeckeLift;

BEGIN
...
END ProcPerson
```

`LiftDa` und `WeckeLift` sind zwei Prozeduren, die den Zustand eines Lifts abfragen.

Stimmen `Standort` und `Ziel` einer Person überein, verläßt sie das Liftsystem sofort. Andernfalls wartet sie eine Weile.

```
Person:= AktivePerson();
IF Person↑.Standort = Person↑.Ziel THEN
     PerProt(Person, "wunschlos");
     Out(Current());
     TerminateProcess(Current());
END;
Hold(StartZeit);
```

Solange die Person auf einen Lift warten muß, macht sie auf sich aufmerksam. Ist ihre Wartezeit überschritten, verläßt sie das System. `WeckeLift` wendet sich an unbeschäftigte Lifte.

```
Person:= AktivePerson(); Warten:= TRUE;
WHILE Warten DO
     Weiter:= TRUE;
     IF NOT LiftDa(Person, Lift) THEN
          IF Person↑.WarteZeit <= Time() THEN
               PerProt(Person, "gibt auf");
               Out(Current());
               TerminateProcess(Current());
          END;
          IF WeckeLift(Person, Lift) THEN
               PerProt(Person, "ruft Lift");
               Activate(Lift↑.Process)
          END;
          Weiter:= FALSE;
     END;
```

Ein Lift ist da. Ist seine Tür zu, wartet die Person weiter.

```
     IF Weiter THEN
          PerProt(Person, "Lift ist da");
          IF Lift↑.Tuer = TuerZu THEN
               PerProt(Person, "Tuer ist zu");
               Activate(Lift↑.Process);
               Weiter:= FALSE;
          END;
     END;
```

Ist der Lift voll, wartet die Person weiter.

```
     IF Weiter AND
          (Cardinal(Lift↑.Inhalt) = MaxBelegung) THEN
          PerProt(Person, "Lift voll");
          ReactivateAt(Current(),
                        Person↑.WarteZeit, TRUE);
          Weiter:= FALSE;
     END;
```

Ist die Tür auf und der Lift nicht voll, kann die Person den Lift betreten.

```
     IF Weiter THEN
          PerProt(Person, "Eintritt ");
          ReactivateDelay(Lift↑.Process,
               Lift↑.EintrittsZeit, TRUE);
          Warten:= FALSE;
     END;
```

Andernfalls muß sie weiter warten.

```
     IF Warten THEN
          PerProt(Person, "wartet weiter");
          Hold(WarteZeit)
     END
END;
```

Hat hingegen die Person den Lift betreten, aktiviert sie noch alle anderen Personen, die auf dieser Etage warten.

```
Lift↑.Knopf[Person↑.Ziel]:= TRUE;
PerProt(Person, "im Lift");
ptr:= Haus[Lift↑.Standort, Lift↑.Richtung];
IF Cardinal(ptr) > 1 THEN
     PerProt(Person, "stoesst an");
     ReactivateAfter(Succ(First(ptr)), Current())
END;
Wait(Lift↑.Inhalt);
```

Die sich im Lift aufhaltende Person wartet solange, bis der Lift ihre Zieletage erreicht hat.

```
WHILE Lift↑.Standort <> Person↑.Ziel DO
     Wait(Lift↑.Inhalt); Person:= AktivePerson();
     PerProt(Person, "im Lift");
END;
```

Ist das Ziel erreicht, verläßt die Person den Lift. Ihr Prozeß terminiert. Zuvor werden neue Personen in das Liftsystem eingeschleust. (Diese Stelle ist willkürlich gewählt.)

```
PerProt(Person, "aus Lift");
ReactivateDelay
     (Lift↑.Process, Lift↑.AustrittsZeit, TRUE);
PerProt(Person, "Ende");
LoeschePerson(Person);
WHILE NeuePersonen(ProcPerson, P) DO Activate(P) END;
TerminateProcess(Current());
```

Das Fragen nach einem Lift

Jede Person testet kontinuierlich, ob ein Lift ihre Etage erreicht hat.

```
PROCEDURE LiftDa(Per : PtrPerson; VAR Lift : PtrLift)
                : BOOLEAN;
VAR  k, Ort : CARDINAL;
     ptr : PtrLinkage; Weg : TypRichtung;
BEGIN
     Ort:= Per↑.Standort; Weg:= Per↑.Richtung;
     IF    Weg = Aufwaerts THEN Weg:= Abwaerts
     ELSIF Weg = Abwaerts  THEN Weg:= Aufwaerts
     END;
```

```
    ptr:= First(LiftFolge);
    FOR k:= 1 TO Cardinal(LiftFolge) DO
         Lift:= ptr↑.lift;
         IF (Ort = Lift↑.Standort) AND
            (Weg <> Lift↑.Richtung) THEN RETURN TRUE
         END;
         ptr:= Succ(ptr)
    END;
    RETURN FALSE
END LiftDa
```

Das Aufwecken eines Lifts

```
PROCEDURE WeckeLift
     (Per : PtrPerson; VAR Lift : PtrLift)
     : BOOLEAN;
VAR k : CARDINAL; ptr : PtrLinkage; b : BOOLEAN;
BEGIN
     b:= FALSE;
     ptr:= First(LiftFolge);
     FOR k:= 1 TO Cardinal(LiftFolge) DO
          Lift:= ptr↑.lift;
          IF (Lift↑.Standort <= Per↑.Standort) AND
             (Lift↑.Richtung = Aufwaerts)
          THEN RETURN FALSE
          END;
          IF (Lift↑.Standort >= Per↑.Standort) AND
             (Lift↑.Richtung = Abwaerts)
          THEN RETURN FALSE
          END;
          IF Lift↑.Richtung = Neutral THEN b:= TRUE END;
          ptr:= Succ(ptr)
     END;
     RETURN b
END WeckeLift
```

Die Ablaufstrategie für Lifte

Bemerkung: Es wird auch nicht behauptet, daß die Ablaufstrategie für Lifte optimal ist.

```
PROCEDURE ProcLift;

PROCEDURE RufExistiert ... END RufExistiert;
PROCEDURE Anrufe       ... END Anrufe;
PROCEDURE NeueRichtung ... END NeueRichtung;
PROCEDURE FortSchritt  ... END Fortschritt;

CONST MaxNeuAufnahme = 2;
VAR  Lift : PtrLift; Wechsel, ImLaufen : BOOLEAN;
     ptr : PtrLinkage; NeuAufnahme, k : CARDINAL;
```

```
BEGIN
     LOOP
     . . .
     END;
END ProcLift
```

Ein Lift terminiert nie. Nach seiner Einführung wartet er auf seinen ersten Einsatz.

```
Lift:= AktiverLift();
Lift↑.Richtung:= Neutral;
LiftProt(Lift, "wartet");
Passivate;
```

Wird er aktiviert, bestimmt er zunächst seine Laufrichtung.

```
Lift       := AktiverLift();
Wechsel    := NeueRichtung(Lift);
ImLaufen   := FALSE;
NeuAufnahme:= 0;
```

Stellt der Lift einen Anruf der Etage fest, auf der er sich befindet, stoppt er.

```
WHILE Anrufe(Lift) DO
     LiftProt(Lift, "Anruf existiert");
     IF RufExistiert(Lift) THEN
          IF ImLaufen THEN
               LiftProt(Lift, "stoppt");
               Hold(Lift↑.StopZeit);
               Lift:= AktiverLift();
          ELSE ImLaufen:= TRUE
          END;
```

Der Knopf im Lift, der zu dieser Etage gehört, wird gelöscht. Die Tür öffnet sich.

```
          Lift↑.Knopf[Lift↑.Standort]:= FALSE;
          LiftProt(Lift, "Tuer oeffnen");
          Lift↑.Tuer:= TuerOffen;
```

Alle Personen im Lift, die ihr Ziel erreicht haben, werden aktiviert.

```
          ptr:= First(Lift↑.Inhalt);
          k:= Cardinal(Lift↑.Inhalt);
          WHILE Cardinal(Lift↑.Inhalt) > 0 DO
               Out(First(Lift↑.Inhalt));
               ReactivateAt(ptr, 0, FALSE);
               ptr:= First(Lift↑.Inhalt);
          END;
          LiftProt(Lift, "Inhalt geprueft");
          IF ptr <> NONE THEN
               ReactivateAfter(Current(), ptr);
               Lift:= AktiverLift();
          END;
```

Nachdem die Personen den Lift verlassen haben, überprüft er seine Laufrichtung.

```
ReactivateAt(Current(), 0, FALSE);
Lift:= AktiverLift();
IF (k > 0) AND (Cardinal(Lift↑.Inhalt) < k)
THEN LiftProt(Lift, "Personen weg")
END;
IF NeueRichtung(Lift) THEN
     LiftProt(Lift, "kehrt um ")
END;
```

Die Variable `NeuAufnahme` kontrolliert hier die Neuaufnahme von Personen in das Liftsystem.

```
INC(NeuAufnahme);
IF (NeuAufnahme MOD MaxNeuAufnahme) = 0 THEN
     WHILE NeuePersonen(ProcPerson, P)
     DO Activate(P)
     END;
END;
```

Nunmehr betreten wartende Personen den Lift.

```
k:= Cardinal(Lift↑.Inhalt);
Reactivate(
     First(Haus[Lift↑.Standort,
                Lift↑.Richtung]));
IF k < Cardinal(Lift↑.Inhalt) THEN
     LiftProt(Lift, "Personen drin")
END;
```

Die Tür geht zu. Existieren Anrufe, läuft der Lift weiter.

```
Lift:= AktiverLift();
LiftProt(Lift, "Tuer schliessen");
Lift↑.Tuer:= TuerZu;
IF Anrufe(Lift) THEN
     LiftProt(Lift, "laeuft weiter");
     Hold(Lift↑.AnlaufZeit);
     Lift:= AktiverLift();
END;
```

Existieren überhaupt keine Anrufe, läuft der Lift weiter.

```
ELSE
     ImLaufen:= TRUE;
     IF NeueRichtung(Lift) THEN
          LiftProt(Lift, "kehrt um");
     ELSE
          FortSchritt(Lift);
          LiftProt(Lift, "laeuft");
     END;
     Hold(Lift↑.LaufZeit);
```

Hier gibt es die Möglichkeit, neue Personen aufzunehmen.

```
          INC(NeuAufnahme);
          IF (NeuAufnahme MOD MaxNeuAufnahme) = 0 THEN
               WHILE NeuePersonen(ProcPerson, P) DO
                    Activate(P)
               END;
          END;
          Lift:= AktiverLift();
     END
END
```

Das Fragen nach Anrufen

RufExistiert prüft, ob für den Standort des Lifts ein Ruf existiert.

```
PROCEDURE RufExistiert(Lift : PtrLift) : BOOLEAN;
VAR ort : CARDINAL;
BEGIN
     ort:= Lift↑.Standort;
     IF Lift↑.Knopf[ort] THEN RETURN TRUE END;
     RETURN NOT Empty(Haus[ort, Lift↑.Richtung])
END RufExistiert
```

Anrufe prüft, ob für den Lift überhaupt ein Anruf vorliegt.

```
PROCEDURE Anrufe(Lift : PtrLift) : BOOLEAN;
VAR j : CARDINAL;
BEGIN
     FOR j:= MinEtage TO MaxEtage DO
          IF Lift↑.Knopf[j] THEN RETURN TRUE END
     END;
     FOR j:= MinEtage TO MaxEtage DO
          IF (NOT Empty(Haus[j, Abwaerts])) OR
             (NOT Empty(Haus[j, Aufwaerts]))
          THEN RETURN TRUE
          END;
     END;
     RETURN FALSE
END Anrufe
```

Das Festlegen der neuen Richtung

```
PROCEDURE NeueRichtung(Lift : PtrLift) : BOOLEAN;
VAR  k : CARDINAL; ptr : PtrLinkage; ab, auf : BOOLEAN;
     dir : TypRichtung;
BEGIN
     dir:= Lift↑.Richtung;
     ...
END NeueRichtung
```

Am einfachsten ist die Festlegung der neuen Richtung, wenn der Lift sich in der ersten oder letzten Etage befindet.

```
WITH Lift↑ DO
     IF Standort = MinEtage THEN
          Richtung:= Aufwaerts; RETURN dir <> Aufwaerts
     END;
     IF Standort = MaxEtage THEN
          Richtung:= Abwaerts; RETURN dir <> Abwaerts
     END;
END;
```

Der Lift prüft, ob sich ein anderer Lift in der gleichen Richtung bewegt.

```
WITH Lift↑ DO
     auf:= FALSE; ab:= FALSE;
     ptr:= First(LiftFolge);
     FOR k:= 1 TO Cardinal(LiftFolge) DO
          IF ptr↑.nr <> Nummer THEN
               IF (ptr↑.lift↑.Standort > Lift↑.Standort)
                  AND (ptr↑.lift↑.Richtung = Aufwaerts)
               THEN auf:= TRUE
               END;
               IF (ptr↑.lift↑.Standort < Lift↑.Standort)
                  AND (ptr↑.lift↑.Richtung = Abwaerts)
               THEN ab:= TRUE
               END;
          END;
          ptr:= Succ(ptr)
     END;
     IF ab AND auf THEN
          Richtung:= Neutral; RETURN TRUE
     END;
END;
```

Nun folgt für einen sich aufwärts bewegenden Lift eine Feinabstimmung.

```
IF Lift↑.Richtung = Aufwaerts THEN
     WITH Lift↑ DO
          IF auf THEN
               Richtung:= Abwaerts; RETURN TRUE
          END;
          FOR k:= Standort + 1 TO MaxEtage DO
               IF Knopf[k] THEN RETURN FALSE END
          END;
          FOR k:= Standort TO MaxEtage DO
               IF Cardinal(Haus[k, Aufwaerts]) > 0 THEN
                    RETURN FALSE
               END;
          END;
```

```
        FOR k:= Standort + 1 TO MaxEtage DO
            IF Cardinal(Haus[k, Abwaerts]) > 0 THEN
                RETURN FALSE
            END;
        END;
        FOR k:= Standort TO MinEtage BY - 1 DO
            IF Cardinal(Haus[k, Abwaerts]) > 0 THEN
                Richtung:= Abwaerts; RETURN TRUE
            END;
        END;
        Richtung:= Neutral; RETURN TRUE
    END
```

Die andere Richtung wird symmetrisch behandelt.

```
ELSE
    WITH Lift↑ DO
        FOR k:= Standort - 1 TO MinEtage BY -1 DO
            IF Knopf[k] THEN RETURN FALSE END;
        END;
        FOR k:= Standort TO MinEtage BY -1 DO
            IF Cardinal(Haus[k, Abwaerts]) > 0 THEN
                RETURN FALSE
            END
        END;
        FOR k:= Standort - 1 TO MinEtage BY -1 DO
            IF Cardinal(Haus[k, Aufwaerts]) > 0 THEN
                RETURN FALSE
        END
        END;
        FOR k:= Standort TO MaxEtage DO
            IF Cardinal(Haus[k, Aufwaerts]) > 0 THEN
                Richtung:= Aufwaerts; RETURN TRUE
            END
        END;
        Richtung:= Neutral; RETURN TRUE
        END;
    END;
END;
```

Der Fortschritt von Etage zu Etage

```
PROCEDURE FortSchritt(Lift : PtrLift);
BEGIN
     WITH Lift↑ DO
          IF    Standort = MinEtage
               THEN Richtung:= Aufwaerts; INC(Standort)
          ELSIF Standort = MaxEtage
               THEN Richtung:= Abwaerts; DEC(Standort)
          ELSIF Richtung = Aufwaerts
          THEN INC(Standort)
          ELSIF Richtung = Abwaerts
               THEN DEC(Standort)
          END
     END;
END FortSchritt
```

Bemerkung: Die Strategie, wie sich Lifte von Etage zu Etage bewegen und Personen transportieren, ist sicherlich nicht optimal und verbesserungswürdig. Insbesondere sind die drei Stellen, an denen neue Personen auftreten können, willkürlich gewählt. Hier kann man an einen eigenen Prozeß denken, der diese Aufgabe übernimmt.

Teil IV

18 MODULA-Report

Zur Formulierung der MODULA Syntax dient folgende *Meta-Sprache*:

Angabe:	**Bedeutung:**
$A \rightarrow B$	A wird durch B definiert.
[[A]]	A tritt keinmal oder einmal auf.
{{ A }}	A tritt beliebig häufig auf.
$A \parallel B$	A oder B treten alternativ auf.

Das alternative Auftreten wird häufig demonstrativer durch die Angabe

A	$\rightarrow$
|1|	B_1
|2|	B_2
...	
|n|	B_n

ausgedrückt. Die Alternativnummern |1|, |2|, ... kennzeichnen die Zahl der Alternativen.

18.1 MODULA Zeichen

18.1.1 Zeichensatz

Der in diesem Buch verwendete *Zeichensatz* ist der *ASCII-Code*.

18.1.2 Buchstaben

Kleine und große *Buchstaben* sind Elemente des Zeichensatzes.

Buchstabe →

```
a  b  c  d  e  f  g  h  i  j  k  l  m
n  o  p  q  r  s  t  u  v  w  x  y  z
A  B  C  D  E  F  G  H  I  J  K  L  M
N  O  P  Q  R  S  T  U  V  W  X  Y  Z
```

18.1.3 Ziffern

Ziffern sind Elemente des Zeichensatzes.

Ziffer → `0 1 2 3 4 5 6 7 8 9`

18.1.4 Zwischenraum

Das *Zwischenraum-Zeichen* ist das ASCII-Zeichen mit der Ordinalzahl 32.

18.1.5 Zeilenende-Zeichen

Das *Zeilenende-Zeichen* ist das ASCII-Zeichen `15C`.

18.2 Symbole

18.2.1 Symbolklassen

MODULA kennt folgende Klassen von *Symbolen*:

Namen	Wortsymbole
ganze Zahlen	reelle Zahlen
Zeichen	Zeichenreihen
Operatorsymbole	

18.2.2 Symbolfolge

Jedes MODULA Programm oder Programmstück ist eine *Symbolfolge*.

Symbolfolge → {{ Symbol {{ Symboltrennung }} }}

Zwischen zwei aufeinanderfolgenden Namen, Wortsymbolen und/oder Zahlen einer Symbolfolge muß eine *Symboltrennung* stehen.

Symboltrennung →
|1| Zwischenraum-Zeichen
|2| Kommentar
|3| Zeilenende-Zeichen

18.2.3 Kommentare

Ein *Kommentar* ist eine Folge von Zeichen des Zeichensatzes zwischen den *Kommentarklammern* `(*` und `*)`. Kommentare sind schachtelbar.

18.2.4 Namen

Ein *Name* ist eine Folge von Buchstaben und Ziffern, die mit einem Buchstaben beginnt.

Name → Buchstabe {{ Buchstabe || Ziffer }}

MODULA kennt *Standardnamen* und *frei gewählte Namen*. Letztere werden durch *Vereinbarungen* eingeführt. Je nach Verwendungszweck spricht man von *Modulnamen*, *Variablennamen*, usw.

18.2.5 Standardnamen

Standardnamen sind Namen mit einer speziellen semantischen Bedeutung.

```
ABS          BITSET       BOOLEAN      CAP
CARDINAL     CHAR         CHR          DEC
EXCL         FALSE        FLOAT        HALT
HIGH         INC          INCL         INTEGER
LONGINT      LONGREAL     MAX          MIN
NIL          ODD          ORD          PROC
REAL         SIZE         TRUE         TRUNC
VAL
```

18.2.6 Wortsymbole

Wortsymbole sind Namen mit einer speziellen syntaktischen Bedeutung. Sie können nicht vereinbart werden.

```
AND          ARRAY            BEGIN        BY
CASE         CONST            DEFINITION   DIV
DO           ELSE             ELSIF        END
EXIT         EXPORT           FOR          FROM
IF           IMPLEMENTATION   IMPORT       IN
LOOP         MOD              MODULE       NOT
OF           OR               POINTER      PROCEDURE
QUALIFIED    RECORD           REPEAT       RETURN
SET          THEN             TO           TYPE
UNTIL        VAR              WHILE        WITH
```

18.2.7 Ganze Zahlen

Für die Darstellung von *ganzen Zahlen* kennt MODULA drei Darstellungen:

GanzeZahl → Dezimalzahl || Oktalzahl || Hexadezimalzahl

Dezimalzahl → Dezimalziffer {{ Dezimalziffer }}
Dezimalziffer → 0 1 2 3 4 5 6 7 8 9

Oktalzahl → Oktalziffer {{ Oktalziffer }} B
Oktalziffer → 0 1 2 3 4 5 6 7

Hexadezimalzahl → Dezimalziffer {{ Hexadezimalziffer }} H
Hexadezimalziffer →
0 1 2 3 4 5 6 7 8 9 A B C D E F

Eine ganze Zahl im Bereich von 0 bis MAX(INTEGER) ist ein Wert des Datentyps INTEGER, eine ganze Zahl im Bereich von MAX(INTEGER) + 1 bis MAX(CARDINAL) ein Wert des Datentyps CARDINAL.

18.2.8 Reelle Zahlen

Eine *reelle Zahl* ist ein Wert des Datentyps REAL.

ReelleZahl → Dezimalzahl . {{ Dezimalziffer }} [[Exponent]]

Exponent →
|1| E Dezimalzahl
|2| E + Dezimalzahl
|3| E - Dezimalzahl

18.2.9 Zeichen

Ein *Zeichen* ist ein Wert des Datentyps CHAR. Es gibt drei Darstellungen:

Zeichen →
|1| Oktalzahl C
|2| " druckbares Zeichen "
|3| ' druckbares Zeichen '

Die Oktalzahl |1| muß eine Ordinalzahl des Zeichensatzes sein. *Druckbare Zeichen* sind durch die Tastatur des Eingabegeräts definiert. Sie sind entweder durch zwei *Anführungszeichen* " oder durch zwei *Apostrophe* ' geklammert.

18.2.10 Zeichenreihen

Zeichenreihe →
|1| " {{ druckbares Zeichen }} "
|2| ' {{ druckbares Zeichen }} '

Ein *Randzeichen* " bzw. ' kann nicht gleichzeitig (druckbares) Zeichen der Zeichenreihe sein. Das *Zeilenende-Zeichen* darf in der Zeichenreihe nicht vorkommen.
Eine Zeichenreihe mit `N` Zeichen zwischen den Randzeichen ist ein Wert des *Zeichenreihentyps*

```
ARRAY [0..N - 1] OF CHAR
```

18.2.11 Operatorsymbole

Operatorsymbole können je nach Kontext eine andere Bedeutung haben.

```
+    -    *    /    :=   &    .    ,    ;
(    )    [    ]    {    }    <    >    ↑
=    #    <>   <=   >=   ..   :    |
```

18.3 Vereinbarungen

18.3.1 Vereinbarungen von Namen

Jeder *Name*, der kein *Standardname* ist, wird durch eine *Vereinbarung* eingeführt:

Konstantenvereinbarung	→	Konstantenname
Typvereinbarung	→	Typname
Variablenvereinbarung	→	Variablenname
Prozedurvereinbarung	→	Prozedurname
Modulvereinbarung	→	Modulname
Formale Parametervereinbarung	→	Parametername
Aufzählungstyp	→	Elementname

Der Ort der Vereinbarung heißt *Definierendes Auftreten des Namens*. Alle anderen Stellen innerhalb seines *Gültigkeitsbereichs*, an denen er vorkommt, sind seine *Angewandten Auftreten.*

18.3.2 Gültigkeitsbereiche von Namen

1. Der *Gültigkeitsbereich* eines Namens ist maximal die Modul- oder Prozedurvereinbarung, die die Vereinbarung des Namens enthält.
2. Wird eine Name `N` durch eine Vereinbarung `V1` eingeführt und in einer Vereinbarung `V2` verwendet, muß `V2` in der Reihenfolge der Aufschreibung `V1` folgen.
3. Ist `N` Teil einer Angabe eines *Zeigertyps*, kann diese Angabe der Vereinbarung von `N` vorausgehen, sofern beide in der gleichen Modul- oder Prozedurvereinbarung auftreten.

4. Exportiert ein Modul `M` den Namen `N`, gehört die Modul- oder Prozedurvereinbarung `MP`, die die Vereinbarung der Moduls `M` enthält, zum Gültigkeitsbereich von `N`. Ist `M` ein vorübersetzter Modul, gilt dies für alle Bereiche `MP`, die `M` importieren.
5. Ein Komponentenname eines Verbundtyps kann nur in Verbindung mit einer Variablen dieses Typs verwendet werden.

18.3.3 Bezeichner

Bezeichner →
|1| Name
|2| Modulname . Name

|2| ist ein mit einem Modulnamen *qualifizierter Name*. Der genannte Modul exportiert den Namen (siehe 18.7).

18.3.4 Folgen von Namen

Die meisten Vereinbarungen lassen eine Häufung von Namen zu. Sie haben dann alle die gleichen Eigenschaften.

FolgeVonNamen → Name {{ , Name }}

18.3.5 Konstantenvereinbarungen

Eine *Konstantenvereinbarung* führt einen *Konstantennamen* für eine *Konstante*, die der Ergebniswert eines *Konstanten Ausdrucks* ist, ein.

Konstantenvereinbarung → Name = KonstanterAusdruck

Spezielle Konstanten sind die Werte `TRUE` und `FALSE` des Datentyps `BOOLEAN` sowie der Wert `NIL` für jeden Zeigertyp.

18.3.6 Variablenvereinbarungen

Eine *Variablenvereinbarung* führt *Variablen* eines Datentyps ein und gibt ihnen *Variablennamen*.

Variablenvereinbarung → Name {{ , Name }} : Datentyp

Die Werte der Variablen stammen aus dem Wertebereich des Datentyps. Eine Variablenvereinbarung gibt den Variablen keine Anfangswerte.

18.3.7 Typvereinbarungen

Eine *Typvereinbarung* führt einen *Typnamen* für einen Datentyp ein:

Typvereinbarung → Typname = Datentyp

Der Typname und der Datentyp haben die gleiche semantische Bedeutung.

18.3.8 Datentypen

MODULA kennt *Standardtypen* und *frei gewählte Datentypen* für Einfache Typen, Reihungs-, Verbund-, Mengen-, Zeiger- und Prozedurtypen. Standardtypen sind INTEGER, CARDINAL, BOOLEAN, CHAR, LONGINT, LONGREAL, PROC.

18.3.9 Einfache Typen

EinfacherTyp →
|1| INTEGER
|2| CARDINAL
|3| BOOLEAN
|4| CHAR
|5| REAL
|6| LONGINT (* neu in [3] *)
|7| LONGREAL (* neu in [3] *)
|8| Aufzählungstyp
|9| Ausschnittstyp

Der Wertebereich des Typs INTEGER sind alle ganzen Zahlen von MIN(INTEGER) bis MAX(INTEGER).
Der Wertebereich des Typs LONGINT sind alle ganzen Zahlen von MIN(LONGINT) bis MAX(LONGINT).
Der Wertebereich des Typs CARDINAL sind alle ganzen Zahlen von 0 bis MAX(CARDINAL).
Der Wertebereich des Typs BOOLEAN sind die beiden Werte TRUE und FALSE.
Der Wertebereich des Typs CHAR sind alle Zeichen des ASCII-Codes.
Die Wertebereiche der Typen REAL und LONGREAL sind endliche Mengen reeller Zahlen.

18.3.10 Aufzählungstypen

Der Wertebereich eines *Aufzählungstyps* sind die aufgezählten Namen, die *Elementnamen* heißen:

Aufzählungstyp → (FolgeVonNamen)

Die durch Namen definierten Werte sind in der Reihenfolge ihrer Aufschreibung mit Ordinalzahlen durchnumeriert. Dies impliziert eine *Ordnung des Wertebereichs.*

18.3.11 Ausschnittstypen

Ein *Ausschnittstyp* ist eine Beschränkung des Wertebereichs des Datentyps `INTEGER`, `CARDINAL`, `CHAR`, `BOOLEAN` oder eines Aufzählungstyps, genannt *Basistyp* des Ausschnittstyps, der selbst keinen Typnamen haben muß.

Ausschnittstyp →
|1| `[` KonstanterAusdruck `..` KonstanterAusdruck `]`
|2| Typname `[` KonstanterAusdruck `..` KonstanterAusdruck `]`

Der Wert des ersten konstanten Ausdrucks darf nicht größer sein als der Wert des zweiten. Fehlt der Typname und ist der erste Wert kleiner `0` bzw. nicht-kleiner `0`, ist `INTEGER` bzw. `CARDINAL` der Basistyp.

18.3.12 Kompatibilität von Datentypen

Ein Typ `T1` heißt *kompatibel* mit einem Typ `T2`, wenn

- es eine Typvereinbarung `T1 = T2` gibt,
- `T1` ein Ausschnittstyp mit Basistyp `T2` ist oder
- `T1` und `T2` Ausschnittstypen mit gleichem Basistyp sind.

18.3.13 Reihungstypen

Der Wertebereich eines *Reihungstyps* sind *Reihungen*, d.h. Folgen von Werten des Datentyps, genannt *Komponententyp*, der nach `OF` steht. Der Umfang der Folge entspricht dem Wertebereich des *Indextyps* nach `ARRAY`, der ein Aufzählungstyp, ein Ausschnittstyp oder einer der Datentypen `BOOLEAN` oder `CHAR` ist.

Reihungstyp → `ARRAY` EinfacherTyp `OF` Datentyp

Eine Angabe

```
ARRAY EinfacherTyp, ..., EinfacherTyp OF Datentyp
```

ist gleichwertig mit der Angabe

```
ARRAY EinfacherTyp OF
      ARRAY EinfacherTyp OF ...
            ARRAY EinfacherTyp OF Datentyp
```

18.3.14 Zeichenreihentypen

Zeichenreihentypen sind spezielle Reihungstypen:

Zeichenreihentyp → `ARRAY [ 0 ..` KonstanterAusdruck `] OF CHAR`

Ist `N` der Wert des konstanten Ausdrucks, enthält der Wertebereich des Zeichenreihentyps alle Zeichenreihen mit `N+1` Zeichen.

18.3.15 Verbundtypen

Der Wertebereich eines *Verbundtyps* sind *Verbunde*, d.h. Folgen von Variablen (sicherlich) unterschiedlichen Datentyps, genannt *Verbundkomponenten*. Jede Verbundkomponente hat einen *Komponentennamen* und einen Datentyp als *Komponententyp*.

```
Verbundtyp →
            RECORD
                  Verbundkomponenten {{ ; Verbundkomponenten }}
            END
```

```
Verbundkomponenten →
|1|        [[ FolgeVonNamen : Datentyp ]]
|2|        [[ Verbundvariante ]]
```

Eine *Verbundvariante* |2| gestattet die Auswahl alternativer Komponentenfolgen. Jede Alternative ist markiert durch ein oder mehrere Werte, deren Datentyp mit dem Datentyp, dessen Typbezeichner nach CASE steht, übereinstimmt oder kompatibel ist. Dieser Typbezeichner gibt einen einfachen Typ (außer REAL) an. Jeder Wert kommt nur einmal als Marke vor. Der aktuelle Wert der Komponente nach CASE, genannt *Selektionskomponente*, wählt die Alternative aus. Kommt ihr Wert nicht als Marke vor, sind die Komponenten nach ELSE gemeint, sofern sie existieren. Die Selektionskomponente kann fehlen.

```
Verbundvariante →
                    CASE [[ Name : ]] Typbezeichner
                    OF Verbundalternative {{ | Verbundalternative }}
                    [[ ELSE Verbundalternative ]]
                    END
```

```
Verbundalternative → [[ Fallmarken : Verbundkomponenten ]]
```

```
Fallmarken → Markenangabe {{ , Markenangabe }}
```

```
Markenangabe →
|1|        KonstanterAusdruck
|2|        KonstanterAusdruck .. KonstanterAusdruck
```

Der Gültigkeitsbereich eines Komponentennamens ist sein Verbundtyp. Außerhalb dieses Bereichs kann der Komponentenname nur zusammen mit dem Namen einer Verbundvariablen als *selektierte Variable* auftreten.

Der Wert einer Selektionskomponenten kann sich nach der Vereinbarung einer Verbundvariablen ändern. Daher ist der Zugriff auf einen Komponentennamen einer Verbundvariante nicht an den aktuellen Wert der Selektionskomponenten gebunden.

18.3.16 Mengentypen

Der Wertebereich eines *Mengentyps* sind alle *Mengen*, deren Elemente Werte des angegebenen einfachen Typs sind. Ausgenommen sind negative ganze Zahlen und reelle Zahlen. Die maximale Zahl der Elemente in einer Menge ist implementierungsabhängig.

Mengentyp → `SET OF` EinfacherTyp

Der Umfang des Standardmengentyps

`BITSET = SET OF [0..N - 1]`

ist bestimmt durch die implementierungsabhängige Konstante `N`, die häufig gleich der Zahl der Bit in einem Speicherwort ist.

18.3.17 Zeigertypen

Der Wertebereich eines *Zeigertyps*

Zeigertyp → `POINTER TO` Datentyp

sind *Zeiger* auf *dynamische Variable* des angegebenen Typs, d.h. (Anfangs-) Adressen von Speicherbereichen, die von einer speziellen Speicherverwaltungsorganisation, dem System-Modul `Storage`, vergeben werden.

Die Konstante `NIL` gehört zu dem Wertebereich jedes Zeigertyps.

18.3.18 Prozedurtypen

Der Wertebereich eines *Prozedurtyps* sind alle *Prozeduren*, deren formale Typen mit denen des Prozedurtyps übereinstimmen, also identisch sind. Kompatibilität reicht nicht aus. Das gleiche gilt für einen Ergebnistyp nach `:`.

Prozedurtyp →
|1| `PROCEDURE`
|2| `PROCEDURE (`FormaleTypen`)`
|3| `PROCEDURE () :` Typbezeichner
|4| `PROCEDURE (`FormaleTypen`) :` Typbezeichner

FormaleTypen →
|5| FormalerTyp
|6| `VAR` FormalerTyp

FormalerTyp →
|7| Typbezeichner
|8| `ARRAY OF` Typbezeichner

Der Standardprozedurtyp `PROC` bezeichnet den parameterlosen Prozedurtyp `PROCEDURE`:

```
TYPE PROC = PROCEDURE ;
```

18.4 Variablen und Ausdrücke

18.4.1 Variablen

Der bei einer Variablenvereinbarung eingeführte Variablenname ermöglicht den Zugriff auf die Variable oder auf ihren Wert (im Speicher des Computers).

Ist `Var` Variable eines Reihungstyp, liefert die *indizierte Variable*

```
Var [ Ausdruck ]
```

den Zugriff auf eine Komponente der Reihung: Der Typ des Ausdrucks muß *Zuweisungs-kompatibel* mit dem Indextyp der Reihungstyps sein und einen Indexwert liefern, der in dem Wertebereich des Indextyps liegt. Der Datentyp der indizierten Variablen ist der Komponententyp des Reihungstyps.

Die beiden Angaben

Var [Ausdruck, . . . , Ausdruck]

Var [Ausdruck] . . . [Ausdruck]

liefern die gleiche Variable.

Ist `Var` eine Variable eines Verbundtyps, liefert die *selektierte Variable*

```
Var. KomponentenName
```

den Zugriff auf eine Komponente des Verbunds. Der Typ der selektierten Variablen ist der in dem Verbundtyp angegebene Komponententyp.

Ist `Var` eine Variable eines Zeigertyps, liefert die *dereferenzierte Variable*

Var ↑

den Zugriff auf eine dynamische Variable. Der Datentyp der dereferenzierten Zeigervariablen ist der in dem Zeigertyp genannte Datentyp.

Statt eines einfachen Namens kann auch ein *Bezeichner* stehen, so daß es folgende allgemeine syntaktische Struktur für eine Variable gibt:

Variable →
|1| Bezeichner
|2| Variable [Ausdruck {{ , Ausdruck }}]
|3| Variable . Komponentenname
|4| Variable ↑

18.4.2 Statische und dynamische Variablen

Eine durch eine Variablenvereinbarung eingeführte Variable heißt *statische Variable.* Ihre *Lebensdauer* beginnt und endet mit der Ausführung des Moduls oder der Prozedur, die ihre Vereinbarung enthält.

Eine durch den Aufruf der Operation `NEW` des System-Moduls *Storage* eingeführte Variable heißt *dynamische Variable.* Ihre Lebensdauer beginnt mit ihrer Einführung und endigt, wenn es keinen *indirekten Namen* mehr für sie gibt.

18.4.3 Faktoren

Ein *Faktor* ist Teil eines Ausdrucks.

```
Faktor →
|1|    Variable
|2|    Konstante
|3|    Konstantenname
|4|    ( Ausdruck )
|5|    Prozeduraufruf                (* siehe 18.6.3 *)
|6|    Mengenangabe                  (* siehe 18.4.4 *)
|7|    NOT Faktor                    (* Negation *)
```

Jeder Faktor hat eine Datentyp, der in den ersten vier Fällen der Datentyp der Variablen, der Konstanten oder des Ausdrucks ist. Im Falle eines Prozeduraufrufs |5| ist es der Ergebnistyp der Prozedur. Bei einer Mengenangabe ist es ein Mengentyp. Bei |7| ist es `BOOLEAN`.

18.4.4 Mengenangaben

Eine Mengenangabe ist eine Kollektion von Ausdrücken, deren Ergebnisse die Elemente der Menge bilden.

```
Mengenangabe →
|1|    Mengentypbezeichner Menge
|2|    Menge

Menge →
|3|    { }
|4|    { Mengenelemente {{ , Mengenelemente }} }

Mengenelemente →
|5|    Ausdruck
|6|    Ausdruck .. Ausdruck
```

In [2] sind nur konstante Ausdrücke erlaubt. |3| gibt eine *leere Menge* an. |6| meint alle Werte, die in diesem durch die Ergebniswerte der beiden Ausdrücke bestimmten Intervall liegen.

Existiert ein Mengentypbezeichner |1|, müssen die Ergebnistypen aller Ausdrücke *Zuweisungs-kompatibel* mit ihm sein. Fehlt er, müssen ihre Ergebnistypen Zuweisungs-kompatibel mit einem gemeinsamen einfachen Typ `T` (außer `REAL`) sein und `SET OF T` ist der Mengentyp der Mengenangabe.

18.4.5 Terme

Ein *Term* ist Teil eines Ausdrucks.

```
Term → Faktor {{ MultOp Faktor }}
```

```
MultOp →
|1|     *
|2|     /
|3|     DIV          (* ganzzahlige Division *)
|4|     MOD          (* Restbildung *)
|5|     AND          (* Konjunktion *)
```

Für `AND` kann auch `&` stehen.

Multiplikationsoperatoren werden von links nach rechts ausgewertet, d.h.

```
a op b op c op d
```

ist gleichwertig mit der vollständig geklammerten Version

```
( ( ( a op b ) op c ) op d )
```

Der Ergebnistyp eines Terms ergibt sich aus den Ergebnistypen der Faktoren und den Eigenschaften der Operatoren.

18.4.6 Einfache Ausdrücke

Ein *einfacher Ausdruck* ist ein Teil eines Ausdrucks.

```
EinfacherAusdruck →
|1|     Term {{ AddOp Term }}
|2|     Vorzeichen Term {{ AddOp Term }}
```

```
Vorzeichen →
|3|     +            (* Identität *)
|4|     -            (* Vorzeichenumkehr *)
```

```
AddOp →
|5|     +
|6|     -
|7|     OR           (* Disjunktion *)
```

Additionsoperatoren werden von links nach rechts ausgewertet, d.h.

`a op b op c op d`

ist gleichwertig mit der vollständig geklammerten Version

`( ( ( a op b ) op c ) op d )`

Der Ergebnistyp eines einfachen Ausdrucks ergibt sich aus den Ergebnistypen der Terme und den Eigenschaften der Operatoren.

Das *Vorzeichen* wirkt sich auf alle nachfolgenden Terme aus:

Vorzeichen `a op b op c op d`

ist gleichwertig mit

Vorzeichen `( ( ( a op b ) op c ) op d )`

18.4.7 Ausdrücke

Ausdruck →
|1| EinfacherAusdruck
|2| EinfacherAusdruck Vergleichsoperator EinfacherAusdruck

Vergleichsoperator →
|3| = (* Identität *)
|4| # (* Nicht-Identität *)
|5| < (* Kleiner *)
|6| > (* Größer *)
|7| <= (* Kleiner-Gleich *)
|8| >= (* Größer-Gleich *)
|9| IN (* Existenz *)

Für # kann auch <> stehen.

In |1| ist der Ergebnistyp des Ausdrucks der Ergebnistyp des einfachen Ausdrucks, in |2| ist es BOOLEAN.

18.4.8 Konstante und konstante Ausdrücke

Konstante →
|1| Name
|2| Modulname.Name
|3| GanzeZahl
|4| ReelleZahl
|5| Zeichen
|6| Zeichenreihe

Ein konstanter Ausdruck ist ein Ausdruck, der keine Variablen und keine Prozeduraufrufe enthält.

18.4.9 Operator-Prioritäten

Die höchste Priorität hat NOT, dann folgen Multiplikationsoperatoren, Additionsoperatoren und Vergleichsoperatoren. Klammerung hebt diese Reihenfolge auf.

18.4.10 Arithmetische Operationen

Haben die beiden Operanden A und B den Typ CARDINAL (INTEGER, REAL), ist dies auch der *Ergebnistyp* der Addition A + B, der Subtraktion A - B und der Multiplikation A * B.

Haben die beiden Operanden A und B den Typ CARDINAL (INTEGER), ist dies auch der Ergebnistyp der ganzzahligen Division A DIV B und der Restbildung A MOD B. Es gilt:

```
A DIV B  =  TRUNC(REAL(A) / REAL(B))
A MOD B  =  Rest von A DIV B, sofern B positiv ist
A        =  (A DIV B) * B + (A MOD B)
```

Haben die beiden Operanden A und B den Typ REAL, ist dies auch der Ergebnistyp der Division A / B.

Hat der Operand A den Typ CARDINAL (INTEGER, REAL), ist dies auch der Ergebnistyp der *Identität* +A.

Hat der Operand A den Typ INTEGER (REAL), ist dies auch der Ergebnistyp der *Vorzeichenumkehr* -A.

18.4.11 Boolesche Operationen

Haben die beiden Operanden A und B den Typ BOOLEAN, ist dies auch der Ergebnistyp der

```
Konjunktion   A AND B   (* IF A THEN B ELSE TRUE *)
Disjunktion   A OR  B   (* IF A THEN TRUE ELSE B *)
Negation      NOT A     (* NOT TRUE = FALSE
                           NOT FALSE = TRUE *)
```

18.4.12 Vergleichsoperationen

Haben die beiden Operanden A und B den gleichen einfachen Datentyp, außer Zeigertypen, sind die Vergleiche mit =, #, <, <=, >, >= definiert und haben den Ergebnistyp BOOLEAN.

Die Operatoren = und # sind auch für Zeigertypen definiert, aber < und > nicht für Mengentypen.

Hat B einen Mengentyp SET OF T und ist der Typ von A kompatibel mit T, ist die *Existenz* A IN B definiert und hat den Ergebnistyp BOOLEAN.

18.5 Anweisungen

18.5.1 Anweisungsfolgen

Eine *Anweisungsfolge* ist eine Folge von *Anweisungen*

Anweisungsfolge → [[Anweisung]] {{ ; [[Anweisung]] }}

d.h. von *einfachen Anweisungen*

Anweisung →
|1| Zuweisung
|2| RETURN-Anweisung (* siehe auch 18.6.1,3 *)
|3| EXIT-Anweisung (* siehe 18.5.8 *)
|4| Prozeduranweisung (* siehe 18.6.3 *)

und von *zusammengesetzten Anweisungen*

Anweisung →
|5| IF-Anweisung
|6| CASE-Anweisung
|7| WHILE-Anweisung
|8| REPEAT-Anweisung
|9| LOOP-Anweisung
|10| WITH-Anweisung (* siehe auch 18.5.9 *)
|11| FOR-Anweisung

die sich aus Ausdrücken und Anweisungen zusammensetzen. Die Anweisungen werden in der Reihenfolge ihrer Aufschreibung ausgeführt, sofern eine EXIT-Anweisung oder RETURN-Anweisung nichts anderes bestimmt.

18.5.2 Zuweisungen

Eine *Zuweisung* hat die Form

Zuweisung → Variable := Ausdruck

Der Datentyp der Variablen und der Ergebnistyp des Ausdrucks müssen *Zuweisungs-kompatibel* sein. Der Ergebniswert des Ausdrucks wird der neue Wert der Variablen.

Zwei Datentypen T1 und T2 sind *Zuweisungs-kompatibel*, wenn sie *kompatibel* sind oder wenn ihre Datentypen die einfachen Typen INTEGER oder CARDINAL oder Ausschnittstypen mit INTEGER oder CARDINAL als Basistypen sind.

Ist T1 ein Zeichenreihentyp mit N1 Zeichen und T2 ein Zeichenreihentyp mit N2 < N1 Zeichen, sind T1 und T2 Zuweisungs-kompatibel. In diesem Fall wird an die Zeichenreihe des Ausdrucks das *Ende-Zeichen* 0C angehängt.

Ein Zeichenreihentyp mit N = 1 Zeichen ist *kompatibel* mit dem Typ CHAR. (Neu in [3].)

18.5.3 RETURN-**Anweisungen**

```
RETURN-Anweisung →
|1|      RETURN
|2|      RETURN Ausdruck
```

Eine RETURN-Anweisung ohne Ausdruck |1| terminiert die Ausführung der Anweisungen einer Prozedur oder eines Moduls.

Eine Anweisung RETURN-Anweisung mit Ausdruck |2| terminiert die Ausführung der Anweisungen einer Funktionsprozedur. Der Ergebnistyp des Ausdrucks und der Ergebnistyp der Funktionsprozedur müssen *Zuweisungs-kompatibel* sein.

18.5.4 IF-*Anweisungen*

Eine IF-Anweisung hat die Form

```
IF-Anweisung →
        IF Ausdruck
        THEN Anweisungsfolge
        {{ ELSIF Ausdruck THEN Anweisungsfolge }}
        [[ ELSE Anweisungsfolge ]]
        END
```

Die Ausdrücke nach IF und ELSIF müssen den Ergebnistyp BOOLEAN haben. Sie werden in der Reihenfolge ihrer Aufschreibung ausgewertet, doch nur solange, bis zum erstenmal der Wert TRUE ansteht. Dann wird die Anweisungsfolge des zugehörigen THEN ausgeführt. Liefert auch der letzte Ausdruck den Wert FALSE, werden die Anweisungen nach ELSE ausgeführt, sofern sie existieren.

Terminiert die Ausführung einer ausgewählten Anweisungsfolge, terminiert auch die IF-Anweisung.

18.5.5 CASE-*Anweisungen*

Eine CASE-Anweisung bietet die Auswahl von alternativen Anweisungsfolgen an.

```
CASE-Anweisung →
        CASE Ausdruck
        OF Alternative {{ | Alternative }}
        [[ ELSE Alternative ]]
        END
```

Alternative → Fallmarken : Anweisungsfolge

Fallmarken → Markenangabe {{ , Markenangabe }}

Markenangabe →
|1| KonstanterAusdruck
|2| KonstanterAusdruck .. KonstanterAusdruck

|2| meint alle Werte in dem durch die beiden konstanten Ausdrücke definierten Bereich.

Jede Alternative ist markiert durch einen oder mehrere Werte, deren Datentyp mit dem Datentyp des Ausdrucks nach CASE *kompatibel* sein muß. Dieser Datentyp ist ein einfacher Typ (außer REAL). Jeder Wert kommt nur einmal als Marke vor. Der Ergebniswert des Ausdrucks wählt die Alternative aus, deren Anweisungsfolge ausgeführt wird. Kommt er nicht als Marke vor, werden die Anweisungen nach ELSE ausgeführt, sofern sie existieren.

Terminiert die Ausführung einer selektierten Anweisungsfolge, terminiert auch die CASE-Anweisung.

18.5.6 WHILE-*Anweisungen*

Der Ausdruck in einer WHILE-Anweisung

WHILE-Anweisung → WHILE Ausdruck DO Anweisungsfolge END

muß den Ergebnistyp BOOLEAN haben. Zuerst wird der Ausdruck ausgewertet. Liefert er den Wert TRUE, wird die Anweisungsfolge ausgeführt, worauf der Ausdruck noch einmal ausgewertet wird. Diese Wiederholung stoppt erst dann, wenn der Ausdruck zum erstenmal den Wert FALSE liefert.

Terminiert die Ausführung der Anweisungsfolge durch eine EXIT-Anweisung oder RETURN-Anweisung, terminiert auch die WHILE-Anweisung.

18.5.7 REPEAT-*Anweisungen*

Der Ausdruck in einer REPEAT-Anweisung

REPEAT-Anweisung → REPEAT Anweisungsfolge UNTIL Ausdruck

muß den Ergebnistyp BOOLEAN haben. Zuerst wird die Anweisungsfolge ausgeführt und danach der Ausdruck ausgewertet. Liefert er den Wert FALSE, wird die Anweisungsfolge noch einmal ausgeführt. Diese Wiederholung stoppt erst dann, wenn der Ausdruck zum erstenmal den Wert TRUE liefert.

Terminiert die Ausführung der Anweisungsfolge durch eine EXIT-Anweisung oder RETURN-Anweisung, terminiert auch die REPEAT-Anweisung.

18.5.8 LOOP- *und* EXIT-*Anweisungen*

Die Anweisungen einer LOOP-Anweisung

LOOP-Anweisung → LOOP Anweisungsfolge END

werden ausgeführt und dies solange wiederholt, bis eine EXIT-Anweisung ausgeführt wird:

EXIT-Anweisung → EXIT

Ist die EXIT-Anweisung Teil einer zusammengesetzten Anweisung, die keine LOOP-Anweisung ist, wird auch die Ausführung dieser zusammengesetzten Anweisung terminiert.

18.5.9 WITH-*Anweisungen*

Der Datentyp der Variablen in einer WITH-Anweisung

WITH-Anweisung → WITH Variable DO Anweisungsfolge END

muß ein Verbundtyp sein. Innerhalb der Anweisungsfolge brauchen Komponentennamen dieses Verbundtyps nicht qualifiziert zu sein. Die Variable wird vor der Ausführung der Anweisungsfolge ausgewertet.

18.5.10 FOR-*Anweisungen*

In einer FOR-Anweisung

```
FOR-Anweisung →
        FOR Variable:= Ausdruck TO Ausdruck
        [[ BY KonstanterAusdruck ]]
        DO Anweisungsfolge END
```

müssen die Datentypen der Variablen und der beiden Ausdrücke kompatibel sein. Der konstante Ausdruck muß eine Konstante des Typs INTEGER oder CARDINAL liefern. Fehlt er, wird die Konstante 1 angenommen.

Die Anweisungsfolge der FOR-Anweisung

FOR LV:= A TO B BY C DO Anweisungsfolge END

wird für jeden neuen Wert von LV, der *Laufvariablen*, ausgeführt. A ist der *Startwert*, B der *Endwert* und C der konstante *Zuwachs*. LV darf nicht Komponente eines Verbunds, Parameter einer Prozedur oder importiert sein.

LV nimmt im Fall A <= B und C > 0 nacheinander die Werte

A, A + C, A + 2 * C, ..., A + n * C <= B

an. Im Fall A > B und C > 0 wird die Anweisungsfolge nicht ausgeführt.

LV nimmt im Fall A >= B und C < 0 nacheinander die Werte

A, A + C, A + 2 * C, ..., A + n * C >= B

an. Im Fall A < B und C < 0 wird die Anweisungsfolge nicht ausgeführt.

18.6 Prozeduren

18.6.1 Prozedurvereinbarungen

Eine *Prozedurvereinbarung* hat den Aufbau

```
Prozedurvereinbarung →
        Prozedurkopf;
        {{ Vereinbarung }}
        [[ BEGIN Anweisungsfolge ]]
        END Prozedurname
```

```
Prozedurkopf → PROCEDURE Prozedurname Parameterangabe
```

Die *Prozedurnamen* im *Prozedurkopf* und nach END müssen übereinstimmen.

```
Parameterangabe →
|1|
|2|     ( FormalerParameterteil )
|3|     ( ) : Typbezeichner
|4|     ( FormalerParameterteil ) : Typbezeichner
```

|1| definiert eine *parameterlose eigentliche Prozedur*, |2| eine *eigentliche Prozedur mit Parametern*, |3| eine *parameterlose Funktionsprozedur*, |4| eine *Funktionsprozedur mit Parametern*. Der Typbezeichner gibt den *Ergebnistyp der Funktionsprozedur* an. [2] erlaubt hier nur einen einfachen Datentyp. Die Anweisungsfolge einer Funktionsprozedur enthält mindestens eine RETURN-Anweisung mit Ausdruck.

```
FormalerParameterteil → FormaleParameter {{ ; FormaleParameter }}
```

```
FormaleParameter →
|1|         FolgeVonNamen : FormalerTyp
|2|     VAR FolgeVonNamen : FormalerTyp
```

|1| definiert *Wertparameter*, |2| *Variablenparameter*.

```
FormalerTyp →
|1|     Typbezeichner
|2|     ARRAY OF Typbezeichner
```

|2| definiert einen *formalen offenen Reihungstyp*, |1| jeden anderen *formalen Parametertyp*.

18.6.2 Vereinbarungen

Vereinbarung →
|1| CONST {{ Konstantenvereinbarung; }}
|2| TYPE {{ Typvereinbarung; }}
|3| VAR {{ Variablenvereinbarung; }}
|4| Prozedurvereinbarung;
|5| Modulvereinbarung;

Die in den Vereinbarungen einer Prozedur eingeführten Namen sind die *lokalen Namen* der Prozedur, alle anderen sind ihre *globalen Namen*. Lokale Variable haben vor der Ausführung der Anweisungsfolge keine definierten Werte. Wertparameter erhalten jedoch Anfangswerte durch die Parameterübergabe. Im Gegensatz zu Moduln hat eine Prozedur unbeschränkten Zugriff auf globale Namen.

Die Menge der lokalen Namen bildet die Vereinbarungsstufe `k + 1`, wenn die Vereinbarung, die diese Prozedurvereinbarung enthält, zur Stufe `k` zählt. Programm-, Definitions- und Implementierungs-Moduln haben die Stufe `0`.

18.6.3 Prozeduranweisungen und Funktionsaufrufe

Prozeduranweisung →
|1| Prozedurname
|2| Prozedurname (Ausdruck {{ ; Ausdruck }})

Eine *Prozeduranweisung* (oder ein *Prozeduraufruf*) leitet die Ausführung einer eigentlichen Prozedur ein. Sie beginnt bei |2| mit einer *Parameterübergabe*. Die Ausführung endigt – sofern Anweisungen vorhanden sind – mit dem Ende der Ausführung einer `RETURN`-Anweisung oder der letzten Anweisung der Prozedur.

Funktionsaufruf →
|1| Prozedurname ( )
|2| Prozedurname (Ausdruck {{ ; Ausdruck }})

Ein *Funktionsaufruf* leitet die Ausführung einer Funktionsprozedur ein. Sie beginnt bei |2| mit einer *Parameterübergabe*. Die Ausführung endigt mit dem Ende der Ausführung einer `RETURN`-Anweisung, die einen Ausdruck hat, dessen Ergebnistyp *Zuweisungs-kompatibel* mit dem Ergebnistyp der Funktionsprozedur ist. Die zwischen (und) auftretenden Ausdrücke sind die *aktuellen Parameter* der auszuführenden Prozedur.

18.6.4 Parameterübergabe

Für die *Parameterübergabe* gelten folgende Regeln:

1. Die Ausdrücke der aktuellen Parameter werden vor Beginn der Ausführung der Anweisungen je nach Parameterart ausgewertet.

2. Die Zahl der formale Parameter der Prozedurvereinbarung und die Zahl der aktuellen Parameter müssen übereinstimmen. Sie werden einander in der Reihenfolge ihrer Aufschreibung zugeordnet.
3. Ist der formale Parameter ein *Wertparameter*, muß sein Datentyp *Zuweisungskompatibel* mit dem Ergebnistyp des Ausdrucks sein. Der Wert dieses Ausdrucks wird der *Anfangswert des formalen Parameters*, der sich wie eine lokale Variable der Prozedur verhält.
4. Ist der formale Parameter ein *Variablenparameter*, muß die Auswertung des Ausdrucks eine Variable ergeben, deren Datentyp identisch (oder kompatibel) ist mit dem Datentyp des Parameters. Der Parametername wird mit der Variablen gleichgesetzt.
5. Im Falle eines *formalen offenen Reihungsparameters* `A` muß sein Komponententyp übereinstimmen mit dem Komponententyp der aktuellen Reihung: Ihr Indexbereich wird auf den Ausschnitt `[0..HIGH(A)]` abgebildet. `A` kann nur indiziert werden oder aktueller Parameter einer Prozedur sein, deren zugehöriger formaler Parameter ein offener ist.
6. Ist ein formaler Parametertyp ein Prozedurtyp, darf der aktuelle Parameter nur eine Prozedur der Vereinbarungsstufe `0` oder eine Variable/ein Parameter mit einem Wert dieser Art sein. Standardprozeduren sind in jedem Fall nicht erlaubt.

18.6.5 Standardprozeduren

Manche *Standardprozeduren* sind *generische Prozeduren*, d.h. sie folgen nicht den Regeln für normale Prozedurvereinbarungen.

`ABS(x)`	Absolutwert von `x`. Der Ergebnistyp ist gleich dem Datentyp von `x`.
`CAP(ch)`	Ist `ch` ein kleiner Buchstabe, ist das Ergebnis der große Buchstabe.
`CHR(x)`	Ist `x` eine Ordinalnummer, gilt `CHR(x) = VAL(CHAR, x)`.
`FLOAT(x)`	`x` hat den Datentyp `CARDINAL`. Das Ergebnis ist die `REAL`-Darstellung von `x`.
`HIGH(fg)`	Das Ergebnis ist die obere Grenze der Reihung `fg`.
`MAX(T)`	Das Ergebnis ist der maximale Wert des Datentyps `T`. (Neu in [3].)
`MIN(T)`	Das Ergebnis ist der minimale Wert des Datentyps `T`. (Neu in [3].)
`ODD(x)`	Das Ergebnis ist `x MOD 2 # 0`.
`ORD(x)`	Das Ergebnis ist die Ordinalzahl von `x`, eine `CARDINAL`-Zahl. Der Datentyp von `x` ist ein Aufzählungstyp, `CHAR`, `INTEGER` oder `CARDINAL`.
`SIZE(T)`	Das Ergebnis ist die Anzahl der Speicherplätze, die ein Wert des Datentyps `T` belegt, eine `CARDINAL`-Zahl. (Neu in [3].)
`TRUNC(x)`	Das Ergebnis ist die `CARDINAL`-Darstellung der `REAL`-Zahl `x`.
`VAL(T, x)`	Das Ergebnis ist der Wert des Typs `T` mit Ordinalnummer `x`. `T` ist ein Aufzählungstyp, `CHAR`, `INTEGER` oder `CARDINAL`. Es gilt: `VAL(T, ORD(x)) = x`.
`DEC(x)`	`x:= x - 1`
`DEC(x, n)`	`x:= x - n`
`INC(x)`	`x:= x + 1`

```
INC(x, n)  x:= x + n
INCL(s, i) s:= s + {i}
EXCL(s, i) s:= s - {i}
HALT       Programmabbruch
```

18.7 Moduln

18.7.1 Modulvereinbarungen

Eine *Modulvereinbarung* hat den Aufbau

```
Modulvereinbarung →
        MODULE Modulname [[ Priorität ]];
        {{ Importliste }}
        [[ Exportliste ]]
        {{ Vereinbarung }}
        [[ BEGIN Anweisungsfolge ]]
        END Modulname
```

Die *Modulnamen* nach MODULE und END müssen übereinstimmen. Eine Modulvereinbarung ist als Teil des Vereinbarungsteils eines anderen Moduls oder einer Prozedur ein *lokaler Modul* in Abgrenzung zu Programm-, Definitions- und Implementierungs-Moduln.

Priorität → KonstanterAusdruck

Die *Modulpriorität* ist bedeutsam in Zusammenhang mit *Unterbrechungen.*

18.7.2 Importlisten

Importliste → [[FROM Modulname]] IMPORT FolgeVonNamen ;

Jeder Name, der in der Modulvereinbarung auftritt, hier aber nicht vereinbart ist, muß in genau einer *Importliste* verzeichnet sein. Hat diese Importliste eine FROM-Angabe, muß der Name in der Exportliste des genannten Moduls auftreten.

18.7.3 Exportlisten

Exportliste → EXPORT [[QUALIFIED]] FolgeVonNamen ;

Jeder Name A, den der Modul M nach außen hin zur Verfügung stellt, muß in seiner *Exportliste* auftreten. Tritt das Symbol QUALIFIED auf, muß der importierende Modul den Namen A in Verbindung mit dem Modulnamen M verwenden: M.A, es sei denn, A tritt in einer Importliste FROM M IMPORT A; auf. Dann genügt A alleine.

Wird ein Verbundtyp exportiert, werden auch alle Komponentennamen (indirekt) exportiert. Wird ein Aufzählungstyp exportiert, werden auch alle Elementnamen (indirekt) exportiert.

Die Menge der lokalen Namen des Moduls bildet die Vereinbarungsstufe `k + 1`, wenn die Vereinbarung, die diese Modulvereinbarung enthält, zur Stufe `k` zählt. Programm-, Definitions- und Implementierungs-Moduln haben die Stufe `0`.

18.7.4 Ausführung der Modulanweisungen

Die Anweisungen einer Modulvereinbarungen werden ausgeführt, wenn die Prozedur oder der Modul, zu dem die Vereinbarung lokal ist, ausgeführt wird. Gibt es auf der gleichen Vereinbarungsebene mehrere lokale Moduln, werden ihre Anweisungen nacheinander in der Reihenfolge ihrer Aufschreibung ausgeführt.

18.7.5 Programm-Moduln

Ein *Programm-Modul* hat den Aufbau:

```
Programm-Modul →
        MODULE Modulname [[ Priorität ]];
        {{ Importliste }}
        {{ Vereinbarung }}
        [[ BEGIN Anweisungsfolge ]]
        END Modulname.
```

Es gibt keine Exportliste. Ein Programm-Modul ist normalerweise der Kopf einer Hierarchie von Definitions- und Implementierungs-Moduln und ist im Sinne eines Programms ausführbar. Vor der Ausführung seiner Anweisungen werden die Anweisungen der von ihm direkt oder indirekt importierten Moduln ausgewertet.

18.7.6 Definitions-Moduln

Ein *Definitions-Modul* hat den Aufbau:

```
Definitions-Modul →
        DEFINITION MODULE Modulname;
        {{ Importliste }}
        [[ Exportliste ]]
        {{ Definition }}
        END Modulname.
```

[2] sieht eine Exportliste mit `QUALIFIED` vor. [3] sieht keine Exportliste mehr vor, sondern unterstellt, daß alle hier vereinbarten Namen automatisch eine solche Exportliste bilden. Alle exportierten Namen stehen dem Implementierungs-Modul ohne Import zur Verfügung.

Definition →
|1| CONST {{ Konstantenvereinbarung; }}
|2| TYPE {{ Typvereinbarung; }}
|3| TYPE Typname;
|4| VAR {{ Variablenvereinbarung; }}
|5| Prozedurkopf;

Prozeduren sind beschränkt auf ihre Prozedurköpfe |5|. Die vollständigen Prozeduren enthält der Implementierungs-Modul. |3| definiert *opake Datentypen*, deren vollständige Angabe im Implementierungs-Modul nachgeholt wird. Damit bleibt ihre Struktur den importierenden Moduln unsichtbar. Erlaubte opake Datentypen sind Zeigertypen oder Ausschnittstypen der Standardtypen. Das schließt auch selbst-definierte Aufzählungstypen aus.

18.7.7 Implementierungs-Moduln

Ein *Implementierungs-Modul* hat den Aufbau:

Implementierungs-Modul →
IMPLEMENTATION MODULE Modulname;
{{ Importliste }}
{{ Vereinbarung }}
[[BEGIN Anweisungsfolge]]
END Modulname.

Ein Implementierungs-Modul realisiert die exportierten Operationen seines Definitions-Moduls. Beide sind getrennt übersetzbar, doch zieht eine erneute Übersetzung des Definitions-Moduls auch eine neue Übersetzung des Implementierungs-Moduls nach sich.

18.8 Maschinennahe Eigenschaften

18.8.1 System-Modul SYSTEM

Der System-Modul SYSTEM ist stark implementierungsabhängig. Er sollte mindestens folgende Namen definieren:

```
DEFINITION MODULE SYSTEM;
EXPORT QUALIFIED ...;
TYPE WORD;
TYPE ADDRESS;
TYPE PROCESS;
PROCEDURE NEWPROCESS(p : PROC; a : ADDRESS;
                     n : CARDINAL; VAR P : PROCESS);
PROCEDURE TRANSFER(VAR P, Q : PROCESS);
PROCEDURE IOTRANSFER(VAR P, Q : PROCESS; N : CARDINAL);
```

```
PROCEDURE LISTEN;
PROCEDURE ADR(Variable) : ADDRESS;
PROCEDURE SIZE(Variable) : CARDINAL;
PROCEDURE TSIZE(Typ) : CARDINAL;
PROCEDURE TSIZE(Typ, Name, ...) : CARDINAL;

END SYSTEM.
```

In [3] ist SIZE eine Standardprozedur und PROCESS durch ADDRESS ersetzt.

18.8.2 Typtransfer-Funktionen

Ist V eine Variable des Typs T1 und W ein Wert des Typs T2, dann kann der Typname T1 als Name einer (impliziten) *Typtransfer-Funktion* dienen: V:= T1(W). Die Bitfolge von W wird uminterpretiert.

18.8.3 Maschinennahe Parameterübergabe

Der Typ WORD ist, wenn er in der Parameterliste einer Prozedur auftritt, *kompatibel* mit jedem Datentyp T, sofern TSIZE(WORD) = TSIZE(T) gilt.

Der Typ ARRAY OF WORD ist, wenn er in der Parameterliste einer Prozedur auftritt, kompatibel mit jedem Datentyp.

Der Typ ADDRESS ist kompatibel mit jedem Zeigertyp.

18.8.4 Speicherverwaltung

Für *dynamische Variable* existiert folgende Speicherverwaltung:

```
DEFINITION MODULE Storage;
FROM SYSTEM IMPORT ADDRESS;
EXPORT QUALIFIED ...;

PROCEDURE ALLOCATE(VAR a : ADDRESS; s : CARDINAL);
PROCEDURE DEALLOCATE(VAR a : ADDRESS; s : CARDINAL);
PROCEDURE Available(s : CARDINAL) : BOOLEAN;

END Storage.
```

Ein Aufruf der Standardprozedur NEW bzw. DISPOSE wird auf ALLOCATE bzw. DEALLOCATE abgebildet:

```
NEW(Z)      →  ALLOCATE(Z, SIZE(Z↑))
DISPOSE(Z)  →  DEALLOCATE(Z, SIZE(Z↑))
```

Beispielindex

Sachverzeichnis